教师教育书系　戚万学 总主编

教育心理学

张景焕 主编

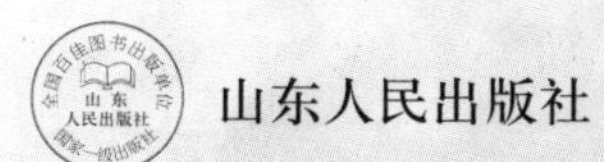

图书在版编目(CIP)数据

教育心理学/张景焕主编. —济南:山东人民出版社,2010.3(2020.4 重印)
ISBN 978-7-209-05241-2

Ⅰ.①教… Ⅱ.①张… Ⅲ.①教育心理学—师范大学—教材 Ⅳ.①G44

中国版本图书馆 CIP 数据核字(2010)第 046353 号

责任编辑:王　晶
封面设计:宋晓明

教育心理学
张景焕　主编

山东出版传媒股份有限公司
山东人民出版社出版发行
社　址:济南市英雄山路 165 号　邮　编:250002
网　址:http://www.sd-book.com.cn
发行部:(0531)82098027 82098028
新华书店经销
山东临沂新华印刷物流集团有限责任公司印装

规　格　16 开(169mm×239mm)
印　张　22
字　数　380 千字　　插　页 2
版　次　2010 年 3 月第 1 版
印　次　2020 年 4 月第 5 次
ISBN 978-7-209-05241-2
定　价　45.00 元

前 言

已经有了那么多教育心理学的教材，为什么我们还要在这许多本土的、翻译的教育心理学教材之后再写一本教育心理学的教材呢？在开始本书的写作之前，我们曾就所从事的本科与研究生教学进行过多次讨论，讨论如何在课堂上更有效地讲述，以使我们的学生有更大的收获；讨论哪一本教材是最好的教材，既有利于讲授也有助于学生的自学；我们也曾无数次地在进行教育心理学的讲座之后被充满学习渴望的中小学老师问及推荐一本适合于教师阅读的读本。诚然，在过去30年中，我们曾读到过许多优秀的教材，近几年来，特别是2005年以来，许多出版社也出版了翻译的国外优秀的教育心理学教材。但是，国内的优秀教材大多是2000～2005年左右出版的，教育心理学发展很快，教育教学实践不断向我们提出新的问题，教育心理学研究也不断产生更好的研究成果。近几年来，教育心理学研究呈现出新的发展特点，随着研究工具、研究手段以及统计测量的改进，教育心理学的研究理念发生了变化，所研究的问题越来越接近教育教学实践，致力于解决人类课堂情境中的心理学问题，注重采用生态化、多因素方法，从环境与个体交互作用的视角审视和解决教育教学问题，在教育心理学理论建构与解决实际问题的能力上获得长足发展，取得了丰硕的研究成果。较早出版的这些教材没有也不可能收集这些优秀的研究成果，并以系统的形式呈现在教材里。近几年出版的国外著名大学心理系使用的教育心理学教材在编写体例、语言形式上会生动活泼许多，但是由于阅读习惯、条理性等问题，特别是文化与教育情境的差异而难以被我们在教学中直接采用。由此，在教学实践中我们萌生了编写教育心理学教材的愿望。时逢我校要出版一套教师教育教材，其中一本便是《教育心理学》，使得我们编写这本书的愿望得以付诸实施。

我们在撰写本教材时试图满足上述需求，同时又要保持教育心理学理论体系的完整性。因而，对教育心理学的内容及体系做了较大改动。具体地说，在以下几个方面我们做了探索性的工作：

第一，在结构体系上彻底改变了学习理论介绍与学习理论应用分离的做法，全书以学习理论及其应用为主线，在讲述理论的同时讲述这一理论指导下的教学实践，或者在实践中已经有的与理论相契合的教学方法，并讨论这一理论的适用情境、可能带来的问题与局限，从这些认识中获得一种对理论的感受，增强更好地应用原理与理论的意识。传统的教育心理学教材大多以学习为主线，而学习中最重要、最基础的是学习理论，大多数教材将对学习理论的介绍放在教材的第一部分，这样的安排或多或少地带来了一些负面影响，那就是学生感觉到学习理论与教学实践是分离的，这样的安排使得学生在学习理论时感到枯燥乏味，看不到理论的实践应用价值。本书在这里做了新的探索与调整。再如，以往的教育心理学教材往往将"知识的学与教"与"态度与品德的培养"分开来论述，使学生感到学习理论只是关于知识的学习的基础理论，其实，学习理论中的行为理论既对知识的学习具有指导作用，对态度、品德更具指导意义。因而，本书没有强调知识学习与品德养成的区别，而是在讲到某种学习理论及其应用的同时涉及能够应用该领域的学校教育以及家庭教育的各个方面。这种以理论及其应用为主线的特点体现在学生认知、情感、道德发展、问题解决、创造力培养等各个领域，本书都没有分开处理，以充分体现理论的完整性和应用的多样性。

第二，注重教材基础性与前沿性的有机结合。作为教师教育以及师范生学习教育心理学的教材，本书必须体现本学科稳定的、公认的基本内容，使学生在本门课程的学习后能够掌握本学科的基本概念、基本原理与学科的基本框架，为学生未来更加深入的教育心理学学习打下坚实的学科基础。教育心理学研究表明，掌握一门学科首先要掌握学科的基本结构，这一结构要具有最大的包容性和适应性。包容性和适应性的直接表现就是在已有理论基础上理解学科的新进展。近年来教育心理学取得了突飞猛进的发展，发展的最重要特征就是越来越注重解决教育实践中的问题，并且解决实际问题的能力逐步增强，显现出"越是具有理论意义就越具有实践价值，最基础的理论具有最广泛的应用价值"的趋向。本书在写作过程中抓住了教育心理学发展的这种趋势，将教材的基础性与前沿性有机地结合起来，既反映了基础理论，又反映了学科最新的研究成果，更重要的是将二者贯通起来，使之成为一个连贯的整体，体现了学科的完整性。

第三，为了体现理论的实际应用价值、降低学生掌握本门学科的难度，本书采取案例教学的方式，一开头以案例提出问题，然后是概念的介绍和原理、理论的论述，最后再回到案例，解决开头案例中提出的问题。教学实践总是丰富多彩的，为了行文的方便，教材总是先叙述基本的概念和原理，至于丰富的教学实践，我们通过"多样性与共同性"这一节来补充，因而每章都有"多样性与共同性"这样一个内容来补充理论与原理的细节。

第四，教育心理学的研究发现，理论与概念的掌握并不是一个将书本的知识框架转移到头脑的过程，而是一个个体主动思考和建构的过程，学生之间的合作学习有助于深刻地理解所学知识。为了促进原理与理论的掌握，同时为学生之间的合作提供合适的材料，本书每一章都设计了“学术争鸣”，提供正方/反方观点，而且每种观点都持之有故，希望读者通过与同伴的争论进一步理解理论的丰富内涵，当然，每章的课后思考题也有促进进一步思考的作用。每章最后除了对本章进行小结之外，还提供了“进一步阅读材料”。这些材料提供给那些对本章内容感兴趣的读者，使其进一步阅读和思考，并发现新的线索。

第五，我们在讲授教育心理学课程的过程中发现，当我们面向那些没有学过发展心理学的学员讲授本门课程时，学员由于缺乏关于处于不同心理发展阶段学生的认知、情感特点的基础知识，理解学习理论的应用碰到了很多困难。鉴于此，本书在第一章之后加入了第二章“学生的认知发展”与第三章“学生个性、社会性和道德的发展”两章作为教育心理学基础来介绍，为那些缺乏发展心理学基础知识的学员提供必要的学习基础，使得教育心理学成为在教育及其有关专业中可以独立开课的课程。

总之，本书无论在结构体系的设置，还是每一章节内容的确定上都做了认真思考和改革，希望能够帮助读者深入了解教育心理学的奇妙之处与广泛的应用价值。至于读者使用本教材之后是否达到我们的编写初衷，尚需读者检验。我们也深知，编写出适合于我国教育实践需求、唤起读者学习与研读兴趣的教材需要学界同行持续不断的努力，我们愿意与大家一起研究、探索。

本书是山东师范大学组织编写的教师教育教材，接到编写任务之后本书主编首先列出各章节目录，提出编写体例，给本书作者提供目前流行的各种版本的教育心理学教材，让大家对各章节内容提出修改意见。经讨论确定各章编写内容后分头撰写，后经交换审稿以及主编定稿等过程最后成书。各章执笔分别是：张景焕，第一、十二章；田录梅，第二、三章；杜秀芳，第四、五章；常淑敏，第六、七章；司继伟，第八、九章；陈英敏，第十、十一章。需要说明的是，本书作者都是长期从事教育心理学教学工作的教师，是一支长期合作的教学队伍，同时承担了山东省教育心理学精品课程建设、山东师范大学研究生重点课程建设等任务，本书就是这两项课程建设的成果。本书各章分别是承担相应部分教学任务的教师所撰写的，可以说是每位教师长期授课的精华所在。

本书是专门为教师教育而编写的，特别适合于具有一定学科基础、欲从事基础教育教学工作的未来教师学习。同时，它也适合于那些具有一定教学经验、希望进一步提高自己教育教学水平的教师学习，是一本适合于职后教师培训和教师自我提高的教育心理学读本。

本书在编写过程中得到山东师范大学领导，研究生院、心理学院领导的大力支持，得到山东人民出版社王晶主任的鼎力相助，谨此致谢！本书编写中引用了国内外许多研究成果，在此对原作品作者深表感谢！由于我们水平有限，掌握的资料也不够充分，时间比较仓促，恐难以达成当初的写作愿望，不足之处，谨请专家和读者批评指正，以便进一步修改完善。

张景焕

2010年2月

目　录

第一章
成长为优秀教师

☞ 章节说明

优秀教师是指那些能够进行有效教学的教师。成长为一名优秀的教师是每位教师追求的职业目标，但是它不会一蹴而就，需要不断地积累教育教学经验，更需要掌握教育心理学的有关原理与理论，同时还需要教师自身根据教育经验不断反思自己的教育教学过程，进行教育教学研究。在实践原理和理论的同时积累具有个人特色的实践知识，进行有意识的教学，最终成长为优秀教师。本章介绍了有效教学的特色、优秀教师的成长历程，同时回顾了教育心理学发展的历史，介绍了教育心理学的作用以及研究方法，希望对即将步入教师行业的学生以及新教师或希望尽快成长为优秀教师的读者有所裨益。

☞ 案 例

明天，刚刚师范毕业的刘老师将要第一次走上讲台，面对那些曾经相识却完全陌生的学生，开始她人生的"第一讲"。此时，小刘内心忐忑不安，在学校里学的那些教学知识似乎已抛到脑后，从自己该穿什么衣服、第一句话怎么说到如何跟学生相处、如何结束这堂课她想了一遍又一遍，总觉得还没有准备好：教案充分吗？教态合适吗？要讲的内容太多讲不完怎么办？或者早早就讲完了上课的内容还让学生干什么？学校领导会不会来听课？如果上课有学生捣乱怎么办？如果突然忘记了相关知识怎么办？然后她又觉得自己很好笑，不就是小学生嘛，那点知识自己全都会，根本用不着这么紧张，能够教会他们就行了。她想起了自己的老师是怎么教自己的，特别是回忆起了有经验的老教师讲课的情境，心里踏实了很多，暗暗告诉自己："就像张老师（一名本校的老教师）那么教就行，我不会比她教得差！"

刘老师处在教师职业发展的哪个阶段？她能够成长为一名优秀教师吗？她

需要经历怎样的成长过程，需要怎样的理论修养与实践磨炼？

第一节　对有效教学的理解

一、有效教学的概念

教学是科学还是艺术，是以教师为中心还是以学生为中心，是一般理论的应用还是针对具体情境的发明？好教师是乐于释疑还是善于发问，是主讲人还是引导者？这些争议已经持续了好多年。20 世纪以前，“教学是艺术”这一说法在西方教育理论中占主导地位，它倡导教学是一种教师个性化的、没有“公共方法”的行为，是一种“凭良心行事”的、“约定成俗”的行为，主张影响教学过程的因素是复杂的，教学结果是丰富的，难以用科学的方法进行研究。支持该观点的教育家认为，教学是具体的，包括教学任务、教学时间、教学地点、参与者和教学内容等方面都是具体的，不同的科目在这些具体细节上也是不同的。20 世纪以来一些教育家受科学思潮的影响，特别是受心理学以及行为科学研究结果的启示，明确地提出教学也是科学。也就是说，教学不仅需要以科学规律为基础，而且还可以用科学的方法来研究，一些自然科学的实证研究方法被引入教育研究领域，一些量化课堂分析系统开始出现。研究工作者开始用量化方法来评价课堂教学效果，有效教学的概念在此时被提出。

那么什么是有效教学呢？目前对此还缺乏统一的看法，研究者对有效教学的探讨大多集中在有效教学的特征上，对概念的界定不是很多，准确地解释有效教学的概念看起来是一件很困难的事情，但是，还是有一些研究者试图对其进行界定。有学者从教学目标和学生成就的角度，认为有效的教学是指教师通过一系列的教学措施促进学生取得高水平成就的教学，他们把目光更多地放在有效教学与学生成绩的关系上。有效教师总是着眼于教学目标的取得。换句话说，判断有效教学的标准是看教学目标的达成程度。从这个角度来看有效教学，比较强调教学目标，这种观点有可能会导致教师只看重学习的结果，而忽视一些其他方面的内容，如学生情感的需要等。有的研究者着眼于教学技能，他们更多的是从教学的复杂性和教师教学技能的角度来界定有效教学。其中最主要的一点是，有效教学需要教师充分了解学生的知识背景，能与学生进行清楚的交流与沟通，能够刺激学生积极地学习与思考，进而向学生提出有价值的或挑战性的问题。这种观点的落脚点在教师身上，非常强调教师自身的能力。但是，我们应该认识到，有效教学不仅取决于教师，同时也取决于学生能否有责任地积极学习。而着眼于教学全过程的研究者，对以往有效教学的定义角度提出了批评和反思，指出应该着眼于教学的全过程，从三个层面解释和确定有效教学:教学的输入、教学的过程和教学的产出。教学的输入主要是教师的特点、学生的特点、课程的特点等方面，教学的过程则涉及教师行为、学生的学习活动、课程组织等方面，教学的产出包括学习的结果、态度的变化、技能的形成等。综上所述，我们认为有效教学就是通过有效的教学准备、有效的教学活动和有效的教学评价来促进学生学习和发展的教学。

二、优秀教师的教学特点

优秀教师也称专家型教师、创造型教师，无论怎样称呼，实际上说的都是能够实施有效教学的教师。而要实施有效教学不仅需要教师有意识地教学、创造性教学，还要及时进行教学反思，在教学过程中塑造完整的教学人格。

(一) 学习者

有意识地教学就是在教学过程中，充分认识到学生是学习者，有意识地帮助他们运用各自独特的、个性化的学习模式。这需要教师在课前进行充分的准备。“备课”需要考虑的方面有很多，但主要有三个方面:学习者、学科内容、教学方法。

1. 有意识教学的组成部分有哪些?

学生的个别差异在课堂教学中会充分表现出来。这些差异包括能力、先前的成绩、焦虑、自我意识、学习风格以及家庭生活环境等。教师要了解学生的“需要”和“差异”，灵活运用恰当的教学方法，让每个学生都感受到教师对自己的关注。特别是低年级的学生，他们对教师的话言听计从，教师在他们心中的地位很神圣，教师一句不经意的话对他们来说也可能是一个莫大的鼓励。所以教师要发自内心地去了解每个学生，真正做到关爱学生，这样才能够有助于达到好的教学效果。

2. 学科内容

教什么内容看起来比较容易，因为这些内容在教科书和教学大纲中已经确定了。但是教师的责任是根据学生的实际水平和情绪状态对这些内容进行“再度开发”。教科书、教学大纲只是界定了要教的内容，却没有根据学习者的需要对它们进行选择、组织和排序。教师不仅要处理好某个课时的内容安排，更要考虑各个课时之间的联系，某个课时在本单元中的作用和地位。教师要重视课程资源的开发和利用，教师要“用教材”而不是“教教材”。教师必须对课程内容做出“校本化”的处理。

3. 教学方法

教学方法对于学生更好地学习知识是非常重要的。教师要能够运用多种教学方法，根据不同的课程内容、不同的学生特点选用不同的教学方法。例如，历史课《古代文明》的学习，很多老师都是按照平常的讲授法来进行，这样往往调动不起学生的兴趣来，灌输性的方法让学生感到枯燥。有的教师另辟蹊径，先是根据学生对不同古代文明的兴趣把学生分为几个小组，然后每个小组课下收集各个小组的资料，课上每个小组分别展示，最后教师综合评点一下。通过这种方式，不仅充分调动了学生的积极性，而且也让学生掌握了相关的知识。教学方法留给教师创新的空间是很大的，通过对学生特点的了解、对教学内容的把握，选用合适的教学方法，会收到良好的教学效果。

（二）创造性教学

创造性教学可以从两个层面上来理解。一是教师的劳动是创造性劳动。有人说："教有法，教无定法。"说的是教学有规律可循，但是每次教学都不是教学规律的简单重现，都需要教师根据学生、教材以及教学情境进行重新加工进而做出新的抉择。因而，有效教学都是充分发挥教师创造性的结果。从这层意义上说，有效教学应该是创造性教学。二是教学肩负着培养学生创造力的任务。教育是一把双刃剑，如果教师忽视学生创造力的培养，就很有可能在传授具体知识的同时压抑了学生创造力的生长。创造性教学是指教师在不改变教材内容和课时计划的情况下，以课堂教学为主渠道，在教学过程中培养学生创造性思维能力和个性品质的教学。那么怎样在课堂教学中开展创造性教学呢？

1. 要创造民主、宽松的学习氛围，经常采用肯定性和激励性的语言评价学生

宽松、民主与自由是创造力发挥的基本条件。换句话说，创新是在宽松愉悦的环境中产生的。学生只有感到自由、宽松、愉快、坦然，才能自由自主地思考、探究、提出问题、发表意见，才可能有新的发现与创新；如果缺乏民主、没有自由，学生就会无安全感，时时处处小心翼翼，顾虑重重，如履薄冰，一味看老师眼色行事，表现出很强的盲目性和依附性，其聪明才智与创造力就会被窒息，就会越来越缺乏创新精神和创新人格。在课堂教学中，教师应和蔼可亲，要以一个"参与者"的身份与学生打成一片，为学生提供创新思维和发挥创造力的机会。要从根本上改变教师"居高临下"、极力想把学生的思维牵引到自己预定的轨道上来的做法，尽最大可能去开拓学生的思维空间，满足学生的表现欲望，使学生能够迸发出创新思维的火花。同时，对学生的创造性表现要给予积极的评价，以此鼓励学生的创造性活动。

2. 在具体科目中进行创造性教学

在具体科目的教学中，教师要勇于向传统的教学方法提出挑战，开创新颖的教学方法。教学不再是单一的讲授，而是要将集体教学与小组活动相结合，将有意义的接受学习与探究式学习相结合。在课堂教学中可采用多种形式，比如游戏法、实践法等。这些方法的选用要根据课程内容、学生的特点来确定，所以需

要教师多去了解学生，多学习一些针对不同课程内容的教学方法。

3. 教师对教学问题要有创造性的洞察力

面对教学问题，并不简单地从表面现象来分析，而是要从新的角度或方面去审视问题。通过重新定义问题，教师会找到巧妙的、富有洞察力的解决办法。比如，对于学习不好的学生，教师不再一味地只关注这类学生的缺点，而是主动地去发现他们的优点，然后引导他们发挥他们的特长，以此来带动他们的学习。通过这种对问题的重新界定，这类学生不再觉得学习那么无趣，教师也不会再觉得差生无法管理了。不管对学生还是对教师来说，这种创造性的解决问题的方法，都是非常有帮助的。

（三）反思性教学

反思教学即进行主动的教学反思，这是促进教师素质提高的核心因素。只有经过反思，教师的有效经验才能上升到一定的理论高度，才会对后续的教学行为产生积极的影响。反思是教师以自己的职业活动为思考对象，对自己的职业行为以及由此产生的结果进行审视和分析的过程。它不是一般意义上的“回顾”，而是反省、思考、探索和解决教育教学过程中各个方面存在的问题。

就教学工作来说，依据反思所涉及的教学进程，对教学的反思可以分为教学前、教学中、教学后三个阶段。

第一个阶段：在教学前进行反思。这种反思一般是在备课中体现，包括对学生、课程、环境等方面的反思。这种反思具有前瞻性，能使教学成为一种自觉的实践，并有效地提高教师的教学预测和分析能力。

第二个阶段：在教学中进行反思，即及时、自动地在行动过程中进行反思，根据上课时学生的反馈等及时对教学行为进行思考。这种反思具有监控性，能使教学优质高效地进行，并有助于提高教师的教学调控和应变能力。

第三个阶段：在教学后进行反思，即在行动结束后进行批判性反思。可以是成功经验的总结，也可以是失败原因的思考，包括自身、学生及师生互动各个方面的反思。这种反思具有批判性，能使教学经验理论化，并有助于提高教师的教学总结能力和评价能力。

反思性教学中的反思策略和方法可以分为以下几种：

1. 内省式反思

即通过自我反省的方式来进行反思，可用反思日记、课后备课、成长自传等方法。内省式反思意味着教师开始以自己的生命经历为背景去反观自己和观察世界，内在地承受对自己的言行给出合理解释的思想压力，从而促进教师进入沉静思考的层面，倾听自己内心深处的声音，站在自己的角度反思和挖掘自我，生成自己的智慧，激发出许多自己平日难以料想的“洞见”。反思日记，即对一天中

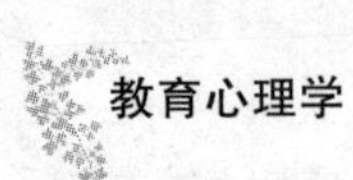

发生的各种教育行为的记录，并初步分析收获与不足，以便改进工作，扬长补短。课后备课，即课后根据教学中所获得的反馈信息进一步修改和完善教案，以明确课堂教学改进的方向和措施。成长自传，即教师对自己成长经历的描述和分析，内容包括成长的主要阶段、各阶段的主要事件及其起因和影响等，是一种比较系统、细致的反思方法。

2. 交流式反思

即通过与他人的交流来进行反思，“他山之石，可以攻玉。”教师应抓住教研活动的学习良机，或自己创造机会多观摩名师名家的课，最好是能与他们直接进行交流，重要的是学习他们的教学思想，弄清他们怎样组织教学和为什么这样做。交流式反思依赖一个群体的支持，它不仅要求教师自己有主动、负责、全心全意的心态，同时也有信任、合作、协作的环境要求。因此，学校要注意给教师提供交流、学习的机会，创造一种大家一起交流学习的良好氛围。

3. 研究式反思

即通过教育教学研究来进行反思。教师在教学过程中，要敏锐地提取教学中存在的问题，并对之展开调查研究。教师可充分运用观察、谈话、测验、调查问卷、查文献等多种方法，并通过课外活动、作业批改、座谈会等多种渠道，对学生学习心理特点和认知方式等多方面情况进行了解和研究，逐步减少对教学工作认知上的偏差。这种行动研究不仅在改善教学环境方面有重要作用，而且有助于在整个学校教师中形成一种调查研究的氛围。

4. 理论学习式反思

即通过理论学习或通过与理论对照进行反思。理论学习，即教师系统学习理论，从而深刻理解和把握教育真谛，树立全新的教育理念，并对自己已有的教育理念和行为进行反思。与理论对照，即教师用相关理论自觉地审视自己的教育理念和行为，从而矫正自身教育教学并使之符合理论要求。所以说，教师要把握深造的机会，通过学习更新自己的教育理念，促进自己的教学。

（四）塑造完整的教学人格

教师应该塑造完整的教学人格，完整的教学人格又是怎样的呢？一般来讲，这主要表现在教育教学工作该做什么和如何做两方面。

首先，教师要深知自己肩负的责任，具有强烈的教育使命感，拥有坚定的职业信仰，对学生充满爱心。教师要坚信自己的教育活动在个体活动和社会发展过程中所起的作用，拥有对教育价值的认定和承诺，并且意识到自身的一举一动都有可能对学生的学习和发展产生影响。因此，作为教师应该有恰当的奋斗目标，有理想抱负，有责任心；同时，要爱学生，不仅把学生作为教育对象，而且把学生作为教学的主体，关心学生的学习、情感各个方面。

其次，不断充实自己，有平和、愉快的工作心境。作为教师要保持旺盛的求知欲望，坚持继续学习，学习先进的教学理念；不断充实自己，要勇于挑战新的知识、新的理念，时刻保持一种积极向上的学习态度。同时，在面对挫折与干扰时，教师要保持一种平和的工作心境，保持心理平衡。只有这样，教师面对各种不同的教学任务、不同的学生、不同的班级环境时才会表现出良好的适应性。此外，教师要时刻注意培养自己各方面的兴趣，拓展知识面，不断完善自己的个性，加强各方面的修养。

再次，相信自己能成为优秀的教师。研究发现，教师教学效能感是预测教师教学有效性的最重要指标之一。成为一名优秀的教师有很多内部因素和外部条件的限制，但是，首先一点就是要对教学在学生发展中的作用抱有信心，同时对自己的教学效果抱有信心，相信自己会成为一名优秀的教师。这种高效能感是一种力量，支持教师在长期职业生涯中付出持续的努力，面对困难时能坚持下来，竭尽全力地使每个学生都获得成功，最终使其成为一名优秀的教师。

三、优秀教师的知识结构

一些研究者将优秀教师称为专家型教师，许多研究者对此进行探讨，希望能够系统总结到底具备怎样的知识结构才能成为优秀教师。我国学者将教师知识分为四类：本体性知识（教师所具有的特定的学科知识）、实践性知识（教师教学经验的积累）、条件性知识（教师所具有的教育学和心理学知识）和文化知识（辛涛、申继亮、林崇德，1999）。舒尔曼（Shulman L.）对该问题进行研究发现，专家型教师具有七个领域的知识：

（1）所教学科的知识。对所教学科内容的知识理解深刻，而且这些知识之间是相互联系的；

（2）掌握适用于所有教学科目的一般教学策略，如课堂管理、有效教学和评价原则。

（3）善于根据所教科目和学生的年级水平选择相应的课程材料和方案。

（4）能针对特定的学科和知识进行教学。对特定的学生和特定的概念采用特殊的教学方法。如用恰当的方法给学习能力较低的学生解释负数的概念。

（5）拥有关于学生的性格特征和文化背景的知识。

（6）知晓学生学习情境的知识，如在配对、小组、团队、班级、学校和社区等情境中的知识。

（7）拥有明确的目标和教学目的。

作为优秀教师，还有一个关键因素，就是要了解自己，了解自己的偏见、缺点以及自己认同的价值观和生活方式，并乐意超越自己熟悉的方式去探索各类学生的问题。只有对自己有非常清楚的认识，才能尊重和了解各种不同背景的学生,并更好地引导他们。

从优秀教师知识结构的特点可以看出,任何一门课程都不能够给未来的教师提供教学所需要的全部信息。事实上,即使是再完整的课程方案也不能保证未来教师成长为优秀教师。优秀教师除了具备基本的知识之外,还需要时间和实践来不断积累经验,并不断进行反思。教育心理学可以增长专业知识,帮助未来教师了解学生的认知与情绪发展规律(第二、三章),了解学生的学习动机与个体差异(第四、五章),了解各种条件下发生的学习,其性质与意义(第六～九章)以及有效课堂教学与评价(第十～十二章)。

四、优秀教师成长需经历哪些阶段,各阶段的主要任务是什么?

优秀教师是教育领域里职业发展成功的人,研究优秀教师的成长历程对于促进教师职业发展具有重要意义。优秀教师的职业成长历程也促使学习者更深刻地理解学习教育心理学对教师职业发展的意义。

关于优秀教师的成长历程,许多学者进行了研究并得出了一些有意义的结论,形成了多个有代表性的理论。例如,卡茨(Katz,1972)认为,教师发展可分为求生存时期、巩固时期、更新时期和成熟时期。新教师首先要在陌生环境中生存下来,逐步熟悉和掌握教学基本知识和技能,寻求新的事物,探讨教学革新,一直到成功地担当教师角色,走向成熟。伯利纳(Berliner,2005)认为,教师教学专长的发展可以划分为新手教师、熟练新手型教师、胜任型教师、业务精干型教师和专家型教师等阶段。从新手教师到胜任型教师,处理问题都是理性化的,业务精干型教师对教学情境的观察与判断是直觉性的,不需要进行仔细的分析和思考,凭借他们的经验便能准确地发现问题,并采取适当的解决方法。只有部分业务精干型教师能发展成为专家型教师。教师从新手阶段起步,随着知识和经验的积累,经过一年发展成为熟练新手教师。其中,大部分熟练新手教师经过教学实践和职业培训,再经过一年可以成为胜任型教师。通过大约 5 年左右知识和经验的积累,部分教师能成为业务精干型教师。最后,只有少数业务精干型教师发展为专家型教师。以德莱弗斯(Dreyfus,1980)为代表的另外一些学者,通过对专家型教师和新手型教师的比较研究,将教师的专业发展划分为五个阶段,即新手阶段、优秀新手阶段、胜任阶段、熟练阶段和专家阶段。我国学者将教师专业发展分为新手阶段、胜任阶段、成熟阶段和专家阶段等四个阶段,并认为教师专业发展经历的阶段不同,所要完成的知识转型任务也不相同,从而表现出属于各个发展阶段的本质特征。在新手阶段,实现理论知识的物质存在形式向心理存在形式的转化;在胜任阶段,实现理论知识向实践性知识的转化;在熟练阶段,实现实践性知识的定向迁移;在专家阶段,完成从实践性知识到理论知识的转化(郑彩国,2007)。也有学者将教师的专业成长按其专业化理论化程度划分为五个阶段:适应型教师、知识+经验混合型教师、准学者型教师、学者型教师和智慧型教师(卢真金,2001)。这五个阶段对应于教师不同的成长时期,有着不同的发展基础和条件,有着不同的发展目标和要求,也面临着不同的困难和障碍,从而表现出不同阶段的发展特征。

以上研究大多数是从教师职业发展以及外部评价的角度进行的研究与总结,在某种程度上都存在用教师发展结果来说明教师成长历程的倾向。应该承认,教师发展结果的确代表了教师职业发展的重要方面,但是教师职业发展更主要的是教师个人在适当教育条件下的成长过程,应该体现教师个人发展的心理历程与心理探索过程。因此,本章作者曾运用质性研究方法,通过深度访谈以及其后的资料分析实际考察优秀教师成长的心路历程,系统地总结了优秀教师的成长阶段,明确各阶段的发展任务,分析影响各阶段发展的外部因素与内部动因(张景焕等,2009)。受访教师一致认为,优秀教师的成长是一个多阶段的连续过程,并且是一个不断学习、不断实践、不断创造的过程。整个成长历程大体要经历四个阶段:工作适应期、目标定向期、自我探索期和成熟创造期。不同阶段表现出不同特征,具有不同的发展任务,且受不同因素的影响。

(一)工作适应期

这个阶段属于教师个体任教的前几年,充满初为人师的激情和对未来生活的幻想,面对复杂的课堂教学时感到无从入手,并且角色认知模糊;可塑性强,工作盲目性大,情绪易冲动;特别期盼来自他人的理解、尊重、信任和支持。这一阶段的主要发展任务是良好地适应学校环境和学校运作系统,稳妥地处理教育教学事务。这一阶段教师关心的主要是课堂教学内容和教学过程,关心如何上好一堂课,对教学对象(学生)以及学生中分化的需求几乎是没有意识的。一些低成就动机教师在此阶段便停止发展,失去了向下一阶段发展的可能,此后的职业生涯仅限于经验的积累,缺少必要的反思和应有的灵活性。

(二)目标定向期

经过工作适应期的努力之后,教师群体会发生变化。一些教师对自己的发展提出更高要求,主动接受先进理念的指导,树立长远发展目标,开始尝试了解学生以及根据学生的变化灵活使用或变革教学方法。他们尝试将所学的知识与实践结合,逐渐地掌握教育教学规律,教育教学能力得到增强,并且能够根据实际的教学环境及自己的个性特征寻求新的教学技巧和解决问题的方法。这一阶段的发展任务首先是根据前一阶段发展情况提出新的发展目标,然后再依据目标制定具体发展任务,其中包括更新知识结构、接受先进理念、提高教学技能等。希尔(Hill,1992)提出,如果教师想帮助学生发展,就必须能够了解学生的人格特征,必须懂得学生的思维过程,创建一个激发学生兴趣的环境。研究表明,与具有恰当的学生观和培养观的教师相比，缺乏这些观念的教师往往难以通过组织课堂活动来引导学生思维或促进学生全面发展。

（三）自我探索期

教育活动是一项极具个人特色的创造性劳动，需要体现基于个人独特体验与教育环境的教学风格。教师必须探索自己的教育教学风格，使自己的素质与特长得到充分的体现，并最终服务于教育教学效果。处于这一时期的教师往往乐于出席各种研讨会、观摩会，希望通过比较、尝试、反思、总结发现自己的教学风格与特色，努力成为具有先进的、有时代特色的教学理念，发挥了个人特长和优势的教育者；在教育教学中视学生为具有独立人格的个体，懂得学生主动性的重要；能用激情和耐心启发学生主动学习，形成具有个人特色的教学技巧，体会到高水平教学的内涵，改变了一味地采取强制手段进行知识灌输的方式；能进行有效的班级管理，对学生和自己抱有很高的期望，渴望教学技能的全面提高。由于教师自身理论知识仍有欠缺，因此这一阶段教师的教学理念并不系统、成熟，常常带有个人偏见，对问题还不能进行深入分析和解释。这一时期的任务是尽量完善教学技巧、提高教学效率、发现和运用新方法新策略，形成创造性教学风格；超越以往就事论事的教学水平，对教学背后的教学理念进行探索性的思考，自觉地运用教学理论指导实践工作。

（四）成熟创造期

优秀教师是充分发挥了自身创造性同时也激发了学生创造性的教师，这样的教师具有理解关爱、执著进取、宽容开放、适时点拨的心理特点。优秀教师能够对教学内容、教学对象进行深入细致的了解，将教育实践与个人特点相结合，形成教学智慧，把自己对教学的体会充分展现在对学生的教育当中。这个阶段的教师能够达到对学生的深入了解，不仅了解学生的知识水平，还了解学生的情感变化，并根据对学生的了解情况确定在何种水平上对其进行教育和引导；在娴熟的教育技能的配合下，教学绩效不断增长，经验升华成理论，产生更大的实用价值和社会价值；通过学生的欢迎、同事的认可以及领导的重用，体验着逐步步入成熟的成就感，以极大的热情投身于教学工作中。有些具备理论素养与目标追求的教师可以形成教育理论，成长为一代教育家。这一时期的发展任务是达到能够自觉地考虑现象背后深层内涵的理论水平，继续选择更新、更难、更大的创造目标；在实践中探索，努力使自己成为知识渊博、思想深刻、通晓教育、熟练教学的一代名师。

上述优秀教师成长的各个时期以及特征只是一般的、典型的归纳和概括，这些特征具有相对的稳定性和顺序性，同时教师成长过程又存在着显著的个体差异：不同教师各个时期出现的时间不完全相同，持续的时间长度存在差异；在同一阶段，不同教师提高的速度、所能达到的程度也有所不同。优秀教师成长的几个时期不可截然分开，各个时期之间也存在部分的重叠。前一时期是后一时期的基础，在前一时期的后阶段已出现后一时期的某些特征，后一时期的最初阶段也还保留着前一时期的部分特征，其中一些共同特征贯穿于教师成长的各个时期。为了详细地说明各个阶段的特征，我们将访谈中优秀教师各个阶段的典型叙述列在表 1-1 中。

表 1-1　　优秀教师成长的各个阶段的特征描述*

工作适应期	ZP 说："我刚当小学教师的时候，认为世界上最好的职业就是教师，就想把小学老师当得和其他人不一样。"（理想） ZYH 说："我认为把课本给学生教好了就行，学生读课外书，我都觉得那是耽误了正事。"（误区） ZLJ 说："刚上班时，对待意外的事情自己表现得比较激动，比如学生撒谎、拿了别人的东西，我会很气愤；听到学生告状就会把被告的孩子叫来，不等他说清楚就不分青红皂白地批评一顿。"（教育教学中存在的问题） ZLJ 说："我每天像陀螺一样不停地转，可是很多人都不理解，说：'你教一、二年级用得着这么认真吗？'我心里很难受。"（困惑）
目标定向期	ZL 说："我们现在评价孩子的尺度是用成绩来衡量，但是一个合格的老师应该排除这种干扰。也就是说，成绩也是一种干扰，学生还有一些隐性的能力往往是难以发现的。"（信念） QM 说："我准备再往上努一把力，每一年我都有新的想法，希望自己能走得更远一些。"（信念） QM 说："每一个人都希望成名，我也是。我希望今后提起我、提起我的课的时候大家都会竖起大拇指，说有这么一位好老师。"（职业追求）
自我探索期	ZL 说："我让学生通过周记的形式给我提意见，然后再及时更正自己的工作方法，调整一下。学生每带给我一次经验，我都思考很长时间，然后把这个用到其他课上面，我觉得还是挺成功的。"（反思） ZYR 说："我也是在这几年中才学会反思的。刚上班的时候属于光低头走路不抬头看路，更不会回过头来好好想想自己教学中的得失。后来，我反思的东西特别多，收获也特别大。"（反思） QM 说："我上课的风格是幽默、大方，跟孩子一点距离感都没有，所以在我的课上他们的思维都很活跃。"（风格） ZK 说："我是比较活泼的类型，也上过 T 形台表演。依据这个特点在教学中我想强调一件事情时，我的语音语调可能会夸张一点，会让学生猜我想说什么，或者我明明想讲这样一件事却故意反着讲，让学生向正方面说，给我做出个评价来。效果特别好，我也是慢慢才发现我这样做效果好的。" ZYH 说："我用得最多的就是以鼓励、激励、疏导为主的方法，不会去打压孩子。"（风格）

续表

成熟创造期	RLH说:"抓住一个契机,及时地给学生一个点拨、总结和提升,让其他同学也水到渠成地理解了。"(创造性的方法) ZYH说:"我能细致地看到学生们各自的特点,能够根据学生的神态来推测他们目前的情况,根据他们的特点跟他们交流。"(因材施教) ZK说:"和学生在一起的时候,我就站在他们的角度上去理解他们在想什么。有学生到办公室来问问题,我一见他就说:'你是不是想问什么什么啊?'我给他解决了,他就回去了,同学说:'你问了吗?'!他说:'我没问老师就知道我问什么',赵老师怎么这么神奇啊!"(彻底了解学生) ZP说:"我形成了自己的教育思想——以尊重为本的享受教育。我把这种思想总结为64个字。"(形成教育思想) YX说:"我喜欢跟学生在一起,看他们一天天成长,在他们的成长中体现我的价值。"(价值实现)

*表中所列是教师访谈中优秀教师的原话,括号里是对这段话所反映的这个阶段特征的总结。

资料来源:张景焕等.优秀教师的成长之路.当代教育科学,2009(4):25~35.

教师在不同的成长阶段,所关注的问题与面临的矛盾不同,因此各阶段的影响因素也不相同(表1-2)。优秀教师的成长是一个由适应客观环境到追求自我实现的动态发展过程。在发展的前期阶段,客观环境的影响作用较大,其中学校环境是首要因素;越是到发展后期,个人内在追求对发展的作用越大,主要体现在实现个人理想和目标的阶段中。

表1-2　　优秀教师成长阶段的影响因素*

工作适应期	ZP说:"我工作的头5年基本上是在按照学校的要求去做,基本上领导让我怎样做我就怎样做,最基本的想法是不能干得太差,这个我有非常明确的目标。"(适应学校环境) ZYR说:"我们的教研组长,做事情很会用方法,无论是和学生打交道,还是和家长打交道都很有办法,我跟她学习了很多。"(向有经验的老教师学习) ZK说:"刚工作的那几年基本上是适应教学工作要求和学校环境,学校给了一个了解工作的平台,我知道怎样做是对的。"(适应环境与教学要求)

续表

目标定向期	LJ 说:"我渴望提高自己的专业水平,不能总是这个样子教下去吧。"(主动发展) LJ 说:"我的成长与我们校长有很大关系,我校经常请专家来作报告,有公开课就把老师大批地送出去,这对我当时的发展很重要。"(学校创造条件,同时也提出标准)
自我探索期	ZK 说:"在达到教学的基本要求后,我就想到效率问题,摸索在一节课里先讲这节课最精华的内容,应该在学生的记忆力最好、课堂状态最好的时候把主要内容讲完。"(目标要求) LJ 说:"定期进行反思性总结,写一下这一个月来的教学体会,哪些还没克服,哪些已经克服了,是怎么克服的,下一个月该怎么办。"(主动反思) ZK 说:"我能发展到现在,与一次偶然的机会有关,在遇到这个老师之前我很困惑。很偶然我听了他一次课,觉得他上课的样子我是可以学的。从那以后我就关注他的思想和做法,有问题也会随时请教他,他会不期回报地给我把问题讲明白,让我有种柳暗花明的感觉。"(内部发展需求+外在榜样)
成熟创造期	ZYR 说:"如果有一个人能够站在更高的高度上给你一个指引和一定的启发的话,对你来说是一种撞击。"(榜样引导) QM 说:"把课上得就是跟别人不一样,有一种创造性工作的感觉,对学生的发展既有近期的效果又有长远的好处,我就觉得实现了我自己的价值!"(追求理想) LJ 说:"我正在开发一个小学版本的教材,想在全区推广,希望能够得到更多的认可。"(理论建树) ZP 说:"我上研究生课程班、拜访名师,希望将自己的教育经验理论化,上升到理论高度。我有许多大学老师朋友,也特别愿意与你们大学老师交朋友,可以在理论上提升自己。"(寻求理论支持和系统阐述)

* 表中所列是教师访谈中优秀教师的原话,括号里是对这段话所反映的影响因素的总结。

资料来源:张景焕等.优秀教师的成长之路.当代教育科学,2009(4):25～35.

由上表可以看出,在不同的发展阶段有不同的发展任务,影响教师职业发展的内外部因素是不断发生变化的。体现到各个阶段分别表现为:(1) 在工作适应期,教师刚刚步入工作岗位,融入教师角色、适应客观环境便成为这一阶段的主要任务,学校环境是最主要的客观因素,能够适应学校教育环境的标准和要求是这一阶段的主要任务。因此,这一阶段学校教育教学要求及整体水平对教师影响最大。(2) 在目标定向期,学校环境和主观目标都非常重要。学校教学条件与学习机会为教师发展提供了客观环境;教师自身对工作的要求和目标,特别是发展目标,是教师成长的内部动力。教师为自我实现制定目标,学校为教师的发展提供支持。学校在日常管理过程中引入适当的竞争机制,引导教师反思,激励教师积极主动地发展。通过聘请专家作报告、输送教师外出学习等方式帮助教师拓宽教学思路，采取竞赛、评比等方式为那些发展动机强、渴望取得教学成功的教师提供成长的客观条件。这一阶段的发展与自我实现的内部动机以及学校提供的客观环境密切相关。(3) 在自我探索阶段，教师已经适应了学校环境，客观因素不再是影响教师向更高水平发展的主要原因，主观努力逐步成为影响教师迈向成熟阶段的首要因素。在这一时期，教师要求自我实现和完善的愿望更加强烈，主动进行反思和探索，努力形成具有个人风格的教学方式，为成为优秀教师积极准备。教师的反思可以提升个人教育观念、加速教师专业化进程、提高自身教育教学水平，同时又是一种低成本、高回报的自我评价方法。近 20 年来，众多的研究者开始注重培养教师的反思能力。教师只有经常反思自己的教育教学实践和经验，才能不拘泥于日常的教育教学，将自己的教育教学与教育理论联系起来，不断提升实践智慧，进而促进自身的专业发展。但是，教师的反思同时也需要专家的指导，否则反思就只能停留于同水平的重复。一项关于教师反思的调查显示，95.5%的教师表示希望得到专家的指导，说明教师也意识到了自身努力与外部指导结合的意义。(4) 在成熟创造期，教师已经具备了成为优秀教师的知识和经验，需要更新自己的教育理念，并将这种理念通过自己娴熟的教育技能技巧和教育智慧体现在教育实践中，也需要通过书面语言逻辑化地表达自己的思考并以一定的方式存留下来。教师对职业成功的追求以及个人社会价值的实现是这一时期最主要的影响因素。这个时期，教师已经形成了对教育的较为成熟的观点，将教书育人视为人生价值的体现，这种执著的信念是教师职业追求的内在动力。

通过上述关于优秀教师的成长历程及其影响因素的分析可以看出，优秀教师的标志不仅仅是应用理论指导教学实践的能力，而且是对教学进行反思的能力，即深思熟虑并具有创造性。由于教学是具体的，要想进行有效教学必须综合考虑教学任务、教学时间、教学地点、参与者和具体教学内容等方方面面，然后做出一种综合决策并有能力付诸实施，对教师的知识、能力等各个方面都提出了较高要求。因而，优秀教师是那些掌握教学内容、教学对象的内在规律，能够将教育实践与个人特点相结合进而形成独特教学智慧，并把自己对教学的体会充分展现在对学生的教育教学实践中的教师。

第二节 教育心理学的作用

一、教育心理学的历史

从某种意义上说，教育心理学存在的历史非常悠久。我国古代的孔子、孟子、荀子等在论述教育问题时都有过一些有关教育心理学方面的观点。例如，他们肯定学习的重要性，把学习看作修身安己的根本、解除固蔽的途径，指出“学则不固”，“好学近乎智，力行近乎仁，知耻近乎勇”。重视环境与教育对儿童心理发展的作用，指出“性相近也，习相远也”，“蓬生麻中，不扶而直；白沙在涅，与之俱黑”。注重兴趣、注意、意志等非智力因素在学习中的重要性，提出“知之者不如好之者，好之者不如乐之者”，“心不使焉，则白黑在前而目不见，雷鼓在侧而耳不闻”，“锲而舍之，朽木不折；锲而不舍，金石可镂”；强调学习是积极的思维过程，认为“学而不思则罔，思而不学则殆”。主张思考存疑，认为“尽信书，则不如无书”。强调学行结合，重视实践对获得知识的重要作用，认为要“思而后行”，“不登高山，不知天之高也；不临深溪，不知地之厚也”。注重因材施教，如孔子就很注意对学生性格、才能和志趣的了解，并针对不同学生的性格特点采取不同的教育方法，在《论语·先进》中他曾指出：“求也退，故进之，由也兼人，故退之。”。世界上最早的教育专著《学记》中所提出的许多教育原则，也都闪耀着教育心理学的思想，如其中的“道而弗抑，开而弗达”的教学方法，就是强调充分发挥学生的主观能动性，培养学生的思维能力，发展学生的创造性。后来的王充、朱熹、王夫之等人也有不少的教育心理学观点。这其中不少思想观点即使在今天看来，也不乏启发意义。

西方早期的一些哲学家、思想家、教育家在论及教育问题时，也有不少教育心理学方面的观点。如柏拉图和亚里士多德曾探讨过诸如教师的角色、师生关系、教学方法、学习本质与顺序、学习中情感的作用等主题。在 18 世纪，夸美纽斯(Comenius J. A.，1592～1670)指出书本和教学过程中的视觉辅助的重要性，提出教学的目标是理解而不是记忆。至 19 世纪初，出现了教育心理学化运动。瑞士学者裴斯泰洛奇(Pestalozzi J. H.，1746～1827)提出，应该把教育与教学建立在心理学的基础上，以符合人类智慧发展的规律。德国教育学家赫尔巴特(Herbart J. F.，1776～1841)提出，教育应该以实践哲学与心理学为基础，同时建立了观念心理学体系，并据此提出四阶段教学法，即明了、联系、系统、方法。在 19 世纪末至 20 世纪初，美国兴起儿童研究运动。美国心理学家霍尔(Hall G. S.，1844～1924)运用心理学的方法研究儿童，据此建立了适合儿童的教育和教学原则，同时积极致力于推动心理测量工作。上述这些思想及具体做法，都为教育心理学学科的诞生奠定了坚实的理论基础与实践基石。

教育心理学作为一门独立的心理学分支学科，诞生于19世纪末20世纪初。它的建立除了上面介绍的教育心理学思想之外，另一个重要的也是直接的原因是心理学自身的发展。美国心理学家桑代克(Thorndike E.，1874～1949)受实验心理学的影响，从1896年就开始对动物的学习进行了实验研究，后来又研究了人类的学习及其测量。他依据学习的实验与测量研究所得的资料，于1903年出版了《教育心理学》一书，这标志着教育心理学的诞生。20世纪四五十年代，教育心理学研究的重点是个体差异、评价和学习行为；六七十年代，研究的重点转变到学习和认知的发展研究，关注学生如何学习概念，如何记忆；最近，教育心理学家对文化和社会因素如何影响学习和发展的问题尤为关注。

当今人们是怎样看待教育心理学的呢？一种普遍接受的观点是，教育心理学是一门拥有自己的理论、研究方法、问题和技术的独立学科，它通过对学习和教学过程的研究，揭示教与学的基本规律。为了与人类广泛的学习和教学相区分，教育心理学家们将教育心理学定义为，研究学校情境中学与教的基本心理学规律的科学。其实，学校情境内得到的关于学与教的规律也可以运用于涉及人类这些行为的更广阔的领域。

二、应该如何处理教育教学常识与教育研究结果的关系？

（一）教育教学常识

在很多情况下，教育心理学家提出的原理是经过仔细思考，花了大量的时间和金钱通过研究得出的，但这些原理听起来却太显而易见了。因而有人会说："这些原理我们都知道，这只不过是常识，不需要做研究我们也知道。"但是，我们应该知道，大部分反映或体现教育教学理论的俗语都有正反面个方面，而且听起来似乎都是常识。例如，中国人常讲"棍头出孝子"，意思是说"严厉的惩罚可以塑造期望的行为"；同时也有"好孩子是夸出来的"、"儿大三分客"等提倡运用表扬、平等、尊重等教育方式取得良好教育效果的谚语，而且每一句话都可以找到相应的事例来证明其正确性。这些互相矛盾的常识到底哪一条是正确的呢？这是一个常识不能回答的问题，需要经过科学研究才能准确回答。

还有一种情况就是，我们往往觉得常识是正确的，并在这种似乎正确的常识的指导下行动，但是，这些常识却是不精确的，常常由于缺乏具体情境的针对性而发生错误，请看下面的例子。

例1 在小学低年级的朗读课上，教师应该怎样选择学生进行朗读呢？

基于常识的回答：教师应该随意点名，这样每个学生才会认真地听课。如果教师每次使用同样的顺序，学生就知道什么时候会轮到他。

基于研究的回答：有研究者发现在一年级的朗读课上，让每个学生按顺序朗读，给每个学生朗读的机会会比随机点名的效果更好。轮流朗读的关键是给了每个学生参与的机会，如果不能让每个学生都有参与的机会，那么有些学生就可能被忽略。

例 2 焦虑能帮助学生在课堂上更好地完成学习任务吗？

基于常识的回答：这种说法是错的。焦虑总是一件坏事，会阻碍学习。

基于研究的回答：对某些课堂作业，特别是相对简单的作业来说，适度的焦虑实际上能促进学生的学习和表现。

例 3 教师有责任主动去帮助那些成绩较差的学生完成功课吗？

基于常识的回答：应该主动提供帮助。

基于研究的回答：只有当学生请求帮助时才给予帮助，否则学生的学习动机会受到影响。

从以上事例中我们可以发现，常识往往是一般的、粗略的，研究却可以告诉我们更多、更精细的知识。用简单的术语表述一个原理时，原理似乎非常简单，就像我们看到技能娴熟的运动员表演时的感觉一样，训练有素的运动员使表演看起来很简单，但是我们只看到训练的结果，掌握每个细节动作所需要的全部工作却没看到。

这样说并不意味着教师必须照搬研究成果，不必考虑教学常识与经验。其实没有任何理论、研究或书籍可以直接告诉教师在特定情境下该做什么。做出正确决策依赖许多因素，如问题产生的背景、要达到的教育目标等等。例如，数学教学的研究发现，快速教学可以提高成绩（Good Grouws & Ebmerier, 1983）。但是，这也并不意味着教师在所有时候都不可以放慢教学速度，有经验的教师常常在非常关键的概念上花大量的时间，或者让学生花时间自己去发现数学原理。关于接受式教学与发现式教学的对比研究也发现，与让学生自己发现相比较，直接传授技能或信息可以让学生在较短的时间内掌握大量的知识，但是当教师的教学目标是希望学生对某一主题有更深层次的理解，或让学生自己去发现知识、解决问题时，就不能照搬关于教学速度的研究结论。这个例子同时告诉我们，常识或经验并非无用，研究结论的应用要跟常识或经验结合起来才能达成有效的教学。因而有研究者提出：有效教学＝研究＋常识（Slavin, 2004），即当将教育心理学的研究结论应用到课堂教学中时，还要考虑教学目标，同时要考虑教学常识或经验，只有将二者结合起来才能达成一个有效的教学。

（二）原理和理论

当相似的研究反复产生相似的结果时，即使情况变化极大、学习者各不相同，教育心理学家仍然能推论出心理学的普遍原理。原理这个术语就是用以说明两个或者两个以上因素之间确定的关系，如一定的教学策略和学生成绩之间的关系。这些原理描述了影响学生学习、发展及行为的具体因素。通过许多确知的原理，教育心理学家已经解释了许多变量之间的关系，为了更好地理解教学和学习过程，教育心理学家又提出了许多理论。心理学理论通常吸收了许多原理，包含了大量的相互关系。实际上，原理描述了人类行为的本质，它们描述了在什么情况下发生什么事情，而理论则描述了那些事情发生的原因。

尽管目前有关的教育心理学原理和理论仍不尽善尽美，但它们对帮助学生在学习和社会上取得成功提供了许多有益的启示，使得教育和教学会更加有效和完善。而且，无论教师是否意识到，针对课堂上发生的事件，教师总会采取一些措施，这些措施都会基于某个原理。

例如，在初二的一堂语文课上，李明叠了个纸飞机，他趁王老师转过身在黑板上写字时把飞机扔向空中，引得全班同学哄堂大笑。如果你是王老师，你会如何处理李明同学的不良表现？

王老师考虑了一系列可能的做法，每种方法都基于不同的理论，都根据他对具体情境的判断，一是李明为什么会做出这个明显违规的行为，二是采取哪些措施可以使李明的行为变得合乎要求。

可能的做法以及这些做法相应的原理是：

做法一，训斥李明。因为训斥是一种惩罚的形式，李明会为了避免惩罚而规范自己的行为。

做法二，忽视李明。因为同学的关注是对李明的一种奖励，忽视则意味着剥夺对他的奖励。

做法三，让李明去办公室。被带到办公室是一种惩罚，这也意味着剥夺了来自同学的支持。

做法四，告诉全班同学，有人捣乱时同学们哄堂大笑是对捣乱行为的纵容，发生了这样的事全班减少5分钟的休息时间。这样做的原理是：李明的捣乱行为是为了得到同学们的关注，如果同学们因他的行为受到惩罚，则会减少对他的支持，进而会使李明收敛。

做法五，向全班同学解释李明的行为干扰了正常教学，破坏了开学初全班同学制定的课堂规则。这样做的原理是：教师提醒全班同学李明的做法与全班同学的行为标准冲突，与每位同学的需要相悖，使李明明白通过这样的方式不会得到同学们真正的支持。

上述做法到底哪一种是正确的做法？例子给我们提供了一条线索：同学们哄笑，这表明李明在寻求同学们的关注。如果王老师训斥李明（做法一）会增加同学们对他的关注，进而奖励其捣乱行为，这时忽视（做法二）可能是一个不错的措施。让李明去办公室（做法三）也可以避免同学们的关注，或许有一定作用，但是如果李明正想方设法离开教室不想学习，那又怎么办？让全班同学为李明的事减少休息时间（做法四）可以使李明失去同学的支持，促使他改变行为，但是有些学生也会认为，因为某一个人的不良行为使自己受到惩罚有失公平。最后一种做法只有在班集体非常成熟的情况下，即有明确的班级目标——重视学习成绩和良好行为，才会奏效。

上述例子还提供了一条有意义的线索：初中二年级，这是一个进入青春期的年龄。心理学研究表明，随着学生进入青春期，同辈群体对他们而言极为重要，他们经常试图通过破坏或无视规则的方式来表明自己的独立性，竭力摆脱成人的控制。行为主义学习理论的研究表明，当某种行为反复出现时，一定有某种奖励强化着该行为。如果要消除该行为，必须首先找出奖励物究竟是什么，并取消该奖励（详见第六章行为主义学习理论）。这一理论告诉我们，王老师也可以考虑使用惩罚（如训斥）来阻止不良行为的发生，但是他同时要考虑到学生接受批评的方式，是采用公开批评还是个别批评。对规则的制定及课堂纪律的研究表明，学生参与规则制定有助于学生自觉遵守课堂纪律。

通过以上分析我们知道，王老师到底该采取怎样的措施来处理李明的捣乱行为既依赖于王老师对研究结果的掌握，也依赖于他对李明行为原因的分析（即李明为什么这样做）。他的对策可能对也可能错，但是由于他知道解释李明行为的各种原理及理论，知道基于不同理解的不同办法，他就能够观察他所采取措施的效果并理解起作用的原理；如果不起作用，他可以尝试运用其他办法，并在这一过程中不断积累处理课堂纪律问题的经验。从这个例子还可以看出，心理学研究结果为王老师提供一些可供选择的应对方式，还需要他利用自己的经验来断定具体的方法。这也是教育实践的魅力所在，既要懂得原理与理论，也需要在实践中积累经验，因而成长为优秀教师需要一个过程，优秀教师不是在师范教育的课堂中产生的。

三、教育心理学的研究类型

教育心理学研究中常用的研究类型有描述性研究、相关性研究和实验研究，还有一种是越来越受到人们重视的行动研究，行动研究常常与反思结合起来运用。

（一）描述性研究

教育心理学家会设计并进行许多不同类型的研究，其中一类就是描述性研究。描述性研究通常发生于自然条件下，旨在通过观察并记录教育过程中某些心理活动的表现或行为变化来揭示研究对象的心理与行为特征。这种研究给我们提供有关学生、教师或学校的特点的一些情况，同时也给我们提供有关某些事件或行为的发生频率的一些情况。表 1-3 的左栏中列举了用描述研究回答一些问题的实例。

表 1-3　　三种研究类型的举例说明

我们可以用描述研究、相关研究及实验研究来回答下列问题		
描述研究	相关研究	实验研究
能进行抽象思维的中学生的百分率是多少？	年龄大的学生比年龄小的学生更善于抽象思维吗？	抽象思维技能能通过特殊设计的教育方案得到提高吗？
我们在学校里可以看到哪种攻击行为？其发生频率是多少？	如果学生的父母在家里动粗，那么学生在学校里会更富攻击性吗？	什么方式对减少攻击行为更有效，是强化适当的行为还是惩罚攻击行为？
在常用来教小学生阅读的书籍中，性别一词出现有多普遍？	善于阅读的人也善于写作吗？	两个方案中，哪一个更能提高阅读理解力？

描述性研究用以收集资料的方法主要有三种：观察法、个案法、访谈法。

1. 观察法

观察法是在自然情景中对人的行为进行有目的、有计划的系统观察和记录，然后对所做记录进行分析，发现心理活动的发生和发展的规律的方法。采用观察法研究教育心理学，首先要求有明确的计划；其次做好全面而细致的记录，除文字记录外还可以利用现代化手段如录像、录音，以备反复观察和分析所用；最后还要对所获取的资料做出切合实际的推论或结论。

2. 个案法

个案法是对少数人或个别人进行追踪研究的一种方法，通常是针对那些学习上有困难或行为上有问题的学生进行研究。

3. 访谈法

访谈法是通过与被研究者的交谈来收集有关资料。教育心理学的研究中常常把与被研究者的谈话作为一种手段，与其他方法结合使用，一般不单独应用。

描述研究所获得的资料一般比较真实，但是它只是描述了行为的表面现象，不能揭示其中的因果关系。

（二）相关性研究

相关是一个数据，它表明两个事件或者测量的相关联的程度和方向。相关的范围在＋1.00～－1.00之间，相关程度越接近＋1或－1.00，说明相关程度越高。例如，身高和体重的相关是0.7(较高相关)；身高和掌握语言的数量的相关几乎为0.00(根本没有相关)。相关的正负号表示相关的方向，正相关表示两个因素变化方向一致，同时增大或同时减小。例如，身高和体重是正相关，因为身高越高，体重也会越重。负相关表明两个因素变化方向相反，当一个因素变大时，另一个因素就变小。例如，随着非数学专业的教师数量的增加，学生的数学成绩随之下降。

相关性研究旨在用相关系数去揭示研究对象的若干变量之间的关联程度。表1-3列举了用相关研究回答一些问题的实例。但是相关不能证实因果关系，如身高和体重是相关的，一般高的人比矮的人重，但是增加重量并不一定使人变高，知道一个人的体重只能让你大概预测这个人的身高。教育心理学家找出这些相关的目的就是为了能对课堂中重要的事件进行预测。

相关研究用以收集资料的方法有问卷法和测量法。

1. 问卷法

问卷法也称调查法，它的基本做法是研究者根据研究目的拟定一系列问题，向被调查者提出，要求其做出回答。在研究对象上，不受人数限制，样本可大可小，但是取样范围广泛有利于搜集丰富、充分的资料。在研究内容上也比较广泛，无论是内隐的心理活动还是外显的行为都可以使用问卷法。在研究处理上，因为大部分问卷调查是可以按照标准化的方式回答的，所以对这些资料易于整理和分析。应当注意的是，对问卷的编制有较高的要求，问题的数量与顺序、问题的措辞、问题类型等等都是需要反复斟酌的。

2. 测量法

测量法是采用专门的测量工具(测量量表)，在较短的时间内对被研究者的某些或某方面的心理属性做出测定、鉴别和分析的一种方法。在教育心理学中，常用测量方法来评估研究对象的学业成绩、能力、兴趣、态度和性格以及它们之间的关系等。采用这种方法应该注意的是要选择合适的量表进行测量，否则会影响到测量的效果。

相关研究可以迅速收集大量资料，并且可以根据测量的相关结果对所研究的行为进行初步预测，但是，因为相关不能对变量进行控制和改变，所以还不能就此得出行为之间的因果关系。当然，并不能因此否定相关研究，相关研究所得的结果可以为更深入、更准确的研究提供倾向性的假设或重要线索。

(三) 实验研究

实验研究允许教育心理学家超越预测，进行真正的因果研究。实验研究就是创设一定的情境，改变或操纵变量的一个或多个方面(常称为自变量)，然后衡量这些变化对其他事物的影响(常称为因变量)，从而考察自变量和与因变量之间的因果关系。例如，研究者把有学习障碍的学生随机分成两组，并让教师以A方式教育其中一组，用B方式教育另一组，然后比较两组学生的学习成绩，判断哪一种教育方式更有效。表1-3列举了通过实验研究回答一些问题的实例。

实验研究有实验室实验和自然实验两种形式。

1. 实验室实验法

实验室实验法是在专门的实验室内利用一定的仪器进行研究的一种方法。实验室实验法对各种因素的控制较为严格，并且它通过专门仪器进行测试，所以一般具有较高的信度，通常用于研究心理过程和某些心理活动的生理机制等方面的问题。目前，在教育心理学中最常用的仍然是自然实验法。

2. 自然实验法

自然实验法是指在教育实际情境中按照研究目的而创设、控制某些条件，以引起某些心理活动从而进行研究的一种方法。这种研究方法具有实验法和观察法的优点，既主动创设条件，又是在日常生活中进行，因此它是教育心理学中常用的方法。但是我们也应该意识到，自然实验法的条件控制往往难以做到非常严格。

(四) 行动研究

近年来人们逐渐认识到，像教育这样一些复杂的问题既应该强调进行科学研究，同时应该鼓励用多种方法进行研究，如人种学研究、个案研究、调查研究、时间序列研究、行动研究以及可以收集数据的其他研究方法。其中，教师行动研究越来越受到研究者的重视，被认为是促进教师成长的卓有成效的方法。

行动研究法目前已被我国广大的中小学工作者了解、接受。所谓“行动研究法”(action research)指的是，在教育情境中，教育实践工作者为解决教育教学中遇到的实际问题，在经过系统的反思、探究的基础上，采取相应的改进实践的行动解决实际问题的一种研究方法。行动研究是以研究实际问题为出发点，以解决实际问题为研究目的的。也就是说，当教师或者学校进行系统的观察或者为改进学生的学习而尝试新的教学方法时，他们就是在进行行动研究。

行动研究作为教师进行研究的一种重要方法，不仅有助于克服教育研究与教育实践相脱离的弊端，而且能够促进教师的专业化成长。有学者认为，教师反思能力的发展和富有成效的行动研究是提高教师专业素质的重要途径，并指出教师行动研究的目的不在于创建新理论，而在于改进自己的教学行为(申继亮，

2009)。所以,在教育研究实践中越来越多的教师在自己的教学实践中应用这种方法。像上文中我们提到的王老师处理李明同学的捣乱行为这件事,王老师就可以用行动研究法不断提高自己处理课堂问题的能力。王老师已经知道处理处于青春期学生课堂纪律问题的基本措施,综合考虑了有关课堂行为的多种观点。他采取行动时是深思熟虑的,有明确的意图与目标,对采取行动背后的原理与理论有深刻的意识;在采取行动之后能够对行为进行有意识的反思,能够准确评价其行为是否达到了预期效果,根据评价结果和已有经验形成对教学活动新的构想,搜集资料来检验这一构想,有效组织和分析资料,并基于这些资料形成正确结论,用这些结论指导进一步的教学实践。实践活动可以进一步检验有关理论,进而充实、完善教师专业基础知识,提高解决问题能力,最终成长为优秀教师。

四、教育心理学的作用

(一) 教育心理学的理论作用

首先,教育心理学从教育过程这一侧面对一些心理规律进行探索,揭示的心理学规律不仅充实了教育心理学的一般理论,而且为整个心理学的理论发展做出了贡献。如教育心理学研究的学生在学习知识过程中表现出的记忆规律,对教育心理学乃至整个人类记忆的研究都有重要的意义。人们把心理学称为一门研究的科学,即心理学中尚存在着大量的未知领域,而不是像其他自然学科已有成熟的体系。教育心理学可以从教育过程这一侧面对一些心理规律进行探索,为心理学的理论发展做出贡献。

其次,教育心理学的研究也对教育学(特别是教学论、课程论和德育论)的理论发展起重要作用。例如,教育心理学关于态度与品德形成的研究,对品德教育中深入认识学生的主体性地位具有奠基性意义。

此外,教育心理学对人类学习过程的研究成果还将为人工智能的发展提供有益的理论指导。

(二) 教育心理学的实践作用

人类能够改造世界,创造新事物,主要是因为人们能在实践中不断认识客观事物的发展规律,按客观规律办事。教师和教育工作者要想使教育教学工作做得更有成效,就必须不断去发现、把握和正确运用存在于教育教学过程中的规律,其中包括教育心理学所揭示的教与学的心理规律。教育心理学作为以应用为主的学科,更重视研究并揭示存在于教育教学实践中的具体规律,使其直接能为学校教育提供指导。如美国教育心理学家奥苏伯尔在 1957 年做过的一次“意向对保持学习材料的影响”的实验发现,学生在阅读之前有准备长时记忆的意向比阅读之后才出现这种意向有更好的学习效果。教师一旦明白这一规律,教学中就会提示学生，不要只为当前的考试而学习材料，应为长远的学习或应用而去掌握材料，只有这样，知识的保持才长久。教育心理学对教育实践具有描述、解释、预测和控制的作用，在实际应用中体现为以下几个方面：

1. 帮助教师准确地了解问题

教育心理学研究的一个最基本的任务，是对教与学过程中的心理现象在质和量上进行描述和测量，并揭示其存在的内在联系和规律，即解决“是什么”和“为什么”的问题。例如，对于存在学习困难的学生，教育心理学可采用多种方法，帮助教师来了解困难的原因。一名小学四年级学生在语文阅读方面存在困难，我们就可以应用智力测验、阅读测验或者与此有关的生理方面的健康检查等各种形式的测查手段，来找出困难的症结。当然，阅读困难也可能与个人的生活经验有关，如父母离异、对儿童漠不关心或期望过高致使学习动机受挫，或者与教师关系不和、教学方法不当等致使儿童失去学习兴趣等。教师可以应用教育心理学的理论和研究方法，对学生学习困难或心理发展过程中存在的有关问题追根溯源，准确地了解学生，从而采取针对性的方法，促进学生学业进步、心理健康发展。

教育心理学有助于教师对教育现象形成新的科学认识，尤其是对传统的、常规的教学方法、教学行为进行分析和研究，提出更为科学的观点。

2. 为实际教学提供科学的理论指导

教育心理学为实际教学提供了一般性的原理和理论指导。教师可结合实际的教学内容、教学对象、教学材料、教学环境等，将这些原理和理论转变为具体的教学程序或活动。例如，根据学习动机的规律的研究，在课堂教学中可以采取创设问题情境、积极反馈、恰当控制动机水平等手段来培养和激发学生的学习动机；依据学习迁移的规律，可以在教学内容的选编、教学程序的安排等方面采取措施，促进学习的迁移。

3. 帮助教师预测并干预学生

利用教育心理学原理，教师不仅可以正确分析、了解学生，而且可以预测学生将要发生的行为或发展的方向，并采取相应的干预或预防措施，达到预期的效果，也就是解决“怎么做”的问题。心理学家们往往根据教育心理学的理论和规律以及学生现在或过去的行为，来预测他将做什么。比如，一个心理学家如果知道一个学生的一般智力、学习策略和学习动机，就能更准确地预测这个学生在学校里的学业成绩。对行为的预测伴随着对行为的干预，如根据学生的智力发展水平，为智力超常或有特殊才能的儿童提供更为充实、更有利于其潜能充分发展的环境和教学内容；为智力落后或学习困难的学生提供额外的帮助或行之有效的具体的矫正措施，使其达到最大限度的发展。

4. 帮助教师结合实际教学进行研究

教师不仅要学习教育心理学家们在教学领域中所做的各个方面的研究，现代教育要求教师还应该是一个研究者，面对纷繁复杂的实际教学情景，要能够不断地发现问题、提出问题，选择适当的方法和程序解决问题；同时，还需要不断总结自己的经验，通过阅读、观察和交谈来解决自己的问题。前面我们已经提到了，行动研究法越来越受到大家的关注。教育心理学不仅为实际教育活动提供一般性的理论指导，也为教师参与教学研究提供了科学的研究方法、技术及可参照的丰富的例证。有效的教学需要教师因人、因事、因时、因地灵活地进行，因为学生、班级、学校以及相应的社会环境各有不同，教学内容、教学时段、教学方法等也各有不同，普遍适用的教学模式是不存在的，需要教师结合教学实际，创造性地、灵活地将教育心理学的基本规律应用于教学中；否则，生搬硬套某些原理无助于教学效率的提高，甚至会适得其反。教育心理学并非给教师提供解决一切特定问题的具体模式，相反，它给教师提供进行科学研究的思路和研究的方法，使教师不仅能够理解、应用某些基本的原理和方法，而且还可以结合自己的教学实际进行创造性的研究，去验证这些原理并解决特定的问题。

回到案例

本章开头的案例中，小刘老师刚刚毕业，在师范学校里学习了相关的心理学、教育学知识，具备了一些知识，为成长为优秀教师奠定了基础，她最终成长为优秀教师还有一段漫长的实践之路。当真正踏上讲台时，由于她此时处在工作适应期，她的主要精力是关注自身的职业生存，即主要是关注自己的表现，她关于教学的理论知识并未得到相应的激活。作为一名新教师，备课时她心里可能会想到应该考虑多种教学方法，但是，这最多是一个想法，最终还是会选用有经验的教师常用的方法，因为这样最保险，不会出大问题。演示过程中，新教师最关注的应该是她的讲述是不是清楚，会不会在下课铃响之前结束要讲述的内容；在提问的时候也是希望自己不会遇到尴尬的问题，如果学生故意捣蛋、故意出难题，这些都是她不希望出现的；最后，这堂课结束的时候，如果完成了教学任务，也没有出现很大的差错，新教师可能就认为这节课是成功的。任何一名教师都有成长为优秀教师的可能性，本章我们讲述了教师专业发展的阶段，随着教龄的增长、教学经验的增加，新教师的专业能力会得到不断发展，每个阶段都有每个阶段独特的发展任务，只有积极适应并努力发展自己最终才能成长为优秀教师。我们应该认识到，教学能力是一种实践能力，需要在理论学习的基础上不断积累经验并反思才能不断发展起来。当然，在师范教育阶段，多让未来教师进行教育实习，并指导其进行行动研究和反思，对师范生的教学能力的发展会有很大帮助。

学术争鸣

教学是科学还是艺术?	
正方观点:教学是科学 新行为主义者斯金纳(Skinne B.)认为,可以用科学的方法来安排教学。他把强化作为促进教学的主要方法。在他看来,教学工作的实质就在于如何安排强化。因为行为主义者坚信复杂行为是由简单行为构成的,所以主张把课程目标和内容分解成很小的单元,然后按照逻辑程序排列,一步一步地通过强化手段使学生逐步掌握教学内容,最终达到预期的教学目标。所以,主张教学是科学的人认为教学不仅有科学的基础,也可以用科学的方法来研究。 斯莱文(Slavin R.)认为,当今世界的教育改革只是从一种思潮转换成另一种思潮,变化过程越来越像艺术或时尚品味的改变,而不是像科学那样逐步改善。与此同时,医学、农业和科技等领域随着时间的推移取得了空前发展和系统的成就,这些成就已经改变了世界,其原因是在这些领域中的实践建立于科学证据之上,具有严格的评价。所以,他认为教育研究必须是科学的,随机的、可重复的实验是科学证据的可靠来源,教育改革应该建立在科学研究之上。	反方观点:教学是艺术 人本主义心理学家库姆斯(Come A.)认为,我们不能将教育学与医学进行类比。教育的“处理”比医学上开一种药更复杂,更不可预测。班级条件会改变整个教育计划或者计划实施的方式。在改进实践效果的过程中,不能幻想实践的复杂性或混乱性不存在,要是那样做了,由此带来的损失最终将由孩子来承担。在教学领域中,教学方法不是公共的,好教师的教学绝不是千篇一律地遵循着什么既定规则,他们都有各自的个性,并在教学中体现出来;好教师在教学中会注重具体的、特定的情境,不可能以既定的方法行动,教师应当是艺术家。 伯利纳(Berliner D.)提出,在教育中进行科学研究和完成科学发现是非常困难的,因为学校中的个体处于复杂的、不断变化的、相互作用的社交网络。这些网络中的人有足够的力量通过日常的事件相互影响。这些事件限制了教育研究发现的推广性,从而影响在学校中进行科学的研究。所以教学不能作为一门科学。

小　结

1. 有效教学

有效教学就是通过有效的教学准备、有效的教学活动和有效的教学评价来促进学生学习和发展的教学。有效教学具有有意识地教学、创造性教学、反思性教学、塑造完整的教学人格等特点。

2. 优秀教师的成长历程

在描述有效教学的时候经常提到优秀教师、专家型教师等。对于教师的专业发展阶段，许多学者提出不同观点。本章重点介绍了从教师职业发展的心理历程以及具有重要作用的内外部因素角度提出的优秀教师成长的四阶段观点。该观点认为教师成长分为工作适应期、目标定向期、自我探索期与成熟创造期。外部影响因素经历了从学校要求为主到内外部结合直至职业理想追求为主这样一个自我发展的历程。

3. 教育心理学的研究方法

教育心理学是一门拥有自己的理论、研究方法、问题和技术的独立的学科，它通过对学习和教学过程的研究，揭示教与学的基本规律。一般认为教育心理学主要有三种研究类型：描述性研究、相关性研究和实验研究。近年来人们逐渐认识到，像教育这样一些复杂的问题既应该强调进行科学研究，同时应该鼓励用多种方法进行研究，如人种学研究、个案研究、调查研究、时间序列研究、行动研究以及可以收集数据的其他研究方法。其中，教师行动研究越来越受到研究者的重视，被认为是促进教师成长的卓有成效的方法。

4. 原理与理论的区别

原理是指两个因素或多个因素之间确定的关系，如特定的学习策略与学生学习成绩之间的关系。理论是一组相互关联的概念，用来解释一组数据并进行预测。研究中获得的原理能对特定问题做出可能的解释，而理论则能为分析几乎所有情境都可能出现的问题提供多种观点。

5. 教育心理学的作用

教育心理学在理论与实践上都有很重要的作用：在理论方面，教育心理学从教育过程这一侧面对一些心理规律进行探索，揭示的心理学规律不仅充实了教育心理学的一般理论，而且为整个心理学的理论发展做出了贡献。教育心理学的研究也对教育学（特别是教学论、课程论和德育论）的理论发展起重要作用。除此之外，教育心理学对人类学习过程的了解还将为人工智能的发展提供有益的理论指导。在实践方面，帮助教师准确地了解问题，为实际教学提供科学的理论指导，帮助教师预测并干预学生，帮助教师结合实际教学进行研究。

思考题

1. 有关教师专业发展阶段的观点有哪些？
2. 成长为优秀教师需经历哪些阶段？各阶段的主要影响因素是什么？
3. 反思的策略有哪些？
4. 教育心理学的研究类型有哪几种？
5. 怎样看待教育心理学中的理论和原理？

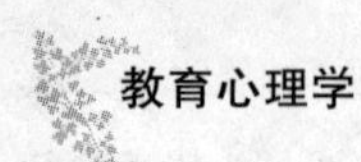

6. 教育心理学有什么作用？

∠ 进一步阅读文献

1. 申继亮，张彩云，张志祯. 专业引领下的教师反思能力的发展——以一位小学教师的反思日记为例. 中国教育学刊，2006(6)：74～77.

2. 申继亮. 教学反思与行动研究：教师发展之路. 北京：北京师范大学出版社，2006.

3. 张景焕等. 优秀教师的成长之路. 当代教育科学，2009(4)：25～35.

4. 顾泠沅. 专业引领与教学反思. 上海教育科研，2002(6)：1～3.

第二章
学生的认知发展

☞ 章节说明

作为一名教师，了解学生认知发展的基本理论是非常必要的。有经验或受过训练的老师会了解班里大多数学生处于哪种发展水平，也清楚哪些学生需要特别的帮助，还能认识到如何用一种既能促进学生认知发展又不会导致挫折感的方式来进行教学。因此，我们首先要了解有关认知发展的一些基本原理，然后应该了解几个主要的理论是如何基于这些原理来看待认知发展的。本章第一节首先解释认知发展的概念，接着介绍认知发展的基本原理，最后将指出认知发展的领域一般性和领域特殊性。第二节和第三节分别介绍著名心理学家皮亚杰和维果斯基的认知发展理论，以及每一种理论在教育教学中的应用。最后一节将对认知发展中的个体差异和文化差异进行探讨。

☞ 案 例

在一堂初中几何课上，张老师准备讲的内容是"圆柱体侧面积公式"，他带去了一把剪刀、五个圆柱形纸筒、一瓶墨水、一张白纸、一卷透明胶带，随后让学生利用这些工具去想圆柱侧面积公式的推导方法。学生通过自己动手，想出下面一些方法：

学生 1：用剪刀沿圆柱一条母线把圆柱形纸筒剪开，展开后得到一个矩形，用矩形的面积推求圆柱侧面积。

学生 2：用剪刀沿圆柱一条斜线把圆柱形纸筒剪开，展开后得到一个平行四边形，用平行四边形的面积推求圆柱侧面积。

学生 3：给圆柱形纸筒的表面涂上墨水，使纸筒在白纸上滚动一周，在纸上留下的痕迹正好是矩形，痕迹面积就是圆柱侧面积。

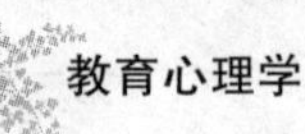

学生4：把纸筒压扁，即得两个对折的全等矩形，也可以求出面积。

学生5：用透明胶带在圆柱形纸筒侧面由底到高一圈一圈地贴上去，直到贴满侧面，最后算一下用了多少胶带。

……

张老师的教学方法有何巧妙之处？学习完本章之后也许你会更容易回答这一问题。

第一节　认知发展的基本原理

一、认知发展的概念

所谓认知(cognition)，具体是指那些能使主体获得知识和解决问题的操作和能力。认知是人类个体内在心理活动的产物，尽管我们不能直接看到主体内在的认知过程，但是可以通过观察、分析主体认知活动的外在行为来推断其大脑内部进行的认知活动本身。从广义的角度看，认知几乎包含在所有的认识活动中。换言之，在心理活动的任何一个环节中都有认知成分的参与。

所谓发展(development)是指随时间的延续，有机体在结构或功能上发生变化的过程和现象。“发展”是一切物种的重要特性，而且具有生物学上的依据。因此，对有机体的发展进程和结果是可以进行预测的。人类发展有许多不同的方面，比如生理发展、人格发展、社会性发展、认知发展等。

所谓认知发展就是指主体获得知识和解决问题的能力随时间的推移而发生变化的过程和现象。但发展期间出现的许多变化只是简单的生长和成熟(那些自然和自发出现的变化就是成熟)，而且这些变化在很大程度上是由基因决定的。而其他的变化，比如认知发展，则主要是成熟和环境相互作用的结果。

二、认知发展的基本原理

尽管关于发展的内涵和发展发生的方式现在还有争议，但是大多数心理学家都认同下面一些发展的基本规律。

(一) 发展模式在一定程度上是有序的和可预料的

人类发展的特点是按可预料的顺序依次出现的。例如，儿童只有在学会坐和爬行之后，才能学会走路；只有在从逻辑方面去思考具体物体和可观察事物之后，他们才能从逻辑方面去考虑抽象的概念；先掌握加减乘除才能学习代数；先读童话故事，再读《红楼梦》和《三国演义》，等等。尽管学者们可能对这些行为出现先后的准确性方面有不同的意见，但在某种程度上我们可看出人类发展中的普遍原理:随着时间的推移而发生变化的相似模式,而不用过多考虑人们成长的具体环境。然而,需要指出的是,“有序”和“可预料”并不是绝对的;相反,人可以超前发展,也可能滞后发展,还可能保持一段时间不变。

(二)发展的速度因人而异

有关研究表明了人们到达每个发展阶段的平均年龄,例如,儿童一般1岁左右会说话,7岁时可以用重复作为记忆信息的一种方式等。但是并非所有的儿童都在平均年龄达到相应的发展阶段,有些儿童出现得早些,有些儿童则出现得晚些。

(三)发展是逐渐发生的

认知发展是一个缓慢发生的过程,不可能一蹴而就。尽管儿童在某个年龄段会出现较快发展,比如青春期儿童身高的发展,但是受生物和环境交互作用影响的认知发展不可能在一夜间发生。比如,一名不能用铅笔或不能回答假设性问题的学生也许认知能力发展较好,但是这需要时间。

(四)发展速度是不均衡的

尽管认知发展是逐渐发生的,但它并非总是以永恒不变的速度进行,而是存在高原期和平缓期。比如,学步的儿童在长达数个月的时间里只能用有限的词汇和一个字的“句子”讲话,但是,也许在他/她第二个生日后的某个时候,语言发展就会发生质的飞跃,在短短几个星期内,词汇量迅速增加,说的句子越来越长。

(五)发展总是受遗传和环境的影响

发展的各个方面都直接或间接地受遗传的影响。认知发展首先要通过成熟过程控制着儿童的成长,一个1岁的孩子不可能获得抽象逻辑思维能力就是这个道理。不过,环境在认知发展的过程中同样起关键的作用。例如,生活在不同家庭背景下的儿童,其认知能力往往也会有差异:生活在注重数理化训练的家庭中的儿童,可能比普通家庭中的孩子更快地发展出抽象推理能力。

三、认知发展的领域一般性和领域特殊性

一般领域发展(domain-general development)指发展几乎同时在多个领域发生,而特殊领域发展(domain-specific development)是指发展在不同的领域以不同的速度发生。不同的认知发展理论往往在涉及发展的一般领域性或特殊领域性时有分歧。例如,如果一种理论认为认知发展是以一般领域的方式进行的,那么它就会认为算术能力和语言能力的发展是同步的;如果认为认知发展是以特殊领域的方式进行的,那么就会认为这两种能力的发展未必同时发生。

在实践中,这两种观点分别有不同的教育含义和教育启示。比如,根据领域

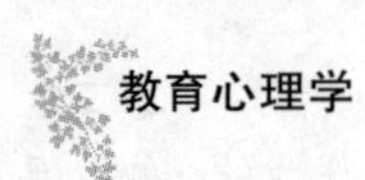

特殊性的发展观点，教师可以预期一个数学学习能力很棒的学生，其语文却未必学得很棒；根据领域一般性的发展观，教师则可以预期一个数学学习很好的同学，其语文成绩也会不错。那么当遇到一个数学成绩很好而语文成绩不好的学生时，教师该怎么做呢？是鼓励他在语文方面加倍努力还是等待并促进他语文能力的发展呢？事实上，有些领域各自所运用的技能较少有重合的部分（这些技能就是领域特殊性的），如一个数学成绩好的学生，其语文成绩未必也很好。但是有些领域各自所运用的技能当中却存在较多重合的部分（这些技能就是领域一般性的），如一个数学成绩很好的学生，其物理成绩一般不会太差。

总之，教师在教学过程中，掌握上述关于学生认知发展的一些基本知识和基本原理，有助于更好地了解学生的发展状况并根据这些原理指导其教学实践。

第二节　皮亚杰的认知发展理论

从20世纪20年代早期开始，瑞士生物学家、心理学家让·皮亚杰（J. Piaget，1896～1980）对儿童的认知发展、知识的起源等问题进行了深入研究，提出了著名的认知发展理论，在心理学界引起了广泛而长远的影响。

一、认知发展的机制

（一）平衡（equilibration）

皮亚杰认为，儿童认知发展的主要机制是平衡。所谓平衡是指认知结构与环境需要之间达成的平衡。当儿童遇到的情境与自己对世界的预想或观念相一致时，他们就处于一种平衡状态。皮亚杰将儿童对世界的理解和观念看成一种认知结构。儿童通过组织（organization）将自己的思维过程、知识经验融入认知结构，这种组织倾向是人通过遗传获得的基本倾向之一。皮亚杰用图式（schemes）来命名这些认知结构。所谓图式是思维的基础框架，它们组成动作或是思维系统，这些系统使我们能在心理上表征或思考物体和事件。当儿童能用现有的图式轻轻松松地解释新事物时，就说明他们处于一种发展的平衡状态，但是这种平衡状态不会永远持续下去。随着儿童的成长，由于他们对世界的理解很有限，在遇到一些情境时可能无法充分理解。比如，当一个几岁的孩子第一次看到狼的时候，可能以为是狗。当儿童现有的图式无法充分理解或解释新情境或新事件时，不平衡状态（disequilibrium）就出现了。不平衡状态会令人不舒服，从而促使人们去不断探索解决办法来达到平衡。在这种探索的过程中，儿童主要通过同化和顺应两种方式来实现平衡。从平衡到不平衡，再从不平衡到平衡，儿童的思维会因此而改变并不断向前发展。

（二）同化（assimilation）

同化是以与现有图式（认知结构）相一致的方式处理物体或事件的过程。例如，当学生学习并掌握了鱼这一概念之后，在头脑中逐渐形成了一种关于鱼的图式（在水里生活、脊椎动物、有鳍、卵生等），当看到一条游动的金鱼时，自然而然会认为金鱼是一种鱼。这就是一个认知同化的过程。它不需要儿童改变现有的图式，只需要把遇到的新问题纳入到已有的图式中去就可以了。然而，儿童生活的世界是复杂的，他们有时不能轻而易举地用现有的图式去解释遇到的新情况。比如，当儿童在电视上第一次看到幼鲸从妈妈肚子里出生的画面时一定会非常惊讶，这个新情况与他/她关于鱼的图式不太一致。儿童无法用鱼的现有图式来解释这一新问题。这种情况下，儿童只能用顺应来调节这种不平衡状态。

（三）顺应（accommodation）

顺应是当儿童无法用现有图式来解释新信息时，他们就必须要么修改现有的图式，要么创立一个新的图式来组织这些信息。比如，在上述的例子中，当学生无法用鱼这一图式来解释鲸这一动物时，他/她如果要恢复原来的平衡状态，就必须创立一个新的图式——鲸——来理解这一类似鱼的动物。如果这个学生已经具有哺乳动物的图式，但是这个图式可能是这样的：除了吃奶、胎生外，还附加有腿、有毛等特征。在遇到鲸这一新信息后，他/她就可以通过修改现有图式，把有腿、有毛等不必要的特征去掉来顺应新情况的出现，从而使自己的认知达到平衡状态并进一步推动认知的发展。

同化和顺应经常同时起作用，儿童是通过这两个互补的过程进行学习的。它们构成了儿童适应（adaptation）的两个基本的过程。所谓适应，就是儿童根据外界环境的变化做出的调整，是人类通过遗传而获得的基本倾向。事实上，没有同化，顺应很少发生：只有当学生将新知识与其已有的知识经验联系起来的时候，他们才能从这种已有知识经验中获益。

二、认知发展的阶段

皮亚杰关于儿童发展理论的一个突出贡献是对儿童的认知发展进行了分期，提出了著名的四个阶段：感知运动阶段、前运算阶段、具体运算阶段、形式运算阶段。这些认知发展的阶段具有以下几个特点：(1) 每个阶段一般都与特定的年龄段相联系，每个阶段都以行为的质变为特征；(2) 各阶段的出现遵循一定的顺序，从低到高，不能逾越，也不能互换，但是由于社会文化、教育及个体自身等方面的原因，这些阶段可能提前，也可能推迟；(3) 每个阶段都是下一个阶段形成的必要条件，下一个阶段的结构要以前一个阶段的结构为基础；(4) 在认知

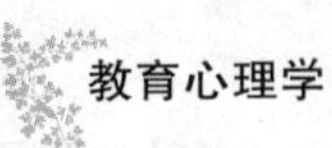

发展过程中，两个阶段之间不是截然分开的，而是有一定的交叉。比如，有些个体在阶段间可能会经历一个较长的过渡期，他们可能在一种情境下表现出一个阶段的特征，而在另一种情境下表现出另一个阶段的特征。

皮亚杰借用逻辑和数学的概念来分析说明认知发展的过程。他把运算(operation)水平作为划分认知发展阶段的依据。

他认为，心理运算具有四个特征：

第一，运算是一种内化的动作。内化的动作是相对于使用实物的外显动作而言的。例如，达到运算水平的儿童不用做把瓶子里的水倒入杯子这一实际动作，也能在头脑里想象出这一动作的结果。这种心理上的倒水过程，就是一种内化的动作。

第二，运算是一种可逆的内化动作。例如，儿童能够设想：把水从一个杯子里倒入另一个杯子里，其体积不变；或者设想：把 10 毫升水倒入一个杯子，然后再从里面取出 10 毫升水，原有的水体积不变。

第三，运算具有守恒性。运算是以某种守恒性或不变性的存在为前提的。实际上，运算的可逆性已表明了这一点，儿童能够想象到水在转换过程中虽然形状发生了变化但体积并没有发生变化。所以，运算的守恒性与可逆性是密不可分的。没有某种内容的守恒，可逆性就失去了依附；同时，守恒性是通过可逆性而获得的。正是由于运算的可逆性，才使人们对运算过程中某些不变的因素有清晰的认识。

第四，运算不是孤立存在的。可逆性与守恒性之间的关系也表明了这一点。皮亚杰认为，任何单独的内化动作都不是运算，各种内化动作必然是相互蕴涵，并按一定的规则组成一种整体结构。

下面我们就来看看皮亚杰根据儿童的心理运算水平划分的四个发展阶段。

(一) 感知运动阶段(0～2 岁)

儿童认知发展的最早阶段被皮亚杰称之为感知运动阶段(sensorimotor stage)，因为这个阶段的儿童主要靠感知和动作进行思维，还不具备心理运算的能力。试想一下，一个两三个月大的婴儿想要他/她面前的玩具，他/她会怎么做？他/她最可能做的就是直接伸手去拿。因为他/她的头脑中有一个用手去抓的图式，并试图用这个图式去同化面前的新物体。儿童是运用直接的感知觉(此例主要是视觉和触觉)和动作(此例主要是用手抓这个动作)来发展自己的认知图式，表达和实现自己的思维。当物体不在感知运动范围之内时，儿童很难去思考它。比如，如果把玩具从婴儿的视野中拿走或用布盖住，他/她就很可能去玩别的东西了，因为他/她以为这个看不见的玩具已经消失了。因此，儿童在这个时候还没有形成客体永久性的概念。

所谓客体永久性(object permanence)是指儿童对物体是可以分离的、永久存在的观点的一种理解。换言之,当物体不在眼前时,儿童仍然能认识到该物体是存在的。客体永久性的概念是在感知运动阶段逐渐获得的。一般认为,婴儿在8～12个月之后才会出现这一能力,如图2-1、图2-2所示。但是新近的研究表明,即使3、4个月大的婴儿可能也知道物体依然存在,只不过他们还没有记忆技能去保存住物体所在的位置,或是还没有运动技能去协调搜索物体的行为。

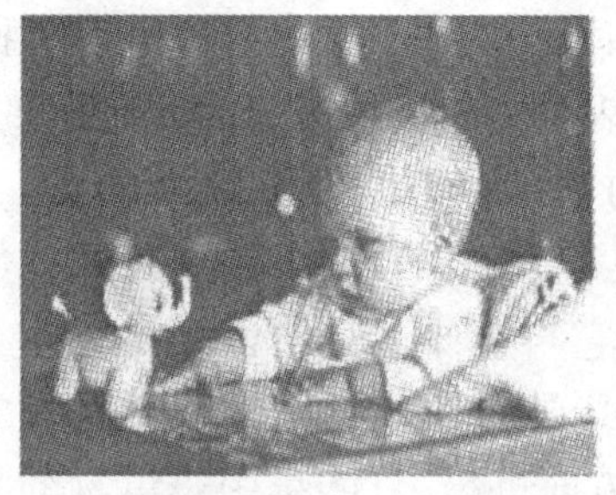

图2-1　对于幼小的婴儿来说,看不见的东西是不存在的

图2-2　随着年龄的增长,婴儿会逐渐具备客体永久性

客体永久性概念的获得是儿童建构心理表征这一重要能力的开始。儿童对外界的刺激在头脑中形成心理表征,就具备了表象思维(representational thought)。比如,当儿童对眼前的玩具形成表象之后,即使玩具不在眼前,他们也能凭着头脑中的表象认识到或回忆起玩具的存在。这个成就通常发生在感知运动阶段的末期,一般是在儿童出生后第18个月以后、24个月以前。

在感知运动阶段,儿童除了形成客体永久性的概念、逐渐形成最初的表象思维之外,在反复观察某些行为导致某些结果后,他们也开始对因果关系有所了解,从而开始了有逻辑的、目标定向动作。客体永久性、表象思维、因果关系以及在这一阶段形成的其他概念都是儿童以后认知发展所依赖的基石。

(二)前运算阶段(2～7岁)

儿童在感知运动阶段获得的感知运动行为模式,在前运算阶段(preoperational stage)已经内化为表象或形象模式,具有符号功能,表象日益丰富,即儿童能形成一些相对来说不依赖于直接的感知觉和行为的图式。因此,当物体不在眼前时,儿童依然能在头脑中表征这一物体,即依然能想起这一物体的存在。皮亚杰将儿童的这一能力称之为真正思维的开始。

在前运算阶段,儿童的语言技能获得迅速发展。迅速增加的词汇量和迅速发展的语言技能为儿童打开了更多未知的领域,他们用词语思考物体,使词语成为具体物体的符号表征。儿童使用表象、词语等符号的功能使他们更接近心理运算的掌握。比如,儿童可以通过"狗"的表象来表征一只没有真正出现的狗,也可以通过"狗"这一单词来描述不在眼前的狗。

尽管儿童在前运算阶段的符号功能迅速发展,日益接近心理运算,但是这一阶段也有明显的局限性,特别是当我们将它与具体运算阶段相比较时。其中比较典型的局限性是思维的片面性和自我中心性。思维的片面性也叫单向逻辑(one-way logic)思维,即思维只能沿一个方向进行,只能集中于事物的某一方面而不能兼顾其他方面。皮亚杰著名的守恒(conservation)实验揭示了前运算阶段儿童思维的这一特点。如图 2-3 所示,在实验中有三个可以装水的杯子,其中A、B 两个杯子的大小和形状是一模一样的,里面装的水也一样多,但是第三个杯子 C 细而长。实验者当着儿童的面把 B 杯中的水倒入 C 杯中,然后问儿童 A 杯和 C 杯中的水哪个多。儿童会回答 C 杯中的水更多,因为这个杯子中水面更高,他/她显然只注意了杯子的高,而忽视了它也比较细。同样,在另一个实验中,当实验者把两排同样多的扣子中其中的一排展开,这个阶段的儿童会认为展开的扣子比串在一起的扣子更多(见图 2-4)。这些实验说明,前运算阶段的儿童,其思维在同一时间内只能沿一个维度进行,他们还不能理解"直径的减少抵消了高度的增加",因为这需要同时考虑两个维度。

这个阶段的儿童之所以思维不够周全、不能具有守恒概念,在思维时他的图式功能所表现的不可逆性是阻碍其合理思维的原因之一。菲力普(Philips,1969)曾就儿童思维中不可逆性的问题,采用皮亚杰与儿童对话的方式,观察一个 4 岁男童的反应,对话内容如下:

问:你有兄弟吗?

答:有。

问:他叫什么名字?

答:叫吉姆。

问:吉姆有兄弟吗?

答:没有。

根据心理学家们的重复研究,儿童思维问题时守恒概念的形成,多在前运算阶段(2～7岁)之后。不过,据研究发现,儿童守恒概念发展的水平,随所思维问题的性质不同而有差异。儿童对数字概念的守恒发展较早,平均在5～6岁;对物体体积改变的守恒概念,平均在7～8岁;对物体重量的守恒概念,平均在9～10岁。

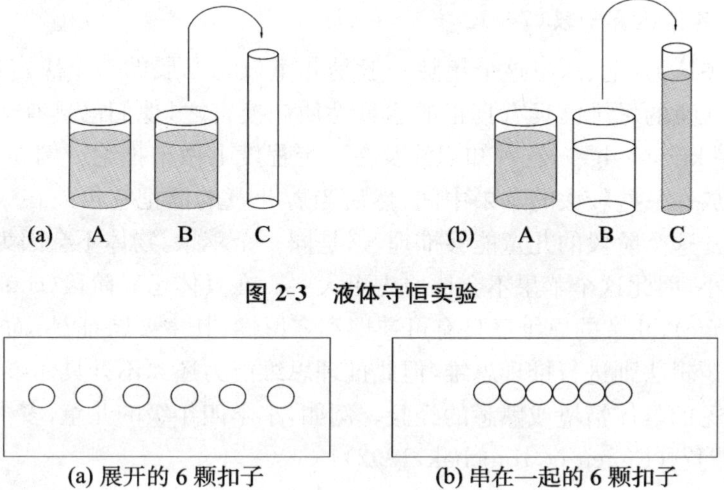

图2-3 液体守恒实验

图2-4 数量守恒实验

图2-5

正是因为这一阶段的儿童不能同时考虑多个维度,因此他们也难以将自己从他们对物体外在表现的即刻知觉中摆脱出来,从而出现了皮亚杰所说的自我中心性(egocentrism),即儿童倾向于用他们自己的观点来看世界和别人的经验。自我中心性并不等于自私,它只是简单地表示儿童以为别人和他们自己有一样的感觉、反应和观点。比如,如果一个3岁的孩子不喜欢吃肉,他/她会以为所有的孩子都不喜欢吃肉。皮亚杰著名的"三山实验"(three-mountain experiment)说明了这一点:在桌子上放置三座山的模型(见图2-5),在高低、大小、位置上,三座山之间有明显的差异。实验时,先让一个3岁的幼儿坐在一边,然后将一个布偶娃娃放置在对面。此时实验者要幼童回答两个问题。第一个问题是:"你看到的三座山是什么样子?"第二个问题是:"娃娃看见的三座山是什么样子?"结果发现,该幼儿采用同样的方式回答两个问题:只会从自身所处的角度看三座山的关系(如两座小山在大山的前面),不会设身处地从对面娃娃的立场来看问题。皮亚杰以7岁以下各年龄阶段儿童为对象进行实验,结果发现7岁以下儿童的思维方式都摆脱不掉自我中心的倾向。

自我中心性的另一个表现是这一阶段的儿童说话时从不真正考虑听众的意

见。例如，他们在讲故事时可能会漏掉故事的主要情节，而不管听众是否理解。常见的一种情形是，一个班级内的小朋友在讨论一个问题时，每个小朋友都讲得很热烈，但彼此之间并没有真正的交流或对话，皮亚杰称之为“集体独白”。

（三）具体运算阶段（7～12岁）

皮亚杰认为，七、八岁这个年龄一般是儿童概念发展的一个决定性转折点。这一阶段儿童的思维已具有真正的运算性质。换言之，他们已具有运算的知识(operative knowledge)，这种知识涉及在一定程度上做出推论。例如，我们把一个青苹果放在一些较大的苹果中间，然后当着儿童的面把它再放在一些较小的苹果中间。这个阶段的儿童能够推理，这是同一个苹果，物体不会因为改变地点而改变大小，因此这个苹果不会比原先更大些。在具体运算阶段(concrete operational stage)，儿童的思维已具有可逆性和守恒性，其主要特征是：面对问题时，能够遵循逻辑法则进行推理思维，但此推理思维能力还离不开具体事物的支持，只限于可见的具体情境或熟悉的经验。例如，小学四年级的儿童，多半能解答以下类似的问题(Eggen & Kauchak，1992)：

先画长短不等的两条直线1与2

1 ———— 2 ————————

然后将2擦掉换成1与3

1 ———— 3 ————

最后问儿童：“原来的2比现在的3长还是短？”

多数四年级儿童都能正确回答原来的2比现在的3长。原因是他已经会根据具体事实做推理思维：2比1长，1比3长，因此2一定比3长。像这种以物体某种属性为标准排成序列，从而进行比较的心理运作，皮亚杰称之为序列化(seriation)。

小学生的认知发展正好处于具体运算阶段。小学中年级的学生能够学习四则运算题，而且能够按题意自行运算，主要就是他们图式的功能已经达到合理思维的地步。前运算阶段的思维片面性，已由去中心化所取代。所谓去中心化(decentration)是指具体运算阶段的儿童，在面对问题情境思维时，不再只凭知觉所见的片面事实去作判断。去中心化的思维特征，是具体运算阶段儿童思维成熟的突出特征。此外，具体运算阶段的儿童对可逆性的问题也不再以不可逆性的思考方式去思维，而且他们均已具备了守恒的概念。

儿童的认知发展达到具体运算阶段时，也已具备分类(classification)的能力。分类的心理运作是将具有相同或相似特征的事物放置在一起，这种能力也是随年龄增长而逐渐发展的。皮亚杰的研究发现，具体运算阶段与前运算期儿童在分类思维上的差异，主要在于前运算阶段儿童只能按明确的、具体的标准分类(如颜色、形状、体积、用途等),而不能按复杂的、抽象的标准进行。皮亚杰曾以学前(前运算阶段)儿童为对象,在面对很多不同颜色花朵的情境下,先后问他们两个问题,先问:"你说红花多还是白花多?"等他回答之后再问:"你说红花多还是花多?"结果发现,学前儿童一般都能正确回答第一个问题,但却不能正确回答第二个问题。按皮亚杰的解释,这是由于学前儿童在认知发展上尚未具备类包含的能力。

所谓类包含(class inclusion),是指分类思维时能区别主类(大类)与次类(主类中所包含的各次类)之间关系的能力。按上述问题,红花与白花都是花类(主类)之下的次类,彼此间的特征具体明显,容易比较。而主类与次类比较时,因缺少同一的与明确的标准可资依据,故而认知困难。当然,前运算阶段儿童之所以缺少类包含能力,与上述思维的片面性和中心化也有密切关系。在具体运算阶段,儿童的分类思维已具备类包含的能力,因此一般小学中年级的儿童,都能轻易地回答"红色玫瑰多还是玫瑰多"这一类的问题。

(四)形式运算阶段(11岁以上)

形式运算阶段(formal operational stage)是指11岁以上青少年认知发展的阶段。按皮亚杰的认知发展理论,认知发展达到形式运算阶段的水平,就代表个体的思维能力已发展到了成熟阶段,以后再增加也只是他从生活经验中增多知识,而不会再提升他的思维方式。综合皮亚杰本人与其后心理学家的研究发现,认知发展臻于形式运算阶段的青少年,在思维方式上具有以下三个特征:

1. 假设演绎推理(hypothetic-deductive reasoning)

假设演绎推理是逻辑思维的基本形式之一。此种推理思维的特点是:先对所面对的问题情境提出一系列的假设,然后根据假设进行验证,从而得到答案。皮亚杰曾以摆动吊锤做实验,要求受试者解答在吊绳长短、吊锤重量、推动力量三种变化中,哪一个是影响锤摆速度的因素。实验结果发现,只有认知发展达到形式运算阶段的青少年,才会按照类似以下假设演绎推理方式寻求答案:先假设影响摆速的因素为锤重,然后保持另两个因素不变而只变化锤的重量以验证之;也可先假设绳长为影响因素,然后保持另两个因素不变,只变化绳长以验证之(正确答案)。如此依次进行检验,最终可得到正确答案。

2. 命题推理(propositional reasoning)

认知发展达到形式运算阶段的青少年,在推理思维时不必一定以现实的或具体的资料为依据,只凭一个说明或一个命题即可进行推理。例如,用这样一个问题分别问小学生和中学生:"要是你当班主任,你怎样处理作业不认真的学生?"小学生也许会这样回答:"我不是班主任,我不知道。"中学生就可能按他的想法做出一番假设。命题推理思维是超越现实的一种思维方式,这种思维方式对青少年的心理成长而言是很重要的。因为青少年喜欢从幻想中计划未来,合理的思维才是形成其合理计划的基础。

3. 组合推理(combinatorial reasoning)

在面对由多项因素组成的复杂问题情境时,认知发展达到形式运算阶段的青少年,可以根据问题情境提出假设,然后一方面孤立某些因素,另一方面组合另一些因素,从而在系统验证中获得正确答案。例如,实验出示 6 堆 10 个一组的木片,每一堆的颜色不同,要求被试找出颜色没有重复的任何一对,并穷尽全部可能的组合。这个阶段的青少年能够先选取一种颜色(假设是红色),然后分别从其他 9 堆木片中取出不同颜色的木片与红色木片配对,穷尽配对后然后选取另一种颜色(如绿色),排除红色,分别与其他颜色配对,并依此类推,直到穷尽所有组合。

三、皮亚杰认知发展理论在教育教学中的应用

综上所述,我们可以看出皮亚杰的认知发展理论对于当代教育有许多重要启示以及深刻的影响,这主要体现在以下几个方面:

(一) 教育目标应该是促进学生的认知发展

皮亚杰提出,平衡的两个基本过程是同化和顺应,新的知识只有纳入原有的知识结构(即图式)中才能被吸收、同化。因此,教育的目标并不在于简单增加知识量,而在于提高学生对知识的理解能力,在于推动学生的认知发展。如果只是死记硬背而缺乏理解,新知识就很难同化到已有的认知结构中去。更重要的是,当新知识和学生原有的知识结构不一致时,教师应该及时引导他们扩展知识结构或者帮他们建立新的图式以顺应新知识的要求,这样才既能增进学生的知识,又能促进他们认知的发展。

为了达到这一目标,教学活动要不断打破学生已有的平衡状态,帮助学生建立新的平衡状态。皮亚杰强调认知发展是平衡—不平衡—平衡不断循环、不断建构的过程,因此教师的教学一方面要提供与学生已有经验相关的内容,另一方面又要提供与已有经验相矛盾的内容。这样,既可以让学生巩固原有知识、经验,又可以打破学生原有知识的平衡状态,让学生产生知与不知的矛盾,进而激发学生学习新知识、解决新矛盾的兴趣,最终获得新的平衡状态。只有这样,学生的认知才能得到发展,教学活动才更加有效。

(二) 教学内容应适应儿童的认知发展水平

皮亚杰提出了智力发展的四个阶段,每一阶段都有其独特的认知图式。他认为发展是一个不断建构的过程,只有在前一阶段发展的基础上才可能出现进一步的发展。因此,智力的塑造是有条件的,它必须遵循智力发展的阶段来设计

课程。教学既不应该滞后于儿童的发展阶段，也不能超越儿童的发展阶段去拔苗助长。换言之，教学不应让学生因为学的东西太容易或太难以致不能理解而厌倦学习，教师设置的不平衡水平必须适当才能促进发展。比如，根据皮亚杰的认知发展理论，西方出现了一种“皮亚杰”课程，它是一种适合于阶段论的发展的课程，如在感知运动阶段就教儿童“躲猫猫”的游戏，让孩子知道什么时候可以动，什么时候不可以动，从而最终达到促进儿童认知发展的目的。教学设计只有在符合思维发展特点的基础上才能加速思维的发展。儿童的学习要有准备，教材的结构和顺序要适应认知发展的先后次序，学校课程教材的难度一定要适合学生认知发展的水平，在确定课程的难度时要经过设计和实验并充分论证。

（三）鼓励学生积极主动地参与课堂活动，重视学生自我管理能力的培养

根据皮亚杰关于同化和顺应的观点，学习是主动的意义建构，而不是被动的接受。这意味着学习是个体建构自己知识的过程，学习者要对外部信息进行主动的选择与加工。新知识只有通过学生大脑中认知结构的加工改造后，才能被学生所真正认识和掌握。学习者学习的有效性主要体现在是否在进行积极主动的建构。因此，教师要想方设法给学生提供体验的机会，在教学的各环节促使学生主动学习，积极思考。比如，在检查学生对知识的掌握状况时，教师不应只是简单地、表面地问学生“你知道吗?”“说说你的结果”，而应进一步提出“你是怎样知道的?”“说说你的思路”等类似的问题。根据皮亚杰的观点，需进一步澄清的是，认知方面的积极参与并不意味着儿童仅仅是表面上摆弄某种材料，儿童在没有摆弄物体的情况下可能在心理上积极参与。因此，在实际的课堂教学中，我们不能被课堂表面的活跃气氛所迷惑，而应该把教学的目标锁定在学习者是否在进行主动的心理建构活动上，即是否在进行积极主动的思维。教师要善于做一个倾听者，给学生留有说和做的机会与时间，这不仅仅为了确定对与错，更重要的是了解学生正在思考什么，是怎样思考的，其假设是什么，这样才能有针对性地引导学生主动地参与课堂生活，并逐渐培养其自我调节、自我管理的能力。

然而，尽管皮亚杰的认知发展理论具有划时代的意义，对教育教学都具有非常重要的启示和影响，但我们也必须指出，自 20 世纪 80 年代以来，西方教育界对皮亚杰理论的批判愈来愈多。其一，很多人指出，皮亚杰的理论仍然存在着论证不足的缺陷，如众多对于儿童认知的研究结果表明，皮亚杰低估了学前儿童的认知发展水平。研究者发现，即使是婴儿也具有一定的认知，如一些婴儿 4～5 个月的时候就会数数，甚至有了很好的数量观念，这对于皮亚杰的认知阶段的划分是一个严峻的挑战。其二，皮亚杰的认知操作图式说对于人的社会性以及个体的能动性注意不够，如我们前面所介绍的皮亚杰的图式、同化等概念，很难看到广义上的社会实践等因素对于儿童认知发展的影响。在皮亚杰看来，社会因

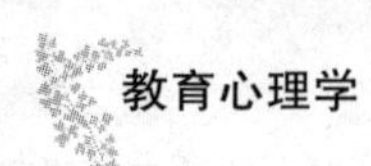

素仅仅就是主要涉及儿童与成人的关系以及儿童与儿童的关系的语言交流、文化教育、游戏规则和团体活动，而忽视了宏观社会环境对于个体认知发展的制约作用。

【理论运用于实践】 ***应用皮亚杰的理论***

用实物提供动手体验，尤其当小学生在一起时。允许并鼓励学生探索和操纵物体。

一幼儿园老师和学生一起玩儿一些小东西(如积木、纽扣)，以探究数的守恒和加减的可逆性等基本的数学元素。

要学生解释其推理，对不符合逻辑的解释加以否定。

当学习钟摆时，九年级科学班的学生实验了三个变量(重量、长度和钟摆首次被放下时的高度)以观察哪些变量决定钟摆摆动的速度。当一名学生坚持说高度影响了钟摆的速度时，老师指出他在实验时既改变了重量又改变了长度。

当学生表现出自我中心思维的迹象时，要将困惑表达出来或解释其他人不同的思维方式。

一个一年级学生就一个老师看不见的物体问老师："这是什么?"老师回答道："什么是什么? 我看不见你正在看的东西。"

在要求学生完成依靠数学和科学推理能力(如数的守恒、可逆性、比例推理等)的复杂任务之前，要确信他们具有这些能力。

在七年级数学课上，有一个单元是关于分数的，学生们对 2/3、4/6、8/12 为什么相等表示困惑。在开始讲解怎样对分母不同的分数进行加减前——这一过程需要对这些等值进行了解——其老师用具体物体(如切成薄片的比萨饼、可以断成几小段的塑料杆)来帮助学生理解两个不同分数是可以相等的。

将抽象和假设的概念与具体物体和可观察的事件联系起来。

要说明不同重量的物体以相同速度下落这一概念，一个八年级科学教师让学生从二楼的窗口投下各种重量的物体。

摘自：Ormrod J. E. 著. 彭运石，彭舜等译. 教育心理学(第四版). 西安：陕西师范大学出版社，2006. 40.

第三节　维果斯基的认知发展理论

前苏联心理学家维果斯基(Lev Vygotsky，1896～1934)从历史唯物主义的观点出发，在上个世纪 30 年代提出了"文化—历史发展理论"，主张人的高级心理机能是社会历史的产物，是社会建构的结果。

一、维果斯基的文化—历史发展理论

文化—历史发展理论是维果斯基心理发展观的核心。他将人的心理机能区分为低级心理机能和高级心理机能两类(见表2-1)。前者的发展受个体的生物成熟所制约,是个体作为动物而产生的进化结果,是个体早期以直接的方式与外界相互作用时表现出来的特征,如基本的知觉加工和自动化过程;后者是作为历史产物的进化结果,即以符号系统为中介的心理机能,如记忆的精细加工系统,是人类在本质上区别于动物的特征,具有间接性,产生间接反映的中介结构即为工具。在人的工具生产中凝结着人类的间接经验,即社会文化知识经验,这就使人类的心理发展规律不再受生物进化规律所制约,而受社会历史发展规律所制约。

表2-1　　高/低心理机能对照表

类别 心理机能特点	低级心理机能	高级心理机能
自主性	不随意的、被动的	有意的、主动的
反映水平	具体的、形象的	概括的、抽象的
实现过程	直接的、无中介的	间接的、以符号或词为中介
起源	种系变化	社会历史,受社会规律制约
个体发展	依靠遗传、生理成熟或个人经验	依靠人际,借助群体经验

间接的"物质生产工具"导致在人类的心理上出现了精神生产工具,维果斯基认为最重要的心理工具是语言,而内化是高级心理机能形成的机制。根据维果斯基的观点,儿童文化发展中的每一功能都出现两次:首先在社会层面上,随后在个体层面上;首先是人际的(人际心理),随后是儿童内心的(内在心理)。儿童使用作为心理工具的语言首先在社会层面上与他人对话,然后才渐渐地将成人和其他人交谈和诠释世界的方式与自己的思维方式合并在一起。这一过程就是内化(internalization)。所谓内化是指从社会环境中吸收所观察到的知识,从而为个体所利用。通过内化,社会活动就演变成了内在的心理活动并成为其认知发展的一部分。例如,儿童为了控制他人的行为,首次在与他人的互动中使用语言("我要吃饼干");后来儿童就能应用自己的语言来控制自己的行为("画得不像,重新画一张")。这时,儿童使用语言就不仅限于社会交往,还可以一种自我管理的方式计划、指导和监控自己的行为。因此,人类语言的出现,使人的心理发生质的变化,形成了新质的意识系统。心理的实质就是社会文化历史通过语言符号的中介而不断内化的结果。

一般而言,儿童在3～7岁时会出现由外部语言向内部语言内化的表现——自言自语。根据维果斯基的观点,思维和语言是密切关联的,语言发展对于将复杂的观念内化非常重要。发展儿童的语言技能有助于发展他们的思维。例如，如果儿童的语言技能很好，他们就能够更好地理解成人的谈话，而且能够从这些谈话中学到更多的东西。

二、维果斯基的心理发展观

维果斯基认为，心理发展就是个体的心理从出生到成年，在环境与教育的影响下，在低级心理机能的基础上，逐渐向高级心理机能转化的过程。

低级心理机能转化到高级心理机能有四个标志：(1) 心理活动的随意机能不断发展。随意机能是指心理活动的主动性、有意性，是由主体按照预定的目的而自觉引发的。儿童心理活动的随意性越强，心理水平越高。(2) 心理活动的抽象概括机能不断提高。儿童随着语言的发展、词汇的丰富，以及知识经验的增长，各种心理机能的概括性和间接性得到发展，最后形成最高级的意识系统。(3) 各种心理机能之间的关系不断变化、重组，形成间接的、以符号为中介的心理结构。儿童的心理结构越复杂、越间接、越简缩，心理水平越高。(4) 心理活动的个性化。维果斯基强调个性特点对认知发展的影响，更主要是其个性的发展，整个意识的增长与发展。个性的形成是高级心理机能发展的重要标志，个性特点对其他机能的发展具有重要作用。

维果斯基还指出了心理发展的三个原因：(1) 社会文化历史是儿童心理发展的源泉，制约着儿童心理的发展；(2) 运用语言符号这一中介环节使心理活动得到质的改变；(3) 心理机能改变的过程是一个不断内化的过程，即将社会文化的外部活动形式转化为内在的心理结构。

如何促进儿童语言发展

【帮助 0～1 岁儿童语言能力发展的方法】

* 回应宝宝的声音，学他的声音，并让他接触各式声音。

* 多和宝宝说话聊天，逗他笑。

* 父母随时将物品的名称告诉宝宝，并鼓励他发出类似声音，尤其是他正在注意的东西；描述自己正在做的事给宝宝听。

【帮助 3～5 岁儿童语言能力发展的方法】

* 多陪孩子一起阅读，念给他听，多念几次以后，请孩子念一段给您听，即使念错了也不要太在意。

* 和孩子一起朗诵有律动感的文句(如唐诗或三字经)。

* 陪孩子玩看图说故事游戏。

* 和孩子玩模仿动物或其他角色扮演游戏。

* 对于孩子提出的问题，应认真回答并尽量给予详细的解答。

* 引导孩子与其他小朋友一起玩游戏。

* 带孩子到户外，遇到的人、事、物都可作为对话题材。

* 给孩子听童话、童谣 CD，或陪孩子一起看卡通。

* 让孩子涂鸦画画，并诱导他说出画里的内容，并协助他串联成一个故事。

【帮助 5～7 岁儿童语言能力发展的方法】

* 让孩子挑选自己喜欢的书。

* 和孩子对话时，尽量使用较复杂的语句。

* 每天抽一些时间，让孩子告诉您他今天在学校做了些什么，发生了什么有趣的事。

* 当孩子画图时，问他画些什么。等他画好帮他在画纸适当处用文字写下来，让孩子作对照。

* 和孩子一起玩看图说故事或故事接龙游戏。

* 同伴互动有助语言发展。

* 带孩子到户外，让他多看、多听、多想、多说。

* 陪孩子玩角色扮演游戏。

* 陪孩子一起学写字。

摘自：http://depart.femh.org.tw/reh/21.doc.

三、教学和发展的关系——最近发展区

维果斯基的另一个重要贡献是提出了最近发展区（zone of proximal development，ZPD）的概念。最近发展区是指儿童独立解决问题的水平与在有指导的情况下所达到的水平之间的差异。换句话说，维果斯基认为儿童的发展有两种水平：一种是儿童现有的水平；另一种是儿童可能的发展水平，表现为“儿童还不能独立地完成任务，但在成人的帮助下，在集体活动中，通过模仿，却能够完成这些任务”。两者之间的差距就是最近发展区（图 2-6）。在对儿童能力的传统评估方法中，我们主要是观察儿童依靠自己的力量能够做什么。维果斯基的观点提供了一种新的方法来测量他们独立解决问题的水平，与在有指导或帮助的情况下解决问题的水平之间的差距。这种差距继而能使教育者了解儿童可能达到的水平。

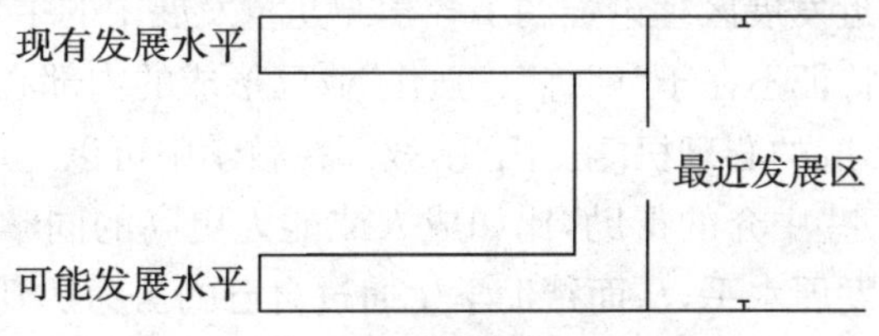

图 2-6　最近发展区示意图

与儿童独立做事情相比，他们与成人合作通常能做更复杂的事情。例如，独

立完成一篇观察日记的小学生，往往不如在家长或教师指导下完成观察日记的小学生更成功。下面这个例子可以很好地说明一个不能独立解决有余数的除法问题的小学生是怎样通过老师的指导学会正确的程序的：

老师：44 除以 6。什么数乘以 6 接近 44？

儿童：6。

老师：6 乘以 6 等于多少？

儿童：36。

老师：36，你能找到一个更接近 6 的数吗？

儿童：8。

老师：6 乘以 8 等于多少？

儿童：64……48。

老师：48。太大了，你还能想出什么……

儿童：6 乘以 7 等于 42。

摘自：Ormrod J. E. 著，彭运石，彭舜等译．教育心理学(第四版)．西安：陕西师范大学出版社，2006. 42～43.

维果斯基认为，儿童从他们能独立完成的任务中学到的东西很少，他们主要是通过尝试那些只有与一个更有能力的人合作才能完成的任务来进行学习。换言之，儿童只有当在自己的最近发展区内尝试完成任务时，他们的认知才能获得发展。因此，维果斯基主张教学应当走在儿童现有发展水平的前面。一方面，教学可以决定儿童发展的内容、水平、速度等，如老师可以通过布置一些学生只有通过他人的帮助或指导才能成功完成的任务；另一方面，教学还可以创造学生的最近发展区。因为儿童的两种水平之间的差距是动态的，它取决于教学如何帮助儿童掌握知识并促进其内化。

四、维果斯基认知发展理论在教育教学中的应用

(一) 教学应当走在儿童发展的前面

维果斯基的最近发展区理论强调了教学在儿童发展中的主导性、决定性作用，揭示了教学的本质特征不在于“训练”、“强化”业已形成的内部心理机能，而在于激发、形成目前还未形成的心理机能。因此，教师在教学中可以运用它作为儿童发展的指导，知道运用一些中介的帮助，比如成人或能力更高的同学的指导或帮助，使学生达到其最佳的发展水平，从而帮助学生通过自己的努力达到最佳发展。

(二) 实施“支架式教学”(scaffolding instruction)

根据欧共体“远距离教育与训练项目”(DGXⅢ)的有关文件，支架式教学被定义为：“应当为学习者建构对知识的理解提供一种概念框架(conceptual framework),这种框架中的概念是为发展学习者对问题的进一步理解所需要的。为此,事先要把复杂的学习任务加以分解,以便于把学习者的理解逐步引向深入。"很显然,这种教学思想是源于维果斯基的"最近发展区"理论。

建构主义者正是从维果斯基的"最近发展区"思想出发,借用建筑行业中使用的脚手架(Scaffolding)作为一种教学方式的形象化比喻,其实质是利用上述概念框架作为学习过程中的支架。该框架应按照学生智力的"最近发展区"来建立,因而可通过这种脚手架的支撑作用不断地把学生的认知从一个水平提升到另一个新的更高的水平,真正做到使教学走在发展的前面。

支架式教学由以下几个环节组成:

(1) 搭脚手架:围绕当前学习主题,按"最近发展区"的要求建立概念框架。

(2) 进入情境:将学生引入一定的问题情境(概念框架中的某个节点)。

(3) 独立探索:让学生独立探索。探索内容包括:确定与给定概念有关的各种属性,并将各种属性按其重要性大小顺序排列。探索开始时要先由教师启发引导(例如演示或介绍理解类似概念的过程),然后让学生自己去分析;探索过程中教师要适时提示,帮助学生沿概念框架逐步攀升。起初的引导、帮助可以多一些,以后逐渐减少,愈来愈多地放手让学生自己探索;最后要争取做到无需教师引导,学生自己能在概念框架中继续攀升。

(4) 协作学习:进行小组协商、讨论。讨论的结果有可能使原来确定的、与当前所学概念有关的属性增加或减少,各种属性的排列次序也可能有所调整,并使原来多种意见相互矛盾且态度纷呈的复杂局面逐渐变得明朗、一致起来。在共享集体思维成果的基础上达到对当前所学概念比较全面、正确的理解,即最终完成对所学知识的意义建构。

(5) 效果评价:对学习效果的评价包括学生个人的自我评价和学习小组对个人的学习评价,评价内容包括:① 自主学习能力;② 对小组协作学习所做出的贡献;③ 是否完成对所学知识的意义建构。

【理论运用于实践】支架式教学类型及其实例

类型 1　示范解题步骤,让学生知晓有效解题方法

通过演示如何解决问题,教师可以给学生提供专家是如何解决问题的具体例子。例如,美术课教师先演示如何绘制两点透视图,然后要求学生自己去画。

类型 2　进行"出声思考",让学生理解操作时的思维过程,并进而模仿

这一技术有助于学生在自己解决问题时,模仿并使用教师有效的思考方法。例如,一位物理课教师在黑板上解答动量问题时,口述自己的解题思路。

类型 3　使用"提问",激发学生的思维

通常,在学生努力解决问题的时候,教师提出问题来引导他们,或者把学生的注意力引向关键之处,或者给予一些选择性建议等。例如,在示范和出声思考以后,

老师让学生思考一些涉及重要知识点的问题。

类型 4　改变教学材料，以层层推进式发展学生能力

改变教学材料的一种形式就是改变任务要求。例如，在教学生如何对阅读材料进行提问的时候，教师先提出关于单个句子的问题，然后是关于段落的问题，最后是整篇的问题。再如，体育课上，老师调低篮圈，让学生练习投篮，一旦练习熟练后，再升高篮圈。

类型 5　提供书面或口头的“提示和线索”，引导学生思维

如在幼儿教育中，常常用“小兔子绕洞跑，跑了一圈跳进去”来教儿童如何系鞋带，等等。

摘自：教育心理学. 教育心理学上的经典案例之二——维果斯基支架式教学. http://210.36.18.53/jyxlx/Article_Show.asp? ArticleID=21.

（三）教学过程应实行过程性评价和动态评价

教育评价是教学过程中的一个重要环节，并直接影响着教学的方向。传统的教育评价方式并不能完全准确地衡量学生的成绩和能力发展水平。动态评价是测量儿童在被帮助或指导的情况下的独立活动水平。过程评价的理论基础是维果斯基对于活动的高度重视。在评价儿童认知发展的水平时，我们应采纳这两种评价方法，将过程评价、动态性评价与我们现有的对考试成绩的静态性评价相结合，这样不但可以更加准确地了解儿童发展的实际水平，而且能够评价儿童潜在的发展水平，并在一定程度上可以对素质教育的方向起到指导作用。

最后，维果斯基的理论强调了文化和历史因素在认知发展中的作用，并且对教学与发展的关系做出了高屋建瓴的论述，这是他的贡献。但是我们也必须看到，我们与生俱来的认知工具可能远比维果斯基所想的要多。我们对一些事物的理解，如通过加法增加数量的观念，可能生来就有，也可用于指导认知发展。此外，维果斯基没有详细阐述发展变化潜在的认知过程——哪一个认知过程能使学生独立参与到更高级的社会活动中去？不过，维果斯基理论的最大局限在于它多数是由一般概念构成，其理论在教育中的应用也多是由后人开发。当然，这与维果斯基的英年早逝有关。指出这些，有助于我们更客观更全面地理解维果斯基的理论并且更恰当地将其运用到教育教学中去。

第四节　认知发展的差异性

认知发展遵循一定的规律，存在跨文化的相似性。例如，皮亚杰、维果斯基和新近许多研究者都认可下面的精辟观点：

(1) 认知发展同时需要生理和社会的刺激。

(2) 为了发展思维,儿童必须保持思维、身体、语言的活跃性。他们需要实验、谈话、描述、反思、写和解决问题。他们也能从教学、指导、问题、讲解、示范及对他们思维的挑战中获益。

(3) 玩很重要。这是儿童和青少年应用他们的思维的方式和与他人互动的方式。

(4) 教授学生已知的内容容易使学生产生厌倦感,但试着教授学生还未准备好的内容(太难、太复杂、太少的背景知识)也容易使学生有受挫感,同样也没有效果。

(5) 有支撑的挑战能使学生无畏地投入。

然而,在这些共同性的基础上,儿童认知发展的个体差异和文化差异依然存在。比如,跨文化研究表明皮亚杰描述的阶段顺序是正确的,但是各阶段的年龄范围有差异。

一、个体差异

如前所述,儿童获得具体认知能力的顺序往往类似,但他们获得这些能力的速度却大不相同。因此,对任何特殊的年龄群体来说,都可能发现学生的发展水平存在很大的差异。比如,我们可以在小学生身上看到前运算思维和具体运算思维的迹象:一些学生掌握了某类守恒,而另一些学生却不能。再如,在中学生身上也可以发现具体运算思维好于形式运算思维的迹象,或者一些学生总比其他学生更能进行抽象思维。我国学者龚少英等人(2004)使用皮亚杰经典任务探查了小学一、三、五年级儿童的认知发展情况。结果表明:(1) 随着年级的升高,儿童的具体运算思维能力从一年级到三年级发展迅速,到五年级时达到比较稳定的水平;同时,形式运算思维能力在一年级已经萌芽并逐步发展。这些结果表明儿童的认知发展存在显著的年龄差异。(2) 不管是具体运算任务还是形式运算任务中,每一个年级都有少数儿童只能通过很少的项目,同时也有少数儿童能通过绝大多数或所有的项目。这表明在同一年级的同龄儿童,其认知发展并不同步,个体间存在着较大的差异,而且个体间的差异显著大于年级之间的差异。如果从维果斯基的观点看,学生之间的最近发展区是不同的。

除了个体间的差异外,儿童的认知发展也存在个体内差异。比如龚少英等人(2004)的研究就发现,同一儿童能够通过属于同一认知结构的有些项目,但不能通过另一些项目。这说明儿童在各类认知任务上的发展不是完全同步的,也就是说一个儿童不是同时获得具有同一认知结构的各种概念,而是有一个先后顺序。

作为教师,我们必须不断地认识到学生所具有的特殊认知能力及其优缺点,然后因材施教。例如,有些学生可能具有同龄人水平的认知发展,也有的学生还没有获得他那个年龄群体应该获得的认知能力;有些学生尽管认知发展正常,但在认知的某些具体方面格外困难(如学习困难的学生或有多动症的学生)。教师应该尽可能采用一些教学策略来满足这些有特殊需要的学生，帮助他们取得成功。表 2-2 以学习困难学生为例，说明教师应该采取何种课堂策略来满足学生的特殊需要：

表 2-2　　学习困难学生的特点及推荐使用的课堂教学策略

学习困难学生的特点	推荐的课堂策略
精力不集中，难于给予注意和保持注意	确保在进行教学或描述信息前抓住学生的注意力
极少运用有效的学习策略	将分散注意力的刺激保持在最低限度 在课堂上解释课文时教授学习策略
可能有抽象推理方面的困难	鼓励学生使用自我谈话来帮助自己应对挑战性的情况
有听力理解方面的困难 有表达性语言方面（如句法）的困难	当学生在听力理解或口语方面有很大困难时，应向言语病理学家求助

摘自：Ormrod J. E. 著. 彭运石，彭舜等译. 教育心理学（第四版）. 西安：陕西师范大学出版社，2006. 63.

二、文化差异

据有关研究，儿童认知发展在文化方面的典型差异是，西方儿童比非西方社会儿童早 2～3 年进入下一个阶段。换言之，西方儿童的认知发展较非西方儿童的认知发展似乎更快更早。这取决于儿童成长时所处的社会文化背景。如果一种文化或环境重视某种认知能力，那么在这种文化下成长的儿童往往能较快地获得这种认知能力。比如，皮亚杰所描述的某些逻辑推理能力（如守恒）在西方国家培养的儿童身上比在发展中国家培养的儿童身上出现得更早，也许就是因为这些认知过程在西方文化中更受重视，而且得到了更系统的提高。

不过，更进一步的研究表明，这些跨文化的差异取决于研究所测试的领域和那种文化对该领域知识价值的衡量和教学。例如，巴西在街上卖糖果而没有上学的那些孩子似乎不能完成某一类型的皮亚杰任务——类别包属（例如回答如下问题：图片上比较多的是雏菊、郁金香还是花?），但当用他们能理解的概念来描述任务时——卖糖果——则这些儿童对任务的完成情况好于同年龄、上学的巴西儿童。另一个研究比较了中美儿童一、三、五年级的学生，中国儿童对涉及距离、时间和速度关系的皮亚杰任务的掌握比美国儿童早大约 2 年。这与中国的教育系统非常重视早期的数学和科学教学有关。方富熹和方格的研究（1991）曾指出，文化环境（即使是小环境，如学校教育条件、家庭教育环境等）是引起认知发展差异的可能原因。

☞ 回到案例

现在让我们回到本章开头的教学案例中来，你是否能比较容易地回答“张老师的教学方法有何巧妙之处”这一问题了呢？

首先，我们可以看出，张老师的教学方法符合皮亚杰的认知发展阶段理论，初中生正处于皮亚杰所说的形式运算阶段的初期阶段，他们对抽象概念或抽象事物（比如本案例中的圆柱体侧面积公式）的理解在具体事物的支持下会更容易。因此，张老师带来的实物可以给学生理解抽象公式提供具体支持，从而降低了所学知识的难度。

其次，活动在认知发展中具有重要作用，张老师让学生自己动手实验并最终得出结论的做法充分利用了这一原理，使学生在主客体的相互作用过程中能更好更快地获得知识。

此外，学生亲手实践、“出谋划策”的学习方法也符合维果斯基关于最近发展区和合作学习的观点，学习能力较低的学生可以在这种集体活动中得到启发和帮助。

☞ 学术争鸣

儿童的认知发展是连续性的还是阶段性的？	
儿童的认知发展是连续性的还是阶段性的？认知技能的增加是以一种平缓的、持续增长的模式发生，还是以一种分离的、阶段性的模式发展，在发展过程的某些点上突然发生增长，而在另一些点上却没有变化？ 正方观点：儿童认知发展是连续性的 连续论观点认为认知发展是连续进行的，认知能力是逐渐获得的，是一点一点地增长的，每一个新的进步都建立在前面的发展之上。人的思维在一种年龄或发展水平上与另一种年龄或发展水平上并没有根本差别。这些理论提出发展的过程可以比喻成一个人沿斜坡或斜面向上走。就如同人在斜面上是逐渐到达更高层面的一样，连续发展理论提出，人们也是逐渐获得更高水平的认知能力的。	反方观点：儿童认知发展呈阶段性 这种观点认为儿童的认知发展过程是一个不断从量变到质变的过程，是从渐进性的量变到跃进性的质变的过程。整个发展过程表现出若干连续的阶段，不同的阶段表现出区别于其他阶段的典型特征和主要矛盾。一般来说，阶段论提出三个有关发展的主要假设：首先，每个阶段都伴随着一套性质完全不同的认知结构，或者称为心理组织模式，它影响着我们处理外部世界的方式。其次，行为是按照一种单向的、不变的顺序展开的，换言之，发展总是向前的，而不会倒退；而且对于每个人来说这种发展方式是相同的，尽管发展速度可能不同。这些理论可以把认知发展比喻成一个人在爬楼梯，人在每一个台阶都处于不同的高度。最后，后面的阶段建立在前面阶段的基础之上。

小　结

1. 认知发展的基本原理

认知发展就是指主体获得知识和解决问题的能力随时间的推移而发生变化的过程和现象。认知发展主要遵循如下基本原理:(1) 发展模式在一定程度上是有序的和可预料的;(2) 发展的速度因人而异;(3) 发展是逐渐发生的;(4) 发展速度是不均衡的;(5) 发展总是受遗传和环境的影响。此外,不同的认知发展理论往往在涉及发展的一般领域性和特殊领域性时有分歧。一般领域发展指发展几乎同时在多个领域发生,而特殊领域发展是指发展以不同的速度发生在不同的领域。

2. 皮亚杰的认知发展理论

皮亚杰认为儿童认知发展的主要机制是平衡,儿童主要通过同化和顺应两种方式来实现平衡。所谓平衡是指认知结构与环境需要之间达成的平衡。当儿童遇到的情境与自己对世界的预想或观念相一致时,他们就处于一种平衡状态,否则就处于不平衡状态。同化是以与现有图式(认知结构)相一致的方式处理物体或事件的过程。它不需要儿童改变现有的图式,只需要把遇到的新问题纳入到已有的图式中去就可以了。顺应则是当儿童无法用现有图式来解释新信息时,他们就必须要么修改现有的图式,要么创立一个新的图式来组织这些信息。

皮亚杰对儿童的认知发展进行了分期,提出了著名的四个阶段:(1) 感知运动阶段(0～2 岁)。这个阶段的儿童主要靠感知和动作进行思维,还不具备心理运算的能力,逐渐形成客体永久性的概念。(2) 前运算阶段(2～7 岁)。这个阶段儿童已经将感知运动模式内化为表象或形象模式,具有了符号功能,具备客体永久性概念,但思维具有单向性和自我中心性。(3) 具体运算阶段(7～12 岁)。这一阶段儿童的思维已具有真正的运算性质。儿童的思维已具有可逆性和守恒性,但此推理思维能力还离不开具体事物的支持,只限于可见的具体情境或熟悉的经验。(4) 形式运算阶段(11 岁以上)。认知发展臻于形式运算阶段的青少年,在思维方式上具有三个特征:假设演绎推理、命题推理、组合推理。

皮亚杰认知发展理论对教育教学有重要启示,主要表现在:(1) 教育目标应该是促进学生的认知发展;(2) 教学内容应适应儿童的认知发展水平;(3) 鼓励学生积极主动地参与课堂活动,重视学生自我管理能力的培养。

3. 维果斯基的认知发展理论

维果斯基将人的心理机能区分为低级心理机能和高级心理机能两类。前者的发展受个体的生物成熟所制约，是个体作为动物而产生的进化结果；后者是历史产物的进化结果，受社会历史发展规律所制约。高级心理机能的最重要的心理工具是语言，而内化是高级心理机能形成的机制。维果斯基认为，心理发展就是个体的心理从出生到成年，在环境与教育的影响下，在低级心理机能的基础上，逐渐向高级心理机能转化的过程。他还提出了最近发展区的概念，认为儿童的发展有两种水平：一种是儿童现有的水平，另一种是儿童可能的发展水平，两者之间的差距就是最近发展区。

维果斯基认知发展理论在教育教学中可得到如下应用：(1) 教学应走在儿童发展的前面；(2) 实施"支架式教学"；(3) 教学过程实行过程性评价和动态评价。

∠ 思考题

1. 学生的认知发展有何规律可循？

2. 根据皮亚杰的理论，教师应该怎样促进学生对知识的掌握？

3. 为什么儿童似乎在几个月里保持一个发展水平停滞不前，而在短短一两个星期之后却发生突飞猛进的变化呢？教师应该怎样促进学生发生这种飞跃？

4. 教师应该如何根据学生的认知发展水平做到因材施教？

∠ 进一步阅读文献

1. Woolfolk A. 著，何先友等译．教育心理学(第十版)．北京：中国轻工业出版社，2008.

2. Ormrod J. E. 著，彭运石，彭舜等译．教育心理学(第四版)．西安：陕西师范大学出版社，2006.

3. Sternberg R. J. , Williams W. M. 著，张厚粲译．教育心理学．北京：中国轻工业出版社，2003.

4. 罗伯特·斯莱文著，姚梅林等译．教育心理学——理论与实践(第七版)．北京：人民邮电出版社，2004.

5. 托马斯·费兹科，约翰·麦克卢尔著，吴庆麟等译．教育心理学——课堂决策的整合之路．上海：上海人民出版社，2008.

第三章
学生个性、社会性和道德的发展

章节说明

回想一下,在你的一生中,有什么东西让你印象深刻?是关于某次考试成绩的提高、某个数学公式的记忆,还是关于你的一次情感经历、被老师重视的体验、同学的歧视?学校并不仅仅是传道、授业、解惑的机构,它还应该培养学生良好的个性、社会性和健康的情绪及道德品质。换句话说,作为一名教师,有效的教育教学除了掌握认知发展的基本知识和基本理论之外,还应该了解学生的个性、社会性和道德的发展。本章第一节首先介绍埃里克森的个性发展理论,包括他关于自我及自我同一性的观点、个性发展的八个阶段以及该理论在教育教学中的应用。第二节介绍布朗芬布伦纳的社会生态理论,并重点阐释作为学生直接接触的微观系统,包括家庭、同伴等,最后论述该理论在教育教学中的应用。第三节先阐述社会情绪的发展,然后重点介绍皮亚杰和科尔伯格的道德发展理论以及科尔伯格道德发展理论对教育的启示。最后一节将对学生个性、社会性和道德发展的差异性进行探讨。

案　例

一名初二女生前来询问,她和她的一个很要好的朋友吵架了,她不知道吵架之后两人还是不是好朋友。为了保住友谊,她们不敢相互指出对方的对与错,甚至在她的好友有偷盗自己东西的行为时也不敢多说。近来,好友还被一群品行不良的人恐吓威胁着让陪着他们玩玩,而且让好友去干坏事,她们两个都害怕不服从会遭到报复,而服从了又害怕自己变坏,因此徘徊不定,也不知道怎么办。作为教师,你该如何对这名女生进行指导呢?这需要了解学生个性、社会性和道德的发展问题。

第一节 埃里克森的个性发展理论

埃里克森(E. Erikson,1902～1994)出生于德国,在奥地利维也纳受过精神分析的培训,后移居美国,成为美国著名的心理学家,被看作新精神分析学派的代表人物之一。他的理论关注自我实现、同一性获得、个人与他人关系和社会文化在人的一生发展中的作用。

一、自我及自我同一性

尽管埃里克森非常拥戴弗洛伊德,但在关于个性结构的自我问题上,他持不同的态度。埃里克森认为自我是一种独立的力量,不再是本我和超我压迫的产物。他把自我看作一种心理过程,它包含着人的意识活动,是可以加以控制的。自我是人的过去经验和现在经验的综合体,并且能够把进化过程中的两种力量即人的内部发展和社会发展综合起来,引导心理性欲向合理的方向发展,决定着个人的命运。自我过程已失去防御性质的重要性,其所表现的游戏、言语、思想和行动等带有自主性,具有对内外力量的适应性。

埃里克森赋予自我许多积极的特性,诸如信任、希望、独立、自主、创造等。这些特性是弗洛伊德从未提到的。他认为,凡是具有这些特性的自我都是健康的自我,对人生发展的每一个阶段所产生的问题都加以创造性地解决。

埃里克森还提出了“自我同一性”(self-identity)的概念,是指将一个人的动机、能力、信仰和历史组织成一个恒定的自我形象,对自我一致性或连续性的感知,是对“我是谁”这一问题的综合性回答。自我同一性既指个体认识清楚自己固有的特点、爱好、理想,确定自己做什么样的人,也指个体追求一种社会的认同感。埃里克森认为,同一性形成的激活动因是自我,或意识的自我。自我同一性将成为青年面临职业、婚姻、学业选择时的一种无声标准。

埃里克森还认为,自我同一性最初起源于婴儿,要到青春期才能正式形成,但在形成的过程中会出现危机,导致不能很好地形成同一性,这将会影响到他以后的生活。因而,解决同一性危机将成为青年期的一个关键任务。个体发展到青年期,自我意识大为增强,并进一步形成了过去经验和对未来预期的一种新的混合;但时常未来得及认识自我,就要面临生活及社会的多重选择,他们的情绪往往会陷入困境,常常认为自己不如别人,自己的行为不那么迎合别人的心意。更为苦恼的是,他们常常问自己,自己应当成为什么样的人?诸如此类难以解决的问题折磨着他们,表明他们的自我和本我、超我失去平衡而陷入冲突,产生同

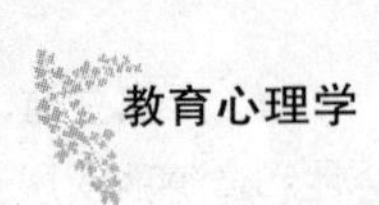

一性混乱。埃里克森在临床中发现，同一性混乱危害青年的精神健康，轻则引起个性的不良适应，重则导致神经症或精神病，又叫“同一性扩散综合征”。因此，自我和自我同一性是埃里克森个性理论中特别强调的两个概念。

二、个性发展的八个阶段

关于个性(personality，也常被译为人格)的发展，埃里克森认为应包括机体成熟、自我成长和社会关系三个不可分割的过程。每一过程必须以其他两个过程为前提，在不断交互作用中向前发展。他根据这三个过程的演化，把个性分为八个阶段(表3-1)，构成一个完整的人生周期。但是在这三个过程中，他认为中心过程乃是自我过程，因为自我不仅对机体的自然发展和社会发展的任务进行着整合，而且也对本能力量和社会力量进行协调，保证个体在自我体验和其他人的现实中具有一致性和连续性的人格。

表3-1　　埃里克森的个性发展八阶段

阶段	大致年龄	发展危机	如何帮助个体顺利度过本阶段
1	0～1岁	基本信任对基本不信任	婴儿的主要照顾者(一般是父母)应积极、前后一致地满足婴儿的需求
2	1～3岁	自主对羞怯与怀疑	家长或教师应多给儿童提供独立完成任务的机会，对儿童的尝试行为和成功举动加以表扬，对失败行为不要羞辱
3	3～6岁	主动对内疚	教师或家长应多给儿童提供自主做决定的机会，不要横加干涉或包办代替
4	6～12岁	勤奋对自卑	教师应多鼓励和肯定学生的成绩，鼓励学生与自己作纵向比较而非与他人作横向比较
5	12～20岁	同一性对角色混乱	教师应鼓励青少年进行自我认同，并以身作则，给他们树立良好的榜样
6	20～25岁	亲密对孤独	教师鼓励学生广交益友，多参加群体活动或兴趣小组
7	25～65岁	繁殖对停滞	找到自己生活的榜样，也可邀请专家做指导
8	65岁～死亡	自我整合对失望	教师应在最初几个阶段里多鼓励学生记日记，或者针对自己的未来对自己的每次选择做评价，教师自身也希望桃李满天下，获得整合感

埃里克森还认为，在每一个阶段中都存在着某种危机或矛盾。这些危机是在每一个发展阶段随着个体生理的成熟和社会任务的改变而相继出现的，是每一个发展阶段的标志。危机并不必然具有消极含义，也能促进个体发展。个性发展的过程就是危机化解的过程，而每一个阶段的危机解决得好不好，将影响着个体以后的发展。

(一) 婴儿前期(0～1 岁)：基本信任对基本不信任

埃里克森认为，婴儿前期(0～1 岁)的基本矛盾是“基本信任对基本不信任”。这一阶段是一个生命来到世界时的无助阶段，婴儿需要积极的爱和关怀。此时的婴儿如果得到母亲有规律的照顾，对世界将会有充分的信任。得到信任的儿童，他们不怕失败，具有强烈的未来定向，会形成“希望”的品质(孩子对未来的希望是行动的动力)。这阶段没有得到充分关照的孩子，他们不敢希望未来，总是喜欢在父母的身边而不敢四处活动，这是对外面世界不信任的表现。

不过，对孩子的基本信任也不是无限制地给予，因为一个孩子在现实生活中信任一切人和一切事对孩子是危险的。某种程度的不信任是必要的，也是健康的，对生存有帮助。

(二) 婴儿后期(1～3 岁)：自主对害羞与怀疑

这一阶段的孩子掌握了大量的技能(如说话、行走等)，也开始有自己的“小主意”决定做某事或不做某事。父母应该多给儿童提供独立完成任务的机会，包括吃饭、穿衣、大小便等。对儿童自发的尝试行为加以鼓励，对他们偶尔的成功举动加以表扬。如果儿童不小心做了错事，不要过分批评，更不能羞辱，否则儿童的自主性就会降低，从而产生害羞和怀疑。持久的怀疑与害羞来源于外部的过分控制和自我控制力受损害。如果这阶段儿童的自主性多于害羞与怀疑，则儿童就形成意志品质，表现出自我意志和自我选择的不可动摇的决心。

(三) 幼儿期(3～6 岁)：主动对内疚

这个阶段的孩子应该是在幼儿园度过的。他们的活动更加精细、灵活，语言更加简练，更富于想象。这些能力的发展使儿童更能自主性地思维、行为、幻想和对未来提出计划。因此，他们喜欢自己决定做什么事不做什么事，对外部世界有很强的求知欲。父母和教师应该尊重和培养儿童的主动行为和想象，多给他们提供机会让他们自主决定。例如，在美术课上，可以允许儿童自由决定采用何种颜色来绘画，也允许他们自由决定画什么。再如，在玩游戏时，可以征求儿童的意见，也可以提出几种方案请孩子们自己选择。如果幼儿园教师或父母能经常做到这些，那么儿童会形成一种目的品质。如果教师或父母经常否定儿童的主动行为和想象，将他们涂成绿色的太阳斥之为“愚蠢”，将他们美丽的幻想讥笑为“异想天开”，孩子们就会缺乏主动性，以为自己犯了错误而感到内疚，从而形成保守的个性。

（四）童年期(6～12 岁)：勤奋对自卑

这个阶段的儿童大多数是在小学里度过的。他们在学校里学到生活所需要的知识、技能和社会行为规范，学会适应他们所处的社会文化环境。但埃里克森认为这一阶段儿童所学的重要课程是“体验通过集中注意和勤奋努力，完成工作时的愉快”。在这一过程中，儿童会产生一种勤奋感，为他在社会中满怀信心地寻求工作做好准备。儿童勤奋感的形成与父母和教师的态度有极大关系，如果孩子的努力得到赞赏强化，勤奋感便得以发展，他们就会发展起能力的品质，并且对未来的工作满怀信心。反之，如果孩子的努力得不到关心，甚至受到责骂、嘲笑和反对，就会使儿童产生自卑感和丧失信心。

此外，教师和父母要发展孩子的勤奋感，还要注意引导学生做自身的纵向比较而非与同学的横向比较，这样有利于小学生正确对待该阶段新出现的竞争问题，不会因为比别人差而自卑。

（五）青少年期(12～20 岁)：同一性对角色混乱

处于青少年期（或称青春期）的学生基本都在中学阶段，正是儿童向成人转变的过渡阶段。这个阶段的学生生理上会发生重大变化，认知方面正在发展抽象思维能力，学习从别人的角度来理解问题和看待自己。无论身体还是认知方面的变化都使他们面临着建构同一性（identity）的问题。如前所述，所谓同一性是对自我身份确定的自我意识，是对“我是谁”这个问题的综合性回答，用埃里克森的话说，是“一种知道自己去什么地方的感觉”。如果青少年知道了他们是谁，他们可能做什么，了解了他们的不同角色，确定了自己的生活策略，那么他们的自我同一性就会确立，就会形成忠诚的品质。反之，如果青少年不能把自己的上述方面整合起来，就意味着角色混乱的出现，表现为不能很好地选择适应环境的角色，没有明确生活目标和生活的意义，不清楚自己将怎样生活，成为什么样的人，甚至形成“消极同一性”，即特定社会文化环境不予认可的角色。

埃里克森关于同一性形成的思想得到了多方面的拓展，包括詹姆士·玛西亚（James Marcia）的同一性状态以及对同一性这一说法的拓展。

玛西亚认为青少年同一性的选择有四个，这四种同一性来源于对两个问题的“是/否”回答：(1) 个体积极参与寻找同一性的活动了吗？(2) 个体已经确定自己的选择（例如，对价值观、对学校、对职业生涯、对自己要成为什么样的人等）了吗？表 3-2 对玛西亚的四种同一性状态进行了概括。

表 3-2　　玛西亚的四种同一性状态

<table>
<tr><td rowspan="2">个体积极参与寻找同一性的活动了吗?</td><td colspan="2">个体已经确定自己的选择了吗?</td></tr>
<tr><td>是</td><td>否</td></tr>
<tr><td>是</td><td>同一性获得
1. 自我坚定感和安全感
2. 确定了职业、宗教、信仰、性别角色的观念等
3. 充分考虑别人的看法、信仰和价值观,但自己的决定是自己做出的</td><td>同一性延缓
1. 正在经历同一性危机,或者正处于转折点上
2. 对于社会没有清晰的目标
3. 没有清晰的自我认同感
4. 正在积极争取获得同一性</td></tr>
<tr><td>否</td><td>过早自认
1. 对于自己的职业和各种理念已经有所定位
2. 缺乏自我建构的过程,不假思索和不加怀疑地接纳别人的价值体系
3. 在获得自我同一性的过程中过早做出决定</td><td>同一性扩散
1. 缺乏方向
2. 对政治、宗教、道德或职业问题不关心
3. 做事情不问为什么
4. 对其他人为什么要做那些事情不关心</td></tr>
</table>

摘自:Sternberg R. J., Williams W. M. 著,张厚粲译. 教育心理学. 北京:中国轻工业出版社,2003. 78.

(六) 成年早期(20~25 岁):亲密对孤独

这个阶段的个体有的进入大学进行学习,有的则踏入社会参加工作。这个阶段是发展具有爱的能力和会工作的人。一个具有清楚而统一的自我的青年才敢与他人建立爱情关系。具有坚定的自我意识和确定的同一性的人,才能与他人建立起亲密关系。如果个人具有建立亲密关系的能力,那他就会形成爱的品质。相反,一个没有高度的同一性确定感的人,由于角色不清、进退无据,就会害怕被他人压倒或击败,渐渐变得退缩和孤独。因此,如果你是一名大学教师,应该多鼓励学生参与集体活动,多与同学交流,发展他们爱的能力和工作能力。

(七) 成年中期(25~65 岁):繁殖对停滞

这是人生的中年期。这个阶段的人们开始发展其兴趣与关怀,创造事业,造福社会,生产并照顾后代。繁殖的含义在这里是广义的,除了养育和照顾下一代之外,也指一个人的生产能力和创造力。如果一个人在这个阶段不能发展繁殖感,对后代缺乏关心,对社会没有奉献,对人际交往没有兴趣,大多数活动都局限于自己的小圈子里,那他就处于停滞状态。

尽管这个阶段的个体基本都离开了学校。但是作为学校的老师，应该在他们还在学校的时候就要加强这方面的教育，因为个性的发展是有一定的连续性的。一方面，中学教师或大学教师自身一般都处于这个阶段，教师自己应该发展起繁殖感，从而成为学生的一个好榜样；另一方面，教师也可以经常邀请一些专家或成功人士来校作一些讲座或报告以指导学生的未来。

（八）成年晚期/老年期（65岁～死亡）：自我整合对失望

这是人生个性发展的最后一个阶段，个体逐渐步入老年期。他们开始回首往事，对过去的一段生活作总结。所谓自我整合就是自我感得到巩固，完全接受关于自己过去唯一的、不可改变的历史。既不悔恨当初，也不计较得失，对其生不存奢望，对其死不怀恐惧。相反，那些不能获得自我整合感的老人就会悔恨、失望，直至死亡。

作为学校老师，一方面可以鼓励学生养成记日记的习惯，方便日后对自己的一生进行梳理，另外在作重要选择的时候学会慎重和评价，以免日后后悔；另一方面，教师自身也应该为老年的整合感做准备，教书育人，最后桃李满天下，获得整合感。

三、埃里克森个性发展理论在教育教学中的应用

在基础教育中，中小学生正处于埃里克森所说的个性发展阶段中的第四个阶段和第五个阶段。埃里克森的个性发展理论在学前教育和中小学的教育教学中可以得到很好的应用。

（一）学前儿童的教师应鼓励孩子的主动性

一方面，学前教育教师应该多给儿童创造独立完成任务的机会，鼓励儿童做出选择并付诸行动。比如，当儿童能自主选择活动和游戏的时候，给他们自由选择的机会，并且鼓励他们独立完成。另一方面，教师要确保每一个儿童都有体验成功的机会并且能容忍孩子的意外错误。例如，当班上的学生能力相差较大时，应避免进行竞争性的游戏；当孩子不小心犯了错误时不要大声呵斥，要耐心解释错误的原因并赞赏他勇于尝试的勇气。

（二）小学教师要鼓励学生勤奋，帮助他们树立正确的竞争观念

首先，小学教师要确保学生们有机会设立目标并为之奋斗，并且要努力创造机会让学生们展现独立能力和责任心。例如，鼓励小学生制订学习计划并监督计划的执行，帮助他们顺利实现自己的目标，获得勤奋感。其次，对受挫而气馁的小学生提供支持，比如设立奖项的时候可以考虑多设几种，尽可能让每个学生都能拿到一个奖项。再次，教师还要帮助学生树立正确的竞争观念，尽可能与自己做纵向比较，看到自己的进步。

（三）中学教师要支持学生自我同一性的形成

第一，给学生提供如何进行职业选择的范例和一些成人的榜样。比如，鼓励学生阅读名人传记，以历史上或文学作品中的模范人物为榜样，学习他们的事迹；或者采用角色扮演法来扮演著名科学家或作家等，让学生感受并模仿名人们是如何成功的。第二，接受学生们的流行和时尚，但要正确引导。中学生喜欢模仿、追星，这有利于他们同一性的形成，但是教师要正确引导他们向良性方向发展，避免影响他人或者妨碍学习。第三，给中学生以支持，也要给予真实反馈。真实的反馈有助于学生了解真实的自己，并且能给他们提供"第二次机会"，从而有利于其同一性的获得。

最后，需要指出的是，埃里克森的个性发展理论注重文化和社会因素的作用，并且从整体上考察了个体从出生到死亡的个性发展过程。这是他的贡献，对于我们理解儿童的个性发展非常有价值。但是，埃里克森的理论也有其局限性，比如，它缺乏可证实的数据，它关于每个发展阶段的划分以及其中的主要矛盾或危机的确定是否合理，是否适合不同文化背景中的人，都需要重新验证。另外也有人指出，正常的青少年，其同一性也是不稳定的，随着现代社会的复杂性而改变。

【理论运用于实践】培养积极的自我知觉

促进课堂学习任务很好地完成。

当学生为一次即将来临的测试学习时，老师准备好了学生必须通过努力才能回答的一系列问题。

对学生的表现抱有高而合理的期望。

一个初中游泳教练鼓励学生不管过去经历如何，都要宣布支持游泳队。她不但经常与游泳经验丰富的学生一起游泳，而且也经常与初学游泳的学生一起游泳，以便所有的队员都能有所提高。

对学生的成就提供积极的反馈。在进行全面的、积极的考虑这一背景下提供消极的反馈。

同一个游泳教练告诉一学生：你的自由式泳姿真的大有改进，但你在游蝶泳时时间掌握不当，今天我们要在这一方面继续努力。

真正关注学生的幸福。

一个七年级新生上课时眼泪汪汪的，教师邀请她午餐时间和他一起散步。学生描述了她在新学校交友的困难，随后他们又一起制定了处理这一问题的一些策略。

给学生提供种种机会以考察和试验各种成人角色。

一个三年级老师在课堂上开展了许多课堂活动，如买一份热的午餐便当，将信息送到总办事处，给班上的金鱼和兔子喂食。他将这些任务轮流布置给学生。

摘自：Ormrod J. E. 著，彭运石，彭舜等译. 教育心理学（第四版）. 西安：陕西师范大学出版社，2006. 81.

第二节　布朗芬布伦纳的社会生态理论

社会生态理论（Social Ecological Theory）是美国心理学家布朗芬布伦纳（Urie Bronfenbrenner，1917～2005）于1979年提出的关于儿童心理发展的一种理论模型。他强调从人的生态环境出发研究人的发展，即十分重视人"发展的生态学"问题。布朗芬布伦纳指出，儿童的发展是其生态环境作用的结果，如俄罗斯的套娃一般，这些环境由若干相互联系的子系统组成。教师需要了解学生的各个环境层面的性质，因为这些环境会影响学生采取什么样的社会互动，以及形成什么样的个性和社会性。

一、布朗芬布伦纳的社会生态理论

布朗芬布伦纳认为，影响儿童心理发展的生态环境有以下五个子系统（如图3-1）。

（一）微观系统（microsystem）

微观系统是儿童成长中直接接触和产生着体验的环境。家庭和学校都是儿童的微观系统环境。前者由儿童和父母以及其他家庭成员所组成；后者主要由儿童和老师、同学所组成。此外，社区少儿活动中心也是这样的微系统环境。教育心理学多以儿童的微观系统环境为背景进行研究。

（二）中介系统（mesosystem）

中介系统指两个或多个微观系统环境之间的相互联系和彼此作用，即它是由多个微观系统环境所组成的系统。例如，当学生的家庭关系影响到其学习成绩，或反过来学习成绩影响到家庭关系，这就属于中介系统的适例。当学生既不想违背父母的意愿又想保持与同伴一致时，也属于中介系统的情况。

（三）外部系统（exosystem）

外部系统是指个体并未参与其中，但却对其成长产生着影响的那些环境以及这些环境的联系和相互影响。发生在这些环境中的事件会影响个体所生活的环境以及它们之间的相互作用，因此也就间接地但却是必然地影响一个人的发展。例如，当父母所在的工厂破产倒闭时，会影响父母在家庭中的行为方式和态度（如开始节省开支、变得脾气暴躁等），继而又会影响孩子的发展。父母所在的工厂及其倒闭事件就是这个孩子成长的外部系统。

（四）宏观系统（macrosystem）

宏观系统指个体所处的整个的社会组织、机构和文化、亚文化背景，它涵盖了前述的微观系统、中介系统和外部系统，并对它们发生作用，施加影响。宏观系统中的种种要素都会影响其他诸系统中的各环境，从而影响个体的心理发展。

（五）时间系统(chronosystem)

时间系统是指个体的生活环境及其相应的种种心理特征，随时间推移所具有的变化性及其相应的恒定性。例如，一个人的微观系统随着时间的发展可能会发生很多重要的变化，如弟弟妹妹的出生、父母离婚、得到或失去宠物等。其他系统也会随时间发生变化。

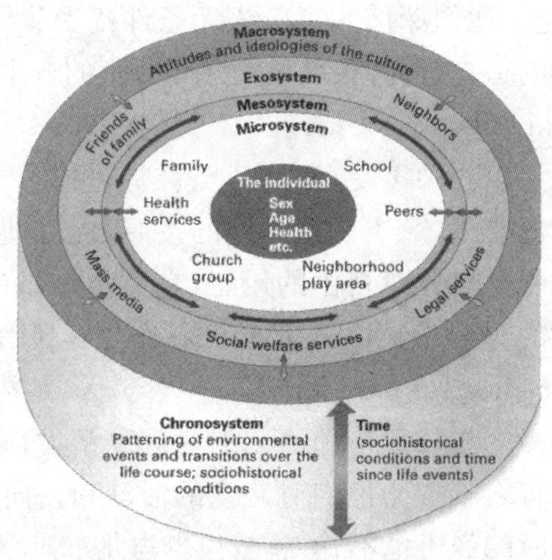

图 3-1　布朗芬布伦纳的社会生态系统图示

二、学生的微观系统

由于每个人所处的微观系统与其发展直接相关，因此教育心理学多从微观系统对儿童的发展进行研究。下面我们对学生所处的几个主要的微观系统加以阐述。

（一）家庭

家庭结构、家庭经济状况、父母教养方式等等，都是学生所处的家庭微观系统中的要素。例如，离婚将导致家庭结构的变化，而这种变化将会直接影响孩子的心理发展。这些变化可能包括孩子只能拥有父母双方中的一方，搬家导致的邻居关系、同伴关系的变化，家庭收入的变化等。家庭结构的变化使孩子常常要做出很多心理调整才能逐渐适应。再比如，弟弟妹妹的出生也会使家庭结构发生变化。儿童可能因此而感受到父母态度的变化、自己在家庭中地位的变化等。

父母教养方式是影响儿童发展的另一个重要因素。据研究，父母教养方式大致可划分为如下四种类型：

1. 权威型父母(authoritative parents)

他们对儿童温暖而严厉。他们对儿童的行为有明确的规定和要求，并能严格执行，同时他们对儿童的期望与儿童的需要和能力相一致。他们既高度重视儿童自主性的发展和自我管理，鼓励亲子间的双向交流，能听取与接受儿童的意见，同时又承担管教儿童的根本责任。权威型父母以一种合理的、问题导向的方式来对待儿童，在有关纪律的问题上常与儿童进行讨论并做出详细解释。

2. 专制型父母(authoritarian parents)

他们高度重视儿童的服从和遵从，常爱使用惩罚的、专断的和强硬的纪律措施，很少进行言语讨论。他们深信儿童应该无条件接受父母所制定的规则和标准。他们不鼓励儿童的独立行为，相反总是限制儿童的自主性。

3. 溺爱型父母(indulgent parents)

他们在纪律问题上以一种接受、和蔼甚至有些顺从的方式对待儿童。他们较少对儿童的行为做出要求，赋予儿童高度的按照自己意愿行动的自由。溺爱型父母更可能认为控制是对儿童自由的侵犯，它会妨碍儿童的健康发展。他们不是积极地塑造儿童的行为，而尽可能把自己看作儿童利用或不利用的资源。

4. 忽视型父母(neglectful parents)

他们总是尽可能减少与孩子一起活动的时间和精力。在极端的情况下，忽视型父母对儿童可能置之不理。他们对儿童的活动和去向知道得很少，对儿童在学校或与朋友一起时的经历也不感兴趣，很少与儿童谈心，在做决策时很少考虑儿童的意见。忽视型父母“以父母为中心”，而不是按照有利于儿童发展的信念来抚养儿童，他们主要围绕自己的需要和兴趣来建设家庭生活。

可见，不同的家庭环境对学生个性、社会性的发展会产生不同的影响。作为教师，了解学生的家庭背景是必要的，这也有助于了解学生的在校表现。

(二) 同伴

同伴关系和同伴文化是学生所处的微观环境中的另一重要因素。随着儿童年龄的增长，儿童与父母的接触逐渐减少，而与同伴的交往日益增多，同伴的影响将日益突出。

近年来，很多心理学家致力于研究同伴文化在儿童发展中的重要作用。同伴文化是一系列“规定”的学生群体——如何穿着，就连说话方式和发型都有规定。这些群体决定哪些活动、爱好、兴趣，决定喜欢什么不喜欢什么，喜欢谁不喜欢谁。例如，当一个学生群体普遍喜欢并“规定”一周之内除了周一穿校服外，其余四天都穿牛仔裤时，如果有一个成员在周二时没有穿牛仔裤，那他/她一定会遭到批评甚至排斥。同样，如果一个宿舍的女生都把头发拉直了，只有一个女生把头发烫弯了，那么这个女生多半不会受到同宿舍其他同学的喜欢。

当几个或更多同伴结成小群体时，同伴文化的影响就更为明显。如果这个群体的同伴都喜欢并且经常相约一起玩滑板时，其中一个同伴因为家庭原因没有买滑板，那么他/她会感到很孤立，而很可能闹着让父母买滑板。如果父母不同意，这个学生会继续争取，一直到父母妥协为止，或者离开这个同伴群体。一般来说，在父母与同伴的较量中，取胜的常常是同伴，儿童的年龄越大，受同伴的影响也越大。

因此，选择好的同伴及其群体，营造和接受好的同伴文化对于学生的个性、社会性发展非常重要。老师的责任就是引导学生建立健康的同伴关系和同伴文化，巧妙利用同伴的影响来加强对学生的教育。

【理论运用于实践】帮助离婚家庭的儿童

注意一些突如其来的行为变化，这些变化可能反映家庭发生的问题。

例子：

1. 对学生异常的身体症状提高警惕，如学生有持续的头痛或者胃痛、体重剧增或剧减、疲乏或精力过于旺盛等，都要多加注意。

2. 留意学生产生情感危机的前兆，如喜怒无常、发脾气、很难集中注意力。

3. 让家长了解学生压力产生的症状。

跟学生单独谈论他们态度和行为发生的变化。这就为你提供了一个找出学生压力源的机会，如父母离异。

例子：

1. 做一个好的聆听者。可能没有其他的成年人愿意听学生谈他们面临的问题。

2. 让学生们觉得跟你谈话很轻松，并让学生自定谈话的时间。

注意你的语言，避免在谈话过程中流露出你对于“开心”(双亲)家庭的刻板印象。

例子：

1. 在班上发言的时候，要简单地用“你们的家庭”来代替“你们的父亲和母亲”。

2. 避免说出“我们需要母亲志愿者”或者“你们的父亲能帮助你们”这样的话。

帮助学生们保持自尊。

例子：

1. 看到学生们工做出色的地方。

2. 确保学生们能清楚自己的任务并且有能力处理繁重的工作。这并不等于给予学生新的工作和难度很大的工作。

3. 学生可能会生父母的气，但也可能把这种愤怒转移到老师身上。不应记住学生对你表达的愤怒，因为他们是无辜的。

找出你所在学校可以利用的资源。

例子：

1. 跟学校心理学家、辅导咨询师、社会工作者或者校长交流那些可能需要外界帮助的学生。

2. 考虑建立一个受过培训的、由成人领导的讨论组，这个讨论组是为那些经历父母离异的学生而设的。

对离异父母获得孩子信息的应有权利非常熟悉。

例子：

1. 当父母双方共有抚养权的时候，两者都享有知情权和参加家长会的权利。

2. 没有抚养权的一方仍可以知晓孩子在学校的情况。应该与校长一起咨询国家法律中有关非抚养方权利方面的内容。

留意学生在离异父母双方家庭之间生活所产生的长期问题。

例子：

1. 当学生与离异父母一方共同生活时，书本、作业、运动服可能会留在另一方的家里。

2. 离异父母可能收不到校方通知，因此没有按时到学校接孩子或者错过了家长会。

摘自：Woolfolk A. 著，何先友等译. 教育心理学(第十版). 北京：中国轻工业出版社，2008. 80～81.

（三）学校

学校是影响学生的另一个微观系统。学校不仅是向儿童传授文化知识的地方，同时也为他们提供了良好的社会交往条件。许多研究者指出，对于在校学生来说，直接影响其成就和心理发展的因素就是学校和班级风气。学校文化和风气与学生的行为和成就有着紧密的联系。例如，在一个风气很正、倡导互助合作的学校里，学生们的亲社会行为就会受到鼓励，学生们的攻击行为、自私行为就会受到批评，而在一个一味追求学校规模和经济利益的学校里，学生们的个性和社会性发展也容易受到误导，一些不良行为和不良心理可能因此滋生暗长。班级氛围和教师的教育观念、教学态度等也会影响学生的个性、社会性发展，一味追求升学率的学校或班级可能会忽视学生非智力因素的发展，教师自身更是学生(尤其是小学生)模仿的榜样。

三、布朗芬布伦纳社会生态理论在教育教学中的应用

（一）为学生的成长营造良好的微观环境

布朗芬布伦纳的社会生态学理论告诉我们，儿童所处的微观系统会直接影响他们的发展。因此，在教育实践中应该注意对班级和学生的管理。首先，学校管理的一个重要议题是把班级看成一个大家庭。比如，尽可能让老师的教学有一定连续性，即让老师在连续几年里教同一批孩子。这有助于建立教师与学生的亲密关系，而师生间的亲密关系有助于学生的社会性发展。其次，教师，尤其是班主任老师，应该加强与学生家长的联系。一方面可以通过电话、邮件、家访

等方式经常与家长保持联系,了解学生的情况;另一方面可以定期举行家长会,但是家长会不应变相为教师单方面报告会,教师应该积极认真地听取家长的意见和建议。再次,教师要正确引导学生的同伴关系向良性方向发展。一方面要以身作则,做好榜样;另一方面要关心学生学习之外的生活,了解孩子的同伴关系状况,树立一些好的榜样等。

(二) 充分利用社会教育资源,促进学生发展

在一定意义上,可以说学校教育就是社会教育的一个小小的缩影。社会其实本身就是一个大学校,教师应该充分利用这个大学校的教育资源,同时尽量避免其中的不良因素。例如,学校可以与一些社会组织或机构,如企业、工厂、博物馆、科技馆、动植物园等结成联盟,建立友好合作的伙伴关系,把课堂延伸到社会,把社会机构融入学校,这样学校和社会就会有机地结合在一起,共同促进学生发展。教师也可以根据教学的要求或德育的要求,有计划、有目的地邀请一些社会知名人士,如先进事迹个人、科学家、企业家等,让中小学生直接和他们面对面地接触以获取有效资源。

(三) 特别注意社会大环境对学生的影响

虽然儿童密切接触并受到直接影响的往往是微观环境,但是微观环境之外的大环境(包括中间系统、外部系统、宏观系统等)对儿童的影响也不可忽视,而且在某种意义上,儿童的微环境是对大环境的反映和折射。社会上除了有很多可以利用的教育资源,更多的还是一些潜移默化的影响,比如文化的影响、传媒的影响、社会大事件的影响等。

教师要特别注意这些大环境对学生可能存在的一些影响,并尽量消除不良影响。比如,引导学生多接触优秀文艺作品,关注教育节目、科教节目、少儿节目而非"兼收并蓄"。当发生一些重大社会事件时,比如汶川大地震,要及时引导学生发展同情心、爱心、亲社会行为、自助观念、危机应对策略等,而不是漠不关心。再比如,在金融危机下,孩子也会间接受到各种有形无形的影响。作为教师,要关心社会大环境的发展变化,更要关心身处其中的学生的变化,以便及时调整教育教学方案、措施、态度等。

(四) 响应文化的教学

我国是一个多民族、多文化并存的国家,这要求教师应该进行响应文化的教学(culturally responsive teaching)。所谓响应文化的教学是指认定和肯定学生的文化。响应文化的教师会帮助学生理解和欣赏自己的文化以及其他文化,而营造一个肯定多样性的课堂环境需要对多样性众多方面的了解。

首先,教师需要审查自己对待文化多样性的态度,因为教师自身是一个强有力的榜样。如果教师对某种文化下的儿童存有刻板印象或偏见,比如,对乡村来

的孩子可能不自觉地预期他们在校表现不好，对女孩可能期望她们比较文静等，这些信念会导致教师无意间向学生传达一种文化偏见，影响这种文化下的儿童的表现。

其次，将文化视角融入日常沟通与教学。无论在教学内容中还是言谈举止、日常细节中，都要表现出对文化多样性的尊重。

总之，布朗芬布伦纳的生态理论对于教育教学有重要意义。但是，教师在充分利用这一理论的同时也必须认识到该理论的一些缺陷。其主要的缺点是无法进行实证研究。例如，怎样对无数高度复杂的交互作用关系进行深入的分析并进行观测？怎样理清个体与其微观系统、中间系统、外部系统之间的交互作用关系？时间系统、宏观系统是以怎样的方式通过微观系统而作用于个体的发展的？这些都是尚未解决的问题。

第三节　情绪和道德的发展

当我们面临一些烦恼、不满甚至愤怒时，我们是否直接把它发泄出来？当我们遇到一个两难问题时，我们又是如何做出选择的呢？这牵涉情绪(这里主要指社会情绪)和道德的发展问题。学生情绪和道德的发展是教师应该了解并加以促进的一个重要议题。

一、情绪能力的发展

理解别人的意图和从别人的角度看问题是情绪能力发展中的要素，也是理解和管理情绪能力的要素。

(一) 四个必需的社交/情绪能力

研究者指出，有四个必需的社交/情绪技能和能力对于学生的学业和个人成就有重要影响：

1. 了解你自己和他人

这主要包括：(1) 分辨情绪。认识和说出你自己和他人的情绪；(2) 承担责任。为了做出符合伦理、安全和法律的行为，了解自己需要承担的责任和按责任办事；(3) 认识长处。认清自我和培养良好的品质。

2. 做有把握的决定

这主要包括：(1) 管理情绪。调节情绪适应环境而不是阻止事情的发生；

(2) 了解环境。准确地了解你身处的环境;(3) 设定自己的目标和计划。设立目标,并为短期或长期目标的达成而努力;(4) 创造性地解决问题。通过创新且合乎规则的过程,探索可靠的、以目标为导向的计划达成的可能性,包括克服计划中的障碍。

3. 对别人的关怀

这主要包括:(1) 表示同情。分辨和了解别人的思想和感觉;(2) 尊重他人。作为人性的一部分,要相信他人应该得到友好和热情的对待;(3) 重视多样性。懂得个人和群体的不同可以取长补短,并且增强对环境的适应性。

4. 知道如何去做

这主要包括:(1) 有效沟通。利用言语和非言语技能来表达自己,增强与别人有效的交流;(2) 建立关系。与个人或群体建立和保持有益、健康的关系;(3) 平等地谈判。重视所有相关人员的需要,努力寻找令双方满意的方法去解决矛盾;(4) 不要激怒他人。传达并服从有力的决定,不要采取不必要、不安全和不符合伦理道德的行为;(5) 寻求帮助。为了追求自身的需要和目标,了解自己的需求,接受那些合适的帮助和支持;(6) 行动合乎伦理。依照法律、专业条文的认识,或者以个人的道德和信仰为基础,通过一系列的法律标准来指导如何做决定和行动。

(二) 心理理论的发展

除了这四个必需的社交/情绪能力外,儿童对自己和他人心理意图的推测和理解,即心理理论(theory of mind)的发展,也是其情绪能力发展的重要内容。心理理论是个体对自己和他人心理状态的认识,并由此对相应的行为做出因果性的预测和解释。心理理论是一种对心理意图推测和理解的能力。例如,当一个儿童不高兴的时候,另一个儿童能否理解这个儿童为什么不高兴对于他们能否继续交往是非常重要的。

研究发现,在儿童两岁左右时,就有了对心理意图的理解,至少是对自己心理意图的理解。比如,他们可能会说:"我想要一个布娃娃"。随着儿童心理理论的发展,他们也逐渐能理解别人的心理意图。例如,当一个孩子不小心碰掉另一个孩子的图画册时,图画册的小主人会知道对方不是故意的,因而一般不会表现出生气情绪。

儿童心理理论的发展与其观点采择能力(perspective-taking ability)的发展关系紧密。观点采择能力是儿童采取他人的观点来理解他人的思想与情感的一种必需的认知技能,儿童知道别人会有与自己不同的感受和经验,能从对方的立场去看待问题。理解他人的想法和感觉对于建立合作关系、道德发展、促进亲社会行为等方面都有重要意义。

二、道德发展

伴随着高级心理理论和理解别人心理意图能力的发展，儿童也发展起正误判断和道德评判的能力。例如，当一个小学生提出“老师，王××考试作弊”，或者：“妈妈，妹妹的苹果比我的大，这不公平”，这就意味着儿童的道德观已经初步建立起来了。瑞士心理学家皮亚杰和美国心理学家科尔伯格对儿童道德的发展都有精辟论述。

（一）皮亚杰的道德发展理论

皮亚杰将儿童道德的发展划分为他律道德（heteronomous morality）和自律道德（autonomous morality）两个阶段。

他律道德是指道德是受他人提出的规则支配的，这个阶段也叫道德现实主义（moral realism）或强制的道德，即按照绝对的标准判断是非。在这个阶段，5～6岁的儿童相信关于行为和游戏的规则绝对不能改变。儿童只注意到别人的行为，而没有注意到行为背后的意图或动机，因此，他们常常按照行为的后果来判断是非及其严重性。例如，一个儿童不小心打碎了两个杯子，会认为比故意打碎一个杯子犯的错误更严重。

儿童大约8岁以后就能理解规则和法律并不是绝对的，是很多人同意后制定的，而且可以改变它。这时遇到规则被破坏的情况，儿童开始能够同时考虑行为的后果与意图。因此，这个阶段也叫道德相对主义或者合作性道德（morality of cooperation）。

（二）科尔伯格的道德发展理论

在皮亚杰道德发展论的基础之上，科尔伯格（Lawrence Kohlberg，1927～1987）采用经典的道德两难故事和道德两难问题（moral dilemmas，即没有明确的选择或无正误之分的情况）对儿童的道德发展水平进行了探讨，将儿童道德的发展划分为更详细的三个水平六个阶段（表3-3）：

表3-3　科尔伯格的儿童道德发展阶段

阶段顺序	命名	基本特征
第一级水平	前习俗水平	由外在要求判断道德价值
第一阶段	服从与惩罚定向	服从规则以及避免惩罚
第二阶段	天真的利己主义	遵从习惯以获得奖赏

续表

第二级水平 第三阶段 第四阶段	习俗水平 好孩子的道德定向 维护权威和秩序的道德观	以他人期待和维持传统秩序判断道德价值 遵从陈规，避免他人不赞成、不喜欢 遵从权威，避免受到谴责
第三级水平 第五阶段 第六阶段	后习俗水平 履行准则与守法的道德 个人良心式原则的道德观	以自觉守约、行使权力、履行义务判断道德价值 遵从社会契约，维护公共利益 遵从良心式原则，避免自我责备

水平 1：前习俗道德（preconventional morality）。这个水平下的道德推理水平多以自我中心为基础，7～10 岁的儿童大都处于这个水平。

处于该水平第一阶段的儿童以这种或那种行为方式来获得奖励和避免惩罚。对个体而言，要么顺从，要么受到惩罚。所有权威的都是正确的，不能违反，否则就会受到惩罚。

处于该水平第二阶段的儿童则认为事情的正误由个人的需要来决定。只有当个体认为他的行为对自己是有利的时，他才会遵守规则。因此，道德感是相对的。

水平 2：习俗道德（conventional morality）。这一水平下的儿童已经内化了社会规则，他们遵守那些他们认为正确的规则或社会习俗（social conventions）。社会习俗是指在特定情况下，被普遍赞同的规则和做事方式。科尔伯格认为 10～16岁时达到这一水平就很好了。

处于第三阶段（即该水平第一阶段）的儿童认为人们的推理是由众人共同的期望和一致意见决定的。因此，他们总是试图迎合那些生活中重要他人的期望。

处于第四阶段（即该水平第二阶段）的儿童意识到良心和社会体系的重要性，知道遵守法律和履行义务的必要性。

水平 3：后习俗道德（postconventional morality）。这一水平下的青少年主要基于内心的一套标准进行道德推理，这种道德标准不一定与社会规则相一致。社会规则成为大多数行为的基础，但当社会规则与人们内心的道德准则发生冲突的时候，人们内心的准则往往占上风。这一水平很少有人能达到。

在第五个阶段，青少年认为事情的好坏是由社会普遍认同的个人权利标准来决定的。他们知道法律大多数都能为人们提供最大的利益，但有时法律是与道德规则相违背的，这种事情一般不容易解决。只有 1/5 的青少年能够真正达到这个阶段。

在第六个阶段，青少年认为利益和权利是个人道德心的事情，包括公平、人的尊严和平等的抽象概念，他们遵循普遍的伦理准则。但这个阶段是相当难达到的，它更多的是一个理想的而非清晰的道德阶段。

（三）道德推理的性别差异

吉利根(Carol Gilligan)提出了另一种模型，她认为女性有不同于男性的道德观念。男性更重视诸如公平和尊重他人权利这样的抽象、理智的原则，而女性则更倾向于依据关心和同情来看待道德，即“具关怀的道德观”。女性与他人交往时更容易理解他人的想法，她们对亲密的人际关系特别敏感。有些研究结果证明了吉利根的一些观点，也有研究发现男性和女性在道德判断上都会考虑关心这一因素，尽管成年女性比男性更可能表达自己的关心，但男孩和女孩在关心方面没有明显差异。

三、科尔伯格道德发展理论在教育教学中的应用

科尔伯格很重视把研究成果应用到教育中去，从而形成了自己的道德教育观点。下面我们结合科尔伯格的道德教育观点谈谈该理论在教育教学中的应用。

（一）道德教育的首要任务是提高儿童的道德判断能力，培养他们明辨是非的能力

科尔伯格把儿童的道德发展看作认知发展的一部分，儿童道德成熟过程就是道德认识的发展过程。儿童道德成熟的标志在于他能做出正确的道德判断并形成他自己的道德原则的能力，而不是只具备服从他周围成人的道德判断的能力。作为一名教师，可以经常在课堂上组织学生进行一些两难问题的讨论。这些问题可以源于学校的课程，也可以是校外发生的事情；可以是真实的事件，也可以是假设的事件。但是，老师要注意保护所有参与者的隐私，更不要形成一种处处“讲秘密”的氛围。此外，教师要确保所在班级的课程尽量能反映道德主题和价值观。比如，保持教室的秩序仅仅是一个基于行政管理需要的规则，而偷窃就是一种违反道德规则的行为。

（二）道德教育应遵循儿童的道德发展阶段

科尔伯格认为，在对儿童进行道德教育时，应随时了解儿童所达到的发展阶段，根据儿童道德发展阶段的特点，循循善诱地促进他们的发展。例如，在小学时期，教师可以通过组织学生讨论偷窃、嫉妒、嘲笑别人等行为来引导小学生的道德发展；在高中时期，就可以讨论诸如欺骗、保护犯规的朋友、如何受欢迎等问题。但是，教师要知道任何一种道德发展理论都只适合一部分人，而不是所有人。因此，根据学生的实际情况进行道德教育是必要的。

（三）要为儿童的道德发展创造良好的环境

科尔伯格指出，学校、家庭和社会要创造良好的条件，广泛开展各种道德教

育活动，提供略微超出儿童发展水平的社会道德问题让他们讨论，以激发他们去实现更高阶段的道德水平，使他们的思维模式向更高水平发展。具体而言，一个教师进行道德教育的最重要的责任是建立一个以公平为基础的相互尊重和关心的班集体以及建立固定的要遵守的规则。此外，教师应根据不同行为领域给学生以适合的回应——道德或习俗领域。例如，当老师发现有的学生说脏话时，要及时予以制止和纠正；如果学生说的脏话带有侮辱性，老师就应该明确告诉他这种行为对他人的伤害性并予以批评。

综上，科尔伯格对道德发展问题的一系列研究，扩展了皮亚杰关于儿童道德判断研究的理论，在发展心理学中形成了一个重要的道德发展阶段的模式，使道德现象得到了比较客观的科学证明，并有助于将道德发展的理论运用到学校道德教育中去。需要指出的是，科尔伯格强调儿童道德判断能力的重要作用，是他的认知发展理论在道德教育上的必然反映。但是仅仅强调道德判断能力，而忽视了道德情感、道德意志和道德行为在道德品质形成和发展中的作用是不全面的。儿童的道德品质不只是要具备道德认识，还要有丰富的道德情感、坚强的道德意志和良好的道德行为，并使之成为习惯。生活中可以看到儿童的言行不一，有时并非是由于缺乏正确的道德认识和道德判断能力。有时儿童往往是在没有意识到道德准则的情况下做出道德行为的，可见应把知和行统一起来。此外，科尔伯格不重视习惯在儿童道德发展中的重要作用，也是片面的。

【理论运用于实践】道德发展理论对教学的启示

教师对儿童道德思维和行为水平的预期应符合儿童的年龄。有经验的教师知道，预期过高或过低，都不能帮助学生发展到适合的水平。

在课上组织学生讨论两难问题，以帮助学生发展道德推理。这些两难问题可以是源于学校的课程，也可以是校外发生的事情。科尔伯格和 Kramer 认为道德两难问题的讨论有助于学生发展道德推理，并向更高阶段推进。

自我评价可以帮助教师评价自己的道德发展水平，更有利于教师对他的学生的思想和行为的感知。教师应该理解自己和自己的想法。

教师应该知道，对任何一种道德发展理论都是不能全盘接受的。所有的理论都只适合一部分人，而不是所有的人。

教师应该鼓励和发展学生的不仅是道德的而且是明智的思维。这种思维的目标是实现共同的利益——最终也是每个人的最大利益。

摘自：Sternberg R. J.，Williams W. M. 著，张厚粲译. 教育心理学. 北京：中国轻工业出版社，2003. 97.

第四节　个性、社会性和道德发展的多样性

尽管不同儿童个性和社会性的发展遵循一些共同的或相似的规律，如都遵循一定的发展顺序，都受到社会文化背景的影响等，但是我们必须承认，许多学生将经历其他孩子没有经历过的挑战和困难，比如有些孩子是在单亲家庭中长大或在暴力家庭中长大，而另一些孩子则可能生活在“温室”里。即使学生并未经历这些重大的个人挑战，他们的个性、社交技能、道德信念等仍然会有不同。在某种程度上，这些差异是不同的教养方式和文化背景造成的。教师必须了解这些差异并因材施教。

一、个体差异

每个学生不同的家庭背景、独特的气质类型、生理上的差异等等因素，都会导致其个性、社会性及道德观的差异。

例如，那些经历特殊挑战或困难的学生往往需要我们给予特别的支持。生活在离异家庭的孩子可能比较敏感、内向；有残疾的学生可能比较自卑甚至自闭；有情感和行为障碍的学生，观点采择能力和社交技能通常很差；智力落后的学生，道德推理能力也可能稍差等等。这些学生需要老师给予更多的关怀和支持，比如关心学生生活和他们的未来发展，充当学生忠实的听众而且要经常让他们知道我们是多么重视他们中的每一个人。表 3-4 列出了孩子们的特殊需要以及教师可能提供的帮助。

表 3-4　　有社交或行为问题的学生特征及课堂策略建议

学生特征	课堂策略建议
被同伴拒绝，朋友很少	详尽地教授社交技能，提供机会实践这些技能，并进行反馈
在观点采择和识别他人情感状态方面有困难	制定可行的、与可接受的课堂行为有关的规则，并加以执行
理解社会情境的能力不足（如在无恶意的交往中觉察出敌意）	指出适当的行为并加以表扬
社交技能和解决社交问题的能力很差，对其社交技能到底有多差认识有限	教授解决社交问题的策略（如通过调解训练）
控制冲动的能力差；控制情感有困难	给学生提供合作机会结交新朋友；帮助学生识别各种不同情感的外部标志
不会同情别人	用诱导促进同情理解和观点采择

摘自：Ormrod J. E. 著，彭运石，彭舜等译，教育心理学（第四版）. 西安：陕西师范大学出版社，2006. 112.

二、文化差异

如前所述,学生在个性、社会性及道德信念方面的差异,在某种程度上是不同教养方式和文化背景的产物。从群体角度说,生活于不同文化背景下的学生,其个性、社会性可能会有很大差异。例如,有些种族群体鼓励一种强烈的家庭认同感,也有可能鼓励种族群体认同感,这些文化背景中长大的孩子更看重家庭或整个种族的成就感和荣誉感,而相对不重视自己的个人成就。因此,这些背景中长大的学生对于自己的成绩往往缺少自信心,教师必须给他们提供在学习方面取得成功所需要的帮助。

道德行为和道德信念也可能因文化背景不同而不同。例如,在一些文化里,习俗和习惯被看作是规则,这样能使社会生活更平稳。但在其他更加传统的社会里,社会习俗就等同于道德问题。说谎在一些社会中是不道德的、不被准许的,而在另一些文化中可能是一种合理的、可以保全面子的方式。有些文化鼓励亲社会行为和合作性,而另一些文化则鼓励竞争和个人选择。

另一个比较明显的群体差异可以进一步折射文化的影响,即性别差异。在很多文化背景中,文化对女孩有不同于男孩的期望和约束,父母对女孩的教养方式不同于男孩。这些因素最终折射出个性、社会性和道德发展方面的性别差异。正如吉利根所提出的,女性和男性在道德发展的内容方面可能有不同侧重:女性更可能按照关心和同情的维度来评判是非,而男性更重视公平和理智。此外,受文化的影响,女性在学业上的自信心、对身体的自我概念可能会比男性差,但女性的社交技能和社会情绪能力可能比男性强。

作为教师,我们必须承认这些差异的存在并按照实际情况进行教学;一方面,我们应该尊重不同文化的差异,理解不同文化背景下的学生可能有不同的个性、社会性及道德方面的差异,甚至理解学生与自己也可能存在很大差异;另一方面,我们必须坚持并传播一些基本的原则,肯定和鼓励一些符合基本原则的行为,比如平等、尊重他人权利、幸福等。

☞ 回到案例

这是一个关于青春期少女对于友谊、道德、服从等感到困惑的故事。教师可以结合这个阶段学生的个性、社会性及道德方面的发展特点给予引导。下面是一个老师自述的指导方案:

首先给她介绍并讲解有关的科学知识。少年由于缺乏辩证而全面地看事物的经验,往往会把朋友之间的友谊神圣化。他们会把小集团中的一些人的行为准则作为自己的行动标准,常常为了所谓的"义气"而包庇同伴,或者为对方打抱不平，也不管是否符合社会道德规范就很冲动地做出一些造成较大不良后果的行动。在咨询时要理解她的问题，给她参考性意见，最终让她自己决定该怎么做。

(1) 明确真正的好朋友不仅仅是讲“义气”，而是好朋友要互相帮助，取长补短，共同进步，因为每个人都不是十全十美的。

(2) 要知道每个人都有与别人不同的观点，要敢于接纳与自己不同的合理观点，保留自己的正确观点，最好能够采用一切合理的方法来证明自己观点的正确性。

(3) 真正的好朋友应该为对方的健康成长着想，对方的不当行为我们都应该勇敢而委婉地提出来，引导他们改正错误。如果不方便直接说，也可以通过他信任的老师或者同学来转达。

(4) 当好朋友在做伤害自己的事时，应该大胆提出，并表明只原谅第一次，再也不愿意看到有第二次。如果他还是不能改过就应该向相关老师反映情况，老师会帮他分析问题行为产生的原因，并让大家来帮助他改掉这个坏毛病。

(5) 面对不良行为的影响，应该主动向家长或者老师寻求帮助，毕竟我们处在一个法制较健全的社会，一切不良的和不合法的行为都会受到社会的惩罚的，正义终究会压倒邪恶。

学术争鸣

是人格特质还是情境决定了个体的行为？	
正方观点：人格决定个体的行为 特质论认为，人格是由一系列特质组成的，所谓特质(trait)通常指在一段时间内、不同情况下相对稳定的个体差异性及个体有别于他人的基本特性。每个特质都是对立的两端联系起来所构成的一个个体差异的维度。任何人都在这个维度上有一个确定的位置，有的人得分低，有的人得分高，但大多人都处于中间部分。特质论假定人格是某种相对稳定的东西，都可以加以描述，而且可以用来预测个体的行为。比如，一个害羞的儿童，可以预测他在社交场合中的退缩行为；一个外向的学生，可以预期他喜欢交际和集体活动等。特质论的典型代表是美国心理学家奥尔波特和卡特尔。	反方观点：任何行为都是情境影响的结果 情境论者则认为，在不同的情境中几乎难以找到行为一致(即特质存在)的证据。行为几乎完全由情境决定。情境论的主要代表人物是米歇尔。米歇尔的依据是：在绝大多数研究中，个体在两种情境中行为的相关系数并不高；特质论者没有确凿的证据可以直接证明行为的一致性；人们在解释行为时，易犯基本归因错误，夸大了行为特质的作用而忽略情境因素。比如，同一个人可能在陌生人面前表现出退缩行为，而在家人面前表现得很大胆。显然是不同的情境而不是他的特质决定了他的行为。

续表

不过,后来的研究发现,特质论和情境论都不能单独地解释和预测人们的行为。例如,撒拉逊(Sarason)在1975年所做的138项实验研究中发现,情境平均能解释10.3%的行为差异,人格特质只可解释8.7%的行为差异。换言之,情境与特质都无法很好地预测行为。巴斯(Buss)在1989年研究发现,有些实验室情境下,行为更多地由情境决定,这时被试处在新异、正式、公共情境下,在较短时间内得到详尽的指令,行为没有选择权,因此行为更多地由情境决定。在相反的情境下,人格特质则发挥关键作用。还有一些研究者的研究显示,人们在相似的情境尤其是自己选择的情境中时,会清晰地显示特质。 因此,当代的心理学者们更多地倾向于认为行为取决于人格特质与情境的交互作用。

小 结

1. 埃里克森的个性发展理论

埃里克森认为,个性的发展应包括机体成熟、自我成长和社会关系三个不可分割的过程。他根据这三个过程的演化,把个性分为八个阶段:(1) 婴儿前期(0~1岁):基本信任对基本不信任;(2) 婴儿后期(1~3岁):自主对害羞与怀疑;(3) 幼儿期(3~6岁):主动对内疚;(4) 童年期(6~12岁):勤奋对自卑;(5) 青少年期(12~20岁):同一性对角色混乱;(6) 成年早期(20~25岁):亲密对孤独;(7) 成年中期(25~65岁):繁殖对停滞;(8) 成年晚期/老年期(65岁~死亡):自我整合对失望。

埃里克森个性发展理论对教育教学的启示如下:(1) 学前儿童的教师应鼓励孩子的主动性;(2) 小学教师要鼓励学生勤奋,帮助他们树立正确的竞争观念;(3) 中学教师要支持学生自我同一性的形成。

2. 布朗芬布伦纳的社会生态理论

布朗芬布伦纳认为影响儿童心理发展的生态环境有以下五个子系统:(1) 微观系统。微观系统是儿童成长中直接接触和产生着体验的环境。家庭和学校都是儿童的微观系统环境。(2) 中介系统。中介系统指两个或多个微观系统环境之间的相互联系和彼此作用,即它是由多个微观系统环境所组成的系统。(3) 外部系统。外部系统是指个体并未参与其中,但却对其成长产生着影响的那些环境以及这些环境的联系和相互影响。(4) 宏观系统。宏观系统指个体所处的整个的社会组织、机构和文化、亚文化背景,它涵盖了前述的微观系统、中介系统和外部系统,并对它们发生作用,施加影响。(5) 时间系统。时间系统是指个体的生活环境及其相应的种种心理特征,随时间推移所具有的变化性及其相

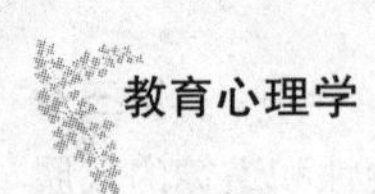

应的恒定性。

布朗芬布伦纳的社会生态理论在教育教学中可得到如下应用:(1) 为学生的成长营造良好的微观环境;(2) 充分利用社会教育资源,促进学生发展;(3) 特别注意社会大环境对学生的影响;(4) 响应文化的教学。

3. 皮亚杰的道德发展理论

皮亚杰将儿童道德的发展划分为他律道德和自律道德两个阶段。他律道德是指道德受他人提出的规则支配;自律道德指能理解规则和法律并不是绝对的,能够同时考虑行为的后果与意图。

4. 科尔伯格的道德发展理论

科尔伯格将儿童道德的发展划分为更详细的三个水平、六个阶段:(1) 水平1:前习俗道德。这个水平的道德推理多以自我中心为基础,7～10 岁的儿童大都处于这个水平。处于第一阶段的儿童是服从与惩罚定向的,而第二阶段的儿童是天真的利己主义。(2) 水平 2:习俗道德。这一水平下的儿童遵守那些他们认为正确的规则。处于第三阶段的儿童是好孩子的道德定向,而第四阶段的儿童具有维护权威和秩序的道德观。(3) 水平 3:后习俗道德。这一水平下的青少年主要基于内心的一套标准进行道德推理,这种道德标准不一定与社会规则相一致。处于第五阶段的儿童遵循履行准则与守法的道德观,而第六阶段的儿童遵循个人良心式原则的道德观。

5. 吉利根的道德发展模型

吉利根提出了另一种模型,认为女性更倾向于依据关心和同情来看待道德,即"具关怀的道德观";而男性更重视诸如公平和尊重他人权利这样的抽象、理智的原则。

∠ 思考题

1. 简述埃里克森的个性发展理论及其对教学的启示。

2. 影响学生发展的生态环境有哪些? 教师应如何有的放矢地进行教学?

3. 试述儿童道德发展的阶段,并根据科尔伯格的道德发展理论尝试分析小学生的道德发展状况。

4. 如果你问一个 7 岁的小学生和一个 14 岁的初中生一个同样的问题:"我是谁?"你认为他们会做出怎样的回答呢? 其回答有什么不同吗?

∠ 进一步阅读文献

1. Woolfolk A. 著,何先友等译. 教育心理学(第十版). 北京:中国轻工业出版社,2008.

2. Ormrod J. E. 著,彭运石,彭舜等译. 教育心理学(第四版). 西安:陕西师范大学出版社,2006.

3. Sternberg, R. J. , Williams W. M. 著,张厚粲译. 教育心理学. 北京:中国轻工业出版社,2003.

4. 罗伯特・斯莱文著,姚梅林等译. 教育心理学——理论与实践(第七版). 北京:人民邮电出版社,2004.

5. 托马斯・费兹科,约翰・麦克卢尔著,吴庆麟等译. 教育心理学——课堂决策的整合之路. 上海:上海人民出版社,2008.

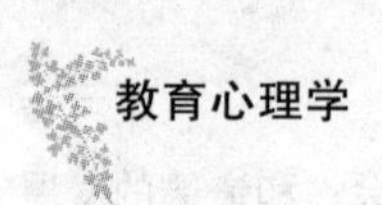

第四章
学习者的差异与教学

☞ 章节说明

承认差异、了解差异、尊重差异是世界全球化、多元化的特征。教学更要适应学生的差异，根据学生的特点选择教学内容、确定教学目标、设计教学方式，对不同学生提出不同的要求，使每个学生都得到发展与成长。本章主要从能力、学习风格等方面介绍学校教育中学习者的差异。第一节能力差异，主要介绍能力的含义和有关理论，能力的个体差异以及面向能力差异的教学组织形式和个别化教学模式。第二节学习风格的差异，主要介绍学习风格与认知风格的含义，学习风格与认知风格的类型，以及相应的教学策略。第三节关注学习者的群体差异，介绍性别、种族、社会经济地位的差异以及教学中应注意的问题。

☞ 案 例

刘老师正在办公室里批改卷子，他注意到每次考得好的都是同样的几个学生，而有一拨学生总是垫底。好像不管自己多么努力，有一些学生总能学会，另一些学生就是学不会。为了帮助学习差的学生，补课、额外的作业，总之能做的他都做了，但是他们总不能达到他的预期。

一天刘老师读了一篇关于评价某些活动价值的文章，这些活动的目的是要帮助学生对数学产生兴趣。刘老师决定在他的课上增加一些新的要求，即出一道数学题，题的内容在一定程度上可以由学生自己选，只要他们能将课上所教概念运用于该题目就行。学生可以把题目应用到实际当中，可以追溯该题目的理论依据写成文章，或者可以选择其他的方法。

令刘老师惊奇的是，计划实施当天，他就发现许多创造性的、激动人心的作品。尤其是那些成绩较差的学生，他们不仅表现出了对概念的理解，还创造性地运用了概念。刘老师认为应该通过更广泛的方式考查学生对知识的掌握，而不只看成绩的高低。

在教学中刘老师还发现,班里有富人家的孩子和穷人家的孩子,他们之间存在争吵而且嘲笑彼此的花销,面对这种情况刘老师开始思考他要怎样做来保持和平,并表现出对他们差异的尊重。怎样才能对不同的学生表现出公平和平等的期望。

材料中,刘老师意识到的学生之间的个体差异存在于哪些方面?刘老师还注意到不同小群体的哪些差异?刘老师针对这些差异又是如何教学与教育的呢?本章即将探讨学习者的差异与教学的相关知识。

学习者的差异是因材施教的基础,本章主要从学习者的个体差异和群体差异两方面探讨如何根据学习者的差异进行教学。学习者的个体差异主要包括能力差异与学习风格差异;群体差异主要包括性别差异、社会经济地位差异和种族差异。

第一节 能力的差异与教学

一、能力概述

(一) 什么是能力

一般认为,能力是影响活动效率并使活动得以顺利完成的个性心理特性。例如,一位画家所具有的色彩鉴别力、形象记忆力等都叫能力,这些能力是保证画家得以顺利完成绘画活动的心理特征。

首先,能力是和活动紧密相连的。一方面,能力在活动中形成与发展;另一方面,能力在活动中得以表现。一个人的绘画能力,只有在绘画活动中才表现出来,一个教师的组织能力只有在教育教学活动中才能显示出来。因此,我们只有通过活动才能了解一个人能力的大小,当一个人能够顺利完成某种活动时,也就或多或少地表现了他的能力。

其次,能力是直接影响活动效率的心理特征。成功完成某种活动受许多主观因素的影响,如人格特征、兴趣与爱好等,但这些因素都不直接影响活动的效率,不直接决定活动的完成,而只有能力才是完成某种活动所必备的心理特征。例如,思维的敏捷性和言语表达的逻辑性,是直接影响教师能否成功地完成教学任务的能力因素;如果缺乏这种因素,就无法顺利有效地完成教学任务。

(二) 能力的种类

人的能力是多种多样的,一般可以分为以下几种:

1. 根据适应范围或表现领域不同,可将能力分为一般能力和特殊能力

一般能力指在不同种类的活动中表现出来的能力,也就是我们平时所说的智力。构成智力的因素包括观察力、记忆力、想象力和思考力等,其中思考力即

抽象思维能力是智力的核心。特殊能力指在某种专业活动(如绘画、音乐方面)中表现出来的能力。

2. 根据创造性水平不同,可将能力分为模仿能力和创造能力

模仿能力是指人们通过观察别人的行为、活动来学习各种知识,然后以相同的方式做出反应的能力,如儿童对父母的言语、表情的模仿。模仿中主要包括两种成分:观察和仿效,即个人看到或听到别人怎么行动,自己也跟着怎么做。创造力是指产生新思想和新产品的能力,如作家构思新的人物形象。

3. 根据与先天因素和社会因素的关系不同,可将能力分为流体能力和晶体能力

流体能力是指在信息加工和问题解决过程中所表现出来的能力,它较多依赖个人的先天禀赋,如演绎推理、形成抽象概念的能力等。晶体能力是指获得语言、数学等知识的能力,它决定于后天的学习。也就是说,当任务取决于一个人过去已经习得的知识和技能时,涉及的是晶体能力,词汇测验和阅读理解测验是对晶体能力的良好度量;相反,当任务需要奇异的加工和思维方法时,涉及的是流体能力。

在人的一生中,晶体能力和流体能力表现出不同的形态。晶体能力达到最高点的时间比流体能力晚,下降也晚。根据卡特尔的看法,流体能力在 20 岁以后发展达到高峰,30 岁以后就开始下降,但晶体能力一生中一直在发展,到人年老的时候还能保持在较高的水平上。

4. 根据功能不同,可将能力分为认知能力、操作能力和社交能力

认知能力是指人脑加工、存储和提取信息的能力,如观察力、记忆力等;操作能力是指人们操作自己的肢体以完成各项活动的能力,如艺术表演能力、实验操作能力等;社交能力是指在人们的社会交往活动中表现出来的能力,如言语感染力、判断决策能力、处理意外事故的能力等。

二、能力的结构

能力的结构是指能力包含的因素以及各因素之间的关系。了解能力的结构对于深入了解能力的本质、合理设计能力测量工具、科学拟定培养学生能力的具体措施具有重要的意义。关于能力结构的理论有两类,一是心理测量学的理论,它偏重分析能力的结构特征;二是信息加工心理学的理论,它着重探索能力形成的心理过程及信息加工过程的特点。

(一) 心理测量学的理论

关于能力结构的心理测量学理论主要有以下几种:

1. 二因素理论

英国心理学家斯皮尔曼(C. E. Spearman)认为能力由两个因素组成:一般因素(G)和特殊因素(S)。G 因素存在于所有的智慧行为中,是人的基本心理潜

能;S因素是指在完成特定任务时所需要的一些特殊能力。人们任何一种作业的完成都有G和S两种因素的参与,两种活动中包含G因素越多,作业成绩的正相关就越高,反之,包含S因素越多,成绩的正相关就越低。

2. 群因素理论

美国心理学家瑟斯顿(L. L. Thurstone)认为能力由七种因素构成,这七种因素是独立的,它们分别是:计算能力,即迅速而正确地处理数字的能力;言语流畅性,迅速选择同义词的能力;词的理解,了解词汇意义的能力;记忆,迅速记住事物和有效回忆事物的能力;推理,即从特殊事例中发现抽象规则的能力;空间知觉,即透视几何图形的空间关系,正确判断空间位置和方向的能力;知觉速度,即迅速而正确地抓住细节与分辨同异的能力。瑟斯顿根据他所发现的七种基本能力编制了一个相应的智力测验,称为基本能力测验(Primary Mental Abilities Test,简称PMAT)。测验结果表明,这几种基本能力并不是绝对割裂的,它们之间有不同程度的正相关,这表明这几种因素并不是独立的,它们之间有某种普遍的因素存在。

3. 智力的三维结构理论

吉尔福特(J. P. Guilford)认为智力可以区分为三个维度,分别是内容、操作和产品。内容指的是智力活动作业的内容,包括听觉、视觉、符号、语义、行为;操作指的是智力活动的性质,即个体进行作业时需要什么样的心理活动,包括认知、记忆、发散思维、聚合思维和评价;产品指的是智力活动的产物,是运用上述智力操作所得到的结果,可以按单位计算,可以分类处理,也可以表现为关系、转换、系统和应用。每一个维度中的任意一项与另两个维度中的任意两项结合,就可成为一种智力因素,这样就可以把智力在理论上区分为5×5×6种。如给被试10种图案,每种呈现5秒钟,然后让被试进行简要的描述,在这项活动中,需要的能力是:内容为视觉,操作为记忆,产品为单元。

4. 多元智力理论

表4-1　　加德纳的八种智力

智力	描述
言语智力	使个体通过语言进行交流及理解世界
逻辑—数理智力	使个体理解并欣赏抽象的关系
音乐智力	使人理解并创造声音的意义
空间智力	使人理解空间信息,对视觉信息做出转换,并对知识做出视觉表征
身体—动作智力	使人借助自己的身体解决问题
自省智力	使个体能对自己的感受做出区分,以建立自己是谁的心理模型,并且对自己的生活做出决策
人际智力	使人们能够识别和解释其他人的情感和意愿
自然智力	使人们能对自身环境的方方面面做出理解、分类、使用

加德纳(Gardner)认为智力的内涵是多元的,传统的智力测验偏重对知识的测量,结果窄化了人类的智力,甚至曲解了人类的智力。按他的解释,智力是在某种文化环境的价值标准之下,个体用以解决问题与生产创造所需的能力。他提出了八种不同的智力:言语智力、逻辑—数理智力、音乐智力、空间智力、身体—动作智力、自省智力、人际智力和自然智力(见表 4-1)。

加德纳认为每种智力都是一个单独的功能系统,这些系统可以相互作用,产生外显的智力行为。他的多元智力理论已被视为一种实现个别化教学的方式,一种为理解而教学的方式。该理论启发教师要意识到学生的长处,帮助他们发现自身长处。

(二) 信息加工的理论

信息加工理论把人的能力看作一个过程,它由不同的阶段组成,包括感觉输入、转换、简约、加工、存储、提取和使用的全部过程,如模式识别、注意、记忆、表象、思维、问题解决等。

1. 智力三元论

在斯腾伯格(R. J. Sternbery)看来,一个适当的智力理论应该考虑智力与外在世界、内在世界以及人的经验的关系。他认为智力行为涉及三个方面的内容:第一,智力行为是在一定社会文化背景下发生的,在不同的文化背景下有着不同的含义,因此智力是一个相对的观念;第二,相同的智力行为有相同的内在心理机制;第三,智力既与社会文化条件有关,也与个体的内在心理机制有关,个体的经验是实现内部世界与外部世界联系的纽带。基于这样的认识,斯腾伯格的智力三元理论包括三个亚理论:(1) 成分亚理论。即完成认知任务需要使用的各种成分或过程。这些成分和过程分别是:元成分、操作成分和知识获得成分。元成分是用于计划、控制和决策的高级执行过程,如确定问题的性质、选择解题步骤、调整解题思路、分配心理资源等;操作成分表现在任务的执行过程,执行元成分的决策;知识获得成分则在获得和保持新信息的过程中,负责接收新刺激、做出判断与反应,以及对新信息的编码与储存。其中元成分起核心作用,它决定解决问题时使用的策略。(2) 经验亚理论。该亚理论认为智力包括两种能力,一是处理新任务和新环境时所要求的能力,一是信息加工过程自动化的能力。(3) 情境亚理论。该亚理论认为智力行为是指向有目的地适应、选择和改造与自己的生活有密切关系的现实世界的心理活动。它有三种形式:一是适应,指人们通过发展有用的技能和行为使自己适应环境的能力;二是选择,指人们在环境中找到自己适当位置的能力;三是塑造,如果个人不能很好地适应他的环境或不能选择一个新环境,在这种情况下,智力活动可能对环境进行塑造以提高个体与环境之间的和谐程度。

2. 智力的PASS模型

该模型是心理学家戴斯(J. P. Das)等人提出的。PASS是指“计划—注意—同时性加工—继时性加工”(planning-arousal-simultaneous-successive, PASS)。该理论认为智力活动由三个相互联系的认知系统组成,它们是注意系统、信息加工系统和计划系统。这三个系统与鲁利亚的机能系统是一致的,第一机能系统负责调节皮层的状态和维持注意,是心理活动的基础。只有达到合适的觉醒状态才能接受和加工信息。第二机能系统是使用同时性信息和继时性信息编码、加工和储存信息。同时性加工包括将刺激整合成集合,或对有共同特性的许多刺激进行再认;继时性加工涉及将刺激整合成特定的序列,使各成分形成一种链状结构。第三个系统负责制定、调节和控制心理活动。三个系统之间是一种动态联系。

三、能力的个体差异

能力的个体差异是指不同个体之间所表现出来的能力差异,主要表现在能力的水平、结构、表现早晚和性别等方面的不同。

(一)能力的水平差异

能力水平有高低之分,大致来讲,在全世界人口中,基本上呈正态分布,即中间大,两头小。以智力为例,智力的高度发展为智力超常或天才,智力发展低于一般人的水平叫智力低下,中间分成不同的层次:聪明、中等、愚笨。能力水平中等的人占的比例最大,能力水平特别高或特别低的人所占比例很小。不同智商水平在人口中所占百分比见表4-2。

表4-2　智商在人口中的分布

智商(IQ)	类别	百分比
140以上	极优等	1.33
120～139	优异	11.30
110～119	中上	18.10
90～109	中等	46.50
80～89	中下	14.50
70～79	临界	5.60
70以下	智力落后	2.90

(二)能力的结构差异

能力有多种成分,它们按不同的方式结合起来,就构成了能力的结构差异。

如有的人长于想象,有的长于记忆,有的长于思维。在感知方面,有的人具有印象鲜明的特点,有的人注重对事物的分析、概括;在记忆方面,有的人可以较容易地记忆图形、颜色、声音等直观材料,有的人善于记忆词义、数字、概念等材料。在特殊能力上也存在着个别差异,如有人擅长体育,有人擅长画画、音乐,即使同一种特殊能力也存在结构的个别差异。

(三)能力表现早晚的差异

能力表现早晚的差异,即能力的年龄差异,是指个体能力的发展有早有晚。有些人的优势能力早在儿童期就表现出来,这叫能力的早期表现,或叫人才早熟。例如,据记载王勃10岁能赋,夏完淳5岁知五经,9岁善赋古文,曹植7岁能诗,莫扎特3岁发现三度音程等。

有些人的优势能力在较晚的年龄时期才表现出来,属于大器晚成。这些人在年轻时并未表现出出众的才能,但到中年后才崭露头角,表现出惊人的才智。如齐白石40多岁时才表现出卓越的绘画能力,达尔文50多岁才写成《物种起源》,可见巨大的成就也可以在较晚的年龄时取得。

其实大多数人的能力是在中年表现出来的,叫中年成才。这是因为中年人年富力强,基础知识扎实,实践经验丰富,创造想象力强,善于独立思考和分析批判,很少因循守旧,所以很多科学家的发明创造都来自于这个时期。

(四)能力的性别差异

研究表明,性别差异不是表现在能力的总体水平上,而是表现在能力的不同方面,能力性别差异的总趋势为:总体平衡,各有优势,存在一定的年龄倾向性。例如,在数学能力方面,女生在计算能力上具有一定优势,但这种优势只表现在中小学阶段,而在问题解决上,初中阶段女生略好,而高中及大学阶段则是男生占有优势。在言语能力方面,女生言语能力普遍比男生好(Hoover,1987);在各种言语能力中,语词的流畅性所显示的女性优势最为明显,而言语推理则显示了男性的优势。在空间能力方面,在空间知觉、空间旋转方面,男性明显优于女性,而在空间想象力测验中男女差异不显著。

四、面向能力差异的教学

学习者的能力是影响学习的重要因素,它不仅影响学习的数量,也影响学习的质量,因此在教学实践中,一方面要开发学生的潜力,促进能力的提高;另一方面要采用不同的教学组织形式和教学模式,以适应学生的能力水平和特点。

(一)面向能力差异的教学组织形式

面向能力差异的教学组织形式主要有两种,一种是同质分组,另一种是留级和跳级。

同质分组是指对年龄相同但智力水平和知识掌握程度不同的学生进行分组教学，以便于集中采用适应学生智力特点的教学方式。这是中学和一些小学普遍的做法，例如重点学校和非重点学校、学校中重点班和非重点班的划分就属于这种形式。尽管这种方法可以缩小班内学生间的差距，便于用统一的方法和进度进行教学，但越来越多的研究表明，这种按能力或成绩分组的办法可能会对高成就的学生有益，但会引发低成就学生的问题。能力低或成绩差的班级一般接受低水平的指导，教师强调低水平的目标和常规课程，较少关注学生的学业情况。这样往往会有许多学生产生行为问题，而伴随着这些问题，教师的压力增加，热情降低。教学上的差异和教师的消极态度可能意味着把低期望传递给学生，继而又影响学生的发展。国外还有一种不分年级的学校，它依照儿童某一学科的成绩进行编组。这种教学组织形式是为了使能力不同和发展速度各异的儿童都能体验到学习上的连续进步而设计的。在这种学校中，儿童被按照各自的成绩水平编入 8 个或 10 个组内，每个儿童根据自己的具体情况进入某一个组，如果不能适应就转入低一个水平的组，如果进步很大就转入高一个水平的组。由于不强调分级和升级而减少了压力，学生能自由地按适合自己的速度前进，每个儿童都有了体验成功的机会，因此这种教学组织形式具有一定的优势。

在常规教学班级内也可采用灵活分组的形式，灵活分组是根据学生的学习需要进行分组和再分组的做法。例如，为了便于分组辅导，教师可按学生的学习水平将全班学生临时分为若干组，根据各组学生实际，采用不同的方法和进度进行辅导，根据学生不同的接受水平调整教材的数量、难度和任务要求。另外，有的教师为了促进学生之间的相互影响，将学习成绩不同的学生混合编组，让具有不同学习能力和水平的学生共同完成学习任务，掌握得当也能取得良好的效果。

留级和跳级也是缩小班内学生能力差距的方法。通常情况下，跳级大都能达到预期的教学目的，但是留级的效果往往不够理想。留级的目的是让成绩差的学生通过第二次学习机会把学习赶上来，可是常常发现学生留级后成绩仍无多大进步，甚至比原来更差。其中一个重要原因可能是留级有损于学生的自尊心，削弱了他们的学习积极性；另一个重要原因可能是学生不能适应教师的教学方法，如果留级后教师的教学方法仍没有改变，学生仍旧无法适应，以致学习成绩没有多大改观。

（二）面向个别差异的教学模式

当前的课堂教学要求是面向中等程度的学生，同时满足智力水平高、成绩优秀的学生的求知欲，使其不对学习失去兴趣，也要使智力水平低、成绩差的学生跟上进度，保持对学习的信心。为了适应学生的个别差异，除了改善一般的教学组织形式之外，具体的教学方式也应有所变化，例如可在教学实践中通过个别化教学来适应不同智力水平的学生。下面简要介绍几种比较有影响的个别化教学模式。

1. 掌握学习

掌握学习(mastery learning)是美国心理学家布卢姆(B. S. Bloom)提出的。布卢姆认为，除了处于智力分布两个极端的少数学生外，其余绝大多数学生的智力差异不过是学习速度的差异。如果按规律有条不紊地进行教学，几乎所有学生都能达到教学目标水平，达到完全掌握学习内容的程度。同时布卢姆还设计了一种掌握学习的程序：将精选的、结构化的教学目标分解成许多小目标，根据这些小目标将学习材料设计成一系列相互联系的学习单元。学生在学完一个单元后，教师就进行诊断性测验，测验成绩符合要求者就可以进入下一个单元的学习，否则应当重新学习这一单元，并根据学生的具体情况提供"矫正学习"或"深入学习"的程序。经过矫正学习，学生达到要求后转入下一单元教学。如此循环往复，直至学完全部教材。采用掌握学习程序后，绝大多数学生都可以获得较好的学习成绩。

2. 个别化诊断教学

个别化诊断教学(Individually Prescribed Instruction，简称 IPI)是由美国匹兹堡大学学习研究开发中心在 20 世纪中叶发展起来的个别化教学程序。这一程序的特点是根据学习者的能力、需要和学习情况准备教材及教学媒体，经常性地详细诊断学生的学习情况，根据学生的学习结果设计个别指导的内容和进度，力求使每个学生都获得最佳的学习效果。

3. 个人化教学系统

个人化教学系统(Personalized System of Instruction，简称 PSI)是由美国心理学家凯勒(Keller F. S.)于 1968 年设计的。PSI 要求教师将课程分为许多独立的单元，然后为每一单元准备相应的书面材料和学习指导书。学生从第一单元开始学习，在每一单元学习达标后即可进入下一单元的学习，否则必须重新学习有关材料，直至通过测验。各个学生的学习速度可以不同，但要求对每个单元的学习程度相同或相近。为了增强学生间的相互影响，PSI 还设置学生辅导员，学生辅导员由学过这一课程且成绩优秀的学生担任，主要负责给其他学生提供个别辅导、帮助解决疑难问题、测验评分和向教师提供反馈信息等。PSI 课程一般以学生一个学期或一个季度完成多少单元来决定学习等级。PSI 一般较适合于高年级且独立性较强的学生，对小学生和依赖性较强的学生实行起来比较困难。

4. 计算机辅助教学

计算机辅助教学(Computer Assisted Instruction，简称 CAI)是将计算机所具有的特殊功能用于教学的一种教学形态，在教学活动中，利用计算机的交互性传递教学过程中的教学信息,达到教育目的,完成教学任务。这种教学方式使学生可以按自己的能力和需要自定进度,在计算机终端上进行学习,根据适合自己的学习速度一步一步完成学习目标。

计算机辅助教学的模式有:(1) 练习操作型。计算机提供一系列练习给学生回答,并按程序进行应答处理,同时提供信息反馈。(2) 个别指导型。对个别学生进行个别指导,通过人机交互会话来交流信息,实现教学过程的控制。(3) 问答咨询型。计算机辅助教学系统采用具有人工智能的专家系统结构,由专家系统来理解学生提出的问题,并做出相应的回答。(4) 模拟游戏型。提供一种新的实验方法和手段,完成许多常规设备难以完成的实验。(5) 问题求解型。通过某种问题解决的过程实现一定内容学习的一种计算机辅助教学的学习形态。计算机辅助教学既有利于个别教育,因材施教,又有利于提高学生学习的主动性、积极性,同时还有利于发展学生的智能。

目前国内外采用的面向个别差异的教学模式还有很多。每种模式往往各有利弊,在采用的时候要全面考虑其适用条件,并需要在实施过程中不断加以改进。

五、学校中各类特殊儿童的教学

教育中,特殊儿童一般指两类,一类是学习上有特殊需要的儿童,另一类是行为和品德上的特殊儿童,这里主要分析第一类。学习上有特殊需要的儿童又包括四类:资质优异儿童、智力落后儿童、学习困难儿童和注意力缺损多动障碍儿童。

(一) 资质优异儿童

资质优异儿童(supernormal child)是指智商高于常人,有较高的领悟能力、解决问题的能力或在某一方面有特殊才能的儿童。根据资质优异儿童的潜能、成就与行为特征,可以将他们分为六种类型:(1) 智力型。这类儿童的智商显著地超出常人水平,通常智商在 140 以上,一般只占全部人口的 1%~2%。(2) 学术型。这类儿童学业成绩特别突出,而且有一门或几门功课特别优秀,例如有的特别擅长数学运算,有的特别擅长阅读或语言。(3) 创造型。这类儿童创造意识和创造能力强,思维流畅、灵活、新颖,能不拘一格地进行发明或创造。(4) 领导型。这类儿童有很强的组织能力、分析判断能力、感召力和自我控制能力,具备领导者的素质和潜力。(5) 艺术型。这类儿童有很高的艺术资质,有超出常人的视觉观察能力、声音辨别能力、空间想象能力或表演能力,擅长美术、音乐或戏剧等。(6) 运动型。这类儿童运动记忆和形象思维能力强,反应灵活,具有很好的动作协调和模仿能力,擅长舞蹈、杂技表演、体育运动等。

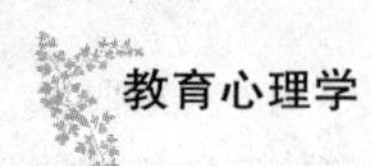

对于资质优异儿童的教育，Hertzog(1998)曾提出四类计划：特殊课程，可以安排在放学后、星期六或暑假进行；普通课堂环境中的“加速制和丰富知识计划”；导师和学徒计划；工作、学习以及社区服务计划。但是现实中，天才儿童在班级里经常被同学孤立，所以究竟是给天才儿童特殊的教育还是普通班级的教育是值得考虑的。

（二）智力落后儿童

智力落后(mental retardation)儿童又称弱智，是指智力明显落后于同龄正常儿童的发展水平，而且在社会适应方面存在明显缺陷的儿童。智力落后儿童在智力功能和适应性行为两个方面都存在显著的局限，学习上他们比同伴学得要慢，学习需要更多的时间和练习，很难把学习从一个情境迁移到另一个情境。根据智商高低可以把智力落后儿童分为四类：轻度弱智、中度弱智、重度弱智和极重度弱智。

在教学中，对不同类型的弱智儿童要区别对待。(1) 轻度弱智的儿童智商在55～69之间，有生活自理能力，能承担一般的工作。通过特殊的教育可读完小学课程，获得一定的读、写、算的能力，学会遵守一般的行为规范。(2) 中度弱智的儿童智商在40～54之间，具有部分的生活自理能力，对环境的辨别能力差，但没人照顾也能在熟悉的地方单独活动。通过特殊教育可让其完成小学一、二年级的课程，阅读和计算能力都很低。(3) 重度弱智儿童智商在25～39之间，身体上有明显的智力异常的外形，缺乏生活自理能力，运动和生活能力都很差，通过特殊教育和训练可让他们获得最基本的生活自理能力。(4) 极重度弱智儿童智商在25以下，有明显的智力异常的外形，基本没有生活自理能力，需要依赖他人护理。

（三）学习困难儿童

学习困难(learning disabilities)也称学习障碍或学习失能，是指有学习机会的学龄期儿童，由于环境、心理、技能等方面的原因，导致学习成绩明显落后于同龄儿童。学习困难又可分为广义的学习困难与狭义的学习困难两大类。广义的学习困难是指由于智力、学习动力、学习方法等问题引起的学习成绩下降。狭义的学习困难是指特定的学习技能发育障碍，如阅读、拼写、计算等困难引起的在某些学习方面的困难。在我国，结合教育实际，人们普遍把学习困难儿童理解为智力正常，但在学习上缺乏一般的胜任能力，学习效果低下，成绩明显落后的儿童。他们的主要特点是认知过程中信息加工效率低，缺乏必要的学习策略，学习动机水平低、焦虑水平高，常常表现出好动、注意分散、记忆与思维紊乱、行动不协调、情绪不稳定等特征，在听、说、读、写及运算等方面存在明显的困难。

如何诊断特定的学习技能障碍?

诊断特定的学习技能障碍必须具备以下几个条件:① 学习技能损害必须达到临床显著的程度。特定的学习技能障碍的学习技能(如阅读、拼写、计算)、学习成绩与正常水平相比相差在1年以上。② 这种损害必须在上学的最初几年就已存在(常见于小学一、二年级),而不是在受教育的过程中才出现。③ 在同样接受社会教育的条件下,表现出学习技能障碍。没有任何外在因素(如家庭环境或学校教育)影响,可以充分解释其学习困难。④ 没有明显的智力低下,智商应在70以上。⑤ 不是视力、听力障碍或神经系统损害的直接后果。⑥ 至少具备下列一项:特殊阅读障碍,包括对文字的理解及阅读障碍,常伴有言语特殊发育障碍。

对学习困难学生的教学应致力于提高他们的注意、记忆和问题解决的能力,根据学科特点,进行学习技能和策略的直接指导。例如,在阅读教学中,把字音教学和字辨认教学结合起来,是一种有效的方法。Maureen Lovett 及其同事在教授严重阅读障碍的学生时,使用了四种不同的字辨认策略:(1) 提供类比认字;(2) 寻找自己认识的字的部分;(3) 尝试不同的元音发音;(4) 在多音节词中"剥掉"前缀和后缀。教师一对一地教学生学习和练习这四种策略,同时还分析字音和如何把字音组成单词。

阅读障碍 主要表现为:① 省略、替代、歪曲、添加词语或词语成分。② 阅读速度慢。③ 一开始阅读就错,长时间停顿或"不知道读到哪里",短语划分不准确。④ 颠倒句中的词序或词中的字母顺序。⑤ 不能回忆所阅读的内容,读完后不能讲出段落大意。⑥ 不能从阅读的材料中得出结论和推论。⑦ 用常识作为背景材料,而不是从所阅读的故事中得出信息来回答与故事有关的问题。这类患儿在阅读时,突出表现有倒读、漏读现象。倒读,如把"月亮"读成"亮月",把"刀片"读成"片刀",把"老师麻烦您了"读成"老师烦麻您了"。漏读,如患儿读第一行可以依次从左读到右,而读第二行却变成从右读到左,甚至漏读第二行,跳到第三行。这类患儿的语文成绩差,但是由于不理解题意,所以数学应用题的成绩也差,还往往伴有语言发育障碍、拼写障碍。

拼写障碍 主要表现为:口头和笔头拼写单词的能力都受到损害。这类患儿在写字时,突出表现有倒写、漏写现象。倒写,如:① 上下颠倒,将"p"写成"d";② 左右颠倒,将"p"写成"q";③ 上下左右颠倒,将"9"写成"6";④ 一个字内颠倒,将"相"写成"眛"。漏写,如漏写一个字或漏写一行字等。

计算障碍 主要表现为:不能理解运算的基本概念,不能理解数学术语与符号,不能辨认数字符号,难以进行标准的数学运算,难以将数字正确排列、加入小数点或符号,难以对数字进行空间组合,不能熟练掌握和运用乘法口诀表。这类患儿在做数学题目时,突出的表现不是计算颠倒,而是分不清符号"+、-、×、÷、="等的含义。纸上写着 3+2=,结果却是等于1,把"+"看成"-",常被家长、老师误认为粗心。这类患儿主要涉及基本计算技能,即加、减、乘、除的掌握,不涉及更抽象的数学技能,如代数、三角、几何等。

（四）注意力缺损多动障碍儿童

注意力缺损多动障碍（attention deficit hyperactivity disorder，ADHD）儿童的主要问题是注意的指向和保持，而不仅仅是他们的身体活动。美国精神病协会建立了一个注意力缺损多动障碍的诊断分类，以鉴别多动和有注意问题的儿童，表4-3列出了ADHD的一些指标。

注意力缺损多动障碍儿童在一段时间持续表现出以下一种或多种特征：注意力缺损；多动；易冲动。注意力缺损的多动障碍儿童难以专心做事，而且几分钟以后就会对一件事情感到厌烦；多动的儿童活动量偏大，似乎总是静不下来；易冲动的儿童难以控制自己的反应，而且在行动前多不会加以考虑。ADHD的病因尚不确定，可能与大脑神经递质、遗传等有关。在我国患此障碍的儿童也不在少数，对他们的教育应引起我们的重视，以下是几项应对的教学策略：(1) 重复并简化课堂作业和功课的指令要求，一次只给他们几个有清晰结果的问题来让他们完成；(2) 把学习中的指导和记忆策略与动机训练结合起来，使学生形成改善成绩的“技能和愿望”；(3) 将任务拆分为较小的部分，提供结构化的环境和教师指导；(4) 清楚地表达期望并及时给予儿童反馈；(5) 教师要教这些学生监控自己的行为；(6) 让从事特殊教育的教师参与教学；(7) 开展户外活动，让儿童有机会四处走动。

表4-3　　ADHD部分诊断指标

注意力问题	冲动控制问题	过度活动
•经常对细节不能集中注意或犯粗心的错误	•经常在问题还没有提完之前就脱口说出答案	•经常手脚烦躁不安地动或在座位上扭动身体
•在完成任务或游戏活动时不能保持注意力	•不能等到轮到他或她	•要求不要离开座位时，经常从座位上站起来
•似乎听不到别人对他说的话	•经常打断或闯入其他人的谈话或游戏	•经常在不恰当的场合跑来跑去或过多地爬上爬下
•不能从头到尾跟上教学进度，不能完成作业（不是因为不想完成或听不懂指导语）		•不能安静地从事娱乐休闲活动
•组织任务或活动有困难		•经常讲话过度
•回避、不喜欢或不愿意参加需要持续脑力工作的活动，如课堂作业或家庭作业		•经常好像有“引擎驱动”似的活动，但又不能坚持
•丢失完成任务或活动必需的东西		
•容易被无关刺激干扰		

第二节　学习风格的差异与教学

一、什么是学习风格

学习风格(learning style)是学习者持续一贯的带有个性特征的学习方式,是学习策略和学习倾向的总和。这里的学习策略是指学习者为完成学习任务或实现学习目标而采用的一系列步骤(其中的某一步骤可称为学习方法);学习倾向是指学习者的情绪、态度、动机、坚持性,以及对学习环境、学习内容等方面的偏爱。

对学习风格可从以下几方面来理解:(1) 学习风格直接参与学习活动,并影响学习效果。(2) 学习风格是个人对学习情境的一种特殊反应倾向或习惯方式。由于个人身心特点的差异,不同的人对不同的学习刺激会表现出不同的偏向和习惯化的方式,比如有的人喜欢合作学习,有的则喜欢独立学习;有的人喜欢听觉刺激,有的则喜欢视觉刺激。(3) 学习风格具有稳定性、独特性。由于学习风格是个体在长期的学习过程中形成的习惯化了的学习方式,所以它具有一致性、稳定性,很少随学习内容、学习环境的变化而变化,而且每个人的学习方式都有其独特的特点,表现出人与人之间的个性差异。(4) 学习风格的心理要素包括认知、情感和意动三个方面。认知要素表现为认知过程中信息加工的方式,如同时加工或继时加工、场依存或场独立、沉思或冲动等;情感要素表现在理性水平的高低、成就动机水平的差异等方面;意动要素表现在学习坚持性的高低、冒险与谨慎等方面。

二、学习风格的差异

研究者从不同的视角对学习风格进行了分类。

(一) 感知学习风格分类

20 世纪 80 年代中叶,瑞德(Reid)对感知学习风格(perceptual learning style)进行了深入细致的研究。她认为人们通过不同的感官进行学习,人人都有自己偏爱的学习感官及学习方式。例如,有的人主要用"眼"学习(视觉学习者),而有的善于用"耳"学习(听觉学习者),还有的则喜欢协同学习(小组型或协作型学习者)。由此,瑞德设计了一套感知学习风格偏爱调查表,并将学习风格分为视觉型、听觉型、触觉型、小组型、个人型和动觉型。此外,瑞德还指出,学习者应

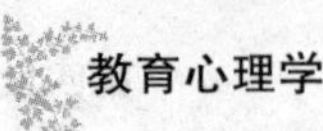

充分发挥与感官偏爱有关的风格优势，多感官、多渠道地接受信息，这样才能有效地感知、内化所学知识。

20世纪90年代初期，美国亚拉巴马大学的奥克斯福(Oxford)教授就语言学习的偏爱方式进行了较为深入的研究。同样，她根据学习中对感官的偏爱方式将学习风格分为听觉型、视觉型、触觉型或操作型。视觉型学习者的典型特征是通过视觉接受信息，直观形象的视觉材料能在学习者脑海里形成清晰的视觉表象，使其具有用此感官学习的优势。听觉型学习者喜欢通过接受听觉刺激进行学习，在听觉学习过程中，学习者常按继时加工的方式接受信息。触觉型或操作型学习者的主要特征是喜欢动手尝试，他们乐于在“做中学”，往往在操作性技能的学习中表现突出。另外，奥克斯福还根据学习者的信息接受方式将学习风格分为：封闭型和开放型。开放型的人性格开朗、情感外露、健谈好动，因而喜欢交互性的课堂活动，乐于与同伴协同学习；封闭型的人稳重寡言、不善于与人交往，所以喜欢独自学习或与自己比较熟悉的人做两人组的学习活动。

(二) 柯勃针对学习过程周期的学习风格分类

20世纪80年代初，柯勃(Kolb)对学习过程周期进行了独特的分析。他认为学习过程周期由四个相互联系的环节组成，即具体体验、沉思观察、抽象概括和主动实验(图4-1)。其中具体体验(感知)阶段强调体验在学习中的作用，学习者思路开阔，适应变化，从“感受”中学习。沉思观察(理解)阶段的学习特点为重视细心观察，多视角、多维度地看待问题、理解学习内容。抽象概括(慎思)阶段则注重思考、客观逻辑地分析问题。主动实验(应用)阶段强调从“做”中学，学习者勇于探索并采取具体的方法解决实际问题。基于对学习过程周期的研究，Kolb将学习者分为不同类型，并对各自的特征进行了分析和解析。他认为学习过程周期的四环节两两对应，即具体体验对应于抽象概括、沉思观察对应于主动实验，学习者对某一环节的偏爱必然导致对另一环节的轻视。由于个体对这四个环节的偏爱程度不同，从而表现出不同的学习风格：聚合型、发散型、同化型和调节型。一般说来，具有聚合型学习风格的人善于发现理论的实用价值，具有较强的决策能力，且能有效地解决实际问题；与此相比，发散型学习风格善于多视角地审视具体的情形或局面，常采用观察法从多种观点中寻找解决问题的答案，这类人往往具有丰富的想象力和敏感性。同化型的人善于理解大范围内的信息，且能用简洁的合乎逻辑的形式将其呈现出来，这类人通常对理论和抽象概念感兴趣；相反，调节型学习风格的人则善于“动手”，乐于实施具有挑战性的计划，且有能力完成任务。

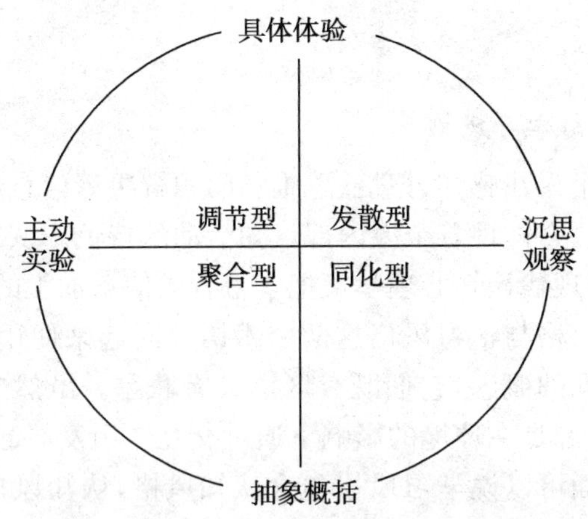

图 4-1　学习过程周期及学习风格类型

（三）克里的学习风格"洋葱模型"

克里（Curry，1983）的"洋葱模型"（Onion Model）几乎囊括了所有相关的学习风格理论，这些理论几乎都可以归到其中的某个层上（图 4-2）。他把学习风格分为四层：第一层，也是最外层，称为"教学偏好层"。这一层是最容易看得见、最不稳定、最易受影响的层面，受到的影响主要包括学习环境、学生的愿望、教师的期望和其他外在特征。第二层，称为"社会环境作用层"。该层面认为学习是通过学生和老师、学生和同伴、学生与学习环境以及学生和他们的学习之间的回避与参与、竞争与合作、依赖与独立来完成的，是课堂活动的反应，不是学习者个性的评价，因此也极不稳定。第三层，是"信息加工层"，较第一、二层稳定，但仍能被学习策略加以修改。它处在基本人格水平的个体差异和社会环境的交叉点上，是个体如何处理信息的加工方式。这一层强调信息获得、整理、储存和使用的重要性，且与加德纳的多元智能理论结合，是学习者吸收信息的心智活动方式。第四层是最内层，也是核心层，是"认知的人格方式"，它是个体改造和同化信息的倾向，不直接与环境相互作用。

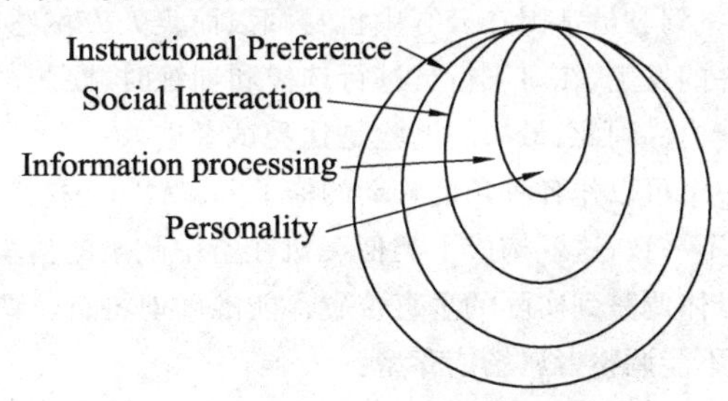

图 4-2　Curry 的学习风格"洋葱模型"

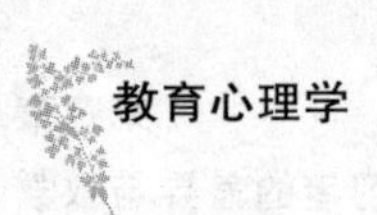

三、认知风格

（一）认知风格与学习风格

认知风格是指个人在感知、记忆、思维和问题解决等信息加工过程中所偏爱的、习惯化了的方式，它体现着个人内部认知活动的特色。认知风格主要指个体信息加工的方式，但现代认知心理学又把学习看成信息加工的过程，在心理学研究中常常会把认知风格与学习风格这两个术语等同起来使用，其实学习风格与认知风格是本质不同的概念，它们既有区别又有联系。虽然二者都具有个体差异性和相对稳定性，都是在环境的影响下通过交互作用发展起来的，但二者具有明显的区别。一方面可以说学习风格包含认知风格，认知风格主要是从信息加工的角度探讨学习者学习过程中对信息的感知、记忆、思维和问题解决等偏好的认知方式；学习的过程除了是信息加工的过程，表现出学习者对认知方式的偏爱，还表现出学习者个体在生理、社会以及情感和意动等方面的偏爱，将学习风格等同于认知风格，是缩小了学习风格的外延。另一方面，认知风格具有更多的先天成分，学习风格主要是后天形成的。

（二）认知风格的差异

比较典型的认知风格类型有如下几种：

1. 场独立型与场依存型

对场独立和场依存的研究源自美国心理学家威特金（H. Witkin）对人的知觉特点的考察。场独立型学生在认知时不受或很少受环境因素影响，一般偏爱自然科学、数学，且成绩较好，善于运用分析的知觉方式，易于适应结构不严密的教学方法；场依存型学生在认知时受环境因素影响大，一般较偏爱社会科学，偏爱非分析的、笼统的或整体的知觉方式，喜欢有严密结构的教学。

场独立型与场依存型测验

一是身体适应测验。威特金最初对认知方式的研究起源于军事上的需要。二战期间，飞机驾驶员常因在云雾中机身翻滚而丧失方位感，进而造成失事。为减少此类事件的发生，在对飞行员进行选拔和训练时，要测试应征者对空间方位的知觉判断能力。因此，最初的测验是让受试者进入一个可调整倾斜度的房间，坐在房间中一个可以作各种角度转动的椅子上。房间与椅子的转动，有时方向一致，有时方向不一致，这就构成了类似飞机在空中翻滚的情境。测验中要求受试者将自己的身体调整到实际的垂直位置。能准确地将自己调整到垂直位置的人属场独立型，不能调整者属场依存型。

二是棒框测验。这是继身体适应测验之后，威特金设计的一种更简便的测验。测验时，被试坐在暗室内，面对着一个可调倾斜度的亮框，框中心有一个能转动的亮棒，要求被试将亮棒调整到垂直于地面的方位。倾斜的框架对被试调整亮棒影响较大者为场依存型，不受框架角度影响者为场独立型。

三是镶嵌图形测验。这是目前研究中采用较多的一种方法，让被试在较复杂的图形中用铅笔勾画出镶嵌在其中的简单图形，见下图。在测验中，能排除背景因素的干扰从复杂图形中迅速地、容易地知觉到指定的简单图形者为场独立型，而完成该项任务较为困难者为场依存型。

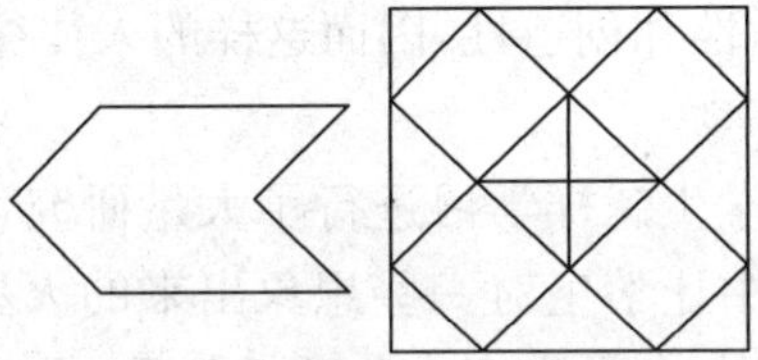

2. 沉思型与冲动型

卡根（Kagan，1964）等人最早对沉思型（reflection）和冲动型（impulsivity）这两种认知风格进行了研究。研究发现，属沉思型的人在解决认知任务时，总是谨慎、全面地检查各种假设，在确认没有问题的情况下才会给出答案；而属冲动型的人总是急于给出问题的答案，他们不习惯对解决问题的各种可能性进行全面考虑，甚至会在尚未搞清问题要求时就开始对问题进行解答，因此出错率较高。

沉思型与冲动型的测量

卡根（kagan 等，1966）设计了“匹配相似图形测验”（MFFT），作为测量沉思型与冲动型的工具。测验的基本内容是，给被试出示一个标准图形和 6 个可供选择的图形，要求被试从这 6 个图形中选出一个与标准图形完全一样的图形，不限反应时间。一共 12 套这样的图形。主试记下被试对每套图形从开始思考到做出第一个反应所需的时间，以及所犯的错误量。

奥尔特等（Ault，et al.，1972；Block，et al.，1974）根据在“匹配相似图形测验”中思考的时间及错误率，将儿童分为四个类型：(1) 沉思型，对问题的思考时间在平均思考时间以上，错误率在平均错误率以下的儿童；(2) 冲动型，思考时间在平均思考时间以下，错误率在平均错误率以上的儿童；(3) 快而正确型，思考时间和错误率均在平均数以下的儿童；(4) 慢而非正确型，思考时间和错误率均在平均数以上的儿童。有近 2/3 的儿童属于沉思型或冲动型，属于后两种类型的儿童只有 1/3。可见，沉思型或冲动型是儿童普遍具有的两种认知风格。

3. 辐合思维型与发散思维型

从信息加工模式的角度来看，发散式思维是一种搜寻策略，这种策略的注意面较广，并可以把已有的各种图式联结起来。这种搜寻很可能是松散的、缓慢的、广泛的，而且不只局限于信息贮存的某一方面。而辐合式思维则趋向于只注意某些方面，并很快就局限于某一特定领域之内。

辐合思维型的人，在解决问题时需要从提供的信息中找到一个明确的传统的正确答案，他们通常会倾向于选修自然科学，在智力测验中往往比发散思维的人得到较高的分数；发散思维的人，很善于解决需要多个同等可接受答案的问题，这些答案强调多样性和创造性，因而这样的人往往具有更高的创造能力。

4. 整体型与系列型

帕斯克(Pask)对学生怎样学习进行了大量研究，试图发现学生在学习策略方面的差异。在实验中让学生对一些想象出来的火星上的动物图片进行分类，并形成自己的分类原则，在学生完成分类任务后，要求他们报告是怎样进行这项学习任务的。帕斯克发现在学生使用的假设类型和分类系统上，出现了一些有趣的差异，并总结出整体型和系列型两种不同的学习策略类型。

整体型的人倾向于将情境作为一个整体来看待，重视情境的全部，对部分之间的区分是模糊的或者不区分部分，倾向于将信息组织成整体；系列型的人把情境看作部分的集合，常常集中注意一两个部分而无视其他方面，可能曲解或夸张部分，倾向于把信息组织成轮廓清晰的概念集。

由此可以看出，不同类型的学生有不同的学习特点，所以在教学过程中，教师要为学生提供以适合于自己偏好的学习方式来学习的机会。

四、面向学习风格差异的教学

学生作为独立个体，所形成的学习风格直接参与教学过程，成为影响教学效果的重要因素。因此，教师在进行课堂教学时，应充分考虑学习风格的差异，将学习风格的差异作为因材施教的重要依据。

(一) 适应学生学习风格的教学策略——扬长策略与补短策略

在以班级为主要组织形式的教学中，面向学习风格差异的教学并不表示要一味迁就学生的学习风格的特点。任何一种学习风格既有长处又有短处，每一个学生的学习风格既有优势又有劣势，面向学习风格差异的教学既要利用长处，也要弥补短处。所以，根据学习风格制定的因材施教策略分为两类：一是扬长策略，教学要适应学生在学习方式方面的偏爱，尽量使教学方式与学生的学习风格相一致，充分发挥学生学习风格中的长处。这是一种匹配策略，但该策略无法弥补学生学习方式或学习机能上的欠缺。二是补短策略，这种策略不是去适应学生的学习风格特点，而是针对学生学习风格中的短处，采取对其能力发展有促进作用的方式，以弥补他们认知机能或学习方式上的缺陷或不足。这是一种有意失配策略，使用该策略在一开始时往往会在一定程度上影响学生知识的获得，表现为学得慢、学得少，学生难以理解学习内容。但两种策略的交替使用，最终会促进具有不同学习风格的学生各种心理机能的全面发展和学习质量的全面提高。

我国学者谭顶良以个性结构中最突出的两个维度——外向和内向、感觉和直觉，将学习风格分为外向感觉型、外向直觉型、内向感觉型、内向直觉型四大类，根据这四大类分别设计了匹配策略和有意失配策略（见表 4-4）。

（二）适应学习风格的个别教学策略

除了课堂教学，教师还有必要对不同风格的学生进行不同的课外辅导，适应不同学习风格的个别教学策略有很多，这里主要介绍教育合同与学习包。

教育合同是以某一学生的学习风格为基础，就某一具体的教育内容与学生签订教育协议，使学生对自己的学习承担更多的责任，而教师则对学生的学习加以指导并对合同的执行情况进行监控和验收，最终促进学生的学习。教育合同通常有三种类型：一是由教师制订且由教师决定执行的合同，这是个别化教学计划中采用的标准方法，在这一合同中，学生学习的内容、学习过程和步骤、完成合同任务所需的时间等各项，均由教师决定；二是由教师制订，由学生决定执行的合同，在这一合同中，教师给学生确定学习内容的范围，学生根据这一范围选择自己的学习内容，并安排自己的学习时间；三是由学生制订且由学生决定执行的合同，学生可以根据自己的学习特点、学习兴趣、学习需要与教师签订合同，并由学生自己决定合同的执行。

表 4-4　　匹配和有意失配教学策略

教学策略 / 风格类型	匹配策略	有意失配策略
外向感觉型（ES）	分析性教学，集体教学，小组竞赛，教师监控学习过程，演示、实习、实验、角色扮演、模仿等操作型教学，动手操作测验	整体性教学，鼓励独立学习，小组合作，调动学生学习的主动性，讲授法，播音、放映、视听刺激，纸笔测验
外向直觉型（EN）	整体性教学，集体教学，讨论法，听觉刺激，开放教学，纸笔测验	分析性教学，个别教学，独立教学，演示、实习、实验、角色扮演、模仿等操作型教学，动手操作测验

续表

内向感觉型(IS)	分析性教学,个别教学,独立学习,演示、实习、实验、角色扮演、模仿等操作型教学,动手操作测验	整体性教学,个别教学,独立学习,讲授法,抽象演绎,纸笔测验
内向直觉型(IN)	整体性教学,个别教学,独立学习,讲授法,抽象演绎,纸笔测验	分析性教学,个别教学,独立教学,演示、实习、实验、角色扮演、模仿等操作型教学,动手操作测验

学习包是为指导学生独立学习而组织教学内容的一种技术。教师根据学生的学习风格制订个体化学习计划,以帮助学生自学。一般认为,每一学习包中大致包含以下内容:学习者的行为目标、前测试卷、主要内容、各种学习材料、各种学习活动、校正活动、自测试卷、教师评价、参考文献目录、评价表等。但这些内容可以随着所学内容的变化做适当改动。

总之,教师不仅要分析、把握学生的学习风格,还要有意识地引导学生认识自己的学习风格和特点,帮助学生认识自己学习风格的长处和劣势,在帮助学习者发挥原有风格的优势的同时,主动扬长补短,弥补学习方式上的缺陷和不足,逐步形成多面的、适应性强的学习风格。

第三节　差异的多样性与共同性

学习者的差异是多样的,不仅表现为学习者的个体差异,还表现为学习者的群体差异,本节主要从性别、社会经济地位和种族三个方面来探讨学习者的群体差异,揭示学习者差异的多样性。

一、性别差异与教学

(一) 性别差异的表现

关于男女性别差异,心理学主要关注性别心理差异。其实男女性别差异是多方面的,首先是生物学上的差异,这是男女性别差异的前提和基础;其次是社会行为及成就方面的差异,这常常是人们讨论男女性别差异的主要论据;再次是在感知觉、能力、人格等心理方面的差异。

1. 生物学差异

从生物学上看,女性在很多方面比男性更占优势。研究发现,在遗传疾病、性变态等方面，女性的发生率较男性低，其先天免疫力优于男性；中枢神经系统病变发生率以及一些致命疾病，如心脏病的发病率，女性也明显低于男性；智力障碍患者中女性比男性少；女性较男性在事故、疾病或疲劳过度后恢复的速度更快；女性随着年龄的增长体力和耐力衰退的速度较男性慢；女性在遇到丧偶、离婚等不幸事件时适应能力强于男性；女性的平均寿命比男性高等等。

2. 社会行为及成就差异

实际生活中男性和女性的社会行为存在明显的差异。在人际关系方面，男性显露出外在的攻击性，而女性则以一种内在的、更隐蔽的方式显露她们的攻击性。女性更有依赖性，会形成更亲密的人际关系，对别人的感受也更为敏感，更关心维持群体的和谐。男性更喜欢竞争的环境，女性则喜欢能提供社会帮助的合作环境。在合作与竞争方面，竞争与独立的学习模式对于男性更有利，女性更喜欢以小组的方式来学习。

成就水平也是人们论证性别差异时比较关注的一个因素。在学校教育中，男女学生的学业成就存在着差异。对学生学业评定测验中的表现的分析发现，男性在SAT(Scholastic Assessment Test，学术能力评估考试)的数学部分及言语部分上的平均分要高于女性，而且在数学部分存在更大的差异(Arbeiter，1985；TArbeiter & Arbeiter，1986；Stumpf & Jackson，1994；Wainer & Steinberg，1992)。中小学阶段，从总体上看女生的成绩优于男生，而就某些学科来说，男女生各有长短。特别是在小学时期，女孩各门功课的学习成绩占绝对优势；到了初中，男女生成绩的差距开始缩小，而到了高中，男女生各科的成绩分化明显：一般说来，女生在语言应用、记忆、知觉速度和算术计算等方面的成绩较高，而男生在数学推理、空间思维等方面更占优势。

3. 心理差异

男性和女性在心理过程和个性心理特征方面都存在着差异。一般认为，在自尊方面，男孩对他们自己控制世界和解决问题的能力更为自信，女孩则更擅长交际。在期望与事业抱负方面，女孩把上大学看作她们的最大目标，而男孩对他们自己则有更长远的期待。

但是关于性别心理差异的一些传统观念并未得到科学研究的证实。1974年美国心理学家麦考比和杰克琳(Maccoby E. E. & Jacklin C. N.)通过分析1967～1973年间出版的1600多种涉及性别差异研究的著作和论文，对人们历来公认的50余项男女性别差异进行了研究，发现有40余项差异，如感知觉能力、恐惧和羞怯等情绪、支配性、依从性、助人倾向、易受暗示性、自尊、分析能力等缺乏可靠的证据；只有4种差异即女孩比男孩有更强的言语能力，男孩的空间视觉能力较有优势，男孩具有较强的数学能力，男孩具有更强的攻击性等基本上

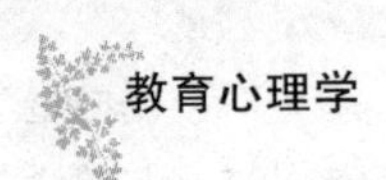

得到了研究证实。后来的一些研究也支持这一结论。

（二）造成性别差异的因素

男性与女性之间的差异既有生物学、遗传的因素，也有文化因素，理解性别差异的原因，有助于教师用积极的态度来对待这些差异。

1. 生物学因素

有证据表明，心理上的性别差异在一定程度上受先天遗传素质的影响，如侵犯行为与性激素的分泌有直接关系。性激素的分泌还影响了大脑发育的差异，男性激素会影响大脑左右两个半球的分工，女性大脑单侧化程度要低于男性，因此男性具有较强的空间知觉能力；在言语技能方面女性占优势，有人认为是由于男性的言语技能比女性更多地依赖于左半球，对于女性，言语技能更多的是全脑的参与。另一个男女间的明显差异是大脑胼胝体，男性的大脑胼胝体要小于女性，意味着女性大脑两半球比男性更容易相互沟通。

2. 社会文化因素

生物因素只为性别的心理差异提供了先天基础，性别心理差异主要受社会历史文化的影响。文化和社会态度以及固定观念决定了人们对性别角色持有的刻板印象，这种刻板印象又反映到人们对待男性女性的态度、教养方式、行为期望等方面。

首先，家庭教育环境下男女儿童社会化不同。打从出生时开始，父母就以不同名字分别为男女婴儿取名。父母对儿女的教养也采用不同的方式，穿不同的衣服，玩不同的玩具，读不同的读物。在行为要求上，女孩要礼貌、矜持、温顺等，而男孩要独立、勇敢、坚强等。女孩在家中跟母亲相处时间久，母女沟通远多于母子沟通，因而提前发展了女孩的口语能力，这也可以解释为什么女孩的言语能力优于男孩。

其次，从学校教育环境来看，男女儿童受到的激励不同。男生在数学和自然科学方面会得到更多的关注，他们也会提出更多的问题，许多数学老师对男生所报的期望要高于女生。而女生更少把自己在数学上得到的好成绩归因于能力。

此外，大众传播媒介包括电影、电视、广播、书刊、计算机网络等是人们关于社会信息的主要来源，这些媒体所展示的特定领域不同性别的人物，以及对性别角色的行为倾向的强调必然会影响人们的性别角色学习。

（三）对教学的启示

性别差异是客观存在的，要承认和尊重性别差异，学校教育应该注意以下几点：

1. 引导学生正确认识和对待性别差异

教师应努力减少思想上和教学中的性别偏见，不应将男生与女生间的差异解释为一种性别优于另一种。如果在课本上看到存在性别偏见，那么应和学生就此展开讨论。

2. 引导积极的性别取向

减少会给男生和女生带来不利影响的关于性别恰当行为的文化信息。在课堂中平等对待学生，希望男孩和女孩能获得同样的成就水平，任何科目对所有学生报有同等期望，不要因为性别偏见而限制了学生的发展。

3. 适应性别心理差异

性别差异确实存在，但是不要用整个人群的特征倾向来判断一个学生，也就是避免性别刻板印象的影响。

二、社会经济地位差异与教育

心理学家把社会经济地位(SES)定义为由收入和受教育水平所决定的，对个人社会阶层水平的度量。社会经济地位的概念包含很多变量，其中包含家庭收入、父母职业以及父母的受教育程度。学生的学校表现与社会经济地位是密切相关的。

(一) 社会经济地位与学生发展

1. 社会经济地位与学业成就

研究表明，父母收入与孩子学业成就密切相关。研究发现，在美国，学生的SAT分数与父母收入密切相关，家长年收入在70000～80000美元的孩子，SAT成绩介于527～532分；家长年收入在30000～40000美元的孩子，SAT成绩介于495～497分；年收入低于10000美元的家长的孩子，SAT成绩介于427～446分。成绩低的孩子失去进入大学的机会，因此他们在工作中获得较少的报酬。当他们成人并有了孩子后，他们的孩子也是在低收入家庭，进入大学的机会也很低，从而形成恶性循环。

父母受教育水平对孩子学业成就有重要影响。Albert Park与Emily Hannum(2001)采用中国甘肃农村基础教育调查的数据研究发现，在控制了教师和班级规模这两个变量之后，父亲受教育的程度对学生的数学成绩有显著的正向影响。赵丽(2005)对北京市某小学的研究表明，父亲受教育的程度对其子女的学习成绩有显著的正向影响。

2. 社会经济地位与教养类型

教养类型会因社会阶层的不同而不同，来自较高经济地位家庭的孩子接触到的教养方式多是民主型。当今的中产阶级的母亲比起贫穷阶层的母亲，对儿女表现出更多的关注和更少的支配。在这之前，中产阶级母亲对儿女的要求很苛刻，控制严格。20世纪六七十年代开始流行的儿童抚养文化，改变了中产阶级母亲与孩子的互动方式，她们对孩子做出更多回应，鼓励孩子去探索成长的道路。而教养类型预示了学生的成绩，教养类型与认知成绩关系的研究发现，民主型家庭的孩子具有更强大的认知能力，这也为他们带来了更好的成绩。

（二）低社会经济地位的学生学校表现不佳的原因

1. 营养不良

一些低收入家庭不能为他们的孩子准备营养丰富的饮食。低社会经济地位家庭的儿童较多出现早产、出生体重低、婴儿死亡和伤害情形。在童年时期，低社会经济地位与哮喘、龋齿、铁缺乏、发育迟缓等疾病的发病率密切相关。卫生部、科技部和国家统计局最近对我国6～17岁学龄儿童少年营养与健康状况的调查表明，随着家庭人均年收入的降低，学龄儿童少年营养不良率提高，家庭收入最低组儿童营养不良率比最高组儿童高70%，尤其是收入低于800元的农村家庭，男生的营养不良率超过20%，这对健康会造成非常不良的影响。

2. 情绪压力

当学生面临压力的时候，他们的学习效率会大打折扣。很多低收入家庭长期生活在压力之下，这样就有可能造成孩子表现出更高的沮丧感和其他情绪问题。

3. 低水平学校

低收入的家庭只能为孩子提供低水平的教育，这样的学校教学设施和教学条件都较落后，这些孩子很难得到高质量的教学。贫困家庭的孩子可能很少读书，也没有去图书馆、博物馆学习和旅游的机会，各种匮乏的教学资源使学生的各种能力得到的锻炼很少。

4. 同伴排斥

低收入家庭的孩子经常受到经济条件富裕家庭孩子的排斥，他们较少地参与课堂活动，也无法融入同学群体。而高社会经济地位的家长可能更希望自己的孩子能和拥有与他们相同条件的孩子成为朋友。

5. 较低的抱负水平

社会经济地位低的学生，特别是女生，对教育和职业的抱负水平相对来说也低，这与老师对低收入学生的低期望水平有关。他们穿着破旧，也不够聪明可爱，老师一般不叫他们起来回答问题，从而使得学生形成了低的学业自我概念。

（三）社会经济地位差异对教育的启示

在我国贫困人口还占有很大的比重，这些处于低社会经济地位家庭的儿童应该引起教育工作者的重视。

首先，教师不要以表面特征，例如着装，来判断一个学生的社会经济地位，努力去加深理解每个学生的背景。因为经济地位并不能决定一切,作为教师更不能因此给学生贴上标签。教师应努力帮助每一位学生,让所有学生都得到全面的发展。其次,低社会经济地位的学生需要克服相当大的困难才能达到与中、上社会经济地位学生相同的成绩,应给这些学生更多的支持和帮助。教师要多留意低收入家庭儿童的优点,帮助他们发觉自己的潜能以获得更多的知识。教师还要注意激发他们的学习动机,来自低社会经济地位家庭的孩子,父母对他们的要求不高,孩子可能缺少相应的学习动机。教师还要注意避免把贫困儿童和富裕儿童进行比较,这可能会在儿童的精神上造成伤害。再次,多与家长沟通,特别是专制型和纵容型的家长,帮助家长与孩子建立民主型的家庭氛围,寻求一种良性循环。

三、种族差异与教学

种族指文化传统、民族性、人种特性、宗教和语言等特征的共有方式。每个人都是一个或多个民族群体的成员,在世界的各个角落,不同种族背景的人之间往往充满着偏见和冲突。21 世纪伊始,美国 1/3 的儿童属于如今多被称为“有色儿童”的范畴(主要是非裔美国人、拉美裔美国人、亚裔美国人和美国印第安人),从历史上看有色人种一直处于美国经济和社会体系的最底层。了解这些种族差异可以为教育教学指明方向。

(一) 种族差异与种族偏见

不同种族间的差异是客观存在的,这种差异常常表现在其文化中,当微妙的文化差异相遇时,发生误会是很正常的。当主流文化价值被用来决定学校中何种行为是正常的,那些在不同文化中成长起来的儿童行为就会被认为是不合理的,于是就会产生种族偏见。偏见是严格而非理性的概括,通常指一种负面的态度,是关于某一类人总体的一种预先的判断,它由针对某一特定行为的信仰、情感和倾向组成。偏见在个体早期即已存在,在对 6 岁儿童的调查中,美国儿童样本中有超过一半的白种人儿童、加拿大儿童样本中有 85%的儿童有着非常明显的白种人优越感。偏见产生的另一个原因是人类倾向于把社会分成两类——我们和他们,或者内群体和外群体,人们往往偏爱自己所在的群体即内群体。偏见一旦产生难以消除,如果一个陪审员对于亚裔美国人有负面的图式,那么当他在听取证据的时候,会将这些证据形成负面的理解。

在学校中,教育的种族隔离是美国有色儿童教育的一个现状(Buck,2002;Simons Finlay & Yang,1991)。将近 1/3 的非裔和拉美裔的学生就读的学校中,90%的学生来自少数族裔。非拉美裔白人和亚裔的学生被大学预科录取的机会大大高于非裔和拉美裔的学生。美国学校中仅10%的教师为少数族裔，且少数族裔教师所占比例在未来几年还会下降。

不同种族学生间的差异不是先天的，也不是不变的，尤其是学业上的差距在缩小，从测验分数来看，从20世纪60年代起美国学生的标准测验分数经历了一个持续下滑阶段，在最近几年已经开始回升。其中黑人学生和土著学生成绩提高得最多，白人学生则保持在1970年的水平不变。虽然白人学生的成绩仍然高于黑人学生，但1970年白人和黑人学生在测验成绩上表现的差异到1988年缩小了一半。在教育成就中，从20世纪60年代起的30年时间里所有种族群体都在教育成就上取得了进步，但在教育成就上仍然与白人存在着巨大的差距。研究者认为差距减小的可能原因，一是家庭规模的缩小，从庞大的家庭减少到只有一两个孩子的小家庭，每个孩子在家庭中可以得到更多资源；另外，对少数民族儿童教育的投资增加了，有研究显示1970～1990年期间教育开支增加了260%；而最直接的原因是有色人种父母的受教育程度的增长，这就意味着家长可以为其子女提供更好的受教育环境。

（二）对教育的启示

教育在打破种族差异这个恶性循环中发挥了重要作用。作为教师，需要打破种族差异恶性循环以促进所有种族儿童的发展。

首先，不要认为低分数反映的是学生能力水平低。对某个人种或种族群体的低分学生而言，他们低分的原因很可能是资源受到限制造成的。教师要做的是如何让这些种族的群体获得更多的资源，促进其自身发展，而不是贴上标签，阻碍其发展。其次，向所有学生，特别是那些来自传统上认为处于劣势地位群体的学生强调，重视生命的价值，以及完成高中学业和考上大学能给他们带来的收益。最后，教师应该尽力为少数种族学生提供更多的教育机会，更多的教育帮助。

四、共同性

我们需要明白的是，每一个个体或群体都是特殊的，个体或群体之间存在着许多的不同。研究个体差异或者群体差异的目的只有一个，那就是更好地教育每一位学生。因此，首先应了解学生。应该多花些时间了解学生及他们的父母，了解学生的兴趣、在学习中的困惑及家庭教育情况等。其次，应尊重学生，尤其要尊重学习者的差异，学生在能力、学习风格、性别、社会经济地位和种族等方面存在很大的不同，对这些背景信息的把握，有利于教师更科学地组织教学。最后，应教育学生。教师最终的目的就是教会学生如何学习，如何做人。

但是，即使有这些不同，与我们拥有的所有特征相比，个体间的差异是非常小的。以种族为例，对任何两个随机选出的人，他们基因密码的字母顺序平均只有0.012%是由种族不同造成的。因此教学中针对学生差异个别施教的同时，一定不要忘记学生是有共性的，教学是有共同规律的。

☞ 回到案例

通过本章的学习，我们了解了学习者的差异表现在很多方面，教师的教学要适应学生的差异。刘老师发现有些学生总是考得好，而另一些学生总是学不会，考不好，尽管刘老师采取了一些个别化教学的措施，但结果总达不到他的预期。当刘老师在课上增加了一些新的要求，采用自由发挥的方法让学生自己选择题目的内容时，发现原先成绩较差的学生都有很好的表现。这说明学生的差异是多样的，学生成绩差不一定是能力水平低所致，很可能是教师考查知识的方式和学生的能力类型不一致，或者教师的教学和学生的学习风格不匹配等原因所致。

要教育和管理好学生，还要考虑到班上学生性别、社会经济地位、种族等的差异。学生的背景不同，他们课堂上的表现、课下的活动方式及与老师同学沟通的形式也不同。教师要了解学生群体差异的表现，并掌握正确的教育方式。案例中刘老师应特别注意对来自贫困家庭学生的教育，因为他们可能更自卑，受同学排斥，接受知识更困难。因此刘老师应给予这些学生最大的支持和帮助，使他们获得平等的教育机会，并得以全面发展。

☞ 学术争鸣

按成绩分组是一个有效的策略吗？	
正方观点：按成绩分组是有害的，应该取消 研究发现，在按成绩分组中，通过压制低分组学生的成就，鼓吹高分组学生的成就，增加了高分组和低分组学生间的差距，并且这种差距比辍学学生和在读生间的差距还大。低收入和黑人学生在低分组里的人数比重过大，他们是最大的受害者。	反方观点：取消按成绩分组将损害许多学生 虽然按成绩分组会伤害一些学生，但不是对所有学生都是有害的。首先，按成绩分组对高分组的学生似乎更有积极效应。优秀的计划和班级荣誉，似乎没有人想取消这些效应，尤其是家长。其次，在混合组中，虽然差距变小了，但却是以一般学生和高分学生为代价。研究发现，一般的学生被分到混合班里，成绩下降了2个百分点，高能力学生的成绩下降了5个百分点。

小　结

1. 能力及其分类

能力是一种心理特性，是顺利实现某种活动的心理条件，它直接影响活动的效率。能力一般可以分为以下几种：一般能力和特殊能力；模仿能力和创造能力；流体能力和晶体能力；认知能力、操作能力和社交能力。

能力的理论有斯皮尔曼的二因素说、瑟斯顿的群因素说、吉尔福特的智力三维结构论、加德纳的多元智力理论，还有斯腾伯格的三元智力论和戴斯等人的PASS模型。

2. 能力差异

能力的差异主要表现在发展水平、结构、表现早晚和性别等方面。面向能力差异的教学组织形式主要有两种，一种是同质分组，另一种是留级和跳级；还可采用掌握学习、个别化诊断教学、个人化教学系统、计算机辅助教学等个别化教学模式。另外，针对特殊儿童的教学也应予以重视。

3. 学习风格及其类型

学习风格是学习者持续一贯的带有个性特征的学习方式，是学习策略和学习倾向的总和。认知风格是指个人在感知、记忆、思维和问题解决等信息加工过程中所偏爱的、习惯化了的方式，它体现着个人内部认知活动的特色。

Reid将学习风格分为视觉型、听觉型、触觉型、小组型、个人型和动觉型；Kolb认为个体表现出聚合型、发散型、同化型和调节型四种不同的学习风格；克里提出学习风格的“洋葱模型”。学习风格的差异可以作为因材施教的重要依据，恰当运用匹配策略和有意失配策略，实施个别化教学，积极指导学生认识自己的学习风格并加以良好运用。

4. 影响学习成就的其他差异

学习者的差异还表现在性别、社会经济地位和种族等的群体差异上。不同性别的学习者在生理、社会行为、学业成就和自尊、抱负水平等方面表现不同。社会经济地位影响学生的学业，低社会经济地位的学生由于存在营养不良、情绪压力、低水平学校、同伴排斥、较低的抱负水平等问题，而影响他们在学校的表现。种族差异仍然存在，但随着教育经费的增加、父母受教育水平的提高以及教师更多的关注，少数民族的教育层次日益提高。

∠ 思考题

1. 什么是能力？什么是智力？

2. 能力有哪些种类?

3. 简述吉尔福特的智力三维结构论。

4. 论述斯滕伯格的智力三元理论。

5. 能力的个体差异表现在哪些方面?举例说明应如何进行面向能力差异的教学。

6. 什么是学习风格?怎么理解这一概念?

7. 什么是认知风格?它与学习风格有何区别?

8. 学习风格的差异有哪些表现?针对学生学习风格的差异,应如何开展教学活动?

9. 认知风格的差异有哪些表现?

10. 性别差异现象主要表现在什么地方?在教学中应怎样对待性别差异?

11. 试举例说明社会经济地位和种族差异。作为教师你应该如何对待这种差异。

12. 试述你对学习者差异的多样性和共同性的理解。

∠ 进一步阅读文献

1. 谭顶良著. 学习风格论. 南京:江苏教育出版社,1995.

2. 陆根书,于德弘. 学习风格与大学生自主学习. 西安:西安交通大学出版社,2003.

第五章
学生的学习动机

章节说明

学习动机是影响学习的关键因素，激发学生的学习动机是教学的重要任务之一。心理学家们总是试图去解释学生努力学习的原因，是哪些因素使得学生想学习、愿意学习，因此也就出现了形形色色的动机理论。概括起来主要有这样三类观点：一是内在观点，认为引起学习行为的原因在内部，如本能论、驱力论、需要论等都是从人的内在要求出发的动机理论；二是外在观点，认为引起学习行为的原因在外部，如诱因论、强化论等都是从目标、刺激物等外在因素出发的动机理论；三是中介过程观点，认为在动机的内在和外在起因之间存在一种中介因素使二者有机地结合起来，从而达到行为的目标，论述这些因素的理论我们称为自我调节的动机理论，如归因论、自我效能论等都涉及动机的认知、情感过程中介。本章中，第一节传统的动机理论主要介绍前两类理论，第二节介绍第三类理论。由于动机是一个庞大的主题，其理论很多，我们这里将有选择地介绍。第三节主要介绍一种激发动机的教学模式——TARGET 模式。第四节从种族、文化、性别、个性等方面讨论动机的差异性与多样性，尽管学生的动机存在巨大的差异，但在动机激发时仍然存在一些共同的策略。

案　例

14 岁的小明代数考试总考不及格，所以他父母给他找了一位辅导老师。辅导的第一天，小明对辅导老师说，他一点也不喜欢代数，何况老师教得也不好，他想考试他肯定过不了。在小明看来他根本无法改变自己的能力和老师的教学策略，失败是注定的。在几周的辅导中，辅导老师总是鼓励小明自己思考而不是等待老师的帮助，培养他对学好代数的自信心；同时，辅导老师还教他理解并应用各种代数原理。小明进步很大,并逐渐意识到只要自己努力还是可以学好的。小明意识到自己的进步,逐渐懂得付出努力和使用学习策略同样重要,正如他所说的:“我知道,拿到题目首先必须理解题意,然后再一步一步地进行推论,这样问题就会迎刃而解。”

“我现在才明白,无论是否喜欢代数老师,上课学习都是自己的事。”“我现在上课听得懂了,提问的也多了。”随着代数成绩的逐渐好转,小明的自信心越来越强,他认为自己完全可以学好代数,考试及格绝对没有问题:“老师再怎么负责,也得靠自己努力才行,现在我试着去理解、提问,同时去弄明白老师是怎么做到的。以前上课我只是听,总是不爱做笔记,以为自己记得住,可是往往却忘了;现在上课我会做笔记,即使没有作业,除了星期五我也会每天在家学习,我想我现在不会再为代数头痛了。”

最初,小明认为他失败的原因有哪些?他早期的想法对他的课堂行为有什么影响?之后,小明对成功的归因有哪些?他观念的改变是如何影响他的学习策略的?

学习动机是推动人们进行学习的直接原因和内部动力。学习动机支配了学生的学习行为,说明了学生是否想要学习、乐意学什么、学习努力的程度如何等。

第一节　传统的动机理论

一、驱力理论

美国心理学家赫尔(Hull C. L.,1884～1952)是内驱力理论的代表。他认为机体的需要产生内驱力,内驱力激起有机体的行为。驱力是指个体由生理需要所引起的一种紧张状态,它能激发或者驱动个体行为以满足需要,消除紧张,从而恢复机体的平衡状态。需要得到满足,驱力降低。

由此可以看出,赫尔的理论主要有两个要点:(1) 有机体的活动主要在于降低或消除内驱力;(2) 内驱力降低的同时,活动受到强化,因而它是促使学习概率提高的基本条件。所以该理论也叫内驱力降低理论。

在赫尔的理论中,内驱力主要有两种:原始性内驱力和继发性内驱力。原始性内驱力同生物性需要状态相伴随,并与有机体的生存有密切联系。这些内驱力产生于机体组织的需要状态,如饥、渴、空气、体温调节、睡眠、回避痛苦等。继发性内驱力是对于情境(或环境中的其他刺激)而言的,它由学习获得。也就是说,以前的中性刺激由于能够引起类似于原始性内驱力所引起的反应,而具有内驱力的性质。

但是，驱力理论不能解释另外一些行为，如为什么一个人可以通宵达旦地工作，为什么政治家在监狱里可以绝食数日。因为在这些行为中，人的驱力不是减少，而是增加了。

二、诱因理论

所谓诱因是指人们试图得到或避免的目标与情境刺激。它具有激发或诱使个体朝向目标的作用。如诱人的美食激发人的进食欲望，挑战性的任务激发人的成就需要。诱因可以是物质的，如食物、时装等，也可以是复杂的事件和情境，如获得名誉、地位等；诱因还可分为积极的和消极的，有吸引力的刺激物称为积极诱因，个体回避的刺激物（如痛苦、贫困、失败）称为消极诱因。

诱因论是一种强调外界诱因在行为激发中的作用的理论，它注重行为的外在诱因的牵引作用。如果说驱力论关注的是行为的内在推动力，那么诱因论则关注外部刺激、奖赏、目标等对行为的拉力作用。

在教育中，可以通过设置各种各样的学习目标作为诱因来引起学生的学习动机。

三、强化动机理论

强化动机理论是由联结主义心理学家提出来的，他们用强化来解释动机的引发。按照他们的S—R观点，人的某种学习行为倾向完全取决于某种学习行为与刺激物之间因强化而建立的牢固联系，动机被看作是由外部刺激引起的一种对行为的推动力量，并用强化来解释动机的引起和作用。强化理论起源于桑代克提出的效果律，效果律表明，如果一个动作或行为跟随情境中一个满意的后果即奖励，类似情境中该动作重复的可能性增加；反之，如果跟随一个不满意的后果即惩罚，这个动作或行为重复的可能性将减少。斯金纳通过系统的实验操作证实了行为之后给予的正强化对后继行为具有增强作用，认为强化是形成和巩固学习的重要条件。

强化有两种方式，即正强化和负强化。一般来说，正强化和负强化都具有增强学习动机的作用，如适当的表扬、奖励、评分、竞赛等正强化能激发和维持学生的学习动机，取消讨厌的频繁的考试等负强化，同样也可以起到激发和维持学习动机的作用。但没有取得好的分数，受到批评、惩罚、嘲笑等，则会使学生产生回避学习的动机，所以教育中要慎用惩罚。另外，在运用强化去激发学生的学习动机时，一定要注意使学生准确认知到你所控制的强化与被强化的行为之间的因果关系，否则所运用的强化就达不到预期的效果。

强化动机理论对学校教育有着广泛的影响。程序教学和计算机辅助教学的心理基础就是用强化原则来维持学习动机。

四、需要理论

人作为一个生物实体和社会成员，必然离不开对许多事物的要求，如食物、衣服、睡眠、学习、娱乐、工作、交往等。这些要求反映到个体头脑中，就形成了他的需要。需要是机体在生活中感到有某种缺乏而力求满足的一种内在状态。它是有机体的内部环境和外部生活条件的要求在人脑中的反映，它常常在主观上以一种缺乏感被感受着、体验着。

动机总是和需要相连，需要是人活动的内部动力，是积极性的源泉。需要层次理论的创立者、人本主义心理学家马斯洛认为，要揭示动机的本质，必须关注人的需要。他把需要区分为一些基本的层次，对这些需要层次进行研究，从整体上把握动机的实质。他提出的需要层次理论认为，人类的需要是相互联系、相互依赖和彼此重叠的，它们排列成一个由低到高逐级上升的层次。马斯洛先后提出了七种需要，从低到高分别是：生理需要；安全需要；归属与爱的需要；尊重的需要；求知的需要；审美的需要；自我实现的需要。马斯洛还将七层次需要分为两大类，前四个层次为基本需要，后三个层次为高级需要。基本需要都是由于生理或心理上的缺失而导致，因此又称为缺失性需要。基本需要或缺失性需要一旦获得满足，其需要强度就会降低。高级需要又称为成长需要，成长性需要的需求强度因获得满足而增强，也就是说在成长需求之下，个体所追求的目标是无限的，成长性需要永远也得不到满足。实际上，求知和理解世界的需要满足得越多，人们学习的动机越强（图 5-1）。

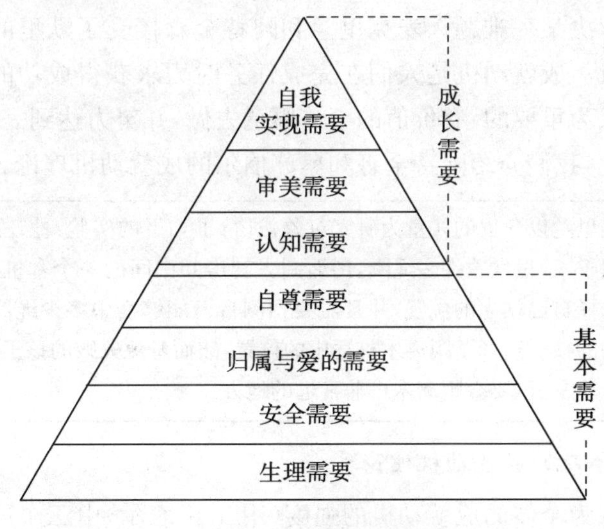

图 5-1 人类需要的层次

马斯洛认为，只有低级需要基本满足以后，才会出现高一级需要，只有所有的需要相继得到满足之后才会出现自我实现的需要。他还认为，最占优势的需要将支配一个人的意识，并组织有机体的各种能量，不占优势的需要则将被减弱。层次较高的需要发展以后，层次较低的需要依然存在，但对行为的影响减弱了。

人的各层次需要都与学习有一定的关系。生理需要和安全需要虽然并不直接推动学习，但它们是保证学生进行有效学习的前提条件，如休息不好的学生上课注意力就难以集中。这两种需求得不到满足，不仅无法进行学习，而且会导致学生出现身心疾病。归属与爱的需要是学生交往的动力，在学校环境中，师生交往、同伴交往既是学习的条件，也是学习的内容。尊重的需要是推动学生学习的重要动力，学生努力学习获得他人的尊重，从而产生自信，感受到自己的能力和价值，这一需要得不到满足，则会产生自卑感，觉得自己无能，失去上进心。求知的需要就是学习动机，审美的需要在很大成分上也是学习动机，它们推动人去求真、求善、求美。自我实现的需要推动人发挥自己的潜能，是学校应该加以培养的。

五、成就动机理论

成就动机来自于人的成就需要，成就需要是指人们克服障碍，完成艰巨任务，达到较高目标的需要。成就需要的强度因人而异，它影响着人们追求成就的倾向和对自己工作成绩的评价。默里将成就需要定义为克服障碍，施展才能，力求尽快尽好地解决某一难题。麦克里兰和阿特金森接受了默里的思想，并将其发展为成就动机。成就动机是人们在完成任务时力求获得成功的内部动因，即一个人对自己认为重要的、有价值的事情愿意去做，并努力达到完美的一种内在推动力量。在此，我们介绍阿特金森和奥苏伯尔的成就动机理论。

> 麦克里兰以5岁的儿童为研究对象，进行了如下的实验：他让孩子们逐个走进一间屋子，手里拿着许多绳圈，用绳圈去套房间中间的一个木桩。这些孩子可以任意选择自己站立的位置，并且需要预测自己能够套中多少绳圈。结果发现，追求成功的孩子选择了距离木桩适中的位置，然而避免失败的孩子却选择了要么距离木桩非常近，要么距离木桩非常远的地方。

（一）阿特金森的成就动机理论

阿特金森认为个体的成就动机的强度（用T来表示）由三个因素共同决定：一是成就需要，即个体稳定的追求成就的倾向，它是人在生活中所形成的稳定的人格特性(用 M 来表示);二是对成功的期待,即人对某一任务是否能够成功的概率的认知,表现为认知到的成功可能性(用 P 来表示);三是成功的诱因值,即成功带来的价值和满足感(用 I 来表示)。对成功的期待和成功的诱因值之间具有互补的关系,即成功可能性越小,这时成功带来的满意感越强,即 $I=1-P$。影响动机强度的三个因素的关系可表示为下面的公式:

$T=M\times P\times I$。

然而,人在追求成就时有两种倾向,一种是不畏困难、达到目标的追求成功的倾向,即追求成功的动机;另一种是害怕失败、避免屈辱的回避失败的倾向,即避免失败的动机。

追求成功的动机可以用下式表示,即:$T_s=M_s\times P_s\times I_s$;避免失败的动机公式为:$T_f=M_f\times P_f\times I_f$。其中成功的可能性与失败的可能性相加为 1,因此,$P_f=1-P_s$。这样,个体追求某一目标的总动机强度 T 就是由 T_s 和 T_f 共同决定的。用公式表示为:

$$T=T_s-T_f$$
$$=(M_s\times P_s\times I_s)-(M_f\times P_f\times I_f)$$

因为 $I_s=1-P_s$,$P_f=1-P_s$,$I_f=P_s$,那么,上述公式可简化为:

$$T=M_s\times P_s\times(1-P_s)-M_f\times(1-P_s)\times P_s$$
$$=(M_s-M_f)[P_s\times(1-P_s)]$$

从这个公式可以看出,合成成就动机的强度和方向依赖于 M_s 和 M_f 的强度以及个体对成功可能性的估价(P_s)。当 $M_s>M_f$ 时,T 是正值,这类人的成就动机就高,表现为趋向成就活动,而且当 $P_s=0.5$ 时成就动机最高。当 $M_f>M_s$ 时,T 是负值,这类人的成就动机就低,表现为逃避或抑制参与成就活动,当 $P_s=1$ 或 $P_s=0$ 时成就动机最低。

阿特金森认为,对于高成就动机的人($M_s>M_f$)来说,他们更爱选择中等难度的任务,这样的任务有挑战性,有助于他们通过各种活动努力提高自尊心和获得心理上的满足;而对于低成就动机的人($M_f>M_s$)来说,他们要么选择他们确信能成功的任务,要么选择他们认为肯定要失败的任务,这样即使失败也可为自己找到合适的借口,以防止自尊心受伤害和产生心理烦恼。

(二) 奥苏伯尔的成就动机理论

在麦克里兰、阿特金森成就动机研究的基础上,奥苏伯尔提出了自己的成就动机观点。奥苏伯尔指出,一切称之为学校情境中的成就动机,至少包括三方面的内驱力,即认知内驱力、自我提高内驱力、附属内驱力。他认为,学生众多的学习行为都可以用这三方面的内驱力来加以解释,这三方面通常被称为成就动机的三个组成部分。

1. 认知内驱力

认知内驱力是要求了解与理解知识、阐述与解决问题的需要。在学习活动中,学生具有认识和理解周围环境的需要,并驱使个体独立地思考有一定难度的课题,乐于从事智力活动,并试图合理地解决问题。这种以求知作为目标的内在驱动力量就是认知内驱力。认知内驱力多半是从好奇的倾向如探究、操作、领会以及应付环境有关的心理特性中派生出来的。当个体遇到新异的刺激时,会表现出注意、疑惑、求知,继而引起探究和操作行为等;而这些又大都与人的遗传素质有关,因而认知内驱力有一定的先天成分。

然而,作为认知驱力起源的好奇与探究倾向,最初只具有潜在的而非真实的动机性质,既没有明确的目的,也无特定的内容和方向。要使这种潜在的动机成为真正能起作用的行为动机力量,必须通过实践活动。个体在活动中,通过多次地获得成功,才能确定学习的目的和方向,并产生进一步获得满足的愿望。也就是说,认知内驱力虽然具有先天的成分,但是在很大程度上又是学习来的。学生对于某学科的认知内驱力主要是后天形成的,适当的教育环境、成功的学习经验可以提高学生的认知内驱力。因此,认知内驱力与学习之间是相互作用、相互影响的。认知内驱力对学习具有推动作用,学习成功的经验又会增强认知内驱力。认知内驱力可能会成为学生学习中最稳定、最重要的动机因素。由于这种动机作用完全指向于学习任务本身,并且这种认知需要的满足也完全由学习任务本身提供,因而认知内驱力是一种内部动机。

2. 自我提高的内驱力

自我提高的内驱力指的是个体因自己的胜任能力或工作能力赢得相应地位的需要。学生自我提高的内驱力不仅指向学业成就与名望的获得,同时也指向未来的学术与职业目标。自我提高的内驱力与认知内驱力不同,不是直接指向学习任务和学习目标,而是指向在集体和他人心目中赢得怎样的地位。一个人所赢得的地位的高低是与他的成就和能力水平相对应的。成就的大小决定着所赢得地位的高低,进而也决定着人们的自尊心。显然,自我提高的内驱力属于外部动机。

奥苏伯尔指出,内部动机对学习的推动作用有一定的稳定性和持久性,在课堂学习中具有重要的作用。但是,外部动机在学习中的作用也是不可缺少的。在个体的学术活动和职业生涯中,自我提高的内驱力在其成就动机构成中常常占有很大的比重。学生不可能始终保持认知内驱力,专注于知识的掌握,在有些情况下,自我提高的内驱力可以促使学生努力学习,以求得相应的地位和自尊,并以此为未来的职业和生活做好准备。因此,对于学生来说,除了要激发其内部的学习动机外,也可以适当地采用表扬、名次、分数等诱因激起他们的自我提高的内驱力,以促使学生为获得优异的成绩而做出努力,因为学生在学习上的失败可能导致他在集体中的地位降低、自尊心丧失等。但是过分强调自我提高的内驱力的作用也是不恰当的,它可能导致过高的抱负水平,也可能会导致功利主义的倾向。

3. 附属内驱力

附属内驱力是成就动机的第三个组成成分,它指的是学生为了保持教师、家长和同伴的赞许或认可表现出来的一种努力学习的需要。这种需要既不是指向学习任务和学习目标,也不是指向自我地位的提高,而是对教师、家长和同伴在感情上的依附。它之所以能促使学生努力求得学业成就,是因为成就被看作是从教师、家长和同伴们那里赢得赞许或认可的手段。教师、家长是学生追随和仿效的对象,得到他们的赞许或认可就可获得一种派生的地位,显示出自己在所属集体中处于优越的地位,还意味着与这些人之间保持着亲密的情感关系。为了保持这种关系,学生会有意识地使自己的行为符合教师、家长或同伴的要求和期望,以便获得与保持他们的赞许、认可。显然,它也是一种外部动机。

奥苏伯尔认为,学生的成就动机中所表现出来的认知内驱力、自我提高的内驱力和附属内驱力在其学习活动中的作用不是固定的,各部分的比重随着年龄、性别、个人在群体中的地位等因素的不同而变化。认知内驱力的作用随年龄增长而提高;附属的内驱力在童年早期是比较突出的,在儿童后期和青春早期减弱;自我提高的内驱力随着年龄增长而增加。

第二节　自我调节的动机理论

传统的动机理论,尤其是强化动机理论,强调奖赏或表扬等诱因的动机效应,但是表扬、奖励等对行为的动机效应受制于行为者的内在认知因素,其对学习动机的影响受多种因素的制约,如表扬能否增强受表扬者的胜任感和自主感,表扬能否促进受表扬者恰当的归因方式的形成,表扬者传达的行为标准或期望是否恰当等。也就是说,个体的认知、情感等主观因素起着中介调节作用,它们介于动机内在起因与外在诱因之间,是连接内在需要、驱力与外部目标、奖惩的桥梁。强调自我调节作用的动机理论主要有成就目标理论、自我价值理论、自我决定理论、自我效能感理论和归因理论。

假如完成一小时很轻松的工作，得到60元的报酬。对大多数人而言，这是一个非常有效的强化物。现在，请你考虑下面四种情况。

情境一：王先生答应付给你80元，让你给他的花园除草。你可能觉得，对于这项工作而言，80元绰绰有余。所以，你倾尽全力完成了此事。可是，当你干完时，王先生说："我认为你干的活不值80元，给你60元吧！"

情境二：王先生答应付给你50元，让你给他的花园除草。你可能觉得，对于这项工作而言，50元不算少。所以，你倾尽全力完成了此事。可是，当你干完时，王先生十分赏识你出色的工作，给了你60元。

情境三：你和一位美女在一个晚会上相识，彼此互有好感。晚会结束时，你们俩在月光下漫步许久。当走到她家时，她拿出60元对你说："谢谢你陪我走了一个小时，这是60元，希望你能接受。"

情境四：你最敬重的老师给你60元，希望你能在周末给他女儿补习英语。如果你答应了，你将错过观看一部期待已久的芭蕾舞剧。

启示：不能想当然地认为某一诱因具有动机价值，因为诱因的动机价值还受许多因素影响。

资料来源：http://old.blog.edu.cn/user4/tstc_et/archives/2007/1757815.shtml.

一、成就目标理论

成就目标指个体从事成就活动所要达到的目的。20世纪80年代初，德维克(Dweck)等在社会认知框架的最新研究成果基础上，综合以前成就动机的研究成果，提出了较为完善的成就目标理论。

德维克认为，人们对能力持有不同的内隐观念。一种是能力实体观，持这种观点的人认为能力是一种稳定的、不可改变的特质。根据这一观点，有些人会比另一些人更加聪明，但是每个人的能力的量都是固定的。另一种是能力增长观，认为能力是不稳定的，是可以控制的，是可以随着知识的学习、技能的培养而加强的。

持能力实体观的学生倾向于建立成绩目标，他们选择适宜的工作，比如不需要花费太多精力而且成功可能性很大的工作，以最好的成绩表现他们聪明的一面，从而避免被别人看不起。具有成绩目标的学生更关心的是能否向其他人证明自己的能力，通俗地说就是做给别人看，所以也被称作是自我卷入的学习者，因为他们关注的是自己。那些有学习困难的孩子更容易形成能力实体观。持能力实体观的老师则更倾向对学生贴标签，而且即使遇到和他们观念不符的事实时也很难改变他们原本对学生的成见。

相反，持能力增长观的学生，他们更多地设置掌握目标，并寻求那些能真正锻炼自己的能力、提高自己技能的任务。认为进步才意味着能力的提高;失败并不可怕,不过是走向成功的必经之路,它只是说明自己还需要更多的努力,自己的能力并没有受到威胁,所以他们选择中等难度的任务。持掌握目标的学生,其学习是为了个人的成长,又被称为任务卷入的学习者,因为他们关心的是自己是否能掌握任务,而不是和他人相比,不去关心自己的表现是否出众。这类学习者会更多地寻求帮助,使用较高水平的认知策略,运用更高效的学习方法。

研究者(Dweck & Leggett, 1988)探讨了两种成就目标与认知、情感和行为的关系。一般来说,掌握目标产生适应性的认知、情感和行为模式,掌握目标定向的个体具有以下特征:能够运用深加工策略和自我调节策略;对成败进行努力和策略归因;面对失败,焦虑程度适中;面对困难具有高坚持性;愿意选择挑战性任务;具有创造性,内部动机高;适当地寻求帮助。而成绩目标引起非适应性的认知、情感和行为模式,成绩目标定向的个体采用浅加工策略;对成败进行能力归因;面对失败易产生高焦虑;不敢面对挑战性任务;对困难坚持性低。

在两分法基础上,艾略特及其同事(Elliot&Harackiwicz, 1996; Skaalvik, 1997;Elliot, 1999)把接近—回避的倾向与以往的分类研究相结合,将成绩目标分为成绩接近目标、成绩回避目标。成绩接近目标关注于表现得比他人更好或更聪明,指向于得到对能力的积极判断;成绩回避目标关注于不比别人更差或更蠢笨,指向于回避对能力的消极判断。

平崔克(Pintrich, 2000)又将掌握目标分为掌握接近与掌握回避两种。掌握接近目标的个体关注的是掌握任务,学习和理解;根据自己的进步和对任务的理解深度来评价自身的表现。掌握回避目标的个体关注的是如何避免不理解和没有掌握任务的情况;判断成功的标准是在自我比较的基础上准确无误地完成任务。至此,成就目标共有四种类型。

对成就目标研究的重要意义在于,教师应该强调学习内容的价值和意义,使学生相信学习不是为了分数,应该淡化分数和其他奖励。例如,老师可以说"今天我们学习分数的性质,因为我们在日常生活中常常遇到将一个东西平分的问题",而不是"我们今天要学习分数的性质,大家注意听,因为明天要就此进行测验。"

二、自我价值理论

自我价值指个体对自身重要性价值的主观感受,反映一个人对自己的接受程度。美国教育心理学家卡文顿(Covington M. V.)认为,自我接受的需要是人的第一需要,自我接受的前提是肯定自我价值。在学校里,当个人获得好的分数与等级时,就能够增强其个人优越感,维护其积极的正面的自我形象,提升自我价值。但是,现实生活中不是每个人都能够成功,总有一些人会失败,失败就会带来一些负面的情绪,影响一个人对自己价值的认识。

自我价值理论还向我们清晰地论述了学生是如何采取措施来维护自己的自我价值,以及他们在能力和努力这两个影响学业成就的重要因素上又是如何归因的。自我价值理论认为学生常常把自我价值与能力相等同,感到自己具有过人的能力是最重要的优势,有的时候重过一切,甚至超过了取得好的成绩。如大学生中将有才华、有思想看作是学术成就的重要指标,远远比考试成绩重要(Covington&Omelich,1984)。可以说能力就意味着价值,甚至独立于具体的成功。所以有些学生采取根本不努力的手段,为自己的失败找到借口而不至于使别人认为自己无能。在自我价值理论中努力变成了一把双刃剑,一方面刻苦努力会得到老师的嘉奖,但另一方面刻苦努力的评价是被学生本身所忌讳的,因为那隐藏的潜台词可能是:“他无能,所以用努力来弥补。”

从自我价值理论角度分析,课堂中学习动机的激发远远比鼓励孩子刻苦努力复杂,因为努力和能力之间存在一定的冲突。因此,在充满竞争的学校环境中,学习的动力主要源于为增强和保护有关能力的自我概念所进行的努力。

在阿特金森的基础上,自我价值理论将动机类型划分为四种。自我价值理论认为追求成功和避免失败是两个独立的维度,个体追求成功的动机较高,但并不影响其在避免失败上所处的位置。

1. 高驱低避型

高驱低避型又称为“成功定向者”。这种动机类型的学生拥有无穷的好奇心,表现得自信、机智,对学习有极高的自我卷入水平。他们通过不断的刻苦努力发展自我,通常这些学生的学习超越了对能力状况和失败状况的考虑,对他们而言,学习本身具有价值,学习本身就是一种奖励。他们超脱于教学环境,学习行为根本不用依赖于外界的刺激,可适应任何一种教学条件。但这种学生较为少见。

2. 低驱高避型

低驱高避型又称为“逃避失败者”。对于这类学生,逃避失败要比对成功的期望重要。他们表面看来没有学习的动机,但其实他们有强烈的对失败的恐惧。面对没有把握成功的任务时,他们的这种恐惧会十分强烈,而必须采用逃避的手段。但是他们可能不会真的放弃参加任务或者辍学,更多的是在心理上采用防御措施,比如尽量降低该任务的重要性等。他们怀疑自己的能力,害怕被指责为没有能力的人,感受着高度的焦虑和紧张。所以这类学生花费许多不必要的时间寻求焦虑的解脱,如幻想(我希望考试取消)、减少重要性(这个课程没有我想象的那么重要)、积极地寻求理由开脱自己的责任(如果我有一个好老师,我会学得更好）。有时候，这类学生会觉得自己的好成绩并不代表自己的能力，觉得自己有一天注定会失败。他们对学校和生活感到持续的厌烦和无聊，大部分时间表现得无精打采、懒洋洋。但是他们并不一定存在学习问题，他们的成绩可以是很好的，但是对课程的兴趣却不高。

3. 高驱高避型

高驱高避型又称为“过度努力者”。具有这种动机形式的人同时感受到成功的诱惑和失败的恐惧，他们对一项任务怀有既追求又排斥的冲突情绪，他们兼具了成功定向者和避免失败者的特点。对他们而言，焦虑引起并加强了对学习的注意，他们的根本目的是为了防御。他们采取的方式是用取得成功来避免失败。这类学生通常学习努力、聪明能干，对于大部分没有挑战性的作业和功课，他们会自己提出更高的要求和目标，以赢得老师额外的奖励。表面看他们很好，但事实上他们受着紧张、冲突的严重困扰。

4. 低驱低避型

低驱低避型又称为“失败接受者”。他们没有对成功自豪的期望，也没有对羞耻感的恐惧。他们内心很少有冲突，同时学习的机会和时间也非常有限。他们放弃了通过能力的获得来保持其身份地位的努力。这些学生在面临学业挑战时表现出退缩，对成就漠不关心，这种不关心意味着放弃，这样也就防止了对自己无能的评价。

在应试教育的指挥棒下，所有的考试与评价都是一种相对的评价，即一种与别人相互比较的评价。在这种情况下，成功往往只属于少数人，失败则属于大多数人。面对一次次的失败、一次次的对能力的打击，学生们只能通过不努力或者采取一些消极的措施来维护自己的价值和自尊。因此评价时要以学生自身的提高为标准，而不是与其他同学进行比较。只要学生相对于自己来讲是有进步的，就应该得到鼓励和表扬，这样一方面使学生感受到了自己的进步，另一方面也维护了他们的自我价值。

三、自我决定理论

自我决定理论是由美国心理学家德西（Deci）和瑞安（Ryan）在20世纪80年代提出的动机过程理论。他们认为，自我决定是一种关于经验选择的潜能，是在充分认识个人需要和环境信息的基础上，个体对行动所做出的自由选择。该理论认为人是积极的有机体，具有与生俱来的心理成长和发展的动力，人类有机体一直在争取自主性、自我决定感与归属感。“我们在与这个世界相互作用时，每个人都需要感到我们是有能力的、有选择的，我们对自己的生活有控制感，并且我们有归属感，是某个群体中的一员。”

自我决定理论的核心是自主需要。人们在体验到成就或效能的同时，还必须感觉到行为是由自我决定的，是自己的意愿而不是外界的奖励或压力决定了我们的行为。在教育中只有由学生自我决定的学习和自主性的学习才能够激发学生的兴趣，才对其内在动机有促进作用。相反，那种控制性的教学虽然可以提高死记硬背的任务的成绩，但学生会感到他们是在被强迫做某件事情，这反而会削弱其内在动机。

自我决定论包含着四个分支理论，即认知评价理论、有机整合理论、因果定向理论、基本心理需要理论。

认知评价理论主要探讨了内在动机的影响因素。根据该理论，所有的事件都有控制和信息两个方面。当一个事件是高控制的，也就是它强迫学生必须以某种方式行动时，学生体验到较少的自我控制感，从而削弱内部动机；如果该事件是信息性的事件，它提供给学生信息以增加其胜任感，其内在动机就会增强。例如，老师在表扬学生时说："你之所以得 A，是因为你听老师的话，按老师的指导去做了"，这种高控制性的语言暗示的是，成功归因于老师。这样就破坏了学生的自我决定感和内部动机。

有机整合理论主要探讨了外在动机的类型和促进外在动机内化的条件。有机整合理论将动机划分为内在动机、内化动机和外在动机。内化动机是指由外在因素激发的个体对学习活动的意义的内在认同和追求，是学习的主导动力。自我决定行为源自于自我高度整合的动机，包括内在动机以及高度内化的外在动机。该理论强调学习动机激发的重点在于外在动机的内化。同时自我决定理论认为从外在动机到内部动机经历了外在动机、内摄性动机、认同性动机和内在动机这一连续的发展轨迹。

在教学中，教师应努力促进学生的外在动机的内化过程，将学习与个体的自我加以整合，达成将学习作为人生信仰的终极目标，这一过程可以通过自主支持、能力支持、关系支持加以实现。

因果定向理论认为个体具有对有利于自我决定的环境进行定向发展的倾向。德西认为个体身上存在着三种水平的因果定向，即自主定向、控制定向和非个人定向。不同因果定向水平的人具有不同的人格特点：高自主定向的个体富有创新精神，勇于承担责任，善于寻求有趣的和有挑战性的活动；高控制定向的个体注重财富、荣誉和其他一些外界的因素；非个人定向的个体认为满意的结果是运气的产物，自己无法控制，所以他们从来不进行规划，并且墨守成规，随波逐流。

基本心理需要理论解释了基本心理需要的含义以及心理需要和主观幸福感的关系。自我决定论认为每个个体身上都存在着一种发展的需要，这就是人类最基本的心理需要：自主需要、能力需要和归属需要。自我决定论中动机内化和基本心理需要的关系尤为密切，其核心认为动机内化的程度是基本心理需要得到满足的函数。基本心理需要的观点已经成为自我决定论许多重要假设建立的基础。

四、自我效能感理论

自我效能感理论是由新行为主义的代表人物班杜拉提出的。所谓自我效能感是指人对自己是否能成功地进行某项活动并取得成功的主观判断。班杜拉指出，人的行为受行为的结果因素与先行因素的影响。行为的结果因素就是人在认知到行为与强化之间的依随关系之后产生的对下一步强化的期待。他将期待区分为结果期待和效能期待两种。

结果期待是人对自己的某一行为会导致某一结果的推测，如果人预测到某一特定的行为会导致某种特定的结果，那么这一行为就可能被激活和被选择。例如儿童感到上课认真听讲就会获得他所期望的好成绩，他就有可能认真听课。效能期待是指人对自己能够顺利进行某一行为的能力的推测和判断，即人对自己行为能力的推测。它意味着人是否确信自己能够成功地进行带来某一结果的行为。当人确信自己有能力进行某一活动时，就会产生高度的自我效能感，并会去进行那种活动，如学生只有认为自己能听懂老师的课时才会认真听课。

班杜拉指出，影响自我效能感的因素主要有：

1. 个人自身行为的成败体验

这是个人的亲身体验，对自我效能感影响最大。一般来说，成功经验会提高效能期望，反复的失败会降低效能期望。但也并非绝对如此，成功经验是否影响人的效能感还受个人归因方式的影响。如果将成功归于外部的、不稳定的因素，就不会增强自我效能感。因此归因方式直接影响自我效能感的形成。

2. 替代经验

替代经验是学习者通过观察示范者的行为而获得的间接经验。人的许多效能期望来源于观察他人的替代经验，其关键是观察者与榜样的一致性。当一个人看到与自己水平差不多的示范者取得了成功，就会增强自我效能感，认为自己也能完成同样的任务；看到与自己能力不相上下的示范者遇到了失败，就会降低自我效能感，认为自己也不会有取得成功的希望。

3. 言语说服

这是凭借说服性的建议、劝告、解释和自我引导，来改变人们自我效能感的一种方法，由于使用简单而成为一种常用的方法。然而依靠这种方法形成的自我效能感不易持久，一旦面临困难或难于处理的情境时，就迅速消失。研究表明，言语说服的作用是脆弱的。人们对说服者的意见是否接受，往往要以说服者的身份和可信度为转移，此外言语说服与个人的直接经验不一致也不大可能产生说服效果。

4. 情绪唤醒

正面的情绪可以增强自我效能感，负面的情绪会减弱自我效能感。

根据自我效能感理论，要增强学生的自我效能感，就应该注意以下几方面：

1. 让学生更多地体验到成功

行为的成败经验，对效能感的影响是最大的。不断成功会使人建立起稳定的自我效能感，这种效能感会泛化到类似情境中去，而且不会因一时的挫折而降低。因此，教师在学校中要让学生产生更多的成功体验，要善于给学生提供难度适中的学习任务和要求。如果学习任务过难，学习要求过高，学生容易感受失败；但学习任务和要求过低，即便取得了成功，学生也不会增强自我效能感。学生对行为成败的归因方式，也会影响自我效能感，教师应注意引导学生进行积极的归因，即把成功与努力和能力相联系，将失败与努力不足相联系，从而增强学生的自我效能感。

2. 为学生提供适当的榜样

学生通过观察榜样示范的行为获得的间接经验会影响自我效能感。教师在提供榜样时，一是要给学生提供信息，二是要给学生提供比较标准。因此，教师要注意给学生提供不同层次的榜样，使不同层次的学生都能找到适合自己的榜样，增强自我效能感。特别注意的是，不要给学生提供过高的榜样，这种榜样对大多数学生都不具备学习的可行性，反而会降低学生的自我效能感。

3. 恰当地运用外部强化

不论是直接强化还是间接强化，恰当的使用都能够促进学生对自身能力的认知，增强自我效能感。教师要对学生提出适当的目标，推动学生向难度适中的学习任务挑战，努力学习并掌握新的知识和技能，取得成功，从而产生自我效能感。对于学生的进步，教师要及时给予强化，这样有利于使学生了解自己能力的提高，增强自我效能感。

4. 使学生学会自我强化

自我强化是人根据自己设立的标准来评价自己的行为时，以自己能支配的强化去增强和维持自己达到标准的行为。当人达到了自己的标准时会感到自己有能力，产生或增强自我效能感。因此，自我强化的前提是获得行为的标准和目标，自我强化的过程是根据行为标准对自己的行为进行评价，而自我强化的心理实质是自我效能感的变化。

五、归因理论

考试过后,试卷发下来,学生们开始议论各自的成绩……

"你考得怎么样,小郭?"小康问道。

"很糟糕,"小郭感到很难为情,"我不是学这个的料。我从来都不擅长写她所要求写的这种东西。我根本学不好。"

"我这次也没有考好,"小康回答道,"不过我早料到这次会考不好,因为我这段时间学习太不用功了,我就知道我这次会有麻烦。不过我可不想这样的事情再次发生。"

"简直难以置信!"小容抱怨说,"真见鬼了,我居然只得了 B。她到底有没有认真读我写的东西啊!"

在这个例子中,几个人对自己为什么会得这个评分给出了不同的理由,这就是一种归因的过程。

资料来源:http://old.blog.edu.cn/user4/tstc_et/archives/2007/1757815.shtml.

归因是人们对自己或他人活动及其结果的原因所做出的解释和评价。在学习和工作当中,人们总是对成败作解释,即寻找成功和失败的原因。个体怎样解释其先前的成功与失败,决定了他下一次对任务的选择、持续努力的时间、热情程度如何等。也就是说,归因是动机的决定因素。比如,一个人将他之前的成功归因于自己的能力超群,则更可能在将来接受富有挑战性的工作,因为他们相信自己并预期会再一次成功,而那些将自己的成功归因于运气好的人,则不会这么自信。

韦纳指出,对于成功和失败人们总是寻找多方面的原因,这些原因有能力、努力、运气、任务难度、情绪等,这些原因可以划分为以下三个维度:原因源、稳定性和可控性。从原因源这一维度来看,成败的原因可分为内部原因和外部原因,内部原因是存在于行为者本身的因素,如努力、能力、兴趣、态度、性格等等;外部原因是指行为者周围环境中的因素,如任务的难度、外部的奖赏与惩罚、运气等等。根据稳定性维度,行为的原因可分成稳定的原因和不稳定的原因,稳定的原因是导致成功和失败的诸因素中那些稳定地发挥作用的因素,如能力、任务难度等;不稳定的原因是导致成功和失败的诸因素中那些容易变动的因素,如运气等。根据可控性这一维度,行为的原因有可控的和不可控的,可控的原因有努力;像能力、运气等都是不可控的。能力、努力、任务难度、运气这四个有代表性的原因分别属于不同的维度,如表 5-1。

表 5-1　　三维的归因模式

稳定性 / 原因源	稳定	不稳定
内因	能力(不可控)	努力(可控)
外因	任务难度(不可控)	运气(不可控)

人们往往把自己的成功与失败归结为上述四个原因中的一个或几个，归结为不同的原因会带来相应的心理变化，表现为对下一次成就结果的期待与情感的变化，进而影响以后的成就行为。

首先，归因会使人出现情感反应。把成就行为归因于内部原因，在成功时感到满意和自尊，失败时感到内疚和羞愧。但如果把成就行为归因于外部原因，不论成功还是失败都不会出现太突然的情感反应。人们在研究中发现，成就动机水平高的人在失败时往往归因于努力不足，即使失败也不灰心，相信努力和结果之间具有依随性，不产生无力感，表现出积极的行为。成就动机水平低的人在失败时往往把原因归于能力不足，容易灰心丧气，认为努力也不能带来相应的结果，容易产生习得性无助感。

"习得性无助感"这个概念来源于心理学家塞利格曼和梅尔于 1967 年用狗做的一项经典实验。实验中把狗放进一个无法逃脱的笼子，给狗施加电击，电击的强度能够引起狗的痛苦，但不会伤害狗的身体。结果，这只狗在一开始被电击时，拼命挣扎，想逃脱这个笼子，但经过再三的努力，仍然发觉无法逃脱后，挣扎的程度逐渐降低了，最后根本不再挣扎。随后，把这只狗和另外一只没有接受过电击的狗放进另一只笼子，这个笼子由两部分构成，中间用隔板隔开，隔板的高度是狗可以轻易跳过去的。隔板的一边有电击，另一边没有电击。当把经过前面实验的狗放进这个笼子时，它除了在头半分钟惊恐一阵子外，此后一直卧倒在地，那么容易逃脱的环境它连试也不去试一下。没有经过前面第一个程序实验的狗则轻而易举地从有电击的一边跳到安全的另一边，逃脱了电击之苦。心理学家们把这种在受到多次挫折之后产生的对应付情境的无能为力感叫做习得性无助感或习得性绝望感。

其次，归因将导致人们对下一次成就行为的期待。如果把成就行为归结为努力或运气这些稳定性不强的原因，那么人们会预期下一次行为结果与上一次结果可能不一致。例如，如果认为这次成功是努力的结果，那么人们预期下一次可能成功也可能不成功，因为努力是不稳定的因素，成功与否取决于下一次是否努力。但是,如果把成就行为归结为能力或任务的难度这些稳定性较强的原因,那么对下一次行为结果的期待往往与上一次结果是一致的。例如,把失败的原因看成是自己能力差,那么就会担心下一次还会失败,因为能力是比较稳定的,很难在短时间内得到改变。也就是说,原因的稳定性影响成败期待的继续,这也就是归因的期望原理。

归因理论的一个特色还在于,重视努力在成就中的积极作用。这一方面建议教师应该基于学生是否努力进行奖励和惩罚,而不是根据学生成功与否。另一方面教师要尽量地引导学生对成败作是否努力的归因,也就是归因训练。归因训练的目的不在于寻找成败的真正的、逻辑上的原因,而在于激发学生的学习动机。

归因训练的基本步骤如下:

(1) 了解学生的归因倾向。可以通过观察、谈话或问卷测验来进行。

(2) 让学生进行某种活动,并取得成败体验。可让学生通过数学练习、单元考试、回答问题等取得成功与失败的体验。

(3) 让学生对自己的成败进行归因。可以让学生在能力、努力、任务难度、运气中选择其成败的原因。

(4) 引导学生进行积极的归因。当学生将成功归因于自己的努力和能力,将失败归因于努力不够时,教师要给予积极强化;若学生将成功归因于外部因素,将失败归因于缺乏能力或外部因素时,教师要对学生进行归因指导,告诉学生成功是你努力的结果,而失败则是你努力不够。

很多研究证明,通过归因训练可以使学生学会积极地归因,提高他们的学习积极性。

第三节　学校里的学习动机

学生的学习动机不仅直接影响其学业成绩,而且对学生的学习态度、努力程度、对任务的坚持性等都具有重要的影响。如何激发与培养学生的学习动机是教育理论工作者和一线教师所关注的。如前所述,不同的动机理论对影响动机的因素有不同的认识,持外在观点的动机理论如行为主义理论注重表扬、奖励、特殊待遇、高分数等的作用;坚持内在观点的动机理论认为内在的需要如自主的需要、发展能力、实现潜能等是动机产生的根源;自我调节的动机理论则认为自我本身就是行为的动机者,会支配、控制和调节人类心理、行为的各个方面。在教育心理学领域,大量的研究探讨了自尊、自我效能、信念、情感、自我概念等因素对学生学习的重要影响。其实,这些因素都不是单独起作用的,在学校教学中它们同时在起作用。本节中将要介绍的激发学习动机的教学模式——TARGET 模式就融合了以上各因素的作用。

一、什么是 TARGET 模式

1990 年,在艾伯斯坦(Epstein,1988、1989)提出的影响学生动机系统的六种家庭结构的基础上,埃姆斯(Ames)提出了教师可以控制的影响学生动机的六种因素:任务设计(task design)、权力分配(authority distribution)、肯定方式(recognition practices)、小组安排(grouping arrangements)、评估活动(evaluation practices)和时间分配(time allocation),简称 TARGET。该模式更关注学生的成长过程而不单是学习的结果(如考试成绩、排名),更关注学习的过程而不是能力的角逐。这六种因素的含义如下:

(一) 任务设计

包括学习活动、习作及家庭作业的设计。老师安排的任务会影响动机,任务设计的目的在于提高学生参与学习活动的兴趣、投入程度及参与质量。任务可能包含获得、内在和利用三方面的价值,获得价值指学生获得成功的重要性;内在价值指学生从任务本身所能得到的乐趣;利用价值决定于任务对达到短期或长期目标的贡献有多大。

(二) 权力分配

在传统的教学模式中,教师是课堂学习的主导,控制着学习的内容和进程。在这种情况下,学生的学习是被动的,缺乏个人控制感,学习的积极性和自主性较低。TARGET 模式认为,如果教师在学习过程中给予学生较多自主选择和参与决策的机会,会使学生产生自我决定感,增强学习的内在动机。

(三) 肯定方式

这是指教师以正规或非正规的方式运用奖励、诱因及赞扬引导学生的行为。认可的方式、原因对引导学生学习兴趣、自我价值观及满足感都有非常重要的影响。而传统的教学模式或许会错误地理解奖励的目的和功用,只注重对成功学生的赞扬,却无视失败学生所取得的进步,特别是他们为学习付出的努力。长此以往,后一类学生的自信与自尊遭受挫折,他们的学习斗志日渐消沉,最终表现为对学习的厌倦。

(四) 小组安排

学生在教室里与同伴的关系怎样,受到活动的目标结构的影响。目标结构可以是竞争性的、个人化的或合作性的。合作性的目标结构能激发动机并促进学习,尤其是对低成绩的学生而言。

(五) 评估活动

评估活动包括标准、程度、方式、频率、内容和评估与改善学习的关系,它对学习动机的影响最为显著,但只强调对学生外在表现的评估势必降低学生的学习动机。

(六) 时间分配

在传统的教学活动中,所有学生的学习内容、学习进度、作业量和完成期限都是相同的。许多情况下,一些学生为了按时交作业会敷衍了事,或抄袭他人作业;另一些学生则因为作业要求和完成时间是限定的,感到对学习缺少个人控制,降低学习兴趣。因此,TARGET 模式主张教师根据学生能力、学习速度确定教学进度和作业量,从而提高学生的自我决定感和学习积极性。

根据 TARGET 模式,教师应如何激发学生的学习动机呢?

二、学生学习动机的激发

埃姆斯以上述六种课堂结构为框架,结合已有的动机研究成果,进一步提出了激发学生学习动机的教学策略,即 TARGET 方案(见图 5-2)。根据 TARGET 方案,我们认为学生学习动机的激发要注意以下几个方面:

(一) 学习任务的设计应能满足学生的好奇心、挑战性

研究发现,具备新奇、变化、夸张、复杂、含糊不清这些特性的信息会作为诱因唤起人们的认知好奇心。这些信息与学生认知结构中已有经验不一致,就会引起认知上的矛盾,导致心理不和谐状态的出现,使人产生疑问、迷惑、混乱,促使人们产生对信息的探索行为。“创设问题情境”是引起认知矛盾的常用方法,通过“设疑”使学习者对要学习的内容产生疑问,出现心理的不和谐状态,于是就会产生探究的驱动力。

趣味性是当学生面对与他们的兴趣有关的任务时,能激发起他们的好奇心,或者任务与真实的生活情境有关时,学生的学习动机会更强。

难度适中、具有挑战性的课业最能帮助学生感受到成功的喜悦,激发其内在的学习兴趣。学生的成就感源于对自己能力的感觉和判断,过分容易的课业不足以证明学生的能力,而难度过大的课业又会打击学生的学习积极性。

课堂结构　教学策略　动机模式

任务维度
1. 关注学习活动有意义的方面
2. 设计新颖、多样、变化的，符合学生兴趣的学习任务
3. 设计具有合理挑战性的任务
4. 帮助学生建立短期的、自我参照的学习目标
5. 支持学生发展和使用有效的学习策略

权力维度
1. 着重帮助学生参与决策
2. 提供基于努力而非能力评价的真正的选择机会
3. 为学生提供发展责任心和独立性的机会
4. 支持学生发展、使用自我管理、自我监控技能

肯定与评价维度
1. 注重学生个人的提高、进步和掌握
2. 使评价隐私化，不公开评价
3. 肯定学生的努力
4. 给予学生改进提高的机会
5. 鼓励学生将错误看成学习的一部分

小组维度
1. 提供合作学习和同伴相互作用的机会
2. 采用异质的、多样化的小组划分方法

时间维度
1. 调整学习不良者的学习任务或时间要求
2. 允许学生自己计划学习进度，逐步提高

动机模式
1. 关注努力和学习
2. 对学习活动有高度的内在兴趣
3. 努力归因
4. 基于努力的策略归因
5. 使用有效学习策略和自我调整策略
6. 投入学习活动
7. 对高努力学习任务的积极情感
8. （对学校、班级的）归属感
9. 能承受失败

图 5-2　TARGET 方案

（二）给予学生学习的自主权

教师通过给予学生一定的自主权来引导他们主动参与学习，提高学生对学习的控制感、独立感和责任感。学生学习的自主权包括学习内容选择和时间安排两方面。在学习内容方面，教师适当放权，给学生选择的自由。例如，在布置作文时，允许学生根据自己的兴趣，从若干待选题目中自由选择写作内容。在学习时间安排上，允许学生自己计划学习进度，逐步提高，同时给犯错的学生更正的机会，为他们提供充足的时间进行自我完善。

不过，教师在放权的同时，也要注意帮助学生完善自我调节学习的能力。如果在学生自我监控能力还不完善的情况下，就完全让学生自己制订学习计划、自己管理学习，可能不仅无法增强其自我决定感和胜任感，反而会使学生手足无措，产生无助感和挫折感。研究显示，学生根据自己的兴趣而非为逃避失败或减

少努力所做的选择，才是真正自主的体现。

（三）开展合作学习

合作学习以小组为基本组织形式，在教师的指导下，达到共同的学习目标，促进每一个小组成员对知识和技能的掌握，同时它有益于学生情感的培养，使学生学会交往与合作。由于学生在合作学习的过程中都要积极参与学习活动，这增强了学生学习的内在动机。

在合作学习的情况下，社会比较和评价是基于整个小组的表现，个体间的能力差异被淡化了，老师对每个学生的期待差异也不明显了。这样小组失败时不会导致成员对自身能力的低估，一旦小组成功，个体的自我评价和他人评价还会提高。小组学习不仅可以提高低成就学生的学习兴趣和自信心，也可以使高成就学生在做“小老师”的过程中加深对知识的理解和掌握，增强自我决定感。合作学习的小组应采用异质的、多样化的划分方法。

（四）对学习结果进行恰当的评价

评价指在分数之外教师还可采用评等级、下评语、表扬或批评等描述性方式。教师在对学生的作业和测验进行批改时，不仅要指明对错、打出分数，更应给予有针对性的评语，这样效果会更明显。研究显示，获得描述性并提供改善建议的评价，能使学生维持对学习的高度兴趣。而一个分数、一个等级往往由于只注重答案的准确性及与他人比较的结果，很难改变学生学习动机异化的现象。

另外，注重使用绝对评价，避免基于社会比较的相对评价的弊端。在教学中，绝对评价是以大纲为标准，将学生的学习结果与大纲要求相比较，评价学生达到标准的程度，评价是基于学生个人的努力和进步情况的。相对评价可了解到某一被评价者在总体中的相对位置。在教育实践中，最普遍使用的相对评价形式就是排名次。有效使用绝对评价要求教师以大纲对知识掌握的要求为标准来对学生努力的结果做出评价，学生只要在学习中有足够的投入，达到大纲的要求就是成功。学生受到绝对评价的影响，会逐渐形成一种以自身及任务为标准的掌握目标定向。

在评价时，表扬是比批评更为有效的评价方式，但表扬要中肯、具体。表扬虽然是对个体的一种积极评价，但由于表扬的内容、原因和形式的不同，可能会对学生的自我价值感和成就目标产生不同的影响。如果教师对学生的表扬是具体的、中肯的，是对学生某一方面的进步或表现的肯定，那么这种带有信息功能的奖励将不会影响学生的内在学习动机。但是，如果表扬的内容是抽象的、不重要的，或带有控制企图的，那么外在奖励就可能降低学生内在的学习兴趣。另外，公开的表扬和奖励还容易导致学生对能力差异的关注，增加社会比较的机会。表扬要基于学生个人的进步与提高，并尽可能在私下里进行，这样学生的自豪感和满足感就并非源于战胜别人，而是出于自我比较的结果，从而使学生更多地关注自身能力的提高，关注对学习任务的掌握，形成掌握目标定向。

第四节　学习动机的多样性与共同性

传统的动机理论中，表扬、奖励是影响学生学习动机的重要因素，但其作用又受学习者的自我效能感、归因方式、自我价值、目标等的调节。此外，学生的自我效能感、归因方式、自我价值、目标等都将影响他们面对挑战的态度和行为。学习动机的多样性和差异性还表现为其语言、文化、性别、种族等方面的不同。

一、学习动机的多样性

（一）性别差异

男生和女生常根据性别来选择不同的学术领域。一部分学生认为，女生有女生自己的学术领域，而男生有男生自己的学术领域，这样的观念毫无疑问会影响学生们的努力程度和课程选择。有关研究还发现，女生有时对学习任务的自我效能要低于男生，特别是在典型的以男性为主导的学习领域；当学习中的自我效能感的性别差异明显时，女生往往会低估自己的能力，而男生往往会高估自己的能力。性别差异同样会存在于学生的长期目标中，尽管女生在学业成就上普遍高于男生，但她们更倾向于为自己制订短期的目标需求。

因此，我们在激励学生的高水平动机时，应尽量考虑男性和女性各方面的差别。对男生来说，我们应该把他们的长期目标与课堂的集体成就相联系；对女生来说，我们应该鼓励她们拓宽视野，让她们相信即使是男性主导的领域，女生也一定能立足。

（二）语言文化差异

在设计任务、表扬成绩、管理时间等方面，要考虑到语言文化的多样性，这能增强学习动机。在学生与学校的联系中，语言是一个中心因素，当双语学生被鼓励用英语和他们的母语来表达时，动机与参与度都会增强。有关拉丁美洲的双语学生的研究发现，成功的阅读者把阅读看作是有意义的加工，他们用两种语言来解释材料。例如，他们可能会在西班牙语中寻找与英语中相对应的词来帮助他们进行翻译。还有研究发现，把文化背景融入写作任务中，也是一种抓住和保持兴趣的方法。中高级班的拉丁美洲学生，在作业由标准化转换为写有关移民、双语、群体生活等对他们生活更重要的主题时，他们的论文会写得更长，写作质量也会提高。鼓励学生把他们自己的文化知识利用起来，会增强学习的意义，但学生的生活经验与学校教育之间往往缺乏一致性，尤其是对那些低收入的、有色人种的英语学习者而言。

（三）帮助有特殊需要的学生

有学习困难的学生、智力发展迟滞的学生可能对课堂表现出习得性无助，特别是当他们屡屡遭受失败的时候，与同学交往有困难的学生可能把失败错误地归因于他们无法控制的因素。近年来，特殊教育者开始逐渐关注那些无法发展自我决定的学生的需要，相信他们能控制自己的生活方式。多数学生，特别是那些有生理或感觉缺陷的学生，生活在受保护的环境中，我们可以通过让他们选择并制定目标，帮助他们发展那些提高独立性的技巧，教会他们自我调节的策略等，来增强他们的自我决定感。

（四）种族差异

大多数民族的孩子和青少年都认为接受良好教育是必不可少的，可一些少数民族群体的孩子对学业和职业成功的期待却很少，这也许就是为什么进入社会后这些孩子会受到歧视的原因。此外，来自不同群体的孩子，他们对学业成功的定义不同，因此制订的目标也不尽相同。例如，亚洲学生的成绩普遍好于其他民族群体的学生，这可能部分因为，如果他们成绩不佳，他们的父母或资助者就会不高兴。那些来自注重培养集体意识的民族的学生（如土生土长的美国人、墨西哥裔的美国人，东南亚、太平洋文化的民族）就会更注重集体和班级的荣耀，更注重集体成就而非个人成就。学生的民族背景同样影响他们的归因。例如，亚洲学生常常倾向于把成败归因于不稳定的因素（如努力、暂时的环境因素），这有别于西方主流文化背景下的学生。而另一些研究显示，一些学生相信肤色决定了他们的前程，而不管他们怎么努力都没有用。

另外，不同年龄的学生，其学习动机也会存在差异，如根据奥苏伯尔的成就动机理论，学生的成就动机中的认知内驱力随年龄增长而提高，附属的内驱力在童年早期是一种重要的动机源，自我提高的内驱力在青年和成年人中具有相当重要的作用。

二、共同性：激发学生学习动机的策略

尽管学习动机存在多样性和差异性，但并不意味着我们在激发动机时就没有一种对每个学生都适用的策略。

我们要让学生看到学习任务的价值，并让学生建立掌握目标取向，让学生建立能力增长观，使其意识到能力不是固定的而是可以提高的。这样学生在完成任务时就会把焦点放在完成任务上，而不是避免失败上；把注意力放在完成的认知任务上，而不是完不成所带来的负面情绪上。在学习中帮助学生运用自我管理策略，让学生与自我比较，而不是与他人比较；注重是否学到了知识技能，而不

是自己在别人眼中的表现如何。

我们要让学生对他们的能力有信心，要向学生传递每个人都能学好的积极期望。首先尽量保证学生都能体验到成功和挑战性，这并不是要老师布置挑战性不足的工作，太容易获得成功不会让学生体验到成就感，也就不能增强内部动机。这里的成功意味着逐步地掌握有适当挑战性的目标。此外，在完成任务的过程中，可以给学生选择怎么做的权利，这样学生会更有自我决定感，有利于学习的内部动机的激发和培养。在学生完成任务的过程中，不仅要让学生看到自己的进步，还要给学生具体的反馈和指导，并能合理地运用表扬和批评。

把学习任务与学生的需要联系起来，班级必须满足学生的安全、归属以及成就等需要；教室不应当是一个令人害怕或孤独的场所，我们必须确保传统的性别和伦理偏见不会干扰到动机。激发学生的好奇心，让学习任务变得有趣，并恰当利用知识的新异性和熟悉性，既要把它与学生已知的和能理解的内容联系起来，又要有一定的新颖性，以激发好奇心。老师还要利用任务的可利用性或工具性价值来激发学生的动机，让学生明白学习这方面技能的重要性，因为他们在高年级或学校生活以外是需要的，在教学中还可采用真实的任务，把学校里的问题与外面真实的问题联系起来。

最后，学生的学习还需要家庭和周围环境的支持，因此建立适合学习的良好的家庭环境和周围环境也是很重要的。让学生在班级中体验到归属感，还要让学生觉得他们属于学校，他们的老师和同学关心他们，值得信赖。合作学习就是一种合适的学习方式，它以小组为基本组织形式，在教师的指导下，小组成员一起达到共同的学习目标。研究发现，合作学习促进了每一个小组成员掌握知识和技能，有益于学生情感的培养，使学生学会了交往与合作；同时由于学生在合作学习的过程中都要积极参与学习活动，增强了学习的内在动机。

☞ 回到案例

学完这章，我们可以回答本章开始的案例中的问题了。最初小明认为失败的原因是自己能力不足和老师的教学策略不好，他这样的归因方式让他不想学代数，上课也不记笔记，认为自己努力也没用，失败是注定的。但通过辅导老师帮助他重建学习代数的信心，帮助他进行积极的归因，他将成功归因于付出努力和使用学习策略，只要努力是可以学好的。这样的归因和观念让他积极主动地学习代数，上课认真听而且记笔记，学习更加勤奋，自信心也越来越强，代数对他来说已经不是问题。所以说积极的归因对学生的学习是非常重要的。

☞ 学术争鸣

外部动机一定会削弱内部动机吗?

当动机的引发指向获得或保持一种愉悦的内部心理状态时,所产生的动机作用称之为内部动机作用。隐藏在内部动机作用背后的基本理念是,完成或参与某一活动获得的奖赏来自活动本身。

外部动机作用是由外部奖赏所引发的动机,当学生发现他们的行为与其所获得的某些外部奖赏之间存在某种关系时,也就是当学生意识到“如果我做了A,B就会发生”时,就会形成外部动机。外部的奖励有金钱、同伴的赞同或公众的认可等。

正方观点:外部动机会削弱内部动机的作用。

内部动机具有适应性,与个体的注意力集中、工作卷入、良好的工作绩效等有关。外部奖赏的运用是企图操控学生的行为,最终会导致学生本身内部动机的减弱。

外部动机对立于内部动机,二者是连续体的两个极端点,互不相容。内部动机要求对工作的投入,当个体开始关注产品而不是过程时,意味着外部动机开始发生作用。强的外部动机发生作用时,内部动机就会降低,内部动机降低的程度将是外部动机上升的程度。

20世纪70年代,Deci等研究者对不同的被试,采用不同的活动、程序和伴随刺激进行实验室实验,获得了一致性的结果:外在刺激削弱已存在的内部动机。随后出现大量的研究对这一结论予以精致、扩展与挑战,结果在3~80岁的个体身上均发现了内部动机被削弱的现象。

反方观点:外部动机会提高内部动机的作用

很多情况下好的表现即使它是由内部动机引发的,也将会获得外部的奖赏。外部的结果,比如表扬,是一种必要的反馈,能使学生意识到他们努力的效果,而且这些外部信号确实能提高内部动机的作用。

研究发现内部动机与外部动机之间的负相关较弱,表明两者间并不是互相排斥的,而是一种共存的关系。

实验室研究也发现外部动机对内部动机具有促进效果。如Deci检验了“口头奖励”对完成字谜任务的内部动机所产生的影响,结果发现获得“比同伴要好”的反馈的个体,相对于无反馈者,在随后任务中的内部动机会增加。研究还发现,非必然的外在奖励(即活动结果达到一定的水平才能得到的奖励)较那些必然伴随的奖励(即只要活动就能获得的奖励)对内在动机更少地造成损害,更多地产生促进作用;未预料到的奖励较预料到的奖励对内在动机产生更大的积极效果;无形的外在奖励(如口头的、社会的)较有形的奖励产生更多的促进作用与更少的削弱作用;为个体提供明显的胜任与能力感的奖励对内在动机产生更多积极的效果。

小　结

1. 动机及其作用

学习动机是推动人们进行学习的直接原因和内部动力。

2. 传统动机理论

传统动机理论包括诱因论、强化论、需要层次理论和成就动机理论。

诱因论强调外界诱因在行为激发中的作用,它注重行为的外在诱因的牵引作用。所谓诱因是指人们试图得到或避免的目标与情境刺激,它可以是物质的,如食物、时装等,也可以是复杂的事件和情境,如获得名誉、地位等。它具有激发或诱使个体朝向目标的作用。

强化理论认为人的学习行为完全取决于先前的这种学习行为与刺激因强化而建立起来的联结,而不断强化则可以使这种联结得到加强和巩固。因此,在学习中采取各种外部手段如奖赏、赞扬、评分、等级、竞赛等,可以激发学生的学习动机,引起其相应的学习行为。

需要层次理论认为动机总是和需要相连。马斯洛认为人的基本需要有七种,它们由低到高依次排列成一定的层次,即生理的需要、安全的需要、归属和爱的需要、尊重的需要、认知需要、审美需要和自我实现的需要。人的各层次需要都与学习有一定的关系。

成就动机理论认为人在完成任务时都有追求成功的倾向。阿特金森认为动机强度受三个因素的影响:动机强度$=f$(动机×期待×诱因)。奥苏伯尔指出,学校情境中的成就动机至少包括三方面的内驱力:认知内驱力、自我提高的内驱力和附属内驱力。

3. 自我的动机理论

自我调节的动机理论认为,动机是内在的,因此个体的自我概念、目标、感受等对动机具有决定意义,自我调节的动机理论包括成就目标理论、自我价值理论、自我决定理论、自我效能感理论和归因理论。

成就目标理论认为人们对能力持有不同的内隐观念:一是能力实体观,一是能力增长观。持能力实体观的学生倾向于建立成绩目标,持能力增长观的学生更多地设置掌握目标。

自我价值理论认为自我接受的需要是人的第一需要,自我接受的前提是肯自我价值理论认为自我接受的需要是人的第一需要，自我接受的前提是肯定自我价值。自我价值指个体对自身重要性价值的主观感受，反映一个人对自己的悦纳程度。自我价值理论将动机类型划分为四种，即高驱低避型、低驱高避型、高驱高避型、低驱低避型。

自我决定理论认为人类有机体一直在争取自主性、自我决定感与归属感，人们在体验到成就或效能的同时，还必须感觉到行为是由自我决定的，是自己的意愿而不是外界的奖励或压力决定了我们的行为。自我决定论包含着四个分支理论，即认知评价理论、有机整合理论、因果定向理论、基本心理需要理论。

自我效能感是指人对自己是否能成功地进行某项活动并取得成功的主观判断。影响自我效能感的因素主要有个人自身行为的成败体验、替代经验、言语说服、情绪唤醒。

归因理论也被认为是一种有关自我的动机理论，这一理论是从结果来阐述行为动机的，韦纳认为将成败归于不同的原因会引起不同的情绪反应，这种情绪反应会对以后的行为具有动机作用。

4. 有关情境的动机理论

动机不仅仅是由自我决定的，它与情境关系也相当密切，TARGET 就是其中代表性的理论。这一理论关注的是如何激发个体的动机，并用影响学生学习动机的六个方面单词的首字母来代表这一理论，这六个方面分别是：任务设计、权力分配、肯定方式、小组安排、评估活动和时间分配。教学中应根据课堂结构的不同方面设计相应的教学策略和动机激发模式。

学生学习动机具有多样性，不同性别、文化、种族和有特殊教育需要的学生，其动机存在很大的差异。

∠ 思考题

1. 动机的驱力理论与诱因理论各自的特点是什么？

2. 简述成就动机理论的内容。

3. 分析不同目标定向的学生的差异。

4. 试比较自我决定理论和自我价值理论。

5. 影响自我效能感的因素有哪些？

6. 根据韦纳的归因理论，不同的归因对学生的学习有什么影响？如何指导学生进行积极归因？

7. 根据 TARGET 模型，谈谈如何激发学生的学习动机。

8. 学习动机的多样性表现在哪些方面？

∠ 进一步阅读文献

1. 张爱卿. 动机论:迈向21世纪的动机心理学研究. 武汉:华中师范大学出版社,2002.

2. [美]布罗菲J.著,陆怡如译.激发学生的学习动机. 上海:华东师范大学出版社,2004.

3. 张剑,郭德俊. 内部动机与外部动机的关系. 心理科学进展,2003,11(5):545～550.

第六章
学习的行为观

☞ 章节说明

学习是人类的基本功能。比起其他生物来,人生来就是一个灵活的学习者、主动获取知识和技能的行动者。同时,学习也改变了人的心理与行为,推动了人类个体和种系的发展,从而使人成为万物之灵。学习问题的研究是心理学中最核心、最发达,也是最具魅力的领域之一,对学习的心理机制的揭示有助于我们利用学习规律提高学习与教学的效率。本章主要介绍了行为主义的学习观。行为取向的学习理论试图解释行为反应与环境刺激之间的关系,将学习视为行为的形式或频率所发生的外显变化。行为理论家们试图用客观的方式来描述具体的学习现象,这在一定程度上促进了学习心理学的科学化研究,也研发了各种切实可行的行为训练方案。本章第一节主要介绍了行为主义关于学习的早期观点,包括经典条件作用说和操作条件作用说的原理及实际应用。第二节分析了新近的行为主义学习观,重点是观察学习的理论及运用以及如何开展自我指导下的认知行为改变。第三节就行为学习的多样性和共同性问题进行了探讨。

☞ 案　例

刘伟是小学一年级老师,现在她正试图培养学生们表现出适宜的课堂行为。她说:"同学们,当老师提问时,你们当中的许多人不是先举手等老师点名,而是直接就回答问题。谁能告诉我:当老师向全班同学提出一个问题时,你们该怎么做?"子健的手马上高高地举到空中,说道:"我知道!我知道!要先举手并安静地等待!"

刘伟假装没看到也没听到,因为这恰恰是她不希望学生表现出的行为,但子健却是班上唯一举手的学生,而且老师越不理他,他越发使劲地挥着手,并从座位上站起来大声说着答案。

“好吧，子健，你说说该怎么做。”

“我们应该先举手，安静地等老师点到名字才回答。”

“既然你知道要这样做，刚刚为什么不遵守规则呢?”

“哦，老师，我怕您看不到我举手!”

刘老师叹了口气，接着又问:“同学们，当别人发言时，我们要怎么做?”

两个同学边举手边说:“要安静地听别人发言。”

刘伟老师着急了，大声说:“刚刚不是才说要先举手，老师点到名字后才能回答问题吗?”

“可是老师，刚才你没点子健的名字，他也在发言啊!”

刘伟老师该怎样做才能塑造学生正确的课堂行为呢?

第一节　有关学习的早期解释

学习是基于经验而导致的行为或行为潜能发生较为持久的变化的过程。虽然在提及“学习”这一词汇时，人们首先想到的可能是学校课堂情境中典型、正规的学习活动，但学习的发生范围要远远超出学校与课堂，我们日常生活的方方面面都存在着各种形式的学习，读书交友、操纵物体、文艺创作、辨别是非、调整情绪、改变行为、防范危险……人类用以生存和发展的各种知识和技能大都是通过后天学习而获得的。

现代心理学关于学习的早期解释主要是由行为主义学派代表人物的观点构成的，包括桑代克的联结说、巴甫洛夫的经典条件作用说、华生的行为习惯说、格斯里的接近性条件作用说、赫尔的驱力还原说以及斯金纳的操作性条件作用说等。其中，巴甫洛夫的经典条件作用说以及斯金纳的操作条件作用说的影响最大。

一、经典条件作用观

(一) 经典条件作用建立的基本过程

1. 实验过程

前苏联生理学家巴甫洛夫在关于消化系统生理过程的研究中发现了条件反射现象，并由此开创了经典条件作用的系统研究。研究人员将狗置于严格控制的隔音实验室内，通过遥控装置将食物送到狗的面前，狗的唾液分泌量则可以通过仪器随时记录下来。实验开始后，研究人员首先向狗呈现铃声刺激，铃响 0.5

秒至数秒之间便给予食物，然后观察并记录狗的唾液分泌反应。当铃声与食物反复配对呈现多次后，仅呈现铃声而不出现食物时，狗也产生唾液分泌，这表明经典条件作用已经建立。

2. 经典条件作用建立的过程

经典条件作用是指将不能引起反应的中性刺激与一个能够引发反应的刺激配对一次或多次后，使中性刺激最终能引起同类反应的过程。为了和以后的操作性条件作用相区分，巴甫洛夫的条件作用被称之为经典性条件作用(classical conditioning)。实验开始时，能够诱发狗分泌唾液的食物叫做无条件刺激(unconditioned stimulus，简称 UCS)，即无须学习，第一次呈现就能引起反应的刺激；由食物所引发的唾液分泌反应称为无条件反应(unconditioned response，简称 UCR)，而铃声不能诱发狗分泌唾液，所以铃声被称为中性刺激(neutral stimulus，简称 NS)。随着实验的进行，单独呈现铃声时狗也会分泌唾液，此时中性刺激的铃声具有了诱发狗分泌唾液的性质而变成了条件刺激(conditioned stimulus，简称 CS)，而单独呈现条件刺激就能引起的唾液分泌反应称之为条件反应(conditioned response，简称 CR)。

经典条件作用形成的基本过程

条件作用之前：UCS ——→ UCR
(食物)　(唾液分泌)

条件作用期间：CS＋UCS ——→ UCR
(铃声稍前，食物相继出现)　(唾液分泌)

条件作用建立后：CS ——→ CR
(铃声)　(唾液分泌)

(二) 经典条件作用的基本原理与现象

1. 条件作用的获得与消退

条件作用是通过条件刺激反复与无条件刺激相匹配，从而使个体学会对条件刺激做出条件反应的过程而建立起来的。条件作用的获得与条件刺激和无条件刺激出现的间隔时间、前后顺序等有密切关系。对于大部分经典条件作用的建立而言，条件刺激和无条件刺激应同时或近于同时出现，间隔太久就很难建立联系。例如，一位恼怒的母亲对犯错误的孩子说："等你爸爸晚上回来后再跟你算账！"很多情况下，这种恐吓、威胁并不奏效。尽管父亲的惩罚(US)能够引起孩子的恐惧(UR)，但母亲的威胁(CS)并不能起多大的威慑作用，因为 CS 与 US 之间相隔的时间比较长。另外，条件刺激必须先于无条件刺激呈现，否则难以建立条件作用。

条件作用的形成并不是一劳永逸的。如果在条件作用建立以后，条件刺激

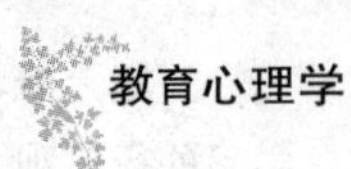

多次出现而没有无条件刺激的伴随,条件反应会越来越弱甚至消失;而条件刺激和无条件刺激一旦继续同时出现,条件反应又会迅速表现出来,即自然恢复,但这种恢复了的条件反应会很弱。当然,要完全消除一个条件反应比建立一个新的条件反应要困难得多。

2. 刺激的泛化与分化

人和动物一旦学会对某种特定条件刺激做出条件反应以后,其他与该条件刺激类似的刺激也能诱发该反应,这就是条件作用的泛化。曾经被一只大狗咬过的小孩很可能对一只小狗也感到恐惧。有些学生开始参加数学考试时紧张,后来在参加物理考试时也会有这种感觉,这是因为紧张情绪泛化到了其他科目中。泛化的强度取决于新刺激与原条件刺激的相似程度,新刺激与条件刺激相似程度越高,其诱发的泛化反应就越强。与泛化相反,分化指仅对条件刺激做出反应,而对与条件刺激相似的其他刺激则不予反应。在识字教学中教师往往要帮助学生做出分化反应,如有的教师为了让学生能够区分"烧、浇、晓、绕、挠、翘、饶",把这些字编成了一段歌谣:"用火烧,用水浇,东方日出是拂晓,左边绞丝弯弯绕,换上提手是阻挠,右边加羽尾巴翘,丰衣足食才富饶。"分化会使反应更加精确。

3. 恐惧性条件作用

具有恐惧性质的刺激作为无条件刺激而引起的条件作用又称为恐惧性条件作用。在对恐惧性条件作用的研究中人们发现一个重要现象,有机体会形成一种泛化的、一般性的恐惧反应。华生和雷纳在1920年最早进行了条件性恐惧的研究。实验的对象是一名叫艾伯特的婴儿。刚开始他与小白鼠关系非常亲密,一起玩耍。但在实验中,当艾伯特刚要去抓小白鼠时突然给他一个尖锐的噪音。艾伯特非常害怕,不敢再摸小白鼠。重复实验多次,艾伯特一见到小白鼠,便开始哭并迅速地逃避。这就是恐惧性条件反应。后来,艾伯特的恐惧反应泛化到小白兔、白围巾、棉花等其他的物体上。

4. 高级条件作用

巴甫洛夫在实验中发现,可以用其他条件刺激来替代原来的条件刺激,以唤起已确立的那种条件反射。换言之,原来的条件刺激可以在后来的尝试中起无条件刺激的作用。例如,狗在对铃声形成唾液分泌反射之后,把铃声(CS1)与灯光(CS2)配对,也能使狗产生唾液分泌反射。狗对灯光(CS2)形成条件反射的过程,也就是高级条件作用的过程。高级条件作用的例子在我们身边比比皆是,许多广告商都在应用这一原理,把那些能够引起美好情感的画面(如微笑、美丽有趣的事物)、音乐或令人心动的广告词与商品同时呈现给人们,试图使顾客在看到那些商品时就会产生积极的情绪、情感反应。比如,汽车广告宣传中出现的

"香车美女",实际上就是把人们对女性的好感转移到与之相配出现的汽车上。

教育者理解经典条件作用的基本原理与现象十分重要,它可以帮助我们解释学生是如何获得一些重要的情绪反应和态度的。以情绪反应为例,学生会将原本是中性的学校刺激与曾经引发强烈情绪反应的刺激联系起来,而后,他们会对这些学校刺激表现出同样的反应。

学校中的经典条件作用现象

李明过去曾多次在数学作业和测验方面做得不好,现在只要老师拿出试卷来进行测验,他的手心就会出汗,开始感觉难受。

在受到成人赞扬和支持时,王灵灵感到既兴奋又满足。她的老师很温和而且经常鼓励学生,所以当她谈起或想到学校时就会很开心。

在小学时,小张参加过两次文艺演出,但一次在台上他忘记了台词,还有一次表现也不尽如人意,这使他感到既紧张又尴尬。现在,当他站在台上进行表演时会非常紧张。

(三)经典条件作用原理的应用

经典条件作用的建立意味着有机体对可预期的信号产生了学习,这种将环境中的配对事件迅速联系在一起的能力具有深远的行为应用意义。

1. 把学习任务与儿童的积极体验联系起来

儿童开始上学的时候,一般对所学科目及作业并不反感甚至是喜欢的。但不少家长和老师却在无意中造成了儿童对学习的厌恶态度。如每当儿童做作业时,家长都逼孩子,骂孩子甚至打孩子,孩子每次完成学习任务时都烦恼、痛苦,孩子厌学是必然的。要想让孩子养成良好的学习习惯,就要让孩子在学习上获得快乐。当孩子用心地做了一会儿作业后,最好是在孩子疲劳前,让孩子开始玩耍休息。玩的时间一般为 10 分钟。玩的地点最好不要在书房,而且此时孩子不能看电视或玩游戏机。到时间后,再把孩子送进书房。孩子主动快乐地学一会儿,轻松快乐地玩一会儿,每学习一次都不痛苦,而是有力量,有信心。这样发展下来,孩子就对学习感兴趣;喜欢学习,学习效率就容易提高,从而又激励孩子更加用功学习,他们良好的学习习惯也自然地形成了。

2. 给学生安排固定的学习地点

学生要在书房完成作业。如果有条件,家长可以单独给孩子一个房间作为书房。如果孩子的书房和睡房合在一起,就把书房和睡房隔开,形成独立一间。告诉孩子,书房只有做作业的时候才可以用,作业完毕要立即离开书房;如果孩子要玩,必须到其他地点。这样做下来,儿童一进书房,就想着要看书学习。另外,家长不要在书房批评孩子,要让孩子切身感受到书房是获得快乐的地方。如果要批评,就先将孩子领出书房。

3. 帮助学生分清情境间的差异性和相似性,以便适当地分化和泛化学习中的某些情绪往往是由泛化和分化等方式形成的。例如,某个学生由于某门功课太差,会进而泛化到对所有的课程都产生厌恶的情绪。教师要及时引导学生了解自己及各门课程的特点,在学生能够胜任的课程上给予关注与肯定。另外,每当大考来临之前,学生们都会很紧张。虽然适当的紧张和压力是必要的,但是过度紧张则会适得其反。因此,教师要尽量降低学生因分化对待考试而引起的情绪波动,引导学生把重要的考试当成平常测验来对待,而对每一次平常测验都认真准备,积极应考,把"小考当成大考,大考当成小考",这样学生才有可能在关键的考试中发挥出正常水平。

应用经典条件作用的原则——给教师的建议

1. 强调进步但不求完美,让学生知道错误是学习中不可避免的部分。
2. 给学生提供重作难题(考试)的机会。
3. 保持一种有序的、有预期的课堂环境,让学生知道你的预期。
4. 保证新来的学生一开始就能得到他们需要的支持。

4. 帮助学生摆脱焦虑的困境

当学生身处陌生人群或尝试新的学习任务时,往往会产生焦虑情绪,帮助学生主动和成功地去体验产生焦虑的情境则有助于他们摆脱消极情绪的困扰。

(1) 给害羞的学生分配更多的任务,给他们创造更多的与他人交流的机会。比如让他们做课代表,给大家分发作业、试卷。还可以经常把大家组织到一起进行一些集体活动,如爬山、春游等,让一些害羞的学生在更放松的情境中与他人交流。

(2) 设计小步骤,实现大目标。例如一位同学害怕在全体同学面前讲话,可以先让这位同学在小组同学面前坐着读一个报告,然后站着读,后来让他根据笔记内容作一个报告,不要逐字朗读。最后,发现他有勇气应对这一任务时让他给全体同学作报告。

(3) 树立学生的自信心。比如向不愿意回答问题或成就动机低的学生提问时,可以提这样的征求性问题:"对于这个问题你们注意到什么了?""你怎么比较这两个例子?"教师可以对学生做出的任何提议给予积极的评价,以帮助学生建立自信。

帮助学生摆脱考试焦虑

考试焦虑是一种不良情绪反应,表现为担忧、焦虑、注意力不集中、记忆力下降、学习效率低、思维僵化、考试时大脑突然空白或越想越乱。轻度的焦虑,可以通过心理暗示克服,如"我能应付这个考试","我觉得我有能力去解答这些问题","今天的精神真好,我一定可以考好"等,这些积极的自我暗示有助于克服考试焦虑。重度考试焦虑就需要运用系统脱敏法来帮助消除了。

系统脱敏法是一种最常用的行为治疗方法,它应用"对抗条件作用"原理以解除当事人的与焦虑有联系的神经症等行为问题。系统脱敏法的基本原则是交互抑制,即在引发焦虑的刺激物出现的同时让当事人做出抑制焦虑的反应,这种反应就会削弱、最终切断刺激物同焦虑反应间的联系。系统脱敏法的治疗过程有三个阶段:学习放松技巧、建构焦虑等级、系统脱敏。

放松训练:放松训练针对的是焦虑时产生的躯体紧张状态,通过全身肌肉的放松,达到放松精神的作用。放松训练的基本要点是,依次先收紧再放松全身各部位肌肉,体会放松的感觉,每日坚持练习,最后做到可以随心所欲,随时放松。

建构焦虑等级:将个人的各种焦虑反应按程度轻重从弱到强顺序排列"焦虑等级"。先把最弱的刺激情境,即只引起很小焦虑的情境排在第一位,然后依次将所列刺激情境排列完毕。

系统脱敏:在完全放松时,开始想象"焦虑等级"中的第一级情境。想象要尽可能生动、逼真。此时有紧张现象发生,就再次进行放松。交替进行想象和放松,直到此种想象情境不再引起肌肉紧张为止。接下来,进入第二种情境的想象……依此类推。

需要注意的是,每次脱敏的"焦虑等级"不应超过三种。在每次进行新的脱敏之前,一定要先做放松训练。

二、操作条件作用观

经典条件作用能够有效地解释有机体是如何学会在两个事件之间建立联系的。但从有机体的实际学习内容看,经典条件作用似乎只限于对某些反射或先天的反应进行条件作用。对于人们是如何学习复杂的技能及做出主动的反应,经典条件作用很难进行解释。著名的行为主义心理学家斯金纳在对桑代克的动物学习实验装置进行改进的基础上,对白鼠和鸽子等动物的学习行为进行了精密的实验研究,并提出了操作性条件作用理论。

(一)操作条件作用建立的基本过程

1. 经典实验

斯金纳的操作性条件作用理论是通过观察动物在他发明的实验装置——斯金纳箱中的行为而提出来的。他在箱内装一个小杠杆,杠杆与传递食丸的机械装置相勾连,杠杆一被压动,一粒食丸就滚进食盘。斯金纳将饥饿的白鼠关在箱内,刚开始白鼠盲目、随机活动,偶尔压到杠杆则获得食丸。此后,白鼠在杠杆周围活动的时间明显增多,获得食物的次数也增多。最后,白鼠逐渐学会了以按压杠杆来获取食物,即建立了操作条件作用。此种反应能由停止食丸的供应而消退。

2. 操作条件作用建立的过程

所谓操作条件作用，是指在某种情境中，由于个体自发的反应产生的结果而导致的反应概率增加，并最终与某一刺激或事件建立起新的联系的过程。该过程可以表示如下：

$$S^{D} \cdots\cdots\cdots\cdots\to R \longrightarrow S^{R}$$

（辨别性刺激）　（操作性反应）　（强化）

在这一公式中，辨别性刺激(discriminative stimulus)是指影响动物获得食物奖励的线索，一般是一个中性刺激，如杠杆、发光键等。作为反应或行为得以发生的环境或情境事件，辨别性刺激在一定程度上控制着个体的反应。操作性反应(operant response)是动物有意识做出的、能达到某种目的的反应，如按压杠杆、啄发光键等，操作性反应可以是已经习得的行为，也可以是新建立的。强化(reinforcement)是指利用强化物提高操作性反应的概率的过程，强化物是跟随行为之后的结果，既可以表现为各种刺激，也可以是各种活动或反应等。

（二）强化学说

斯金纳对强化进行了全面系统的研究，强化学说是操作条件作用理论最重要的部分和基础。

1. 强化与强化物

(1) 强化及强化物的内涵。斯金纳认为，凡是能提高反应概率或反应发生的可能性的手段、措施等都可以称之为强化，能提高反应概率的事件即强化物。强化物既可以是具体的刺激、物品等，也可以是行动、活动或者心理上的需求满足等。比如，获得认可、关爱、自尊、自由等都可以看作是不同形式的强化物。

(2) 强化(物)类型。根据强化或强化物性质的不同，可以把强化(物)分为不同类型。

正强化和负强化。呈现愉快刺激增强反应概率的过程即正强化，所呈现的愉快刺激即正强化物，如学生表现出努力学习的行为后得到教师或家长的表扬、物质奖励。通过取消厌恶刺激来增强反应概率的过程即负强化，如司机驾驶汽车时系上安全带就听不见提示声的反复呈现，这时提示声就是一种负强化物。

一级强化和二级强化。一级强化即无须训练和学习就能对个体的遗传结构或生理结构起强化作用的过程。一级强化物是指具有本能的强化作用的刺激物，如食物、水或其他感觉刺激。二级强化是在一级强化的基础上，通过经典条件作用，使原来的中性刺激具有强化特性。二级强化物是指任何一个与一级强化物相配后而获得强化性质的刺激物，如金钱对儿童原本不是强化物，但当儿童知道钱能换糖时，它就能对儿童的行为产生影响。再如分数，也是在受到教师的注意后才具有强化性质的。

(3) 普雷马克原理。在强化时，通常遵循这样一个原则——普雷马克原理(Premark Principle)，即用高概率活动作为低概率活动的强化物，高概率活动可以提高低概率活动的发生率。普雷马克原理被广泛应用于许多方面。日常生活中，老人为了让儿童能够从事某些活动，经常利用该原理：让儿童先做他们不太喜欢的事情，然后才允许他们做自己喜欢的事情。比如，儿童只有先吃素菜，才能吃荤菜；只有先把东西放整齐，才能出去玩。所以，普雷马克原理有时也被称为祖母原理。

做完作业再做其他喜欢的事

"朝三暮四"的故事大家都听说过，对于贪吃的猴子来说，早晨能吃到四颗栗子是一件愉快的事。利用这个原理，我们也可以让完成作业成为一件愉快的事。每个孩子都有他最喜欢的一项业余活动，或看动画片，或游戏，或进行体育活动。假如孩子最喜欢看动画片，可以让他看，但必须做完作业以后看。如果以前没有这样的习惯，家长可以和孩子重新达成协议。假设动画片是在 6 点播，孩子就要在 5 点开始做作业。达成协议后，写在纸上，亲子双方签上字，贴在门上。孩子每天遵守协议，雷打不动。

为什么要这样做呢？原来，孩子做作业是非常辛苦的，大脑非常疲劳，有时要抵抗很多不利的因素才能完成作业。做完一件疲劳的事情，然后再让他做他最喜欢的事情，就等于给他一个安慰、一个奖赏。孩子的作业能和快乐连接起来，孩子就愿意学习；否则就不愿意学习。

我们常常看到这样的情况：孩子放学回来，找吃的，然后看电视，然后打游戏，接着和大人吃饭，磨蹭一会儿，又洗澡，到了快要睡觉的时候，作业还没有做。这时，孩子把家中所有能享受的都享受完了，才不得不做作业。现在没有什么好事等着他了，他也就没有了做作业的劲头。有时由于作业过多，耽误了睡觉，孩子的生活就会进入恶性循环。

值得注意的是，某一事物能否成为强化物，其价值以及作用的大小往往因不同的个体、不同的时期等因素而有所不同。在学校情境中，教师在利用强化物管理学生的行为前一方面需要准确了解学生的不同需要和预期，另一方面还应考虑选用有价值的强化物，比如当众的言语鼓励与认可、目光的关注、从事某项活动的特权等，而不只是用分数这种单一的强化方式。

2. 强化与惩罚

（1）强化与惩罚的区别。当有机体做出某种反应后，呈现一个厌恶刺激以消除或抑制此类反应的过程称作惩罚。强化与惩罚的区别在于前者是增加反应发生的概率，后者则是抑制反应的发生，从表 6-1 中可以看出二者的不同之处。

表 6-1　　强化与惩罚的区别

	反应后呈现	反应后消除
奖励性刺激	正强化	负向惩罚
厌恶性刺激	正向惩罚	负强化

（2）惩罚的弊端。斯金纳认为，惩罚有时在改变行为方面是一种有效的方法，但不是一种理想的方法。虽然多数情况下应用惩罚会导致反应的减少，但从根本上说，它只是抑制而不是消除这种行为。具体说来，惩罚有以下弊端：

首先，惩罚的效用是短暂的。研究发现，在实施惩罚期间，受惩罚的行为一般会消失，但这并不代表这种行为已经被遗忘。比如一位学生在自习室里大声喧哗，受到老师的严厉批评，这位学生可能在一天或几天里保持安静，但是过一段时间该行为又会出现。

其次，惩罚可能会导致一种消极的情绪状态。在大部分情况下，惩罚与其他中性刺激建立起经典性条件作用，引发不愉快的情绪反应。例如，家长在吃饭时训斥孩子，惩罚可能与家长、餐厅、饭桌等中性刺激联系起来，这些中性刺激可能成为条件刺激进而引发恐惧、焦虑、退缩等条件反应。

再次，惩罚容易引发攻击性行为。惩罚易引发攻击行为可能有两点原因。一是受到惩罚的个体可能会对惩罚者心怀不满而实施报复行为或迁怒于他人。以父母惩罚儿童为例，许多调查都证明，受到父母严厉惩罚的儿童，他们对其他儿童使用暴力的可能性明显提高，更倾向于发展为少年罪犯，长大成人后，更容易出现诸如抑郁、酗酒、家庭纠纷等问题（Straus & Kantor，1994）。二是在某些情况下，惩罚的实施给受罚者示范了攻击性行为的反面榜样，从而可能使儿童模仿不良行为。比如，那些具有很强攻击性倾向的儿童，其父母在家中经常对他们不恰当的行为给予严厉的惩罚。那些经常辱骂孩子的父母，当他们还是孩子时，也经常被自己的父母辱骂。

最后，儿童可能错误解读惩罚的意义。有时在成人眼里是惩罚的行为在儿童眼里可能变成奖励。某些情况下，儿童做出不良行为，可能就是为吸引成人的注意，成人加以惩罚，正是对儿童的注意，这样儿童不但不会改变行为，反而变本加厉。如有的学生在课堂上不好好听讲，在下面交头接耳，调皮捣蛋，老师狠狠地训斥了他，可这个学生更加放肆，因为他知道学习成绩不好的他调皮捣蛋可能是引起老师注意的唯一方式。

虽然使用惩罚有诸多弊端，但也有不少人认为，惩罚至少在抑制不良行为方面非常有效。在学校情境中，教师也应当适时运用惩罚，在学生发生不良行为时，创设使学生感到不愉快的情境，使不良行为消退。但是，对于惩罚的使用，教师更应该慎重，不仅应该考虑到不良行为本身的轻重，学生的人格特点也是要加以考虑的。如在公开场合大声斥责学生，对有些学生的确可以起到震慑作用，不仅教育了这个学生，同时也可以对其他同学起到良好的警戒作用，但是有时候，如果学生的性格极其内向又很自卑，那么教师的大声斥责就有可能使他更加自卑，不仅没有起到良好的教育作用，还有可能对学生的心理健康产生恶劣影响。

(3) 运用惩罚的注意事项。在儿童行为管理中，如果使用到惩罚技术，需要注意以下方面：

第一，使用惩罚要有节制。一般说来，应尽量避免采用惩罚的方式来矫正行为。如果确实需要使用惩罚，也尽量采取适当的惩罚方式，比如采用负向惩罚（如没收物品、取消特权等）比采用正向惩罚（如体罚、关禁闭等）能给个体带来更少的身心伤害。

第二，实施惩罚必须客观、一致。就是无论什么时候，惩罚都是一致的，而且对待任何人都是一样的。例如普通学生做了错事受到老师的批评，而班干部犯了同样的错误却可以免受惩罚，那么惩罚就失去了它应有的功能。

第三，要及时告知受罚者惩罚的理由。为保持惩罚效果的持久性，在实施惩罚前，应明确告知个体受到惩罚的理由。这可以加深受罚者对不当行为及其后果之间关系的认识，减轻对惩罚的误解或怨恨，如果能够唤起受罚者的内疚、自责反应，将更有助于受罚者在以后的活动中主动抑制不当行为的发生。

第四，提供适宜环境，强化良好的替代行为。由于惩罚只能告诉儿童不应该做什么，却无法告诉他们应该做什么。因此，在受罚期间，可以通过调整刺激环境，诱发良好行为反应，一旦儿童表现出可接受的行为，要及时给予积极认可。

（三）操作条件作用原理的应用

操作条件作用的原理与方法适用范围很广，实践证明，在行为习惯的形成与矫正方面它具有很强的实用价值。需要注意的是，教育者应在全面、系统了解相关原理与方法的基础上再加以应用，这样才可以收到预期的效果。

1. 行为习惯的形成与矫正

(1) 塑造。塑造是指强化个体逐步趋近预期目标的行为。斯金纳认为“教育就是塑造行为”。如何通过强化去塑造行为？斯金纳采用了连续渐进法（method of successive approximation），即通过不断强化一系列逐渐接近最终行为的反应来塑造某种行为。例如，教孩子系鞋带时，我们不只是向他们示范该怎么做，然后等着他们自己完成整个动作后再给予强化；相反，当他们能打第一个结时就给予强化，然后再强化他们的绕圈反应等，对每次的进步都予以强化，直到完成整个任务。

行为塑造的步骤

当个体要学习一项复杂行为时，家长和老师若一开始就要等到个体百分之百完成终点行为后才给予强化，必然不利于新行为的获得。斯金纳设计的连续渐进法则通过不断强化与终点行为有关的一连串反应，循序渐进，最终使行为者完成终点行为的整个过程。整个程序包括下列步骤：

先把要求个体学习的目标行为列出来→开始有反应动作，而这个动作（第 1 个反应）是最终目标的起始动作，此时给予强化→第 1 个反应已经学会，不再予以强化，只有在完成第 1 个反应后，接着出现更接近最终目标的第 2 个反应，马上给予强化→依此类推→最终出现目标行为时，给予强化。

在课堂教学中，塑造是完成复杂反应的重要手段。假如我们想让学生写一段含有一个主题句和一句总结的英文段落，这一任务包括许多步骤：能识别主题句、佐证材料和总括句；能写出一个完整的句子；能正确使用大小写、标点符号和语法；能正确拼写。如果教师在一节课里教授所有的技能，要求学生写出一段文字，并且根据他们的内容、语法、标点和拼写而评分，那么大多数学生将会失败；反之，老师可以一步一步地训练这些技能。学生可以先学如何写主题句，然后写佐证材料，然后写总括句；在此之前教师可能专门谈论过如何选题立意并对段落和标点也提出要求；最后，拼写也作为一条标准。在每一阶段，学生都有机会获得强化，因为强化的标准都是他们可能达到的。

在塑造行为时要注意这样一条原则：学生必须在他们能力所及的反应范围内得到强化，同时这些行为又必须能向新的行为延伸。学生能在 15 分钟之内解 10 道数学题，如果能在 12 分钟之内解出就应强化，但不必要求他们必须在 8 分钟之内完成才予以强化。但是，对一个能做 20 道题的学生必须做 24 道题后才给予强化，不能在少于 20 道题时就予以强化。

(2) 代币。“代币”是用于强化个体某种行为的各种象征性强化物，如小粘贴、棋子或者计划表的分数等。这种象征性强化物必须积累到一定的数目，才能兑换个体钟爱的奖励物。代币法的最大优点在于：当个体表现出好的行为时，不是立刻就满足他的要求，而是延迟满足，个体必须要持续努力才能达到目标。在学校中使用代币法可以更好地培养学生的进取心和忍耐力，让他们体验到要想获得成功，必须要不断努力才行；同时也降低了物质奖励对学生的刺激，强化了学生的自我成就感。因为每当学生通过努力得到分数或卡片时，都能体验到一种喜悦感。

教孩子养成好习惯

张太太是一位职业妇女，不仅公事忙碌，而且家事也使她头昏脑涨，尤其是两个宝贝儿子的管教，更让她头痛。最后她听从专家的意见，采用积分制，用奖金方式，使得两个小孩自动且有效地处理自己的事务，半年来，张太太轻松应付家事，且尚有空闲。

积分制的方法是这样，孩子们能准时起床、睡觉各得 2 分，能整理自己的床铺、衣服、书包和书桌，按时吃饭、上学各得 1 分，准时做完作业得 5 分，笔记成绩得甲上或 95 分以上得 5 分。说谎扣 3 分，开口骂人扣 3 分，回骂扣 2 分，先动手打人扣 5 分，回手扣 3 分，争吵各扣 2 分。

张太太为方便有效，设计了表格张贴在白板上，每周一张，每天由孩子自行填写。妈妈抽空检查，一星期结算一次，每分 1.5 元。若每周得满分，则一个月可得 720 元(注：台币)的奖金。

为怕小孩有钱乱花，于是张太太设置储蓄奖励金。如果一个月奖金没有花掉一块钱，则提供 480 元的奖励。若花了，不管多少，480 元的奖金就没有了。但唯恐孩子在奖金的诱因下，节省不花，眼看同学用钱，而影响其心理人格的发展，所以同意孩子开口说明用钱的必要，在母亲同意下，不但可以开支，而且奖金照给。

实施半年后，小孩几乎变成了另外一个人。

选自：〔中国台湾〕林正文著. 儿童行为的塑造与矫正. 北京：北京师范大学出版社，1998.

(3) 消退。当终止或取消强化时，个体的某种行为将因此而减弱甚至消失，这一过程称为先前习得行为的消退。比如，有带班经验的老师都知道，刚上幼儿园的孩子在父母离开幼儿园的那一刻经常会哭泣。通常情况下，家长会给予安慰或关注，此时儿童会停止哭泣，但当父母要离开时，儿童又开始哭泣。这种情形下，安慰和关注是对哭泣行为的一种强化。所以老师一般会告诉家长，若要孩子哭得时间短，父母应把孩子送到幼儿园后立刻离开，儿童哭泣时不予理睬，这样在短短一两天内哭泣行为就逐渐消失了。

消退不是一个逐渐减弱的过程。取消强化物之初，个体行为的发生率通常会提高。例如，父母把孩子送到幼儿园后立刻离开时，儿童哭得可能会比平时更凶，此时坚持不予以强化，儿童最终会放弃哭泣行为。在消退的开始阶段行为水平提高的现象叫消退爆发。教师进行课堂管理时要考虑到这种特征的重要影响。设想一下，你决定消退某儿童喊出答案的不适宜行为(不是先举手并经允许后再回答)。具体的做法就是忽视该儿童，直到他能举手并安静等待。开始时，对这个孩子的忽视可能增加他不举手就说话的行为，甚至他会拍着桌子喊出答案，这是一种典型的消退爆发。不要错误地认为忽视或消退的做法并不奏效，事实上，持续忽视不适宜的行为才是适当的课堂管理策略。可惜的是，教师最终可能会放弃忽视，并在学生第三次或第四次不举手就大声说话后，点名让他发言。

此举可能会增加教师原打算减少的那种行为，因为学生学到了“如果最初没有成功，你们就尝试，再尝试”。

2. 程序教学

程序化教学直接体现了学习的行为主义思想。程序化教学与塑造过程紧密相关，先让学生用已习得的反应来回答问题，然后以非常小的步骤引入新的信息，并随机提出一些新的问题，而学生也不大可能答错这些问题。程序化教学是建立在这样一种假设之上的：通过正确地回答问题，学生可以得到积极强化，因此更可能重复学习到的行为。逐渐增加新的学习材料，并提出学生能正确回答的问题，通过这种方法学生能够渐渐地学到大量的新材料。程序化教学通常是以练习册、软件程序和录像带等形式实施的。具体说来，程序教学的基本原则有：

(1) 小步原则。学习上前后连续的每一个步骤应该尽量小些，这样就可以使学习的难度降低，强化的次数提高，而由于错误引起的令人反感的不愉快的后果则缩减到最低限度。

(2) 积极反应原则。要克服传统教学中学生被动接受知识的弊病，就必须让学生对每一个问题有所反应。因此，程序教学必须让每个学生有一套程序课本或机器，这样学生才能真正开动脑筋学习回答问题，通过选择、书写答案、填充、解题或者按键做出积极反应。

(3) 即时强化原则。即时强化的原则要求，在每个学生做出反应后，教学程序必须使学生立即知道其反应是否正确，即给学生“及时确认”或“及时强化”。这样才能提高学生的自信心，增进学习的效果，保持和巩固已有的知识。

(4) 自定步调原则。学生的学习能力和学习速度是各不相同的，因此程序教学应该让学生根据自己的速度和学习潜力进行学习，即所谓的自定步调。也就是要求以个体化的学习方式进行，不要求统一的进度。

(5) 低错误率原则。在程序教学的过程中，要尽量避免学生出现错误的反应。错误太多，会影响学习的进度、正确行为的巩固、学习者反应兴趣的维持等，所以在程序教学的过程中应该尽可能避免可能出现的错误反应。

程序化教学尤其有助于学生学习有一定困难的科目。比如统计学，一般在开始时给学生提一些问题，要求学生以简单的数学运算进行回答，像加法和减法，随后逐渐引入统计学上的概念。数学科目也很适合于程序化教学，在大多数情况下，数学是线性的，新知识的学习很大程度上需要旧知识的积累。因此它可以相对容易地建立起学习的顺序，在这个顺序中学生可以学到各种各样解决问题的行为。

第二节　观察学习与认知行为改变

个体可以通过经典条件作用来学习建立事物间的联系，学会如何预测事件的发生，也可以通过操作条件作用来学习建立行为与结果之间的联系，主动调控行为的发生。这两种学习方式都强调了学习者直接的、亲身的经验在学习中的重要性，但同时在解释行为学习方面也都具有一定的局限性。比如，儿童可以通过观察、模仿等间接的、替代的方式获得复杂的社会行为，这就涉及学习中的认知因素，而有关条件作用学习机制的解释中忽视了不能被直接观察的认知过程。

一、班杜拉与观察学习

班杜拉(Bandura A.)早年对学习的研究也是以行为主义的强化和惩罚原理为基础的，但他对传统的行为主义学习理论进行了修正，增加了社会因素对学习的影响。在班杜拉及其同事所完成的观察学习(observational learning)的研究中，最主要的发现就是人们可以通过观察他人的行为来习得新的行为，观察者没有必要在学习过程中表现出这些行为；强化也不是绝对必要的，这就对经典行为主义学习理论的中心假设提出了质疑。班杜拉早年的工作证实了行为示范在亲社会行为和反社会行为中的作用以及榜样在行为矫正的作用。

(一) 观察学习的过程

所谓观察学习就是学习者通过观察榜样在一定情景中的行为及其后果所进行的学习，其实质在于他人给观察者传递了某种信息，告知其新行为的途径。

1. 观察学习的实验基础

班杜拉及其合作者进行了大量的实验研究以探讨观察学习的心理机制。其中一个典型的例子是，幼儿园儿童观看了一部成人拳打脚踢一个充气 Bobo 玩具的电影，一组儿童看到成人的攻击行为得到了奖励，另一组儿童看到成人受到了惩罚，第三组儿童没有看到奖励或惩罚的结果。当他们被带到一个有 Bobo 玩具的房间时，看到电影中的榜样拳打脚踢玩具并受到强化的儿童表现出最多的攻击行为，那些看到榜样受惩罚的儿童对玩具的攻击性最弱。但是当告诉儿童谁模仿攻击行为就能获得糖果奖励时，三组儿童攻击行为的水平几乎没有差异。这一方面说明儿童的行为可以通过观察而习得，尽管他们自己没有主动参与；另一方面也表明榜样行为所导致的后果只会影响到儿童模仿的表现，而不会对其学习过程产生影响。

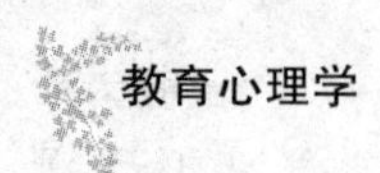

2. 观察学习的基本过程

班杜拉认为,认知过程在观察学习中具有重要作用。学习者以符号表征的形式来编码、储存习得的经验,对可能出现的行为结果进行预期,基于这些认知,人类可以调节自己的行为。通过对观察学习的认知过程进行探讨,班杜拉总结出决定观察学习进程及结果的四个过程:注意过程、保持过程、动作再现过程以及动机过程。

(1) 注意过程。注意过程是观察学习的首要阶段。为了通过观察进行学习,学习者需要集中注意力。在教学中,教师要通过清晰地呈现和强调重点确保学生的注意力集中在课堂的重要环节上。在示范操作技能时通过组织学生从多个角度观察比较并加以讲解,可以帮助学生对榜样的明显或关键特征进行知觉、模仿,从而使观察学习易于实现。

(2) 保持过程。观察者观察榜样所示范的行为后,将注意到的内容以表象或言语等符号表征的形式储存于记忆中,这是观察学习的第二个心理过程。观察者要在大脑中演练示范者的动作(想象模仿的行为)或者通过实际练习来加强保持。在观察学习的保持阶段,练习能帮助学习者记住行为的要点。

(3) 动作再现过程。在这一阶段学习者需要将榜样行为的符号表征转换成适当的外显动作。对学习者来说,若要重现榜样行为、产生最佳的行为模式,则必须具备一定的操作技能或运动技能。当然,在多数情况下,即使观察者知道行为是什么样的并记住了行为的要素或步骤,但仍然不能流畅地表现出行为。这一阶段还需要很多练习、反馈和细微的指导。在动作再现阶段,练习使行为更流畅和熟练化。

(4) 动机过程。个体通过观察不仅能学会榜样的行为,而且在动机的激励下,会在适当的时机、场合表现出已习得的行为。强化在观察学习中发挥了作用,如果学习者预料模仿榜样的行为会得到强化,就更激发他们去关注、记忆和再现这些行为。班杜拉提出了三种鼓励观察学习的强化形式,即直接强化、替代强化和自我强化。直接强化指观察者本人再现榜样的行为时获得奖励,如儿童表现出习得的礼貌行为时,成人说:“真是好孩子!”替代强化则是强化他人或示范者的行为,进而间接地强化了观察者的行为。例如,教师表扬了两名在实验报告中附加吸引人的图片的学生,其他学生看到后,就会在下次写实验报告时也这么做。自我强化指学习者对自己符合要求的达标行为进行强化,这类强化对于学生非常重要,学生的学习不应仅出于外部奖赏的原因,更应受内部的价值观和兴趣的驱动,这样他们才能成为自我控制的学习者。

观察学习充分说明学习中认知因素的重要性,如果人们通过观察就能学习,那么他们必须集中注意力、建构表象、记忆、分析和做出影响学习的决定。因此这些在人们行动之前就在大脑中演习过了，甚至包括强化。

3. 观察学习的影响因素

观察学习发生于学习者与他人的互动过程中，互动双方的特征会在一定程度上影响学习的发生。

（1）榜样的特征。榜样的年龄、性别、态度、价值观或社会背景等因素与学习者越相似，越容易激起学习者的认同愿望并产生对榜样模仿的动机。另外，那些社会地位较高、社会声誉良好、富有人格魅力、外表或能力出众的榜样，更能引起学习者的注意并对其行为有效地进行模仿（表 6-2）。

表 6-2　观察学习中榜样具备的特征

特　征	举　例
卓越	老师演示如何用正确的方法解决问题
受人喜欢和尊敬	老师让一个很受欢迎的学生第一个到黑板上解题
类似	老师叫了好几名学生解题，这样每个学生都会预想，自己将是下一个被提问的人
强化	老师在全班同学面前公开表扬一个学生

（2）学习者的特点。不同的学习者会选择不同的榜样加以仿效、认同，即使面对同一榜样，不同的学习者也可能产生不同的学习效果。由于观察学习包含一系列重要的认知过程，所以学习者的认知发展水平在很大程度上决定着每一个过程是否能顺利实现。另外，学习者自身的个性特征也影响到学习的效果，缺乏自信和自尊、具有依赖人格或常因模仿受到奖励的人，更倾向于注意并模仿榜样的行为，但这种模仿也可能带有盲目性；相反，那些自信而能力强的人更有可能从榜样的高水平示范中获益。最后，观察者的行为目标预期与自我效能感在一定程度上引导、调节着个体的学习过程，如果观察者目标明确、自我效能感高，就更可能注意榜样，并努力模仿、实现他们的行为。

（二）观察学习在教育中的应用

观察学习的原理表明，模仿是学生学习的重要途径之一，学生可以从大众媒体、家庭或他人确立的榜样身上获得信息。在教育中可以通过以下方面来发挥观察学习的作用。

1. 教师示范期望学生学习的行为

教育者的主要目标之一是教会学生期望的行为，比如怎样处理好同伴关系，如何有效地阅读，如何获得批判性的思维以及创造力等。教师自己作为角色示范是教育学生的最有效的方法之一。教师应对所教的内容表现出兴趣并向学生演示如何完成某种脑力或体力任务，或者给学生示范有效的解题方法（比如一边思考问题，一边大声说出所思所想，示范主要的思维技巧）。

2. 鼓励学生表现出已经学会的行为或对行为进行调整

有时学生已经掌握了一些行为技能，但他们不知在什么情况下表现出来，这时教师一方面可以表现出对学生的信任或尊敬，另一方面可以通过各种方式指出良好行为和积极结果之间的联系，鼓励学生表现出他们已经学会但可能还没有准备好表现出来的行为。另外，在陌生的情境中，教师应鼓励学生通过从其他人身上寻找观察线索，适当调整已获得的行为，以表现出与该情景相适宜的行为。

3. 让班干部或同伴做出示范

教师应注意安排班干部或班级中能力强、受欢迎的学生率先做出期望的行为，如遵守纪律、积极发言等，利用"涟漪效应"将会使学生倾向于模仿良好的态度与行为。同时，教师应有效地处置破坏纪律的学生，即使是班干部违反了纪律，教师也要一视同仁。

4. 适当激发学生的情绪

通过观察学习，学生可以对未经历过的情境产生情感反应。因此，有经验的教师能够将自己对学科的热情或对不良行为的厌恶，通过情绪的唤醒传递给学生。这样可以帮助学生选择怎样做出行为，以及对自己的行为产生什么样的感受。

二、自我指导下的认知行为改变

在深入探讨行为主义理论的应用时，我们不难发现，许多行为主义的技术中也包含认知过程，这在观察学习的发生中尤为明显。认知行为改变（cognitive behavior modification）技术就是综合了行为和认知的学习原则来塑造行为的有效方法。具体说来，认知行为改变是指以行为和观察（社会认知）学习理论为基础的程序，个体通过使用自我谈话和自我指导来改变自己的行为。在这一过程中，学习者既要区分出对之进行反应的刺激，又要使用自我强化来强化这个刺激。由于认知行为改变强调思维和自我谈话，所以更倾向于认知方面的改变，其中，学习者的自我指导（self-instruction）至关重要。

在认知行为改变中，教师可以教授学生如何使用自我指导。维果斯基关于儿童认知发展的观点认为，成熟的思想是基于内部言语的，儿童通过与他人交谈所习得的外部言语来发展内部言语能力。众多研究也揭示了人们在解决困难问题时确实会使用内部言语。在大量有关自我言语能够组织行为的研究的基础上，米肯鲍姆(Meichenbaum D.)提出了自我指导的步骤：

1. 榜样示范

成人或优秀的同伴榜样一边完成任务，一边大声说出与完成任务有关的话(认知示范)。例如，教师一边演算一边大声地讲述，这样学生就能直观地感受到完成行为的必要的执行步骤后面榜样的思维过程。

2. 外显的成人指导的示范

学习者一边照着同样的步骤去做，一边大声进行描述，同时指导者在一旁监督学习者的行为。例如，学生在解决加法问题时一边解题一边说，教师则指出学生做对或是做错的地方。

3. 外显的自我指导的示范

学生一边完成任务，一边大声指导自己，此时他们不再需要榜样的指导。例如学生在解决加法的进位问题时，大声对自己说要将个位满十的数移到十位上去，同时将十位上满百的数移到百位上去。

4. 自我指导逐渐减弱的示范

学习者按照上述步骤完成任务，同时自己低声说出指导语直到开始使用默默的指导。

5. 内部自我指导的示范

最后，学习者可以成功地模仿榜样的行为，他们默默地指导自己。

曼宁(Manning B.)建议教师们通过不断地大声讲述完成任务的步骤来示范自我指导。例如，当一位教师要阐明怎样写一篇研究论文时，他可以这样做：

> 好吧，我们怎么开始呢？记下我的要点。首先要拥有材料。在写作之前我会寻找有关材料，组织我的思想。当我阅读这些材料时，我会略记下它们的要点，这能使它们成为提纲，意思也更加明白。我还需要其他一些信息——在我开始写作之前让我找找它们。最后，我已经准备好作文的计划了。怎样才能使文章的开篇就吸引住老师的注意力呢？他对我的上一篇文章是满意还是不满意呢？这次的作文应该有什么不同之处呢？

一般说来，学生在自我学习时主要涉及四种技能，即倾听、计划、工作和检查，通过认知的自我指导每一项技能都可以获得良好发展(见表6-3)。例如利用班级标语可以促进学生通过反省发展自己的这些技能。这一过程还可以让学生进行思考并创造出他们自己的指导语和标语，讨论并张贴这些想法可以让学生更好地了解自我并控制自己的学习。

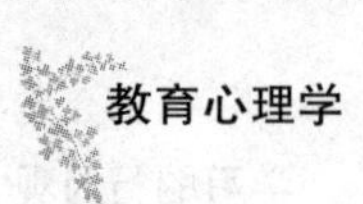

表 6-3　利用海报提醒学生在学校里通过倾听、计划、工作和检查“谈论自己”

<table>
<tr><td colspan="2">这四张海报是五年级班级设计的，用来帮助学生记住使用自我指导。一些标语反映出这些未成年人的特殊世界。</td></tr>
<tr><td>海报 1
倾听时：
1. 这个有意义吗？
2. 这个我会了吗？
3. 在忘记前我需要问一个问题。
4. 请专心。
5. 我能按他所说的去做吗？</td><td>海报 2
工作时：
1. 我的工作够快吗？
2. 停止注视我的女朋友，回到工作上去。
3. 还有多少时间？
4. 我需要停下来并重新开始吗？
5. 这对于我很难，但我能完成。</td></tr>
<tr><td>海报 3
计划时：
1. 我把所有的事情都放在一起进行考虑了吗？
2. 我能让我的朋友现在就会吗？
3. 让我先把内容组织好。
4. 我做这个的顺序是什么？
5. 我知道这个东西。</td><td>海报 4
检查时：
1. 我完成每件事了吗？
2. 我需要再检查什么？
3. 我为这个工作自豪吗？
4. 我写下所有的单词了吗？数一数。
5. 我认为我完成了，我自己组织的，我白日梦做得太多了吗？</td></tr>
</table>

研究表明，受过自我指导训练的学生更倾向于自我监控，花在任务上的时间要多于那些没有受过训练的学生。运用自我指导技术还可以帮助有特殊需要的学生，如帮助冲动型的学生学会沉思，提高有阅读障碍学生的阅读理解能力，以及促进智障学生在新的情境中进行问题解决等。除了自我指导，认知行为改变技术还包括一系列教学原则，如教师与学生之间的对话互动、树立榜样、教师指导下的发现学习、使用动机策略以及将学生的认知发展水平与要完成的任务细致匹配等，学生甚至可以参与计划的设计。利用这些有效的教学原则，可以促进学生把从认知行为改变中发展而来的技能应用到新的学习情境中。

第三节　行为学习的多样性与共同性

李老师听到上课铃响了，疾步走到教室门口，当他踏进教室的一刹那，映入眼帘的是：

安瑞：口沫横飞地大发谬论；

丽童：旁若无人地乱丢纸屑；

润言：津津有味地翻阅画册；
卫国：兴致勃勃地聊天说笑；
兆林：埋头用功地书写作业；
净伊：无精打采地坐在角落；
……

对这些现象仔细观察，不难发现：每一种情况都涉及儿童的某种行为，其中有些是偏差行为，有些是良好行为，有些则是中性行为。作为教师，尤其是在掌握了行为主义学习原理的情况下，当然希望使用行为学习与矫正的技术使偏差者能改善，中性者能从善，良好者能继续保持下去。然而，有效的工具是不能自动产生好结果的，而且有时人们会随意、笼统或前后不一致地使用行为策略，这种不加选择的使用往往使教师陷入困境。因此，在考虑使用行为矫正技术时，首先要了解行为学习的多样性问题。

一、行为学习的多样性

（一）学生来自多样化的背景

每个学生都来自不同的背景，他们生活于其中的亚文化特征、家庭社会经济地位、父母教养方式等各不相同，他们的学习经历也有很大的差异，这使得每位学生都是独特的。比如一些孩子受到的教育是在群体里不要抢着发言，而是要安静地等到该他们发言的时候才说话，另一些孩子则可能在鼓励大声、及时说话的环境里长大；一些学生害怕在公开场合讲话或害怕在竞争性的体育运动中失败，另一些学生则对陌生的学校环境或高年级的同学感到焦虑；一些学生努力学习是为了取得好成绩，另一些学生则是为了赢得教师或家长的肯定而用功读书，还有一些学生却对学习漠不关心。教师要充分认识到每个班级内学生的特点各不相同，在培养他们具有良好的学习及行为习惯时要因材施教，尽量考虑实施个性化方案。

（二）使用多样化的强化刺激

每个人的成长史不同，其行为的强化史也有一定的差异。因此，某些活动或物品可以作为一些学生的强化刺激，对于另一些学生却可能无效。另外，对一些学生是强化刺激的机会，对另一些学生却可能是惩罚。比如，在公众面前演讲或唱歌是一些学生喜欢的项目，但却使另一些不具备相应才能的同学感到难堪。教师可以使用调查表确定对学生有效的强化刺激（见表 6-4）。最后，教师还应注意不要让少数学生得到“太多的好东西”，如果教师过度使用强化刺激，最终会失去它们的作用。

表 6-4　　你最喜欢做的事(学生调查表)

姓名:________ 年级:________ 日期:________

请尽你所能完整地回答所有的问题。

1. 最喜欢的课程是:________

2. 在学校里最喜欢做的三件事:________

3. 如果每天在学校里有 30 分钟的自由时间,你可以做自己真正喜欢的事,你将会做:________

4. 最喜欢的两种小吃:________

5. 在休息时间里,最喜欢做(三件事):________

6. 如果你有 1 元钱,你会买:________

7. 你在班上最喜爱的三件工作:________

8. 在学校里你喜欢合作的两个人:________

9. 在家里你最喜爱干的事(三件事):________

（三）为学生提供多样化的榜样

学生可以通过观察、模仿他人的行为及其后果而学习多种社会行为。作为教师,我们的目标是给学生提供尽可能多的积极的榜样示范来帮助他们。教师本人、学生干部、行业领袖、社会精英及各行各业的模范人物身上都可能有大量值得学生学习的品质或行为,教师应创造机会引导学生接触、观察这些榜样,这对学生正向价值观的确立、良好品质的形成有着重要影响。教师同时还要警惕学生可能面临的危险的负面角色示范,比如学生可能从媒体中观察到的暴力榜样等。这种情况下,一方面要尽量减少学生的接触机会,另一方面要提高学生明辨是非的能力。

二、行为学习的共同性

鼓励总是重要的

有位餐厅师傅,烧得一手好吃的北京烤鸭,但他出炉的鸭子只有一条腿。偏偏老板又是个闷葫芦,一忍就忍了 3 年。

有一天老板心情实在不好,又看到这位师傅烤出的鸭子仍旧少了一条腿,终于火上心头,忍不住问道:

“这只鸭子怎么只有一条腿?”

“本来就只有一条腿嘛!”

“是吗?”

“你看,窗外池塘边的鸭子不都只有一条腿嘛?”

老板抬头一看,正在午睡的鸭子都是缩起一只腿金鸡独立着。于是老板重重地拍了两下手掌,鸭子受惊,立刻探头伸腿,呱!呱!呱跑掉了。老板这下真的发怒了,便说:

“你看,不是两条腿嘛?”

“我的烤鸭也是一样,只要你拍手(鼓励)两下,鸭子就变成两条腿了。”

不知你有没有读出这个故事的含义:要成功管理儿童的行为,只要及时拍手就好。日常生活中,每个孩子都会做出适宜、得体、令师长欣慰的举动,就连那些平常被视为表现最差的孩子也不是一无可取。身为父母或教师,若能随时注意,当儿童表现良好时,及时予以激励,那么就掌握了行为管理的要领了。

尽管学生有不同的学习经历,但还是可以找到一些相同之处,因此也就有一些原则是教育者使用行为策略时可以参考的:

(一)教师一定要使用某种方式奖励或关注学习者的良好行为

每个人都喜欢自己的行为得到肯定,儿童更是如此。在得到教师给予的肯定评价和令人鼓舞的重视后,学生会表现得更好。但有些老师认为学生用功读书、遵守纪律的行为很平常,甚至认为是应该的,没必要给予表扬,因而就忽略了对学生良好行为的培养。不仅如此,有时教师更容易盯住学生的不良行为并严加批评,这些学校经历会让大多数学生心情沮丧,放弃模仿或保持良好行为。

(二)有效的表扬必须是对学生成就的真诚认可

教师对学生发自肺腑的真诚表扬可以使学生找到明确的努力目标,建立自信,完善他们的行为表现。而要做到这一点,教师对学生的表扬不能刻意设计或随意为之,表扬要针对学生的具体行为,只有通过关注学生的努力、进步或出色表现,客观公正、因人而异地提出表扬,才会使表扬成为有效的强化物。

(三)告诉学生受到强化的原因

无论教师选择何种强化方式,都应明确告知学生他们为何受到了强化。在强化某一行为时,强化的效果有可能扩展到同时出现的其他行为,但那些并不是教师想要强化的;为避免可能会强化不适当的行为,教师应告诉学生受到强化的原因。

(四)相信无论学生现在处于什么水平,他们能够学会更多的自我管理技能

只要教师遵循认知行为改变技术的有效原则,在准确把握学生认知发展水平的基础上加强师生对话及适时指导,学生就能够掌握更多的自我管理技能,成为自主有效的学习者。

☞ 回到案例

现在我们来分析一下本章开始的案例中刘伟老师的课堂管理行为。很明显,在学生行为管理方面,刘老师不恰当地运用了行为主义的法则。她本来想让学生知道要先举手并保持安静,等到老师点名后再回答问题,可她却在子健同学没有保持安静等待的情况下就让他回答问题了。其他同学通过观察学习会知道,在课堂上可以边举手边回答问题。同样,子健下次知道答案时还是不会保持

安静,因为他挥动手臂大声说话的行为受到了强化(这次就是在这种情况下老师才让他回答问题的)。正确运用行为主义法则的做法是忽视子健的不适宜行为,直到有其他同学举手并安静等老师点名时,马上让这位同学回答问题,并明确告知全班同学:××同学知道答案,能够先举手并保持安静,我们都要这样做。当然,如果子健持续吵嚷,可以先把他带到办公室待一会儿,并告诉他请他离开教室的原因,那就是他打扰了其他同学,所以要离开。

学术争鸣

行为主义的方法有效吗?	
正方观点:行为主义的方法有悖伦理,而且从长远看来是无效的 有些学者认为,行为主义方法的本质是对人们的行为实施控制,通过简单的"贿赂"以使他人保持适当的行为,这在伦理上是不可接受的。"你不给钱,我就不刷碗!"运用外在奖励的方法培养的行为很容易消退,一旦奖励停止,行为也就停止了。而且,教师还可能误用奖励和惩罚,比如对在课堂上做鬼脸的学生点名批评反而导致更多破坏课堂纪律的行为发生。另外,行为主义方法不仅没有长远效果,还可能产生反作用。例如,有些教师和家长使用各种奖励手段甚至是金钱,来强化学生的学习行为。这些外部奖励的运用可能让学生把学习当做是一种手段,而不是结果。它们会破坏学生的内部动机,降低他们的原有兴趣。例如让一个喜欢阅读的学生一周必须读两本书才能得到奖励,实际上会削弱他读书的兴趣。	反方观点:行为主义的方法是有效的 赞同行为主义方法的学者认为,学生的行为总会得到不同形式的奖励或惩罚,行为主义控制的结果使教育更加公平,因为它给每个人都提供了得到奖励的机会。而且,学生不一定是行为技术的被动接受者,教师可以引导学生自主参与行为矫正的计划,并鼓励学生取得进步时进行自我奖励。另外,行为主义的方法给学生提供了学习情况的及时反馈。斯金纳和Chance等心理学家都认为,人们在有反馈的环境里学得最好。教师表扬或奖励学生的表现,就提供了一个有反馈的环境。行为主义的方法会有长远的效果。奖励就是让学生知道他正在逐渐胜任一项任务或掌握一门课程,这会使学生充满信心并对学习更感兴趣,特别是对于那些缺乏能力或开始时对任务缺乏兴趣的学生。有证据表明,学生一旦掌握了初级阶段的任务,无论有没有奖励,他们能力的增长已经成为一种对自我的奖励,这时,继续完成任务的兴趣就成为一种内部动机。

小　结

1. 有关学习的早期解释

学习是基于经验而导致的行为或行为潜能发生较为持久的变化的过程。现代心理学关于学习的早期解释主要是由行为主义学派代表人物的观点构成的，其中又以巴甫洛夫的经典条件作用说以及斯金纳的操作条件作用说的影响最大。经典条件作用是指将不能引起反应的中性刺激与一个能够引发反应的刺激配对一次或多次后，使中性刺激最终能引起同类反应的过程。经典条件作用的建立意味着有机体对可预期的信号产生了学习，这种将环境中的配对事件迅速联系在一起的能力具有深远的行为应用意义。操作条件作用是指在某种情境中，由于个体自发的反应产生的结果而导致的反应概率增加，并最终与某一刺激或事件建立起新的联系的过程。强化学说是操作条件作用理论最重要的部分和基础。操作条件作用的原理与方法适用范围很广，尤其在行为习惯的形成与矫正方面具有很强的实用价值。

2. 观察学习与认知行为改变

班杜拉通过增加社会因素对学习的影响对传统的行为主义学习理论进行了修正。他的主要观点是人们可以通过观察他人的行为来习得新的行为，认知过程在观察学习中具有重要作用。观察学习包含四个子过程，其效果受到榜样及学习者双方因素的影响。观察学习的原理表明，模仿是学生学习的重要途径之一，在教育中可以通过示范期望的行为等措施发挥观察学习的作用。认知行为改变技术是指个体通过使用自我谈话和自我指导来改变自己的行为，它是在行为和观察学习理论的基础上发展而来的。实践证明，改变学生有缺陷的认知过程将能有效地改变行为。

3. 行为学习的多样性和共同性

教师要充分认识到来自多样化背景的学生其特点各不相同，在培养他们良好的学习及行为习惯时，要使用多样化的强化刺激并为学生提供多样化的榜样。同时，也有一些共同的原则如合理强化、有效表扬等是教育者使用行为策略时可以参考的。

思考题

1. 分析生活中一种常见的经典条件作用现象。
2. 分析生活中一种常见的操作条件作用现象。
3. 举例说明经典条件作用与操作条件作用有何不同。
4. 经典条件作用原理对教师有何启发意义？
5. 你将如何使用连续渐进法教一个儿童学会大声说话？
6. 你同意用惩罚的方法矫正学生的不良行为吗？为什么？
7. 如何利用观察学习使学生获得并表现出助人行为？
8. 如何把认知行为改变技术应用于学生的行为管理？

9. 说说你对行为学习的多样性与共同性的理解。

∠ 进一步阅读文献

1. Sternberg R. J., & Williams W. M. 著,张厚粲译. 教育心理学. 北京:中国轻工业出版社,2003.

2. 德里斯科尔 M. P. 著,王小明等译. 学习心理学. ——面向教学的取向(第三版). 上海:华东师范大学出版社,2008.

第七章
学习的认知观

☞ 章节说明

认知心理学家研究学习的角度与行为主义者不同。他们着重探讨知识经验的心理组织过程及其认知结构的特征，通常把学习视为接收、加工、储存以及提取信息的过程，并强调这一过程中隐含在信息加工与信息表征之下的心理机制。认知心理学家认为环境只是为学习者提供潜在的刺激，至于这些刺激能否引起以及引起何种反应，则取决于学习者的准备状态及心理结构。认知取向的学习观重视人在学习活动中的主体价值，充分肯定了学习者的主动性以及记忆、意义理解、独立思考等意识活动在学习中的重要地位和作用。这不仅丰富了教育心理学的研究内容，而且也提高了对学习现象的分析与解释水平。本章第一节首先介绍了知识的本质及现代信息加工心理学关于广义知识的分类观，然后介绍了陈述性知识的表征和学习过程，最后探讨了陈述性知识的教学策略。第二节首先介绍了程序性知识的分类及表征，然后重点分析了动作技能和心智技能两类程序性知识的学习过程及教学策略。第三节主要围绕元认知问题，探讨了元认知的实质及结构、元认知策略、元认知的发展特点以及提高学生元认知水平的教学策略。第四节就认知学习的多样性和共同性问题进行了探讨。

☞ 案 例

王晓老师终于找到了一个办法使她任教的五年级学生在第三课时中掌握了生词表上的40个词汇，她感到很高兴。在上一次测试前，王晓花了整整一堂课的时间帮助学生对词汇进行复习，但最终平均分只有75分，这让她很不满意。在那次复习课上，她念一个词，学生重复一次词义，她带领学生读了三遍，眼看学生解释得越来越熟练，于是她确信学生已经掌握了词及词义，分数应该比较理想了,但看来这种复述性的训练并不是教授词语的最佳方法。

王晓从有经验的教师那里得知,他们在教词汇时尽量使学生对词汇感兴趣并觉得有意义。王晓开始尝试新的词汇教授方法。一开始,她结合课文的上下文引入词汇。在全班阅读指定的章节之前,她先给每个学生发一张表格,上面列出了涉及的新词。但是,这一次王晓让学生用自己的语言来解释词语。在复习课上,由王晓读词汇,然后让学生自己解释词语,她对那些不太准确的回答作了修正,然后再让一些同学结合自己的情况用词语造句。结果在这一次测验中,平均分达到了 90 分,王晓的新方法起了作用。

为什么王老师的新方法会起作用呢?

第一节　陈述性知识的学习与教学

现代认知心理学把人的认知过程假设为信息加工过程,信息加工的结果就是获得按一定方式储存的信息,即不同表征类型的知识。

一、知识的本质及广义知识的分类

关于知识本质的描述,我国教育类辞书中有两种说法。第一种是:“对事物属性与联系的认识。表现为对事物的知觉、表象、概念、法则等心理形式。”第二种是:“所谓知识,就它反映的内容而言,是客观事物的属性和联系的反映,是客观世界在人脑中的主观映象。就它的活动形式而言,有时表现为主体对事物的感性知觉或表象,属于感性知识;有时表现为关于事物的概念或规律,属于理性知识。”这两种说法都是从哲学认识论的角度给出的,强调知识是主体对客观事物的主观反映。

从心理学的角度看,知识是个体的一种内部状态。当代著名的认知心理学家皮亚杰认为:“知识是主体与环境或思维与客体相互交换而导致的知觉建构,知识不是客体的副本,也不是由主体决定的先验意识。”根据皮亚杰的思想及现代认知心理学的观点,知识可以被定义为主体与其环境相互作用而获得的信息及其组织,储存于个体内即为个体的知识,储存于个体外即为人类的知识。知识的本质是信息在人脑中的表征。

人类的头脑能以不同的方式来表征信息,而信息表征的方式则决定了它对行为的影响。我们都曾留意到,有时候人能解释或者描述一个活动,但自己做不出来;而有时候人能做出一些动作,但不能解释自己是如何做的。这类现象使认知心理学家推断出知识在人类头脑中具有不同的表征方式。20 世纪 70 年代,信息加工心理学家安德森(Anderson J. R.)对知识在人的头脑中的表征性质做了两种最基本的划分:陈述性知识(declarative knowledge)和程序性知识(procedural knowledge)。陈述性知识是个体对有关客观环境的事实及其背景与关系的知识,是可以用词语来表达或视觉化的方式来描述的知识,主要用于回答事物"是什么"、"为什么"及"怎么样"的问题,它使我们能够描述或者识别客体和事件。这类知识与我们日常使用的知识概念内涵较为一致,也称为狭义的知识。程序性知识是关于技能、认知操作和如何做事情的知识,也就是"知道怎样"的知识,往往潜在于行动背后,难以用词语来表达。如完成将"We go to school yesterday"改成合适的时态、驾驶汽车等任务时需要人们使用程序性知识。

二、陈述性知识的表征

知识的表征是指信息在心理活动中表现和记载的方式。一个外在的客体在心理活动中可以以具体形象、概念或命题等形式表现出来,这些形象、概念或命题都是信息的表征形式。同一事物可以有不同形式的表征,不同表征形式所具有的共同信息称为表征的内容,而每一表征形式称为编码。信息加工心理学家认为,陈述性知识的主要表征形式有命题与命题网络、图式以及表象系统。

(一)命题与命题网络

命题是知识的最小单位,用于表述一个事实或描述一个状态,通常由一个关系和一个以上论题组成。关系是用来限定论题的,一般由动词、副词或形容词表达,有时也用关联词和介词表达;论题是指命题中的实体,可以是命题中的主体、受体、目标、工具等,一般由名词或代词表达。例如在"小明买书"这一命题中,"小明"和"书"是两个论题,即命题谈及的话题和主题,"买"是这一命题的关系。

命题用句子来表达,一个句子可以包含一个或多个命题。例如,"小明给张英一本有趣的书"。这个句子由两个命题组成,"小明给张英一本书"和"这本书很有趣"。虽然命题由句子组成,但命题不等同于句子。句子代表着交流观念的方式,有一定的语法结构、句式,而命题只涉及句子表达的意义,跟具体的句式无关。

共同涉及某些信息的命题能相互联系起来形成命题网络。如"同学们正在讨论数学问题"中包含两个命题,"同学们正在讨论问题"和"这个问题是有关数学的"。这两个命题共享"问题"这个信息,就构成了一个简单的命题网络。长时记忆中的大部分陈述性知识就是以相互联系的概念和关系构成的命题网络的形式存在的(如图 7-1)。与命题一样,命题网络储存的也是事件的意义,当人们要回忆一些信息时,可以将事件的意义转化为熟悉的短语、句子或心理图像。命题网络能够保持大量的相关信息,从而使人们在回忆一些信息时可以引发对另一些信息的回忆。因此,网络式的信息表征有利于信息的记忆和有效提取。

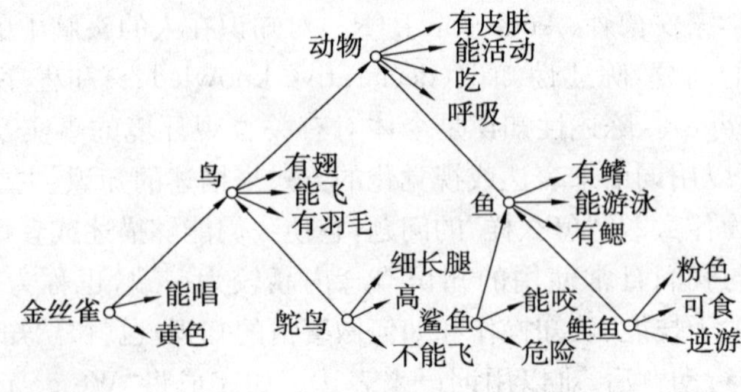

图 7-1 命题网络片段

（二）表象和表象系统

表象是对信息的大体轮廓、空间位置的表征，是对事物的物理特征做出连续保留的一种知识形式。例如，有人问你，最近的电话亭在哪儿？你会停顿下来思考一会儿再做出回答，这期间你正在形成电话亭的心理地图，虽然没有现实生活中电话亭的实际位置那样准确，但可以对电话亭的位置有一个大体掌握，便于寻找。

有关知识储存的双编码理论认为，人的长时记忆系统可以划分为表象系统和言语系统，表象系统利用意象编码来储存关于具体的客体和事件的信息，言语系统以语义编码，也就是命题编码来储存言语信息。命题编码与其表征的对象的联系是任意的（如“书”这个词与实际的书并没有物理上的相似性），而表象编码有着与实际知觉相似的性质（如一本书的表象与实际的书的知觉有某些共同特征），因此也有心理学家将语义编码和表象编码分别称为符号表征和类比表征。言语表征一般是系列化的，而意象表征能同时对许多特征进行编码。一个复合意象如教室的意象，能同时对与教室有关的特征进行编码，而教室的言语表征一次只能涉及某一信息（如房子内有课桌，中间有通道，墙壁上有窗子，如此等等，直至穷尽教室的所有特征）。

双重编码理论认为，语义和情景记忆都可以通过类比或符号的形式来表征，这对我们的启示在于，教师为了让学生更好地记住重要的信息，在呈现信息时应尽量图文并茂。

（三）图式与脚本

认知心理学家安德森认为，对于表征小的意义单元，命题是适合的；但是对于表征我们已知的有关一些特殊概念的较大的有组织的信息组合，命题是不适合的。例如，人们有关房子的知识，如果用“房子是人的居住处”这一命题表征，则不足以表征人们有关“房子”的全部知识。关于房子，我们还知道：

房子是一类建筑物。

房子有房间。

房子可能用木头、砖头或石头建造。

房子的形状常常有矩形和圆形。

房子一般大于 100 平方米小于 1000 平方米。

现代认知心理学认为人的较复杂的整块的知识是用图式来表征的，图式是人头脑中关于普通事件、客体与情景的一般知识结构。现代图式理论的代表人物墨哈特(Rumelhart,1977)总结了图式具有的四个主要特点：(1) 图式含有变量，如在“房子”这一图式中，房子的功能、大小、形状等都是变量；(2) 图式可以相互嵌套，比如“眼睛”的图式可以嵌套在“人脸”的图式中，而“人脸”的图式又可以嵌套在“人体”的图式中；(3) 图式可以在各种抽象水平上表征我们的知识，从宇宙天体到粒子运动，从意识形态到洗衣做饭都可以用图式来表征；(4) 图式所表征的是知识而不是定义，图式中含有同类事物的本质特征和非本质特征，而定义只反映一类事物的本质特征。

心理学家还把图式分为表征客体的图式与表征事件的图式两大类。香克和阿伯尔逊(Schank R. C. & Abelson R.，1977)把表征反复出现的有序事件的图式称为脚本(script)。脚本不同于客体图式，它表征的事件有一定的时间顺序。如“订外卖”这个经常出现的事件，一般可以分解成如下的阶段：拨打餐馆电话、说明订餐品种与分量、等待送餐、送餐员上门、检查送餐品种与分量、付款、用餐。由于这样的步骤多次重复出现，人头脑中形成有关订外卖的定型图式。

三、陈述性知识的学习过程

信息加工心理学把陈述性知识的学习看作是信息的编码、储存和提取的过程。图 7-2 较完整地反映了这一过程。

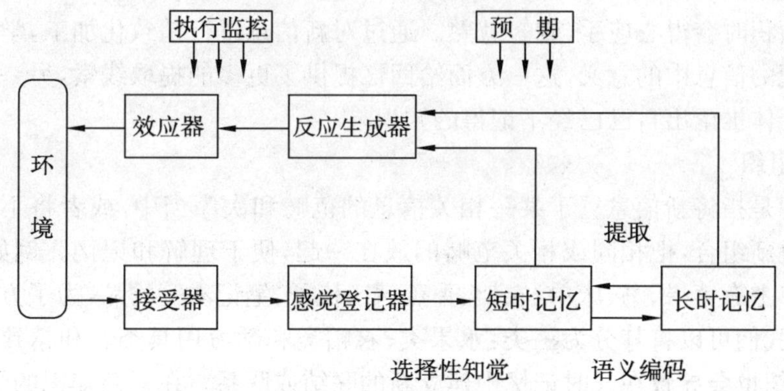

图 7-2　陈述性知识的学习过程

（一）有意义地编码

所谓编码，就是将输入信息与记忆中已有的概念和思想联系起来，以便更好地记住新材料的过程。在编码阶段，信息最初以感觉信息的形式从我们的各个感觉器官（如眼、耳、鼻等）进入感觉登记器。感觉登记器是一个容量很大的存储器，可以暂时保存所有感觉信息，但存储时间极为短暂。只有经过学习者选择性知觉（这一过程会受到学习者的长时记忆和认知过程的影响）的信息才会进入工作记忆（又称短时记忆）。工作记忆中的信息除了来自对外部世界的选择性知觉，还有一部分来自对存储于长时记忆中的信息的提取。工作记忆非常重要，是人们“思考”过程的发生之地，就像现在你在阅读这句话时的理解过程就在工作记忆中进行。工作记忆能够维持信息和思维过程的能量是有限的，如果在某一时段的信息量太多，或学习者试着要进行一些复杂的认知加工，那么工作记忆就会超负荷，这可能导致对关键信息的遗忘或重要的加工步骤的遗漏。当然，学生可以通过使用维持性复述或形成组块等记忆策略来提高工作记忆的效能。

长时记忆是信息加工过程的第三种记忆结构，我们所获得的所有知识都存储在这里，长时记忆的容量似乎是无限的。信息是经编码后储存在长时记忆中的，对陈述性知识进行编码会使新知识变得更有意义并有助于学习者理解和记住相关信息。心理学研究表明，精致化（Elaboration）、组织（Organization）和背景利用是三种有效的编码方式。

1. 精致化

精致化是指将新知识与已储存在长时记忆中的知识建立起联系，从而赋予复杂的知识以意义的过程。例如，学习过太阳系行星的学生知道，金星离太阳比地球更近，然后这个学生会想起离电热器更近会觉得更热一些，于是他会想在金星上可能更热一些。同样，学习过计算等腰三角形面积的同学，在面对求等边三角形的面积时会得心应手，驾轻就熟。通过对新信息进行精致化加工，学生增加了所呈现的信息中的意义，这一方面给回忆提供了更多的提取线索，另一方面能够帮助个体推论出自己已经不记得的知识。

2. 组织

组织是指将新信息置于某一相关信息的范畴和次序当中，或者将不同范畴的信息重新组合，把相同或相关范畴的放在一起，便于理解和记忆。例如，我们的购物单上有苹果、书、床单、衣架、香蕉、鞋、梳子、笔记本等物品，为了方便记忆和选购，我们可以将其分为三类：水果类、衣帽类和学习用具类。和精致化编码类似，组织也会导致在长时记忆中建立新的联结或联系。在复杂知识的学习中，可以采用列课文结构提纲和网络图的方法对材料进行组织。在许多教材中，每一章节的前面都有一个内容结构提纲。结构提纲提供大小标题、层次和序号，使读者可以清晰地知觉课文的内在逻辑结构,便于对课文内容的学习和理解。教师在授课时,也可以在板书上设计每一节的知识结构和网络图,为学生学习这种方法提供示范。

体验一下"组织"的编码方式

斑马	菊花	土豆	野猪	狐狸	玫瑰	书架	骆驼	铅笔	白菜
冬瓜	老虎	香菜	墨水	日历	山羊	丁香	茶花	海豚	牡丹
橡皮	书包	洋葱	大象	腊梅	番茄	水牛	老鼠	茉莉	豌豆

首先,你试着记一下上表中的30个词汇,过一段时间你去回忆时,就会发现长时记忆中的组织工作,即那些单词已被归入四个类别之中:动物、蔬菜、文具和花。归类表现为对于相关或相似的项目,无论在有序还是无序的条件下呈现,都是按一定的类别组织起来记忆的。

3. 背景利用

人们在学习新信息的时候,也会注意到周围背景的方方面面(地点、时间、情绪、和谁在一起等),无论是出于有意注意还是无意注意,这些背景知识在你随后的回忆活动中会起到启动的作用。假如你无法回忆一些事情时,这些背景信息可以间接地引导、启发你,直到回忆起正确的信息。例如,在特定空间内加工学习材料的学生,如果在相似的空间内进行测验,比在一个表面上看似不同的空间内做同样的测验时表现要好一些。

总之,在陈述性知识的编码阶段,新旧知识之间建立联系是一个重要环节,旧知识的可利用性越高,新知识与之建立联系的固着点越多,越有利于进行有效的编码,从而使新知识获得意义。

(二) 储存和保持

1. 知识储存和保持的实质

保持是识记过的经验在人们头脑中的巩固过程,也就是信息的存储过程。知识保持是一个动态的过程,储存的知识在数量和内容上都会发生变化。数量方面的变化,主要表现为保持的数量随时间的推移而逐渐减少,这就是遗忘现象,后面我们还要详细论述。在内容方面,由于每个人编码和储存知识的经验和方式不同,在长时记忆中保持的陈述性知识有可能发生以下三个方面的变化:(1) 保持的内容比原来识记的内容更简略、更概括,一些不太重要的信息趋于消失,而主要内容及其显著特征被保留下来;(2) 保持的内容比原来识记的内容更详细、具体、完整、合理和有意义;(3) 保持的内容比原来识记的内容更夸张、突出或歪曲,变得更生动、离奇,更具特色。

2. 知识遗忘的过程

记忆保持的最大变化是遗忘，遗忘和保持是矛盾的两面。记忆的内容不能再认和回忆，或者再认和回忆时发生错误，就是遗忘。德国心理学家艾宾浩斯(H. Ebbinghaus)最早对遗忘过程进行了系统研究，并在此基础上绘制出了被广泛引用的艾宾浩斯遗忘曲线。该曲线表明材料识记之后，遗忘就开始了，但遗忘的进程是不均衡的，呈现出先快后慢的趋势，之后会保持在一个水平上。后来关于记忆的研究表明，与机械学习的材料相比，具体事实同样容易遗忘，但在理解基础上记忆的概念和原理不易遗忘。

根据有关遗忘的规律，教师应该指导学生按照如下步骤进行复习：

第一次复习，学习结束后的5～10分钟，将要点加以背诵，或者阅读后尽快用自己的语言加以表述；

第二次复习，学习当天的晚些时候或者第二天，重读要点内容，用自己的话复述出来；

第三次复习，一星期后；

第四次复习，一个月后；

第五次复习，半年后。

此外，遗忘还表现出系列位置效应(serial position effect)。1962年，加拿大学者默多克(Murdock B. B.)在实验中给被试呈现一系列无关联的词，如“肥皂、氧、枫树、蜘蛛、雏菊、啤酒、舞蹈、雪茄烟、火星”等，请被试按照一定顺序学习这些词。结果发现，最先学习的单词和最后学习的单词回忆成绩最好，而中间部分的单词回忆成绩最差。据此，心理学家描绘出了关于记忆的“系列位置曲线”(serial position curve)(U形曲线)。系列位置效应表明，如果学习材料中各部分的位置不同，学习效果往往不同。比如，识记一篇文章，开头部分和结尾部分的识记效果就比中间部分要好。

(三) 提取

在学校情境中，教师往往通过回忆或再认任务来考查学生对陈述性知识的掌握。这时，学生要把长时记忆中的信息提取出来以完成任务。激活扩散(Spreading of activation)和重构(Reconstruction)是两种有效的提取策略。

1. 激活扩散

长时记忆是一个巨大的网络，可以储存的信息是无限的。处于我们工作记忆中的正在被思考的知识只是其中的一小部分。不过通过这一小部分可以启动、激活和它高度相关的、与之直接相连的结点。随着这一过程的继续，这一激活又会向四周扩散，蔓延到其他的结点或组块，进而能够提取到大量的信息。例如，物理学中和“斜面”这一概念相关的概念和命题有“力”、“加速度”、“牛顿第一运动定律”、“牛顿第二运动定律”、“F、m、a 的定量关系”等。从激活扩散模型我们可以看出，知识的保持不仅与知识的组织程度有关，而且还与知识的运用频率和信息加工过程的决策有关。认知心理学的研究也表明，不同的识记方式导致对识记内容的加工深度不同，对新知识信息加工越充分，识记效果越好，提取也越有效。

试一试，由红色这一概念你能想到什么呢？

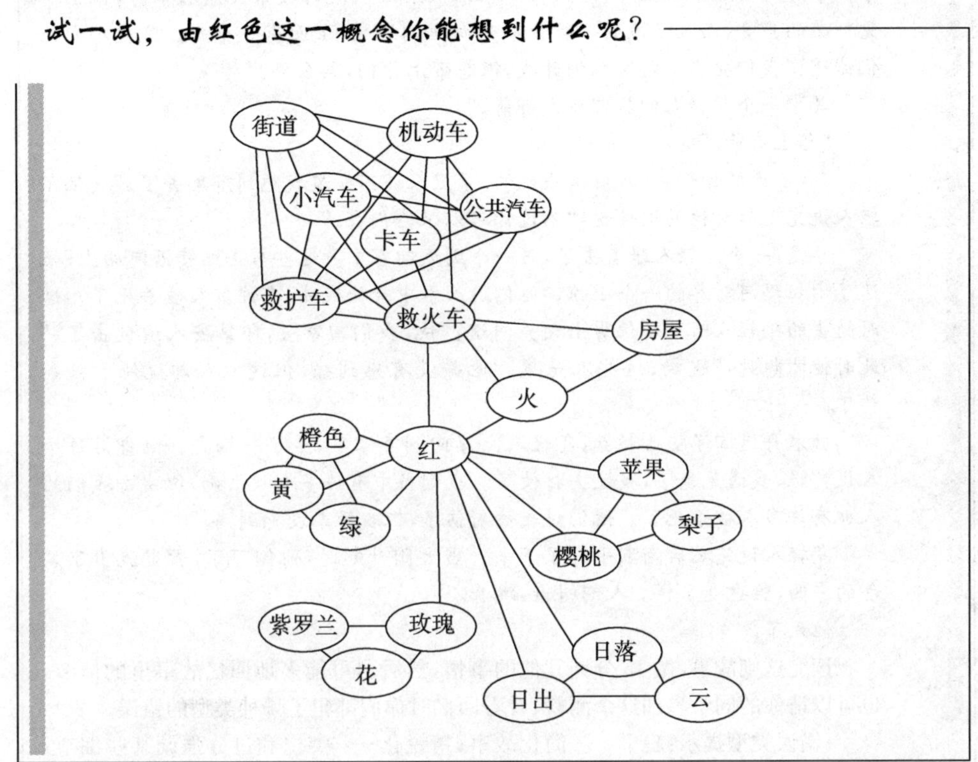

2. 重构

在陈述性知识的提取过程中，如果激活扩散没有找到我们要找的信息，这时就要借助第二种策略——重构来达到提取的目的。重构是一种认知工具或问题解决过程，通过将缺失的部分填上，利用逻辑、线索以及其他知识建构一个合理的回答。比如，如果学生在学习过程中没有掌握“维 C 可以促进白血球生长”这一命题，当老师提问“维 C 对白血球有什么影响”时，这一问题首先激活的是命题网络中的“维 C”和“白血球”两个概念，当学生不能直接找到“维 C 可以促进白血球生长”这一命题时，可能会通过“白血球消灭病毒”、“感冒是由病毒所引起的”、“维 C 通过影响白血球来预防感冒”等命题逐步推导出“维 C 可以促进白血球生长”的结论。由此可见，陈述性知识提取的过程是对命题网络进行搜索并做出决策的过程。这一过程包括对知识的重构。有时候，重构的内容是不正确的。

构建自己的学习

请阅读下面这篇"鬼魂的战争"：

一天晚上，两个艾古拉克的年轻人去河里捕海豹。当他们来到那里时，天下起了雾，四周很寂静。顷刻他们听见了打仗的呐喊声。他们想："这里可能有战争。"于是两人赶紧跑上岸，隐藏在一根木头后面。这时驶来几艘独木舟，他们听见划桨的声音，而且还看到一艘独木舟向他们划来，上面有5个人。这些人向他们喊道："我们要去上游同人们开战，很想带上你们，怎么样？"

其中一个年轻人回答："我没有箭。"

"船上有箭。"这些人喊道。

"我不愿随你们去，我会被杀死的，家里人还不知道我跑到哪里去了。"这位年轻人说完之后对他的同伴说："不过你可以跟他们去。"

于是，一个年轻人跟着去了，另一个则返回家中。这些勇士继续沿河而上，抵达了卡拉玛河对岸的一个小镇。他们跳入水中开始战斗，有许多人被杀死了。这时随去的年轻人听见一位勇士大声叫道："快，我们回家去，印第安人遭袭击了。"此时他才想到："哎哟，这些人是鬼。"他并没有感到痛，但这些人却说他已被射伤了。

独木舟返回了艾古拉克，年轻人上岸回到了家里，生了一堆火。他告诉每个人说："瞧，我遇见鬼了，我还去打仗了。我们当中有许多人被杀死，但攻击我们的人也有许多人被杀死了。他们说我被射伤了，但我根本没感到痛。"

年轻人说完之后渐渐平静了下来。当太阳升起时，他倒下了，嘴里流出了黑色的东西，脸也变了样。人们叫着，跳着。

他死了。

读完这则故事，做15分钟其他的事情，然后尽可能多地回忆故事里的情节。也可以请你的同学参加这个测验，看看回忆时你们都犯了哪种类型的错误。

（错误类型提示：趋平——简化故事；精锐化——突出和过分强调某些细节；同化——将细节变得更符合被试自己的背景或知识）

大多数人犯的错误是将文中不可理解的部分通过重构变得可以理解，当人们阅读晦涩难懂的材料时，可能会扭曲文章原意而使其与自己已有的知识保持一致。

四、陈述性知识的教学策略

（一）吸引学生的注意

注意是知识掌握的门户。注意可分为有意注意和无意注意。无意注意受外界的刺激特征和个体自身的状态两方面因素的影响，与直接兴趣相联系。研究表明，凡变化的刺激，如教师讲课时语调的高低，呈现教材的颜色，教师的姿势、动作、手势等变化都能引起学生的无意注意；凡能唤起人的情绪反应的刺激，如生动、形象的描述、比喻，直观教具、图画等都能引起学生的情绪反应，引起无意注意。因此，教师应灵活应用变化的刺激和情绪性刺激的特征来唤起和维持学生的注意。有意注意主要受个体的间接兴趣的影响，提高学生对知识的间接兴趣是保持有意注意的关键。因此，教师在教学中应该更多地采用说明所学知识、技能的应用价值等策略来维持学生的有意注意。

在"圆的认识"一课中，为了让学生初步感知圆是"平面内到一定点的距离等于定长的点的轨迹"，又能激发学生对"圆"的学习兴趣，在新课开始的时候，教师拿着一个系着一段绳子的小球对同学们说："这是一个小球，它上面系着一段绳子。现在我用手拽着绳子的一端，将小球甩起来，你们看看小球会甩出一个什么样的图形？"这时，由于好奇心的驱使，全班同学的注意力便全部集中到对教师动作的观察上来了。当然，他们很快看出小球甩出的是一个圆形。由于学生看到圆可以用这种新奇的方式产生，所以他们自然地产生了认识圆的学习兴趣。

（二）激活原有知识

美国著名的教育心理学家奥苏贝尔在《教育心理学：认知观》一书的扉页写道："假如让我把全部教育心理学仅仅归纳为一条原理的话，那么我将一言以蔽之：影响学习的唯一最重要的因素就是学生已知道了什么，要探明这一点，并应据此进行教学。"研究表明，新知识要获得意义，学生认知结构中必须具有相应的知识储备，而且这些知识必须处于激活状态。在课堂教学中，当学生原有知识经验还没有被激活和提取时，教师可以给学生补充一些过渡性的学习材料，或者利用与新知识有关的问题提问学生，这样既可以了解学生原有知识的掌握情况，也可以做一些概要的复习，为新知识的讲授做好准备。

（三）促进选择性知觉

学生在课堂学习中主要通过视、听两个渠道获取信息。教师无论采取何种渠道传输信息，要使信息便于学生接受就必须精心加以组织和设计。从视觉呈现的材料看，教师可采取如下方式促进学生的选择性知觉：(1) 在教材中采用符号标志技术。如要求学生把重要的概念用下划线标出，把要阐明的观点用小标题列出等，使材料结构清晰，一目了然，便于学生选择适当的信息，并将信息组成一个彼此关联的整体，形成概念框架。(2) 注重对板书和直观材料的设计。板书设计得好可以突出新授知识的组织结构，可以弥补学生从听觉渠道接受信息的缺陷，如短时记忆容量的限制；直观材料的呈现要突出新知识的关键特征，便于学生去选择性知觉，促进知识掌握。从听觉渠道呈现的材料看，教师能吸引学生注意的技巧也适用于促进选择知觉新信息。教师的讲授与板书、多媒体与直观材料的呈现相结合，其效果会更好。

（四）促进新旧知识相互作用

课堂教学中，教师可以采用多种方式来促进学生新旧知识的相互作用，其中利用奥苏贝尔所讲的“组织者”就是一个有效策略。组织者分陈述性组织者和比较性组织者。前者适用于学生原有认知结构中缺乏同化新知识的有关知识观念时；后者适用于学生的认知结构中已具有同化新材料的适当观念，但不能自发应用，即不能独立地找到它们之间的内在联系时。通过提供这种引导性材料，可以在学习者的“已知”与“未知”之间搭建桥梁，以达到“以其所知，喻其不知，使其知之”的目的，使学生能够更有效地学习新材料，加深对知识的理解。

（五）促进认知结构改组与重建

现代教学心理学认为，知识掌握不仅是保持知识，而且是要经过认知结构的改组和重建，以达到简约与减轻记忆负担的目的。为了防止知识的混淆和有用观念的遗忘，在教学中应帮助学生认识知识系统的整体结构，理清知识要素间的纵横联系，尤其是概念原理间的联系规律，分清知识的主干与分支；启发学生概括、归纳、比较解决问题的方法，达到触类旁通、举一反三；指导学生比较知识要点的同中之异、异中之同，帮助学生发展知识结构。通过对已有知识进行进一步的加工和改造，能够有效促进学生认知结构的改组与重建。

（六）有效测量和评价陈述性知识的掌握状况

陈述性知识掌握的实质是学生认知结构中命题网络的建立。有效的测量必须测查相关的命题网络是否形成。根据认知心理学测量认知结构特征的技术，教师可以编制测量知识内在联系的试题。用什么样的试题测量学生掌握知识的情况，不但是评价教学结果的手段，而且对学生的学习起导向作用。如果测验题只要求学生机械背诵学习材料，学生就会只注意死记硬背；如果测验题偏重测量知识的内在联系，学生在平时的学习中就会主动去建构知识的网络结构。

第二节　程序性知识的学习与教学

一、程序性知识的含义及分类

（一）什么是程序性知识

程序性知识是人脑中储存的关于步骤、程序、操作的知识，即“怎么做”某件事情，是一种动态的知识，表现为在信息转换活动中进行具体操作。例如，音乐家演奏音乐、运动员完成某项体育项目以及学生进行数学运算等活动都需要拥有相应的程序性知识。学习某一种程序或许要花费一定的时间，但一旦学会之后，这种知识便长久地储存在长时记忆中，不会遗忘。

> 数学课上，对"1/3＋1/5＝?"这一分数加法算式的运算就是一种程序性知识。其解题步骤分为以下四步：① 求两个分母的最小公分母，结果为 15；② 将第一个分数的分子、分母同时乘以 5，得到 5/15；③ 将第二个分数的分子、分母同时乘以 3，得到 3/15；④ 将两个同分母的分子相加，分母不变，得到 8/15。

(二) 程序性知识的分类

程序性知识可以分为运动技能和心智技能两大类。

1. 运动技能

(1) 定义。运动技能又叫操作技能，是通过学习而形成的合乎法则的操作活动，它主要借助于对骨骼肌肉系统的协调而实现。日常生活中的听、说、读、写，体育活动中的奔跑、跳跃，艺术领域中的吹、拉、弹、唱等，都是运动技能的体现。

(2) 特点。运动技能具有三个特点：第一，客观性。就操作的对象来说，运动技能借助对骨骼肌肉系统的协调来完成各种活动，操作对象是客观实体或肌肉骨骼。第二，外显性。就操作进行的过程来说，运动技能都是通过骨骼肌肉的运动实现对外在实体的操作，是我们可以看见的，具有外显性。第三，展开性。就动作的结构而言，操作活动的每个动作必须切实执行，不能合并、省略，在结构上具有展开性。

2. 心智技能

(1) 定义。心智技能又叫智力技能，是借助于内部言语在头脑中进行的认知活动。例如，小学生的心算活动、阅读、思考、写作技能等都属于心智技能的范畴。

(2) 特点。心智技能也具有三个特点：第一，观念性。与操作技能不同，心智技能的对象是储存在人脑中的知识和信息，是对客观事物的主观表征，因此具有观念性。第二，内潜性。由于心智技能的对象是主观观念，而不是像运动技能通过肌肉运动对客观实体进行操作，也不像言语活动那样通过言语器官、口腔肌肉的活动进行表达。心智技能是通过内部言语进行的，只有通过其作用对象的变化来判断活动的存在，因此具有内潜性。第三，简缩性。与运动技能的展开性不同，心智活动不需要把每一个步骤切实执行，在自己的意识范围之内可以省略、合并及简化，因此具有简缩性。

二、程序性知识的表征方式

信息加工心理学家认为，人脑和计算机一样，都是"物理符号加工系统"，其功能都是操作符号。计算机之所以具有智能,能完成各种运算和解决问题,是因为它储存了一系列以“如果/那么”(if/then)的形式编码的规则,这种规则被称为产生式(production)。信息加工心理学的创始人纽厄尔(Newell A.)和西蒙(Simon H. A.)把计算机科学中的这一概念引用到心理学中,安德森则提出程序性知识是以产生式和产生式系统(production systems)的方式表征的。

(一) 产生式

每个产生式由条件和行动两个因素组成。条件部分储存了能够激发行为的环境条件和心理条件的信息,行动部分则储存了指导心智或身体行动的信息。当特定条件存在时,一定的行为就必然发生,即如果 A,那么 B。例如,“如果外面下雨了,那么我就打伞回家”“如果你认真阅读了使用说明,那么就不会出错”。

Production 1(实施强化的产生式):

条件　目标是要增加儿童的注意行为,且儿童的注意时间比以前稍微延长。

行动　对儿童进行表扬。

Production 2(识别三角形的产生式):

条件　已知一个图形是两维的,且该图形有三条边,三条边是封闭的。

行动　识别此图形是三角形。

(二) 产生式系统

产生式与产生式之间是通过系列控制而相关联的,当一个产生式的行动部分成为另一产生式发生所需的条件时,就构成了产生式系统。在产生式系统中,因一个产生式的应用而导致的信息转化结果提供了另一产生式的应用所需要的条件,因此一系列相关行为就自动地发生。例如,汽车在行驶中一挡换二挡的产生式系统是:

条件一　如果一辆汽车在第一挡上行驶,且车速超过每小时 10 公里。

行动一　踩下离合器。

条件二　离合器已经被踩下。

行动二　将换挡把由一挡挡位推向二挡挡位。

条件三　挡把已经在二挡挡位。

行动三　松开离合器。

产生式系统的激活会使一系列离散的行为形成一个连锁,并以顺畅且相对自动化的方式运行,直到达到一个主要的目标或者建立一个新的目标。

三、陈述性知识与程序性知识的区别和联系

成功完成一项任务会同时用到陈述性知识和程序性知识。例如,教师要想

在课堂中获得成功，就既要理解相关理论，又要掌握理论的应用。表 7-1 对陈述性知识和程序性知识作了比较和对照。

表 7-1　　比较陈述性知识和程序性知识

特征	知识类型	
	陈述性知识	程序性知识
表征方式	命题、表象、图式	产生式、产生式系统
运　　用	灵活：可以在很多情境下使用	特殊：在有限的情境中使用
对行为的影响	效率低：行为需要有意识的控制，缓慢而容易犯错误	效率高：行为是自动化的（无意识控制），快速而不易出错
习得速度	快：可以较快速地获取组块	慢：获得新的产生式需要多次尝试
遗　　忘	可能会很快遗忘	遗忘相对慢

可见，陈述性知识与程序性知识二者之间有本质的区别，是两类不同形态的知识。不过，从另一方面来看，二者又有密切的联系。

首先，陈述性知识的获得是学习程序性知识的基础。学会"怎么做"之前必须先知道"是什么"、"为什么"和"怎么样"的问题。一般而言，产生式系统是依据命题网络来编制的，人们一开始通过对命题网络的有意识的搜索来决定怎么做。经过大量的练习，命题网络的某些部分开始转化为产生式和产生式系统，即陈述性知识的程序化问题。

其次，程序性知识获得后也为获取新的陈述性知识提供了可靠的保证。陈述性知识的获得离不开对某些信息的判断和转换，这主要依靠个体的程序性知识。任何陈述性知识的获得都离不开过去的知识基础，而这其中就包括大量的程序性知识。可以说，陈述性知识和程序性知识的学习是互为条件的。

四、程序性知识的学习过程

（一）运动技能的形成过程

费茨和波斯纳（Fitts & Posner，1967）把一般运动技能获得的心理过程概括为三个阶段：

1. 认知阶段

认知阶段也可以叫做动作定向阶段。在这一阶段，学生首先要认知动作技能的结构，对动作系统有初步认识，在头脑中形成完整的目标意象，即有关动作形式的表象，用表象调节动作并掌握局部动作。在这一过程中，编码是重要的环

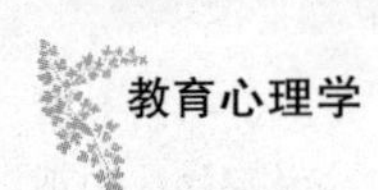

节。学习者对信息的编码可以是具体的，也可以是抽象的；可以是语词的，也可以是视觉的。儿童一般使用具体的、视觉的编码，而成年人能够将视觉和语词联系起来进行编码。动作定向在动作技能形成中很重要，有了动作定向，学生就能知道做什么，而且初步知道怎么做。

2. 联系阶段

这是由动作定向向动作协调完善阶段发展的过渡阶段。在这一阶段，心理发展要经过两个过程：程序化和组合。程序化是指将工作记忆中激活的陈述性知识创建为新的产生式这一认知过程。在上一个阶段，学习者已经掌握了动作的陈述性知识，在使用陈述性知识操练活动时，必须将每一步的理论知识和分解动作相对应，用理论指导动作的进行，经过多次训练，一些新的产生式就形成了，一系列分解动作就程序化了。组合是指将两个或多个产生式组合成产生式系统的过程。组合的结果是使一系列分解动作更为流畅，成为一体。经过程序化和组合，学习者的动作逐渐熟练，上一阶段的表象调节和有意识控制也减少了。

在这一阶段，学习者必须排除过去经验中习惯的干扰。例如已经学会了简化太极拳的人，在学习打杨氏太极拳时，常常把简化太极拳中后坐的动作带到杨氏太极拳里来，而在杨氏太极拳中是没有这个动作的。因此，他必须努力纠正这些习惯性动作。这一阶段的学习过程非常重要，教师应重视并提高警惕，以防学生形成错误的产生式系统。

3. 自动化阶段

此时，肌肉骨骼动作实现程序化、自动化和完善化，达到操作的熟练，所形成的各种动作方式对外在变化的条件具有高度的适应性。在这里需要指出的是，自动化并不意味着没有意识的参与，它只是以动觉反馈调节为特征，意识的参与性减少，可以将注意分配到其他活动上。自动化的内在机制是在大脑皮层中建立了动力定型，即大脑皮层的概括的、巩固的暂时神经联系。

研究表明，任何运动技能的掌握都是相对的。例如，有人对工业中的生产技能进行了长期的研究，发现雪茄生产工人的动作技能在四年多的时间内都在进步，这些工人要掌握一定水平的技能，必须经过大量的实践。例如，第一年工人生产一支雪茄需用 0.12 分钟，第二年降至 0.1 分钟，第三年降到 0.09 分钟，在第四年以后，工人的技能仍有缓慢的改进。许多体育技能的训练表明，一个运动员要达到自己的最高水平需要多年的练习，要保持这一最高水平同样需要大量的练习。

（二）心智技能的形成过程

心智活动虽有观念性、内潜性和简缩性，不同于外部的实践活动，但它又来源于实践活动，是实践活动的反映。心智活动是通过实践活动的“内化”而实现的。据此，前苏联心理学家加里培林于 1959 年提出了著名的心智活动形成的五阶段理论，认为智力技能的形成是一个从外部的物质活动向内部的心理活动转化的过程。这五个阶段分别是：

1. 活动的定向阶段

这是活动的准备阶段。学生要预先熟悉任务，形成关于活动本身和活动结果的表象。这一阶段主要是给学生提供活动的原型，并说明活动的目的、方法以及操作程序，使学习者明确活动的方向。例如学习进位加法，本阶段要向学生指出其关键是进位，并提醒学生注意为什么要进位和如何进位。

2. 物质活动和物质化活动阶段

即借助实物、模像或示意图等进行智力活动的阶段。这两种活动既有联系又有区别。二者都是对外在的客观实体进行操作，不同的是，物质活动的操作对象是实际事物，是对象本身。例如，魔方是很多小朋友都喜欢的玩具，通过动手操作，他们的智力得到开发。而物质化活动的操作对象不是客观实体，而是它的代替物，如模型、蓝图、图解、标本以及记录等。例如，在人体解剖课上，老师可以通过人体骨架模型向学生讲授人体的骨骼、肌肉系统等。

此阶段的关键是：应把智力活动分为各种大大小小的可以进行的操作，不能有任何遗漏或缺失，学习者只有充分了解展开的智力活动的全过程，才可能真正理解学习的任务，同时也为下一步的活动压缩打好基础。如一年级学生练习 9 加 2 的进位加法时，教师可结合实物的演示，把其运算步骤分为可以操作的想、分、算三个环节（如图 7-3）。

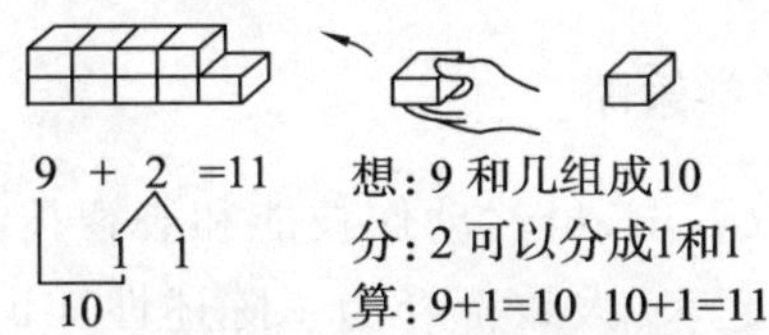

图 7-3　9 加 2 智力活动过程

一般在教师展示智力活动的过程之后，应指导学生运用实物进行相应的操作，使学生能准确而清晰地操作，并能对操作程序形成鲜明确切的印象。此外，在该阶段要注意变更活动的对象，使活动方式在直觉水平上得以概括，从而形成关于活动的较为概括的表象。同时，学生进行“原型”操作时，应注意与言语结合，以利于智力活动向下一阶段转化。

3. 出声的外部言语阶段

该阶段是不直接依赖实物而借助出声言语进行心智活动的阶段。这是从外部物质活动向内部活动转化的第一阶段，即智力活动摆脱了实物，以出声言语充当内部操作的支持物。这一阶段要求对智力活动做言语练习，用言语表达完成认知活动。如小学生算9加2,这时不再操作实物,而直接依据想、分、算三个环节,用有声言语进行计算。这个阶段有可能与物质及物质化阶段融合在一起,不单独成为一个阶段,但有声言语活动必须完成。如儿童在物质或物质化活动阶段可能边操作实物边大声说出操作的过程。

4. 无声的"外部"言语阶段

这一阶段同前阶段的不同之处在于活动的完成是以不出声的外部言语来进行的,即此时以声音表象、动觉表象为支柱进行智力活动。这种不出声的外部言语同出声的外部言语相比,看来似乎很简单,但要求对言语机制进行很大的改造,因而这种言语形式要求重新学习及掌握。这一点在儿童学习从朗读到默读的过程中尤为明显。

5. 内部言语阶段

这是智力技能形成的最后阶段。该阶段智力活动简约化、自动化、熟练化,似乎不需要意识的参与,学习者本人常常觉察不到其进程。如学生掌握了加减法运算技能,在运算时,由于运算过程已经自动化,他可能觉察不到,而觉察的只是运算的结果。

加里培林的心智活动五阶段理论与运动技能形成的三阶段论似乎不太一样,前者强调智力技能的形成是外部活动内化的结果,而后者认为运动技能的形成是因为陈述性知识向程序性知识的转化。但仔细分析,二者的实质大同小异。加里培林理论中的第一阶段相当于认知心理学所说的陈述性阶段,而其二、三、四三个阶段基本上相当于转化阶段,其第五阶段也与自动化阶段相当。

五、程序性知识的教学策略

通过上面的分析可以看出,虽然动作技能和心智技能形成过程的阶段划分不同,但实质相同。概括起来,大致都经历了陈述性知识、转化和自动化三个阶段。因此,前面我们论述的促进陈述性知识学习的教学策略也是适用于程序性知识的。这里,我们重点谈一下教师为学生选择和设计学习课题,促进程序性知识理解以及正确指导学生的练习等针对程序性知识的教学策略。

(一) 选择和设计学习课题的教学策略

在程序性知识的教学中,为学生选择和设计学习课题是发挥教师指导作用的一个重要方面。这方面可以运用加涅等人提出的学习任务分析技术。加涅认为智力技能的学习存在层次关系,高一级的学习以低一级智力技能的学习为必要条件。基于这种思想,加涅认为,从任何特定的学习目标出发,都可以找到一些作为先决条件的更简单的学习目标。换句话说,一个特定的终点任务,可以分解为一系列的从属任务或子任务。所有的子任务分层次排列,低水平任务必须在较高水平任务掌握之前完成，高水平任务的完成必须以较低水平任务的完成为前提。例如，小学生在学习统计单元的内容之前应该掌握计算平均数的技能，而要计算出平均数，则需要学生掌握加法和除法的运算技能。如果有人还不能这样做，教师就要通过一定的方式先教授这些技能。

（二）促进程序性知识理解的教学策略

1. 示范、讲解与让学生说出示范动作相结合

研究表明，教师的示范和讲解对学生程序性知识的学习具有重要作用。示范和讲解有利于学习者不断地调整头脑中的动作表象，形成准确的定向映象，进而在实际操作中可以调节动作的执行。早在1945年，心理学家戴维斯(Davies D. R.)就曾对在运动技能的学习中指导与发现的效果作过比较研究。在实验中，被试分两组学习射箭。甲组受到详细指导，如演示如何站立，如何握弓，如何放箭；乙组自行尝试，未受严格指导。经过18次练习，指导组射中率为65%，尝试组射中率为45%。示范的准确性是影响操作技能学习的直接决定因素，错误的示范直接导致错误的模仿，因而准确示范在技能学习的初级阶段是非常重要的。

研究表明，指导者的示范与讲解不同，学习者的学习效果也不同。汤普森(L. Thompson)曾把儿童分为五组，在不同的示范方法下让其学习装配齿轮的七巧板。由于示范时对各组儿童活动的要求不同，主试的言语指导不同，各组儿童独立完成拼装的效果呈现出明显的差异(见表7-2)。可见，最有效的指导方法是教师示范、学习者描述示范动作和教师纠正学生的错误相结合。

表7-2　　不同指导方法的不同效果

组别	儿童在观察时的活动	示范者的言语解释	拼七巧板所需的时间(容易的)	拼七巧板所需的时间(困难的)
1	连续加2至100	无	5.7	25*
2	说出示范者所演示的	无	3.1	22
3	静默观看	不完整的描述	3.5	16
4	静默观看	完整的描述	3.2	14
5	说出示范者所演示的	纠正儿童叙述中的错误	2.2	12

*25名儿童中仅有3名完成了任务

2. 把各个步骤充分展开加以示范

教师在示范过程中要将每一套动作分解成最小的动作单元，一个一个的步

骤。而且，在学习的初级阶段，教师应不厌其烦地多次示范，尤其在两个动作衔接的地方，更应该引起重视，使学生不仅对每一个分解动作形成稳定的动作映象，而且注重动作的切换与衔接。

不仅运动技能如此，智力技能也是如此。在对年幼儿童的智力技能教学中，需要把智力活动转化为一系列的物质或物质化的活动，教师必须要认真演示每一个小的步骤，让学生了解构成活动的各个动作以及动作之间的执行程序，并了解动作的执行方式，使学生对于活动有一个完整的映像，为今后的学习奠定基础。随着儿童年龄的增长，教师可以通过板书的方式向学生演示、讲解智力活动的步骤。

3. 降低示范速度，防止信息负担过重

研究表明，在技能学习的初期，教师应放慢示范和讲解的速度，多次演练。因为学习者的短时记忆容量有限，一次性学习太多，会造成记忆超载，负荷太重，以至于影响后面的学习。俗话说，欲速则不达，不能急于求成，使学生产生逆反心理，失去了学习的兴趣，这样就得不偿失了。

4. 引导学生回忆并利用已掌握的有关技能

新学的技能常常包含了部分学会的技能，或者新技能是若干已学会技能的不同组合。所以教师在教学中应引导学生回忆过去学过的有关技能，分析新技能与原有技能的共同之处，这样不仅可以使学生更好地理解新技能，而且有利于在下一阶段原有技能向新技能的迁移。

5. 给学生提供具体事例

教师在为学生讲解各种新的概念和规则时，可以通过举例子的方式促进学生的理解。运用具体事例可以使抽象的知识变得具体、生动，比教师空洞说教的效果好得多。举例子时要注意运用变式和比较，避免学生将对有关概念和规则的理解停留在特定事例上。

（三）指导练习的教学策略

1. 及时提供反馈信息

大量研究表明，及时提供反馈信息是提高练习效果的一种有效策略。反馈有外部反馈与内部反馈之分。前者是通过操作者自身以外的人或事提供的反馈；后者是指操作者自身的感觉系统提供的感觉反馈，对于运动技能来说是指由动觉信息提供的反馈，而对于智力技能来说则是指通过元认知的自我监控获得的反馈信息。

内部反馈在技能的形成中具有重要作用，随着练习的进行，学习者越来越多地通过内部反馈控制自己的行为，这是技能逐步趋于自动化、产生式系统得以形成的根本原因。但是，只有建立在正确的外部反馈的基础上，有效的内部反馈系统才能得以建立。如果不能及时得到正确的外部反馈信息，学习者的内部反馈系统就不能尽快建立，甚至会建立起不适当的内部反馈系统，这将严重阻碍技能的形成。因此，教师必须在学生练习时或练习后及时、准确并具体地告知情况和结果，以便学生在外部反馈的基础上进一步建立内部反馈，提高练习的效果。

2. 设计变式练习题

教师提供适当的变式练习能够帮助学生把静态的知识转化为动态的技能。变式是指概念的正例的变化，在不断呈现的变式中，虽然无关特征在不断变化，但本质特征却始终不变。例如，学生学习了“浮力”概念后，就要让他们鉴别各种存在浮力的情境，如浮在水上的物体或沉在水下的物体、水中的物体或其他液体中的物体、木头的物体或金属的物体等。学习了一项动作技能后，也要让学生在变换场地、变换工具或变换对手等的情况下进行练习。教师设计的变式练习可以从提供与学习情境相似的问题情境逐渐演变为与原先学习情境完全不同的多种新情境，让学生熟知规则适用的各种不同条件。

教师在教学中讲授了光合作用的光反应和暗反应的过程，就可通过下列变式练习这一程序性知识：

1. 下列变化属于光合作用暗反应阶段的有(　　)

① 氧分子的释放　② [H]的产生　③ CO_2 的固定　④ 产生 ATP　⑤ ATP 中能量的释放

A. ①②　　B. ③④　　C. ②④　　D. ③⑤

2. 将置于阳光下的盆栽植物移至黑暗处，则细胞内 C_3 与葡萄糖的生成量的变化是(　　)

A. C_3 增加，葡萄糖减少　　B. C_3 与葡萄糖都减少

C. C_3 与葡萄糖都增加　　D. C_3 突然减少，葡萄糖突然增加

通过一系列彼此联系的练习，可让学生在新的不同的情境中运用光合作用过程的知识，帮助学生完成知识的转化，提高学生的迁移能力。

3. 选用恰当的练习方法

练习方法选用得当，会提高练习的效率。从练习时间的安排来看，有集中练习和间时练习。如果任务比较复杂，学生能力低，则易采取间时练习，反之则使用集中练习的效果好。从练习的形式来看，有身体练习和心理练习。一些研究表明，心理练习是提高运动技能练习效果的一种有效的方法。心理练习是指身体不实际活动，而是在头脑内对各种动作进行回忆、想象的练习形式。早在1952年，哈比(Harby S. F.)曾对动作技能学习中的心理练习与身体练习作了比较。他发现，心理练习在自由投篮的动作技能的发展中有显著的影响，若能将心理练习与身体练习相结合，其效果更好。这证明在运动技能的训练中，心理练

习能起到促进作用。同样，在智力技能的训练中，加强身体练习也是提高训练效果的一项重要措施。这里的身体练习既包括动手，也包括动口和动笔。在智力技能的形成过程中，教师可以指导学生把动脑和动手、动口、动笔相结合。

4. 激发并维持学生的练习动机

程序性知识的获得，要经过一个长期而又困难的练习过程，很少有捷径可走。因此，教师要注意练习动机的激发和维持，使学生的练习动机保持在一个较高的水平上。这样，学生就会增强练习的努力程度和坚持性，增强克服困难的信心，从而提高练习的效果。一个重要的策略就是让学生及时了解自己练习进步的情况，强化他们的练习行为，并能使学生产生成功的体验，提高自我效能感。同时，还应注意克服学生过度的焦虑情绪，不要使学生的动机水平过高，因为动机水平过高反而会妨碍练习的正常进行。

第三节　元认知

信息加工心理学家一般将学习的信息加工过程区分为加工过程和执行控制过程，前者如信息的输入、短时记忆、长时记忆贮存和提取等过程；后者指对信息加工过程起监测与控制作用的过程，如通过复述、精致化和组织等活动，使信息在长时记忆中持久保存。这些控制过程也被称为元认知。

一、元认知的实质及结构

（一）元认知的含义

元认知（meta-cognition）这一概念是由美国心理学家弗拉维尔（Flavell J. H.）于20世纪70年代提出的。根据他的观点，元认知是任何以认知过程与结果为对象的知识，或是任何调节认知过程的认知活动，它之所以被称为元认知是因为其核心意义是对认知的认知，其实质是人对认知活动的自我意识和自我控制。具体说来，元认知是主体对自身心理状态、能力、任务、目标、认知策略等方面的认知；同时，元认知又是认知主体对自身各种认知活动的计划、监控和调节。

（二）元认知的结构

元认知具有三个独立但又相互联系的成分：元认知知识、元认知体验和元认知监控。

1. 元认知知识

元认知知识就是有关认知的知识,即关于什么因素或变量以什么方式起作用(或相互作用)来影响人的认知活动的过程与结果的知识、信念。它大致又可分成关于人、任务和策略三方面的知识。关于人的元认知知识就是有关个体对自己或他人作为认知主体的特征的知识,如学习者能够认识自己的兴趣、爱好、学习习惯及能力,知道记忆、理解有不同的水平等;关于任务特点的认识即关于不同的认知材料和任务目标对认知活动的不同影响的知识,如学习者知道要求回忆一篇文章的大意要比背诵该文章容易得多;有关进行认知活动有哪些策略,何时及怎样使用这些策略,这些策略的优缺点和有效性等方面的知识就是关于策略的元认知知识,比如学习者能够在材料本身缺乏意义的情况下利用谐音联想法去记忆材料。

2. 元认知体验

元认知体验是个体伴随着认知活动而产生的认知体验或情感体验。对于这些体验,学生可能完全意识到而且能够表达出来,也可能是模糊不清而不容易表达出来。元认知体验可能发生在开展认知活动的任何时刻,但一般认为,它常产生在学生期望对自己的认知活动进行有意识的调节和控制的时候。元认知体验直接影响着认知任务的完成情况,如怀疑自己所解的题有错而进行重新审视,阅读中遇到障碍而反复阅读,学习者也可能由于失败或困惑的体验而修改或放弃原有的目标。总之,积极的元认知体验会激发主体的认知热情,调动主体的认知潜能,从而提高认知加工的速度和有效性。

3. 元认知监控

元认知监控是指个体在进行认知活动的全过程中,将自己正在进行的认知活动作为意识对象,不断对其进行积极、自觉地监视、控制和调节。元认知监控是元认知的核心,它主要包括:制订认知计划、实际控制认知过程、及时检查认知结果、及时调整认知计划以及在认知活动偏离认知目标时采取补救措施等。个体主要使用一系列具体的元认知策略来完成元认知监控。已有研究表明,在一定的基础知识上,学生学习的自我监控水平是其学习成功的关键因素。

在实际的认知活动中,元认知知识、元认知体验和元认知监控三者是相互联系、相互影响和相互制约的,它们构成一个有机整体,指导、调节个体的认知加工过程,以达到预期的目标。大量的实证研究表明,学习的高效率与学习者具有较高的元认知水平有密切关系。元认知在学习活动中之所以具有重要的作用,是因为它具有两个重要的功能:(1) 意识性。它能使学习者明确知道自己正在干什么、干得怎样、进展如何。(2) 调控性。使学习者能随时根据自己对认知活动的认知,不断做出调节、改进和完善,使认知活动能有效地向目标逼近。

二、元认知策略

元认知策略是指利用认知过程中获得的知识，通过确立学习目标与计划、监控学习过程和评估学习结果等手段来调节学习行为。它是对认知活动的全过程进行指导、监控与调节的高级学习策略。元认知策略可分为三种：计划策略(planning)、监视策略(checking)和调节策略(monitoring)。

(一) 计划策略

计划策略包括确立学习目标、结果预测、决策分析、时间分配、评估有效性、拟定细则等环节。给学习活动制订计划可以使学生了解自己的学习进度，清楚地知道学习进程中的重要环节及内容，还可以帮助学习者对先前的学习进行评价，并帮助学习者克服惰性和倦怠。古语说，凡事预则立，不预则废。运用计划策略可以使学生成为一个积极的而不是被动的学习者。

(二) 监视策略

监视策略是指在认知过程中，根据认知目标及时检查、评价认知活动的结果与不足。监视策略具体包括阅读时对注意加以跟踪，对材料进行自我提问，考试时监控自己的答题速度和时间。这些策略使学习者觉察到自己在注意和理解方面可能出现的问题，以便针对问题加以修改。

(三) 调节策略

调节策略是根据监视的结果，找出认知偏差，及时调整或修正目标的策略。在实际运用中，调节策略总是跟监视策略连在一起的。例如，当学习者意识到他不理解课文的某一部分时，他们就会退回去读困难的段落；在阅读困难或不熟的材料时放慢速度；复习他们不懂的课程材料；测验时跳过某个难题，先做简单的题目等。调节策略能帮助学生矫正他们的学习行为，使他们补救理解上的不足。

元认知策略的这三个方面总是相互联系在一起。一般情况是学习者先认识自己当前的任务，然后使用一些标准来评价自己的理解、预计学习时间、选择有效计划或解决问题，最后监视自己的进展情况，并根据监视的结果采取补救措施。另外，对成功的学习者而言，元认知策略总是和认知策略结合得很好。认知策略帮助他将新信息与已知信息整合在一起，并存储于长时记忆中；元认知策略帮助他决定在某种情况下使用哪种策略。研究表明，元认知策略的培养对激发学生的学习动机、提高学生的元认知水平、优化学习方式、增强学生的自我监控能力以及提高学生的学业成绩等方面都具有十分积极的作用。

三、元认知的发展

元认知能力是在长期的学习活动中逐步发展起来的。它的发展体现出以下特点：

（一）随年龄的增长而增长

元认知是个体在学习中随经验的增长而逐渐发展起来的。例如，弗拉维尔和他的同事曾用12张图片作为材料，对幼儿、学前期、小学二年级、三年级和成人五个年龄段的对象进行了记忆广度实际值和预期值的研究，发现成人对自己的记忆广度有相当正确的估计，预期的记忆广度值和实际测到的记忆广度值几乎一致，而四个年龄阶段的儿童，随年级的增长，其预期值和实际值相差越来越小。这说明随着年龄的增长，儿童对自己认知活动过程的意识逐步提高。

（二）从外控到内控

在元认知还未发展之前，儿童的学习活动通常是在教师、家长等他人的直接指导、要求和监督下进行的。离开了成人的指导和安排，他们对学习往往束手无策。随着对学习材料、学习规律的熟悉与掌握，对自身特点及有关策略知识的不断丰富，自我调控的经验增多，他们对学习的自我调控逐步从无到有，由低级到高级发展起来。

（三）从无意识到有意识再到自动化

从意识的角度来看，儿童元认知的发展经历了从无意识到有意识再到自动化的进程。最初，他们毫无监控学习活动的经历与体验，往往是由于无意识的或不自觉的自我监控获得了成效而强化了再次的体验与监控，从而逐步从无意识转化为有意识。随着有意识的经常运用，这种需要极大意志努力及足够注意的自我观察、自我判断、自我控制逐渐变得娴熟起来，最后达到几乎不需再作有意识的选择和努力，或仅需少量注意就能自然而然地操作，达到自动化的程度。

（四）从局部到整体

儿童对学习活动的自我观察与监控，最初常常只是针对学习活动中的某一环节、某一侧面或某一学科内容进行的。随着儿童在这些领域的成功及元认知知识与体验的增加，他们的自我观察、自我监控才不断从某一环节扩展到学习的整个过程，并迁移到不同的学科内容上。

四、提高学生元认知水平的教学策略

根据元认知的结构及发展特点，在教学中可以通过下列措施来培养学生的元认知。

（一）提高学生的元认知意识

要提高元认知水平，首先应提高学生有关元认知学习的意识性：(1) 清晰了解任务的意识性。要求学生准确、全面把握学习任务，明确任务的性质、特点，任务的要求以及要达到的程度。(2) 掌握学习材料特点的意识性。每种学习材料都有自己的特点，应培养学生认真分析每种学习材料的性质、结构、难度、主次，以便能合理分配学习的时间和注意力。(3) 使用策略的意识性。不同学习材料、不同学习要求需要采用不同的学习策略，在解决任务之前，要求学生考虑有哪些策略可供使用，哪种策略解决当前任务最佳，要有意识地选择并运用有效学习策略。(4) 把握自己学习特点的意识性。引导学生充分认识自己的认知特点。例如，自己是善于视觉学习，还是听觉学习；是记得快忘得快，还是记得慢忘得慢。(5) 对学习过程进行自我调节的意识性。培养学生在学习过程中能敏锐判断出现的困难、障碍，准确分析它们出现的原因，并能适时地进行调整。

改革作业批改方式

教师批改学生的作业时，只在过程和结果正确的题目上打“√”，对于那些过程错误或结果错误的题目不只是简单地打上一个“×”，而是让学生自己去寻找错误的原因所在。当学生完成反省的过程后，便要求他们把正确的解题过程重新写在另一个“订正本”上。此外，教师还要求学生每周写“学习反省周记”，内容包括一周学习成功和解题错误的总结，有条件的话可以让同学之间互相交流，形成良好的反省氛围。

（二）丰富学生关于元认知的知识和体验

已有研究表明，学生的元认知水平与其拥有的元认知知识有极大关系，因此教师在教学中要注意元认知知识的传授。选择正确的教学模式对传授元认知知识非常重要。传统的教学模式有两种：一是专门化的教学模式，这种模式专门教授各种策略性知识，训练学生掌握一般的学习方法和技巧等。二是学科渗透式的教学模式，教师在讲授学科知识的同时有意识地展示一系列方法与技巧的运用，通过渗透将这些元认知知识融入在学科知识中。鉴于这两种教学模式各有其优缺点，有些研究者主张把其结合起来，建立一种交叉式的教学模式。该模式一般是先独立地教一般性的策略性知识，包括策略的意义、具体操作程序，在此基础上，再与具体的学科内容结合起来，根据具体学习情境的差异，要求并提示学生把所学的策略运用于具体的知识学习中。这种教学模式的教学效果较好。

在教学中，教师还应通过创设问题情景等方式，诱发学生产生元认知体验，并不断提高这些体验的精确度，以提高学生的元认知水平。

（三）制定一套外显的、可以操作的训练程序

虽然一部分元认知知识是个体对自己的内在认知过程的调控活动，很难从外部直接观察到，但是它仍然可以在个体的认知行为中得到反映。如果我们把这些知识转化为一套具体的、可操作的程序，对学生加以训练，就会大大促进学生对元认知知识的掌握。例如，许多中小学生甚至大学生都存在阅读困难，这往往是由于学生的不良阅读策略或阅读习惯造成的。为了解决这类问题，国内外许多研究者开发了各种各样的技术来帮助提高学生的阅读理解能力，其中一项得到广泛研究的技术为SQ3R，采用如下步骤：(1) 浏览(Survey)，即略读全文，把握大意；(2) 就学习材料的关键部分提出问题(Question)；(3) 带着问题阅读课文(Read)；(4) 试着用自己的话来回答每一问题(Recite)；(5) 尝试回忆已阅读过的材料(Review)。利用这套程序对学生进行训练，会使师生双方的行为都有据可依。另外，在训练过程中，教师应经常引导学生评价使用策略的价值，增强对策略有效性的认识。

（四）创设反馈的条件与机会

反馈在教学中起着非常重要的作用。通过反馈，教师可以了解到学生元认知知识与技能的掌握程度，从而对学生的学习效果进行评价，并指导他们认真分析学习中的错误，及时地采取补救措施。在教学中，教师应给学生提供一种和谐、民主的反馈环境，如让学生把他的解题过程展现出来，或请其他同学分析解题中的错误所在，让每个学生都能自由地评价他人的学习方法与策略，也可以被他人所评价。在此基础上，逐步地引导学生从由教师主导的外部反馈转化为学生自己的内部反馈，不断提高对自己学习的监控能力。

（五）鼓励学生监控元认知的运用

学生在学会一定的元认知知识和技能之后，却经常将之弃之一边，还沿用以前的旧习惯。教师要鼓励学习者在各种新情境中练习、运用自己的元认知知识和技能，并对其进行监控，保持自己思维的清晰，掌控自己的学习过程，使自己成为学习的真正主人。其中最常用的方法是“自我提问法”。

元认知训练的自我提问法

自我提问法就是在元认知训练中，通过提供一系列供学生自我观察、自我监控、自我评价的问题表单，不断地促进学生自我反省而提高问题解决的能力。例如，美国数学家波利亚就解决数学问题的四个阶段，提出了以下供学生自我提问的系列问题：

理解问题阶段问：未知条件是什么？已知条件是什么？已知条件足以确定未知量吗？多余还是不足？

拟定计划阶段问：过去见过这种题吗？若见过，它是否以稍许不同的方式出现？我能应用一个具有相同或相似未知条件的熟悉问题解答当前题目吗？如果不能解答当前题目，应问：我能从已知条件中产生什么有用的东西？使用了所有的条件和数据了吗？

执行计划阶段问：能清楚地认定每一步都是对的吗？能证明它是对的吗？

回顾阶段问：我能检验结果的正确性吗？我能检验推理过程吗？我能把这个结果或方法运用于其他问题吗？

第四节　认知学习的多样性与共同性

众所周知，计算机为信息加工心理学提供了最便利的隐喻——将人脑比作电脑，认为人脑和计算机一样，都是“物理符号加工系统”，它可以对表征信息的物理符号进行输入、编码、贮存、提取、复制和传递，这一比喻为信息加工心理学家开展人类认知过程的研究提供了便利条件。但反过来说，人脑与计算机又有着明显的区别，除了人类具有计算机并不具备的情感反应之外，人与计算机的重要区别之一还在于人类认知过程的多样性。

一、认知学习的多样性

认知学习是一个复杂的心理事件，人们通过协调对外界信息的感知、注意、思维等众多基本的心理过程来完成认知加工。在这一过程中，学习者之间存在着发展上的和个体间的差异。

（一）先前知识的差异性

先前知识会影响学习者对知觉对象的选择性以及知觉和记忆的方式。学生的知识基础在容量与内容方面都有区别。一般而言，学习者知识基础的容量与他们的年龄有关，随着年龄的增长，儿童会经历得更多，因此也知道得更多，在信息的组织方面也更具概念化，也能更自觉地使用学习策略。

除了概念与技能之外，个人的习惯、爱好、价值观与信念也是自身知识基础的反映，而这些都与个体的文化背景有关。人们在不同的文化环境中成长，所以有着不同的知识储备。学生的文化背景会影响他们的选择性注意、知觉加工及信息的储存与提取。

（二）信息加工能力的差异性

1. 工作记忆方面

(1) 发展上的差异。研究表明，幼儿的工作记忆非常有限，他们的记忆广度随着年龄的增长而提高。现在还不清楚这些差异是由于记忆容量的改变还是策略改进的结果。Case(1998)认为，每个年龄阶段，儿童用于信息加工的空间总量是相同的，但年龄小的孩子一定使用了该空间的大部分来记忆如何执行一些基本操作。例如，对于幼儿来说，伸手去够远处一个玩具就是一个相对复杂的任务，需要使用大部分记忆空间。随着年龄的增长，儿童发展了越来越多的有效策略来解决问题。四五岁时，儿童学会了复述策略；到了九岁、十岁时，他们会自发地使用组织策略；直到儿童晚期精加工策略的使用才会发展成熟，小学高年级学生和青少年才更可能通过创造想象或编故事来记忆各种观念。

(2) 个体间的差异。除了发展上的差异，工作记忆能力还表现出个体间的差异，比如在工作记忆的广度、效率等方面人们的作业成绩不同。研究表明，个体先前的知识经验对相关工作记忆有重要的影响，有丰富的特定领域的知识基础，有助于提高此领域相关信息的记忆效果。另外，一种观点认为，许多被诊断为学习困难学生的工作记忆存有一般的缺陷，它会削弱学生在阅读理解和解决数学问题等任务上的表现，因为这些任务对工作记忆提出很高的要求。

2. 长时记忆方面

学生长时记忆之间的差异主要体现在知识的拥有量上。当学生拥有更多某个专门领域的陈述性知识和程序性知识时，他们能更好地学习和记忆该领域的其他相关知识。当我们阅读知之甚少的某领域的技术性书刊时会困难重重，因为我们不得不停下来查阅生词或返回上一部分阅读尚未理解的概念；如果我们拥有相关的知识基础，情况就会变得截然不同。

人们在记忆中使用表象的能力也有差异性，这种差异性既有发展上的也有个体间的。儿童比成人更有可能使用表象记忆，随着认知的成熟，言语命题逐步取代了表象。对于成人，一些人在使用想象方面优于另一些人，但大多数人可以通过练习提高想象能力。

3. 加工速度方面

研究表明，儿童加工速度的提高与年龄有关。心理学家凯尔(Kail, 1997)认为生理成熟是导致信息加工速度存在年龄差异的最主要原因。生理成熟包括两个方面：大脑联合区神经细胞的不断髓鞘化，以及干预信息加工有效性的多余神经突触的消除。

（三）元认知的差异性

1. 发展上的差异

研究表明，元认知能力在5～7岁开始发展，随着各种元认知知识的学习，儿童的元认知计划、监控、调节能力也在逐步提高。比如,年幼的孩子可能不会意识到一节课的目的、一个知识点的难度,他们不会估计记忆一个词汇要用多长时间等。随着年龄的增长和知识经验的积累以及教师有意识地训练,儿童逐渐显示出成熟的元认知水平。

2. 个体间的差异

除了发展上的差异,学生的元认知水平也有很大的个体间差异,这主要体现在学生能否有效地管理自己的学习。这些差异似乎与智力无关,可能是由生理差异或学习经验的差异引起的。比如,学生能选择性地注意环境中信息的能力差异很大。实际上,高级元认知能力可以弥补低水平能力的不足,对那些学习困难的学生尤其重要。

(四) 学习心向和定势的差异性

学习心向指的是对学习的心理准备状态。有心理准备的学生做好了充分的利用知识的准备,去认识和学习新事物的效果显然会比仓促接受好许多。学习定势指的是由于先前学习引起的对后来学习产生影响的心理准备状态,对学习具有定向作用。例如艺术家经过长年积累、磨炼形成的独特艺术风格是很难改变的,会潜移默化地影响他以后的作品。学生在学习心向和学习定势方面也具有一定的差异性,这也正是区别于他人的重要特征所在。

另外,学习者的学习动机、学习风格等都会影响他们认知学习的质量与效率。这些内容已在其他章节有过详细介绍,在此不再赘述。

二、认知学习的共同性

尽管认知学习的多样性表明了学习者之间存在着较大的差异性,但在认知学习领域还是有一些共同的原则是适用于绝大多数学习者的。

(一) 有意义的学习发生在新知识与学习者已有的知识建立起联系时

当学习者把新信息与已有的理解整合起来时,他们的知识便得到了发展。因此,教师在备课时必须对学生的已有知识具有敏感性,成功的课程应该给学生提供他们所缺乏的各类相关知识,纠正他们的误解,并帮助他们将新信息与先前的相关知识联系起来。

(二) 最有效的学习和记忆方法是理解和使用新信息

学习者第一次学习知识时所用的方法会影响他后来所能回忆的程度。最有效的记忆方法是通过精致化、组织和背景的作用来充分理解和使用新信息,被使用过的信息最有可能在记忆中“自由出入”。

(三) 学习是一个主动的、由目标所引导的过程

学习过程中成功的编码和提取,在很大程度上有赖于使这些过程与预期的学习目标相一致。学生元认知技能的发展是一项重要的教学目标,教师应帮助

学生确立恰当的学习目标，让学生了解何时以及如何运用特定的学习策略来达到这些目标，并监控自己在这些目标上获得的进步。学生在相关学习体验的基础上能够不断改进自己的学习。

☞ 回到案例

结合本章讲述内容可以看出，王晓老师原来的教学方法的确是不能帮助学生有效地掌握生词的。我们已经知道，有意义的学习发生在新知识与学习者已有的知识建立起联系时。在本例中，当学生能够用自己的语言讲述生词的含义或用新词汇造句时，他们正在对新的学习内容进行积极主动地加工，这会使新词汇通过意义联结的方式进入他们的长时记忆。另外，在老师有针对性地指导下，他们可以及时纠正错误，确保把正确的信息储存下来，所以最终在考试中取得了好成绩。

☞ 学术争鸣

学习中要不要机械记忆？	
正方观点：机械记忆只能产生惰性知识，因而是无效的 机械记忆是依据事物的外部特征或外在联系而进行的机械重复的识记，机械记忆的过程往往枯燥、乏味而效果不好。早在20世纪20年代，格式塔学派的代表人物惠特海默就曾批评过一些教师过于注重机械记忆而不惜牺牲学生的理解能力。惠特海默最喜欢引用的一个例子是，一位在病房里值夜班的护士，到了深夜11点时，推一位睡着了的病号："哎，醒醒！医嘱上说现在你该吃安眠药了。"这个例子说明仅凭机械记忆获得的知识是惰性的，总是不能真正解决问题。学校学习的目的，是要把习得的内容迁移到校外情境中去。通过机械记忆习得的内容，也许只能被用于像回答考试题目这样非常具体的情境。加德纳也强烈批判机械记忆，他曾说："学生不能理解知识、技能和其他外在的成就，并且不能将知识成功地应用于新情境中。如此缺乏灵活性和适应性，学生所受的教育没有什么价值。"	反方观点：机械记忆是一种掌握知识的有效方式 一些教育家相信，尽管机械式学习现在并不流行，但它是一种有价值的学习技巧。已有证据证明通过用心重复而获得的学习对于某些信息的编码是十分有效的，如母语和外语学习中的词汇记忆。由于词汇材料本身缺乏意义联系，人们在初学外语时势必经历一段机械记忆的历程，而且没有机械记忆的积累也发掘不了其中的构词规律。古人有所谓"背会唐诗三百首，不会做诗也会诌"的心得，现在看来，以记住的信息为基础，的确有助于学生更好地发展复杂思维和解决问题的能力。近几年在全国一些省市推广的"古诗文经典诵读"活动，以组织少年儿童诵读、背诵中国古诗文经典的方式，让他们在一生中学习、工作压力最轻，记忆力最好的时候，以最便捷的方式，获得古诗文经典的熏陶和修养，从而受用一生。实践证明，试点诵读收到了良好的效果。

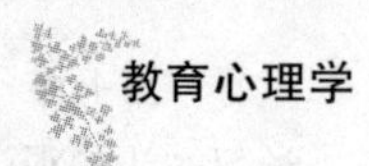

小　结

1. 陈述性知识的学习与教学

现代信息加工心理学把知识分为陈述性知识和程序性知识两大类。陈述性知识是个体对有关客观环境的事实及其背景与关系的知识，它的主要表征形式有命题与命题网络、表象与表象系统以及图式。陈述性知识的有效学习过程包括利用精致化、组织等方式进行有意义的编码、储存，利用激活扩散和重构策略加以提取。教师可以通过吸引学生的注意、激活原有知识、促进选择性知觉和新旧知识相互作用、促进认知结构改组与重建以及有效测量和评价陈述性知识的掌握状况等策略，加强陈述性知识的教学。

2. 程序性知识的学习与教学

程序性知识是人脑中储存的关于步骤、程序和操作序列的知识，其表征方式主要是产生式和产生式系统。程序性知识与陈述性知识既有本质的区别，也有一定的联系。程序性知识可以分为运动技能和心智技能两大类，两类技能形成的具体阶段不同，但实质相同，大致都经历了陈述性知识、转化和自动化三个阶段。教师可以通过选择和设计学习课题、促进程序性知识的理解和加强指导练习等策略开展有效的程序性知识教学。

3. 元认知

元认知是任何以认知过程与结果为对象的知识，或是任何调节认知过程的认知活动，其实质是人对认知活动的自我意识和自我控制。元认知包含元认知知识、元认知体验和元认知监控三个独立但又相互联系的成分。在具体的认知过程中，学习者通过使用计划、监视和调节三种元认知策略来管理认知活动的全过程。学生的元认知能力是在长期的学习活动中逐步发展起来的。根据元认知的结构及发展特点，在教学中可以通过提高学生的元认知意识、丰富学生关于元认知的知识和体验、制定外显的可以操作的训练程序等一系列措施来提高学生的元认知水平。

4. 认知学习的多样性与共同性

认知学习是一个复杂的心理事件，在这一过程中，学习者在先前知识储备、信息加工能力等方面都存在着发展上的和个体间的差异，教师应在了解认知学习的多样性的基础上进行因材施教。同时，认知领域的学习也有一些共同的原则适用于绝大多数学习者。

∠ 思考题

1. 举例说明陈述性知识和程序性知识有哪些表征方式。
2. 你在学习陈述性知识时用了哪些有效的信息编码方式？
3. 举例说明陈述性知识与程序性知识的区别与联系。
4. 如何进行有效的陈述性知识的教学？
5. 针对程序性知识的教学策略是什么？
6. 列举你在认知学习活动中使用的元认知策略。
7. 说说你对认知学习的多样性与共同性的理解。

∠ 进一步阅读文献

1. Sternberg R. J. , & Williams W. M. 著，张厚粲译. 教育心理学. 北京：中国轻工业出版社，2003.

2. 德里斯科尔 M. P. 著，王小明等译. 学习心理学——面向教学的取向(第三版). 上海：华东师范大学出版社，2008.

第八章
复杂的认知过程

☞ 章节说明

本章内容共分为五个部分:概念的学与教、问题解决与创造性、学习策略与技能、为迁移而教以及复杂认知过程的多样性和共同性。在概念的学与教部分,主要阐述了概念的定义和结构、概念的类型、概念的获得与运用、概念的教授等。在问题解决中,主要探讨了问题与问题解决的界定、问题的分类、问题解决的过程、影响因素及问题解决策略,重点是培养学生的问题解决能力。而在创造力培养中,首先对创造和创造力进行了界定,其次阐述了影响创造的诸因素,最后讨论了创造力培养问题,主张通过创设有利于创造性发挥的环境、激发创造动机等开发学生的创造力。学习策略和技能对于学生来说尤为重要,本章阐述了学习策略与技能的界定和类型、典型的学习策略。在迁移部分,阐述了迁移的定义与类型、迁移的现代理论及迁移的影响因素。最后,总结了复杂认知学习过程的多样性和共同性。

☞ 案　例

在一堂"认识一个整体的几分之一"的课上,有如下一段教学过程:

1. 出示图:猴妈妈端出了一盘桃子(共 4 个),平均分给 4 只小猴,要平均分成几份?每只小猴分得其中的几份?用哪一个分数表示?

学生:1/4,因为每只小猴分得了 1 个桃子。

老师小结并出示:每只小猴分得这盘桃子的 1/4。

2. 继续分桃:一盘桃子(共 4 个)平均分给 2 只小猴,每只小猴分得桃子的几分之几?先在脑子里想一想,同桌说一说,然后交流。

学生:2/4。

老师：分母是什么意思？题中要平均分成几份？老师以课件演示“分一分”。

3. 教师出示1/4和1/2以及相应的直观图，引导学生比较：为什么同样是分4个桃子，得到的分数却不同？学生回答后教师总结归纳并贴出：把一个整体平均分成几份，每份就是这个整体的几分之一。

至此，讲授过程结束，转入巩固练习。可是在练习中，仍有不少学生出现了类似2/4这样的错误。错误是怎么产生的呢？怎样避免此类错误呢？本章将要对此问题从认知方面进行分析。

第一节　概念的学与教

一、概念的结构与类型

（一）概念的定义与结构

概念(concept)是指某类事物的概括。概念使人类的思维更抽象，它是思维的最基本单位。概念与语词关系密切，但是概念和语词也不完全等同。一个语词(多义词)可以代表不同的概念，如“杜鹃”既可以表示一种植物的概念，也可以表示一种鸟的概念。相同的概念也可以用不同的语词来表示，如“目”、“眼睛”所表示的是同一个概念。实词能表达概念，虚词则不能表达概念。

关于概念的结构，目前心理学家中主要有两种理论：特征表说和原型说。

特征表说认为，概念是由定义特征和概念规则两个因素构成的。概念的定义特征和特异特征共同构成概念的语义特征，但只有定义特征才代表一个概念必须具有的那些本质特征。概念规则是指具体整合这些定义特征的规则，包括肯定、否定、关系、合取、析取等。

原型说认为，概念是由原型和范畴成员的代表性程度构成的。原型(prototype)是指最能说明概念的典型实例。如说到“鸟”的概念时，我们往往首先会想到麻雀，而不容易想到鸵鸟和企鹅。这说明麻雀的代表性程度是最高的，它就是“鸟”概念的原型。范畴成员的代表性程度是指属于同一概念的同类个体可容许的变异性，亦即其他实例偏离原型的容许距离。如鸵鸟、企鹅与麻雀尽管都属于鸟类，但它们并不能在同等程度上代表鸟的概念，麻雀的代表性程度要高于鸵鸟和企鹅。概念容许实例在一定范围内发生变异，但原型是核心。原型为这些各具特点的众多实例组成一个整体提供了基础。

表面上看，特征表说和原型说是矛盾的，但可能分别有利于说明不同的概念：特征表说对于说明科学概念可能是合理的，但原型说对于说明日常概念或前科学概念显然更加合理。

（二）概念的类型

1. 难下定义的概念和易下定义的概念

易下定义的概念是关键特征明显，易用某种规则揭示出来的概念，如三角形。难下定义的概念是关键特征不明显，不易用某些规则揭示出来的概念，如书、家具、游戏、智力等。

2. 具体概念和抽象概念

按事物的指认属性形成的概念称为具体概念（concrete concept），如蛇、电流表等。按事物的内在、本质属性形成的概念称为抽象概念，如水果、用品等。

二、概念的获得与运用

概念不是与生俱来的，它必须经过后天学习而获得。概念形成（concept formation）也称概念掌握、概念学习等，是指个体掌握概念本质属性的过程。

（一）概念形成

1. 概念的形成

个体掌握概念的过程，又称概念掌握或概念学习。概念的形成是从外部的、比较具体的非本质特征到内部的、比较抽象的本质特征的不断深化的过程。到逻辑定义阶段，概念才最终形成。在概念形成过程中，人们以感觉、知觉和表象为基础，通过分析综合、抽象概括等思维活动，从个别到一般，从具体到抽象，逐步把握一类事物的本质。这个过程实质上是一个学习过程，也是一种重要的思维活动。

对于学生来说，概念的形成是概念获得的典型方式。学生在校外获得许多概念都是通过观察学得的。例如，儿童学习“汽车”这一概念，是听别人指着某一东西说“小汽车”开始。儿童可能将卡车、摩托车等都纳入“小汽车”的概念之中；但随着时间的推移，这一概念逐步分化，直到他能明确区分“小汽车”和“非小汽车”。同样，儿童也是通过观察和经验学习较难的概念，如“淘气”“清洁”“乐趣”等。

儿童，尤其是学龄前儿童之所以通过概念形成的方式来获得概念，主要是由于他们已有的知识都比较具体而贫乏，理解能力有限。例如，儿童在学习“叔叔”和“姑姑”这样的术语时，是非常困难的。由于幼儿认知结构中的“父亲”“弟弟”“任何人”这些词并不代表概念，只代表个别的人，同时他们也不知道这些词在“叔叔”定义句子中的句法功能，因此幼儿不能用定义的方式学习“叔叔”这个概念。他们只能从大量的例子出发，从他们实际经验的概念的肯定例证中，以归纳的方式抽取出一类事物的共同属性，从而获得某些初级概念。

2. 概念的同化

同化(assimilation)指学习者头脑中储存了某种认知结构,它可以吸收新的信息,而新的信息被吸收后,原有结构发生某种变化。学生在教学条件下学习概念,完全不同于人们在自然条件下形成概念或科学家发明与创造概念,也不同于在人工条件下形成概念,他们要接受系统的教学。因此,他们获得概念的主要形式是概念同化。所谓概念的同化,就是利用学习者认知结构中原有的概念,以定义的方式直接向学习者提示概念的关键特征,从而使学习者获得概念的方式。例如,学生学习"平行四边形"这一概念,教师直接告诉他们平行四边形的定义,"平行四边形是两对边平行且相等的四边形"。学生首先要接受新概念(平行四边形),并与自己认知结构中原有的知识(四边形)联系起来,把新概念纳入原有概念(四边形)中;其次,他们必须精确分化新概念和原有的有关概念(如梯形、四边形等);最后,他们还需要使一般四边形、平行四边形、梯形等有关概念融合贯通成一个整体结构,以便于记忆和运用。从上述同化过程中可以看出,在以下定义的方式进行的概念同化中,学生必须积极地进行认知活动,而不是被动地接受知识。

(二) 概念的运用

概念一旦获得,就能在认知活动中发挥作用,从而对认知活动产生重大影响。已经获得的概念,可以在知觉水平和思维水平上运用。

1. 在知觉水平上运用

在人的认知结构中已经获得同一类事物的概念以后,当他再遇到这类事物的特例时,就能立即把它视为这类事物中的具体例子,把它归入一定的知觉类型,如把特殊的房子看作是一般的房子中的一例,这样就从知觉上理解了房子。在教学中,以一个范例说明一个原有的概念,实际上就是知觉的分类。另外,已经获得的概念,以后在新的地方出现时,学习者不必经过一系列的认知过程,可以直接从知觉上觉察它们的意义。

2. 在思维水平上运用

在接受学习中,将新的概念归属于原有的层次较高的概念,或者识别某一类已知事物的一个不大明显的成员(即在思维水平上分类),都属于在思维水平上的运用。

在发现学习中,也常常需要运用原有的概念。例如,在解决比较复杂的问题时,原有的概念必须重新组织,以满足解决当前问题的需要,这也是概念在思维水平上运用的特征。而在辨别学习情境中,对具有共同属性的多个刺激发出同一反应,亦即掌握同类事物的共同的关键的特征。由于概念是对事物的共同的本质的特征的反映,因此在进行概念学习时,不仅要通过记忆活动,而且要进行积极的思维活动来认识事物的本质属性。对有相同特点的事物,辨别其本质属性与非本质属性,然后把共同的本质属性抽取出来加以概括,形成概念。

（三）概念获得教学的内容

一个五年级的老师帮助他的学生掌握一个熟悉的概念时,同时还需要练习思维技能。不管教师用什么策略进行概念教学,在任何一堂课上,都需要完成四个方面的内容:样例和非样例;有关属性与无关属性;概念的名称,概念的定义。另外,像照片、图表或图形这样的视觉辅助手段也可以促进概念的学习。

1. 样例

在教授复杂概念或学生年龄较小(或其知识有限)时,教师需要提供更多的样例。样例和非样例(正例和范例)对清晰确定类别的范围是必需的。例如关于为什么蝙蝠(非样例)不是鸟的讨论可以帮助学生界定鸟的概念范围。

2. 有关属性和无关属性

正如我们看到的,将某一动物归为鸟类时,飞行能力不是唯一属性。虽然很多鸟会飞,但还是有某些鸟(鸵鸟、企鹅)不会,而某些非鸟类(蝙蝠、鼯鼠)却会飞。在鸟的概念中应该包含飞行能力,但学生需要知道的是只凭借会飞一个特征不能将该动物定义为鸟。

3. 名称

对概念名称的简单学习并不意味着就理解了概念,尽管概念名称对理解是必需的。例如学生们可能已经使用了“果实”这个名称,但可能还不理解番茄、南瓜和梨就是果实。

4. 定义

对于某概念来说,一个好的定义一般有两个成分:提及这个概念所属的更一般的类别以及陈述新概念的定义属性。例如,等边三角形是三个边和三个角都相等的(定义属性)、平面的、简单的闭合图形(一般类别)。这种定义有助于学生把概念放进相关知识的图式中。

三、概念的教授

（一）通过发现教授概念

布鲁纳有关思维的早期研究激发了他对通过发现促进概念学习和思维发展的兴趣。

1. 学科结构和发现

学科结构是指该学科领域中基本的观点、关系或模式。由于结构不包括具体事实或细节,因此一个观点的本质结构就可以被简单地表征为图像、规则系统或公式。根据布鲁纳的观点,对学生而言,如果他们能够关注对所有学科结构的理解，学习就会变得更有意思、更有用、更容易记忆。

为了掌握信息的结构，布鲁纳认为，学生必须是主动的——他们必须自己确认关键原则，而不是简单接受老师的解释。这个过程被称为发现学习。在发现学习中，教师呈现样例，学生研究这些样例直到发现样例之间的相关关系——学科结构。因此，布鲁纳认为课堂学习应该通过归纳推理进行，也就是说，通过使用具体的例子来形成一般的规则。

2. 在行动中发现

归纳的方法要求学生有直觉思维，布鲁纳提出，教师可以通过鼓励学生基于尚不充分的证据进行猜测来培养这种直觉思维，然后再系统地证实或拒绝这些猜测。

纯粹的发现学习和有指导的发现之间通常是有区别的。纯粹的发现学习中学生自己研究的范围很广，而有指导性的发现学习中，教师则会为学生提供某个方向。纯粹的发现可能更适合学龄前儿童，但是在典型的中小学课堂里，非指导的活动通常被证明是无法控制和低效的。在这些环境中，有指导的发现更为可取。在有指导的发现中，教师给学生呈现的问题是能激发学生好奇心的问题、令学生感到有难度的问题或学生感兴趣的问题：当我们用一个罐子盖住火焰时为什么它会熄灭？为什么当你把铅笔放进水里时它似乎弯曲了？把这些词归为一组的规则是什么？教师不是给学生解释怎样解决这个问题，而是要给学生提供合适的材料，鼓励学生观察、形成假设和检验解决方案。

（二）通过讲授教授概念

与布鲁纳相反，奥苏伯尔认为，人们获得知识主要是通过接受而不是发现的方法。呈现概念、原理和观点，使用演绎推理来理解——从一般观点到具体例子，而不是从具体例子到发现一般观点。奥苏伯尔的讲授教学模型强调有意义的言语学习——言语信息、观点和观点之间的关系。

1. 先行组织者(advanced organizer)

先行组织者是一个引导性陈述，它的目的有三个：把学生的注意引导到即将输入信息中的重要内容上；将要呈现的观点之间的关系成为焦点；使学生回忆起所学过的相关信息。例如，教师将一元二次方程的解法与一元二次不等式的解法进行比较。又如，一位地理课教师在讲授秦岭—淮河一线是我国一条重要的地理分界线时，就引用了“晏子使楚”的故事，通过“橘生淮南为橘，生于淮北为枳”这一历史典故将具体地理事物的区域变化与地理区域环境的整体特征这两个概念联结在一起，从而为接下来讲清楚有关秦岭—淮河地理界限的问题提供了一个组织者。

先行组织者的确对学生的学习有帮助，不过它对学生的学习发生作用需要满足两个条件。首先，先行组织者本身必须能够被学生们理解。Dinnel 和 Glover(1985)的研究很好地说明了这一点。他们发现，引导学生解释先行组织者——当然，这要求他们理解组织者的意思——增加了先行组织者的有效性。其次，这个组织者必须真正是一个组织者：它必须标明被使用的基础概念和术语之间的关系。清晰的模型、图表或类比似乎是特别有效的组织者。

2. 讲授课的步骤

奥苏伯尔提出先行组织者策略，详细阐述了讲授课的教学步骤。在呈现先行组织者之后，下一步使用具体的样例根据相同点和不同点呈现内容，这一步骤也可以由学生自己操控。例如，有一位教师上一堂关于人物心理描写的文学课，使用的材料是《茶花女》和《简·爱》两本书。当学生阅读时，他首先让学生把主要人物的成长、心理状况、社会地位和其他小说、戏剧与电影中的人物相比较。然后再将两个作者进行比较，通过这一比较性的组织者可以使学生清晰地了解这节课的目标。了解相似之处和不同之处的最好方法是比较，学生们必须清楚茶花女和简·爱的处境才能有效进行比较。最后，当呈现完所有的材料之后，让学生们讨论怎样用这些例子来扩展最初的先行组织者。讲授教学法更适合小学高年级之后的学生。

第二节　问题解决与创造性

一、问题解决

(一) 问题的定义与类型

关于问题，最经典的定义是西蒙和纽厄尔(Simon & Newell,1972)的观点，他们认为："问题是这样一种情境，个体想做某件事，但不能马上知道对这件事所采取的一系列行动，就构成了问题(Problem)。"问题情境是个体不能用已有的知识经验直接加以处理并因此而感到疑难的情境。虽然对于问题的陈述及理解有许多不一致的观点，但总体来说问题的成分不外乎三种，即问题初始状态、要求达到的目标以及需要获得的两者之间的通路(图 8-1)。

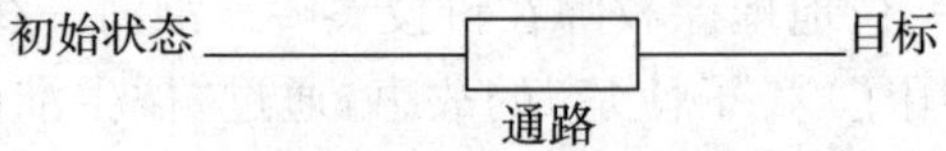

图 8-1　问题结构示意图

为了便于人们认识不同问题的不同性质，进而采用不同的措施予以解决，根据不同的标准可以将问题划分为不同类型。

1. 结构(定义)良好问题与结构不良(定义不明)问题

依据问题结构的清晰程度即问题结构的完整性进行划分。结构良好的问题是指问题的给定状态、目标状态以及用于转换状态的方法均已清楚地规定的问题。结构不良问题则指问题的给定状态、目标状态以及转换状态的方法中的一项或几项缺乏明确的界定。后者往往比前者更难解决。通常学科教学中的许多问题都是结构良好的问题,而日常生活中的大部分问题基本上都是结构不良的问题。

2. 常规问题与非常规问题

依据问题解决者对问题的熟悉程度进行划分。常规问题是与问题解决者已经解决的问题相同或非常类似的问题,使用常规手段即可以使问题得到解决。解决这类问题只需要再现性思维,即再现以前已经产生的反应。非常规问题则需要给出一个新的解决方案。解决常规问题虽然不能直接创造价值,但它可以积累经验,对于建构合理的认知结构是不可或缺的。人们处理不好常规问题就不可能很好地解决和把握非常规问题,两者的区分是相对的。

3. 一般领域的问题与专门领域的问题

依据问题解决所需的算子(即个体把一种问题状态转变成另一种问题状态的操作)质量来进行的区分。一般领域的问题是指解决问题所需要的特定领域的专业知识相对较少,又称为知识贫乏领域的问题。专门领域的问题则包含了大量特定学科领域的专业知识,因此又称做知识丰富领域的问题。个体要解决这类问题所受到的限制很多,但如果是知识丰富、训练有素的人,则有更为有效的算子可以利用。因此这两类问题也是相对而言的,是可以转化的。

(二) 问题解决的实质与特征

一般来说,问题解决(problem solving)是指个体将原有的概念和知识加以综合,在新的情境中运用并得到新的认知成果的过程。问题解决有以下四个一般特征:

(1) 问题解决具有目的指向性;

(2) 问题解决具有认知性;

(3) 问题解决包括一系列心理运算;

(4) 问题解决具有个人性。

(三) 问题解决的过程

问题解决包含着一系列相互联系的阶段,通常可以划分为发现问题、分析问题、提出假设和检验假设四个阶段(图 8-2)。

1. 发现问题

指认识到问题存在,并产生解决问题的动机。发现问题是问题解决的初始阶段和最关键阶段。

2. 分析问题

指明确问题的条件和要求以及它们之间的关系。通过分析问题，人们可以明确问题的关键，决定问题解决的方向。

3. 提出假设

指在分析问题的基础上提出问题解决的方案，包括问题解决的方法和途径。提出假设是问题解决的关键步骤，它是具有创造性的阶段，需要对已有的知识经验进行重新组织，以适应问题的解决。

4. 检验假设

指通过一定的方法，确定所提出的假设是否可以有效地解决问题。检验假设的方法有两种：一种是直接检验，即通过实际操作来检验假设解决问题的实际效果；另一种是间接检验，即通过思维活动来检验，例如对医疗方案、作战部署等一般采用间接检验。但是，最终的检验还是要通过实践的直接检验。

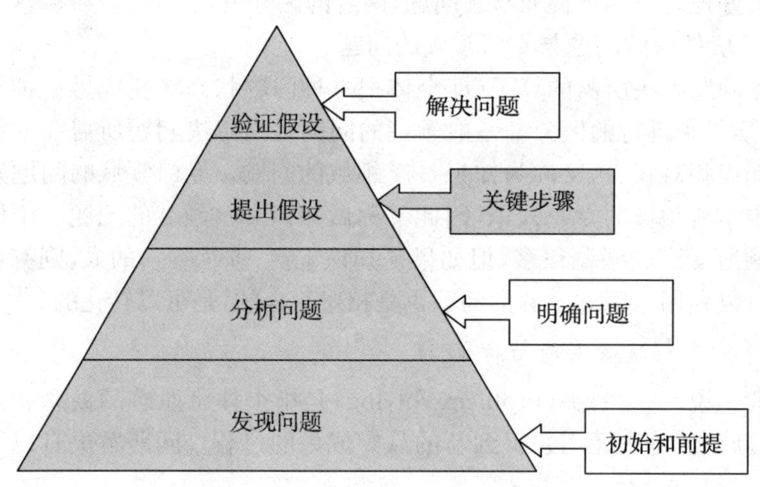

图 8-2 问题解决过程示意图

（四）问题解决的策略

在问题解决过程中，问题解决者会使用各种策略。问题解决策略（problem solving strategy）是指人们在解决问题过程中所运用的方案、计划和方法，它决定着问题解决的具体步骤。问题解决中有两类通用的问题解决策略：算法式策略（algorithm strategy）和启发式策略（heuristics strategy）。

1. 算法式

算法式策略就是在问题空间中随机搜索所有可能的解决问题的方法，直至选择一种有效的方法解决。它通常与某一个特定的领域相联系，它是一定能得出正确答案的特定程序，同时最大缺点是费时费力。例如，解一个6个字母的字谜(如 source)，假如确实有这样的一个词存在，你只要系统地改变这6个字母的次序，每次到词典中去查字母构成的排列，最终就能找到一个匹配的词(如 course 或者 source)。但是，运用这种策略，问题解决者可能需要最多尝试720种排列。

2. 启发式

启发式策略是人们根据一定的经验，只根据目标的指引，试图不断地将问题状态转换成与目标状态相近的状态，从而只试探对成功趋向目标状态有价值的算子。启发式不能完全保证能成功地解决问题，但是它解决问题时较为省时省力。

(1) 手段—目的分析。手段—目的分析(means-ends analysis)是指问题解决者不断地将当前状态和目标状态进行比较，然后采取措施尽可能地缩小这两个状态之间的差异。当问题可分成若干个各自具有目标的更小问题时，人们常常采用手段—目的分析启发式。例如河内塔问题，就是把一个问题分成若干个比较小的问题，每个小问题都有自己的目标，通过子目标的实现使问题的当前状态达到最后的目标状态。

(2) 逆向搜索。逆向搜索也称逆向推理(backward search)，就是从问题的目标状态开始搜索，直至找到通往初始状态的通道和方法。逆向搜索更适用于解决从初始状态到目标状态只有较少通道的问题。

(3) 爬山法。爬山法(hill climbing method)是类似于手段—目的分析的一种策略。它是采用一定方法逐步降低初始状态和目标状态间的距离，以达到问题解决。

(4) 目标递归策略。所谓目标递归，是指从问题的目标状态出发，按照子目标组成的逻辑顺序逐级向当前状态递归的问题解决策略。其主要特点是将问题解决的目标分解成若干子目标，直至使子目标按逆推途径与给定的条件建立直接联系或等同起来，即目标——子目标——子目标——现有条件。

(五) 影响问题解决的心理因素

问题解决的思维过程受多种因素的影响，其中既有心理因素也有环境因素。下面主要讨论其中的几种心理因素。

1. 问题表征

问题表征(problem representation)是在头脑中对问题进行信息记载、理解和表达的方式。要解决一个问题，不仅有赖于我们分解该问题的策略，也有赖于我们对该问题如何进行表征。

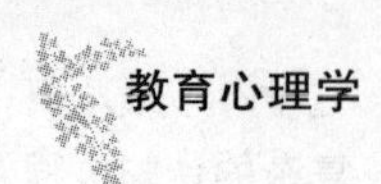

2. 思维定势与功能固着

思维定势(thinking set)是个体先前的思维活动所形成的心理准备状态对后继同类思维活动的决定趋势。它常常是意识不到的,有时有助于问题的解决,有时会妨碍问题的解决。最初研究定势在解决问题中的作用的是梅尔(Maier,1930)。在他的实验中,对部分被试利用指导语给予指向性的暗示,对另一些被试不给予指向性暗示。结果,前者绝大多数被试能解决问题,而后者则几乎没有一个能解决问题。

功能固着(functional fixedness)指一个人看到某个物品有一种惯常的用途后,就很难看出它的其他新用途。初次看到的物品的用途越重要,也就越难看出它的其他用途。这是一种特殊类型的定势。这个概念是德国心理学家邓克尔(Duncker,1945)首先提出的。他在一个实验中,让学生们想办法在一块垂直的木板上放置蜡烛,并要使蜡烛能够正常地燃烧。邓克尔给每个学生三支蜡烛,以及火柴、纸盒、图钉和其他东西。被试中有一半人分到的是放在纸盒里的材料,另一半人分到的东西都散放在桌面上。邓克尔发现,把东西放在盒子里提供给被试,会使问题解决变得更困难,因为此时盒子被看作是容器,而不是能够参与解决问题的物体。在这个实验中,解决问题的方法是要先将盒子钉在木板上,把它当烛台用。

功能固着也是思维活动刻板化现象。在日常生活中经常碰到,如硬币好像只有一种用途,很少想到它还能用于导电。这类现象使我们趋向于以习惯的方式运用物品,从而妨碍以新的方式去解决问题。

3. 酝酿效应

当反复探索一个问题的解决而毫无结果时,把问题暂时搁置一段时间,几小时、几天或几个星期,然后再回过头来解决,反而可能很快找到解决办法。这种现象称为酝酿效应(incubation effect)。在酝酿期间,个体虽在意识中终止了解决问题的思维过程,但其思维过程并没有完全终止,而仍然在潜意识中断断续续地进行着。通过酝酿,最近的记忆和已有的记忆被整合在一起,弱化了心理定势的效应,并容易激活比较遥远的思维线索,因而容易重构出新的事物,产生对问题的新看法,使问题得以顺利解决。

4. 知识经验

解决问题的知识经验越丰富,越有利于问题的解决。善于解决问题的专家与新手的区别,在于前者具备有关问题的知识经验并善于实际运用这些知识来解决问题。例如,一位老医生与一名刚参加工作的年轻医生,在面对一名具有很多症状的患者时就往往采取不同的处理方式。年轻医生不确定病人患了什么病,于是便为病人开出了各种各样的医学检查单,在有了一套几乎完整的症状信息之后，才可能做出正确的诊断。但有经验的老医生很可能会立即认定这些症状符合某种或少数几种疾病的诊断模式，仅仅对病人作了有限的检查后便很快做出了相当准确的最后诊断。

5. 动机

动机是促使人问题解决的动力因素，对问题解决的思维活动有重要影响。心理学研究表明，适中的动机水平有利于问题的解决，过强或过弱的动机水平不利于问题的解决。因为太强的动机水平，会使人处于高度的紧张状态，因而容易忽视解决问题的重要线索，而动机太弱，个体又容易被无关因素所吸引。

总之，影响问题解决的心理因素是多方面的。它们不是孤立地起作用，而是互相联系、互相影响，综合地影响着问题解决的思维过程。

（六）促进问题解决的教学策略

问题解决水平是可以通过学习提高的，通过适当的教学策略可以帮助学生有效地提高解决问题的水平。一般说来，以下措施可以有效提高学生的问题解决水平：

1. 促进学生形成合理的知识结构

知识的质量主要体现在知识的合理性程度上。现代心理学家认为，合理的知识结构有利于同化旧的知识或概念，形成新的观念和概念。由此可见，知识结构越合理，知识质量越高，解决问题的能力就越强，创造力也就越高。因此，在教学中，教师应当通过不断改进教学来促进学生形成合理的知识结构。

2. 帮助学生掌握和运用思维策略

要提高学生解决问题的水平，帮助学生掌握和运用思维策略是不可或缺的教学策略。问题解决能力的提高直接依赖于问题解决策略的训练，心理学家已提出了帮助学生提高解决问题能力的几个基本步骤：第一步，建立接纳意见的气氛；第二步，鼓励学生仔细界定问题；第三步，教给学生分析问题的方法；第四步，鼓励学生多角度提出假设；第五步，评价每个假设的优缺点；第六步，考虑影响问题解决的因素；第七步，提供问题解决的机会并给予反馈。

3. 使学生养成迁移与运用知识的习惯

通过教学活动养成学生迁移与运用知识的习惯，对于培养他们问题解决的能力是非常有帮助的。迁移与运用知识的过程不仅可以帮助学生不断改组知识、重新表征知识，而且它本身就是解决问题的过程，甚至是一种创造过程。

二、创造性

（一）定义

创造性是指根据一定的目的和任务，运用一切已知信息，进行主动的思维活动，产生出某种新颖、独特、具有社会或个人价值的产品的品质。

美国著名心理学家斯腾伯格提出，关于创造性的定义存在两个共同要素，即新颖性和适用性，他将创造性定义为“一种创造既新颖又适用的产品的能力”①。这一创造性的定义逐渐得到多数心理学家的认同。需要说明的是，这一界定是根据结果来判定创造性的，判定标准其一是新颖性，指前所未有、推陈出新的，也包括独创的、独特的、预想不到的；其二就是适用性，指在特定的情境中，不超出现有条件的限制，并且产品是有用的，或者有社会价值，或者有个人价值。而我国学者则提出：“创造性是人类所特有的，利用一定条件产生新颖独特、可行适用的产品的心理素质。创造性这种素质是与动物相区别的、人类所特有的，同时也是所有人都具有的一种心理素质。”②因此，创造性不是少数天才的特权，而是人类普遍存在的一种潜能。

（二）影响创造性思维的因素

影响创造性思维的因素多种多样，同一种因素可能促进也可能阻碍创造性的思维，这取决于该因素的性质和程度。

1. 智力

一般来说，创造性似乎需要中等以上的智力，但创造性与智力不成比例。智力是大脑的功能，是人们认识和改造客观事物的各种能力的有机综合，主要包括观察力、注意力、记忆力、思维力、想象力等方面。其核心是思维能力，它保证人们能有效地进行认识活动。

2. 人格因素

心理学家普遍发现，创造人格对创造性思维及创造力有巨大影响，一般认为创造力比智力在更大程度上依赖于人格因素。在教学和教育中可以通过培养创造性思维和创造力培养学生的人格，甚至可以说培养创造力、创造性思维的过程就是良好人格的培养过程。大量研究表明，在人格的各种特质中，责任心、自信心、独立性、宽容性、坚韧性和合作精神等对创造性是最为重要的。

3. 环境因素

环境因素对个体创造性的影响来自家庭、学校和社会三个方面。

（1）家庭因素。家庭对个体创造性的发展具有重大影响，它可以促进或抑制个体创造潜能的发挥。心理学家在对具有特殊天赋和高创造力的孩子进行长时间的跟踪研究后发现，父母对孩子的期望与孩子的创造力之间有一定的关联。

---

① Sternberg, R. J., et al. (Eds). Handbook of creativity. New York: Cambridge University Press, 1999.

② 张庆林，曹贵康主编. 创造性心理学. 北京：高等教育出版社，2004. 3.

研究显示，在特殊方面取得一定成绩的儿童，早年时其家庭就开始为他们在特殊领域的探索提供物质和情感的支持。许多有关杰出成就人物童年家庭环境的研究都为此提供了有力证据。

(2) 学校环境。作为一种有目的、有组织的教育活动，学校教育在影响学生创造性的发展、潜能开发方面往往比家庭教育具有更重要的意义。学校环境对青少年创造力的影响包括以下四个方面：第一，教师素质影响青少创造力的发展。民主型教师有助于学生创造力的发展。有一定的人文和哲学知识、具有一定的创造才能、在课堂上实施特殊的创造方法和技能的教师，可以更有效地促进学生创造力的发展。第二，课堂气氛影响青少年创造力的发展。第三，同伴关系影响青少年创造力的发展。第四，不恰当的教育方式和学校中的消极因素会导致创造型学生产生种种心理上的压抑感，从而阻碍其创造力的发展。

(3) 社会文化。社会文化因素也与个体创造性的发展存在着密切关系。许多跨文化研究发现，在倡导和鼓励独立性、创造精神，主张男女平等的民主型社会文化背景中，个体创造性普遍发展较好，而且男女差别较小；而在强调专制、服从，男女地位悬殊的封闭型社会文化背景中，个体创造性水平普遍较低，而且男女差别也较大。来自独裁文化环境的个体，往往表现得退缩、服从、逃避现实、缺乏创造精神；而有利于创造的社会风气、丰富的环境刺激及多方面的文化交流，则会促使人产生求知的欲望，刺激联想、发散等创造性活动的进行。

（三）培养创造性思维

创造性人才培养的一个重要方面是对学生创造性思维的培养。创造性思维是创造力的核心，是人们完成创造活动的基础，所以培养学生的创造性思维是一项极其重要的教育任务，需要从以下几个方面努力。

1. 培养创造性思维的品质

(1) 独立性思维品质。培养独立性思维品质，应在教学过程中注意强化学生三个方面的心理意识：

第一，大胆而合理地怀疑。

第二，增强其不盲从于大多数的抗压心理。独立思维往往会有别于众人，有异于常规，因而会产生无形的心理压力，培养不随波逐流的抗压心理是非常重要的。

第三，培养不断否定自己的健康心理。

(2) 发散性思维品质。在学生的创造心理诸品质中，发散性思维是至关重要的方面。它是一种从不同途径、不同角度去探索多种可能性，探求答案的思维过程。

学生发散性思维品质的培养应循序渐进，着力于三个层次：

第一，流畅性。即培养学生的思维速度，使其在短时间内表达较多的概念，枚举较多的问题解决方案，探索较多的可能性。

第二，变通性。变通性是较多层次的发散特征，即培养学生从不同的角度灵活考虑问题的良好品质。

第三，新颖性。这是求异的本质所在，即培养学生大胆突破常规、敢于创新的创造精神。

(3) 想象力。“创造”一般是运用自己的知识和经验，通过有意识的想象产生出以前尚不存在的事物，因而想象是创造心理活动的起点和必经过程。事实上，大多数创造都是经过“想象——假设——实践”这样的三段式递进实现的。想象力的培养则应落实在两个方面：

第一，保持和发展好奇心。

第二，拓宽知识面。想象力是多种知识相互启发而生的。为此，要引导学生涉猎多领域的知识，努力形成合理的知识结构。

2. 优化教学过程

目前在现实中经常用于创造性培养的课堂教学措施有：

(1) 改进教学方法。在发扬自己优秀传统文化的同时，要吸收和借鉴外国教学方法的优点，取长补短。采取双向教学法，提倡课堂讨论，开设研究型实验，采用案例教学法、发现教学法、学导式教学法、创造性教学法等行之有效的新教学法。

(2) 转变传统教育中的考试观念。教育需要评估，没有评估的教育是盲目的教育，切不可因应试教育向素质教育的转向而废弃考试。但教育的功能和目标，是要提高学生迎接挑战的生存能力和自我发展的能力，因此考试的内容需与之相适应，从考核知识的记忆、定向理解、运用，转变为考核捕获、处理的能力和创新的能力，这会促使原有考试方式的转变，逐步建立和完善与素质教育相协调，有利于人才全面成长和发展的现代化的评价体系。

(3) 在教学内容方面以学习方法、研究方法和思维方法等方法的培养训练为主，多种具体知识的传授为辅。压缩课本，使它由“厚而精”变为“少而精”。读书的最佳境界，需要发散性思维的参与，从各个角度观察问题、深化问题。

(4) 加强课堂讨论。从课堂讨论入手，强化学生的竞争意识和创造意识，培养学生提出问题和解决问题的能力。当代学生都有一定的竞争欲和表现欲，在课堂讨论中，对不同观念和见解的争论，正是引导他们展现健康的竞争欲和表现欲的极好机会。

(5) 积极参加多种社会实践活动，不断丰富实际创造经验和体验。目前，在教育中存在的一个现实问题是不能很好地组织和实现实践性教学环节。加强教学实践环节，着重培养形象思维能力十分重要。要在教学观念上进行变革，在让学生学好抽象理论的同时，加强实践环节训练，建立创新基地，为学生提供创新的机会。鼓励学生参加课外科技制作活动。

(6) 建立宽松的目标管理机制。从管理角度而言，宽松的环境应建立在目标管理基础之上。现在所实行的过程管理，对学生限制得过死，并不利于创造性人才的培养。应建立科学的评价体系，实施目标管理，形成强有力的激励机制，调动广大学生内在的积极性、主动性，激发创新意识，提高创新能力。教育学生创新，教育者本身应有创新的素质和创新的教学内容。要做到这一点，教师就要参与科研，将科研与教学相结合。

第三节　学习策略与学习技能

中国有句古话叫“授之以鱼，不如授之以渔”，说的是传授给人既有知识，不如传授给人学习知识的方法。大多数老师希望教会学生“怎样学习”，实际上就是这里所要讲的学习策略和学习技能。

一、学习策略

(一) 学习策略概述

1. 学习策略的界定

美国心理学家布鲁纳(1956)在其人工概念研究过程中，首次提出“认知策略”(Cognitive Strategy)的概念。心理学家 Newell、Shaw 和 Simon(1958)随之利用计算机有效地模仿了问题解决策略，从而形成“学习策略”(Learning Strategy)概念。

对于什么是学习策略，学者们从不同的研究角度和方法，提出了各自的看法：有的指具体的学习技能，诸如复述、想象和列提纲等；有的指较为一般的自我管理活动，诸如计划和领会监控等；有的指组合几种具体技术的复杂计划，甚至有的与元认知、认知策略、自我调节的学习等术语的含义相互重叠。概括起来，大致可以分为三种：(1) 把学习策略视为学习活动或步骤；(2) 把学习策略视为学习的规则；(3) 把学习策略视作学习计划。

综合这些不同的看法，可以认为所谓学习策略，就是学习者为了提高学习的效果和效率，有目的、有意识地制定的有关学习过程的复杂的方案。

2. 学习策略的成分

许多学者根据不同的研究视野，对学习策略的成分和结构提出了自己的看

法,比较有代表性的有这样几种:

Nisbet 和 Shucksmith(1986)认为,学习策略包括六个因素:

(1) 提问,构想假说,确定目标与项目参量,把当前任务与先前工作联系起来;(2) 计划,制定时间表,把任务或问题演绎成要素,选择解决问题的动作技能和智力技能;(3) 调控,使问题的初始状态和目标状态匹配起来,并不断作尝试性回答;(4) 审核,对成绩与结果进行初步评价;(5) 矫正,或重新画一个简单的草图,或重新演算,或修正目标;(6) 自检,对结果和成就进行自我评价。

Weinstein 和 Mayer(1983)将学习策略划分为八类:(1) 简单任务的复述策略;(2) 复杂任务的复述策略;(3) 简单任务的精加工策略;(4) 复杂任务的精加工策略;(5) 简单任务的组织策略;(6) 复杂任务的组织策略;(7) 综合调节策略;(8) 情感策略。

(二) 典型的学习策略

1. 认知策略

认知策略是优化信息加工效果、提高加工效率的一种认知技能,它是认知领域中学习策略的最主要的成分。

(1) 复述策略。复述策略(rehearsal strategy)是为了准确、牢固地记住目标信息而在大脑中重现学习材料或刺激,以便将注意力集中在学习材料或刺激上的方法。复述策略主要有以下几种:

① 及时复习。由于识记了的信息随着时间的推移,总是要不断遗忘,所以复习最好要及时进行。

② 排除相互干扰。在安排复习时,要尽量预防前摄抑制和倒摄抑制的影响,尽量错开学习两种容易混淆的内容。例如,学完一系列词汇后马上进行测验,开始和结尾的几个词一般要比中间的词记得牢,这就是所谓的首因效应和近因效应。因此,要把最重要的新概念放在复习的开头,在最后对它们进行总结。

③ 整体识记和分段识记。对于篇幅短小或者内在联系密切的材料,适于采用整体识记,即整篇阅读,直到记牢为止。对于篇幅较长,或者较难,或者内在联系不强的材料,适于采用分段识记,即将整篇材料分成若干段,先一段一段地记牢,然后合成整篇识记。

④ 集中复习和分散复习。集中复习就是集中一段时间一下子重复学习许多次,分散复习就是每隔一段时间重复学习一次或几次。对于大多数学习,分散复习更有益于保持,对于事实的学习尤其如此。

⑤ 多种感官参与。在进行识记时,要学会同时运用多种感官,多种感官的参与能有效地增强记忆。

⑥ 复习形式多样化。采用多种形式进行复习有利于理解和记忆。在实践

中应用所学知识是对知识的最好复习。

⑦ 自问自答或尝试背诵。在学习一篇材料时，一面阅读，一面自问自答，或自己背诵。这样做的好处是，根据自己回答或背诵的情况，检查自己的错误和薄弱环节，从而重新分配精力。

(2) 精细加工策略。精细加工策略(elaboration strategy)也叫精加工策略，是一种促进陈述性知识学习的策略，指对记忆的材料补充细节、举出例子、做出推论，或使之与其他观念形成联想，以达到长期保持的目的。具体包括以下几种：

① 位置记忆法。就是学习者在头脑中创建一幅熟悉的场景，在这个场景中确定一条明确的路线，在这条路线上确定一些特定的点，然后将所要记的项目全都视觉化，并按顺序与路线上的各个点联系起来。回忆时，按路线上的各个点提取所记的项目。

② 首字联词法。即利用每个词的第一个字形成一个相对容易记忆的缩写。比如计算机BASIC程序语言就是Beginner's All-Purpose Symbolic Instruction Code(初学者通用符号指令代码)各词首字母的联词。

③ 限定词法。学习一种新材料时运用联想，假借意义，对记忆也很有帮助。

④ 勾画圈点法。对于本身意义性强的书面化的信息材料，勾画、圈点其中的重要部分，有助于促进对信息的加工，提高记忆效果。

⑤ 摘录提要。对于本身意义性强的信息材料，通过摘录要点、归纳(以材料中的原句摘抄为主，辅以必要的连接、概括)，有助于更好地促进对信息的加工。

⑥ 笔记。对于本身意义性强的信息材料，通过笔记形式，区别主次，以自己的话概括材料的主要内容，有助于促进更深层次的信息加工。

(3) 组织策略。所谓组织策略(organizing strategy)是指梳理所学的新信息，建构其内在的联系，以增进记忆效果的一种策略。具体有以下几种：

① 归类整理法。将所学的新信息进行归类整理，形成内在的结构组织，以便于记忆。由于归类有多种不同的维度，其运用也就多种多样，有相似归类、对比归类、从属归类、递进归类等。

② 提纲挈领法。运用简要的语句来把握新信息的内在层次结构，并常辅之以数码标记，以显现内隐的结构组织，促进理解和记忆。对于量大而复杂的信息材料，此举更具优越性。

③ 图解纲要法。运用图解方式来说明新信息的内在联系，并多辅之以连线或箭头标记，以形象地显现内隐的结构组织，促进整体把握和记忆。

④ 网络法。是指以树状式连线方式表示材料种属逻辑关系的组织方法。将明显种属关系的材料运用网络法提取要点，使逻辑关系特别清晰，便于理解与记忆。

2. 元认知策略

在学习时，学习者用来评估自己的理解、预计学习时间、选择有效的计划来学习解决问题的一系列策略，就是元认知策略（metacognitive strategy）。元认知策略大致可分为以下三种：

（1）计划策略。包括设置学习目标、浏览学习材料、产生待回答的问题以及分析如何完成学习任务。为学习制订计划就好比是足球教练在比赛前针对对方球队的特点与出场情况提出对策。

（2）监控策略。使学习者警觉自己在注意和理解方面可能出现的问题，以便找出来并加以修改的一系列策略。包括学习时对注意加以跟踪、对材料进行自我提问、考试时监视自己的答题速度和时间。

（3）调节策略。与监控策略有关，是学习者为了完成学习目标而对学习行为的合理矫正。例如，当学习者意识到他不理解课文的某一部分时，就会退回去读困难的段落；在阅读较难的或不熟悉的材料时放慢速度；测验时跳过某个难题，先做简单的题目等。

二、学习技能

（一）学习技能的含义

学习技能（learning skill）也就是我国教育界长期以来使用的学习方法（learning method）一词，指的是个体通过反复练习而形成的促进信息编码及任务完成的认知活动方式。斯腾伯格（Sternberg，1983）在其智力模型中层区分了两种不同层次的智力技能：（1）执行的技能（Executive Skills），它是指学习者用来对指向一定学习任务的学习方法进行规划、监控和修正的高级的技能，即对学习的调节与控制；（2）非执行的技能（Non-executive Skills），它是指用于对学习任务进行实际操作的技能，即学习方法，也就是这里所讲的学习技能。

学习技能与前面所讲的学习策略既有区别又有联系。二者的区别在于：第一，具体的学习技能通常与具体的某次学习任务相联系，有较强的情境性；学习策略既与具体任务相联系，又与一般学习过程相联系。第二，学习技能经过学习者反复运用、熟练掌握之后，在具体情境中往往凭习惯加以运用；而学习策略是学习者经过对学习任务和自身特点等多方面因素进行分析，反复思考之后才形成的方案。第三，具体的学习技能可以用来达到一定的学习目的，完成学习任务，但一般不考虑最佳效益；而学习策略则追求最佳效益。学习技能与学习策略虽有区别，但又不能截然分开。因为学习策略不能脱离具体的学习技能，学习策略的规划最终要落实到具体的学习技能上，并借助学习技能表现出来。总之，学习技能是作用于具体学习任务和材料的操作和方法，而前面所讲的学习策略则是控制与调节学习技能的选用的执行技能或上位技能。

（二）学习技能的分类

（1）根据学习进程的特点，可分为观察法、思维法、记忆法等。

（2）根据课堂学习进程的特点，通常分为预习法、听讲法、复习法、作业法等。

（3）根据各科学习的特点，可分为语文学习技能、数学学习技能、外语学习技能等。

（4）根据学习类型特点，可分为模仿性学习技能、抽象概括学习技能、解决问题学习技能、逻辑推理学习技能、总结提高学习技能等。

（5）根据学习目标指向，可分为语言符号的学习技能、操作技能的学习技能、态度情感的学习技能、学习策略的学习技能等。

（6）根据学生学习活动的独立性，可分为有指导的学习技能和自学技能。

（7）根据学习活动的创造性，可分为再现性技能和创造性技能。

三、学习策略和学习技能的训练措施及原则

无论是学习策略还是学习技能，都是学生学习中极为重要的机制，直接影响学习效率，甚至会影响学生的学习行为和态度。教育的目标之一就是要帮助学生学会使用有效的学习策略和技能，因为学习策略和技能的价值依赖于其具体情况和使用，所谓“学而有法，学无定法”正是这个道理。因此，教师的任务不仅是教会学生具体的学习策略和学习技能，而且要教学生积极、适时地选用有效的策略和技能。在进行训练时，可以采取一些有效的措施，并遵循一定的原则。

（一）学习策略和学习技能的训练措施

1. 使教学方法多样化

丹瑟洛（Dansereau D. F）认为，在教学过程中应该首先激发学生形成学习策略和学习技能的动机，再确定适合于所学材料的学习策略和技能，这些策略和技能应该具有有效性和可操作性；然后指导学生在不同的学习情境下进行训练，并及时对学习结果进行评价与反馈。从激发动机、讲解策略和技能的使用、练习及训练、反馈评价到迁移的教学步骤，与通常使用的传授知识的步骤是一致的，比较容易为学生所接受。

2. 结合学科知识的教学进行训练

在教学过程中应该结合各科教学内容特点来对学习策略和学习技能进行训练，脱离知识内容的单纯训练容易导致形式化倾向，难以保证学生学习策略和技能运用水平的提高。例如在英语词汇学习中训练同化策略。所谓同化策略是指促进学生充分利用原有知识，以有效地学习新知识，即产生同化效应。在英语词

汇学习中进行训练，可以在学生遇到生词时，指导学生充分利用原先掌握的与该词有音、意或形联系的词进行同化。此外，还有在数学应用题教学中训练结构分析策略，在阅读教学中进行文章结构分析策略等。总之，将策略和技能的训练与具体的教学内容联系起来，会取得良好效果。

3. 注重元认知策略的训练，使学习策略和技能的使用更加灵活

一般来说，学习能力比较强的学生，其元认知的发展水平较高，具有较多有关学习策略和学习技能方面的知识，善于对自己的学习过程进行监控，在学习策略和技能的运用中也能够做到有效而灵活。因此，元认知策略对于一般的学习策略和学习技能的掌握和使用具有重要的促进作用。布朗(Brown,1983)提出三种元认知策略的训练方法：盲目训练法，即只教给学生运用策略，但不告诉为何、何时运用何种策略；感受训练法，帮助学生理解为何、何时运用不同策略；感受自控训练法，在感受的基础上使学生练习使用不同策略，提供掌握不同策略的机会。研究表明，第一种方法通常难以使学生真正掌握学习策略，而后两种不仅可以促进学生对策略的掌握，还明显影响学生所学知识的性质与结构。因此，教会学生形成反思习惯，使其对学习策略和学习技能做出清晰的辨别，增强体验与调控，能够有效促进学习策略和学习技能的掌握和运用。

(二) 学习策略和学习技能的训练原则

除了上述训练学习策略和学习技能的常见措施之外，在实际教学中，还应注意遵循以下原则：

1. 主体性原则

主体性原则既是学习策略和学习技能训练的目的，又是必要的方法和途径，任何学习策略和技能的使用都必须依赖于学习者主动性和能动性的发挥。在训练中，要向学生阐明策略教学的目的和原理，并给学生提供使用学习策略和技能的机会，指导其分析运用的过程与效果，以帮助其进行有效的监控。

2. 内化性原则

内化性原则是让学生不断对各种学习策略和学习技能进行实践，逐步将其内化成自己的学习能力，并能在不同的问题情境中灵活有效地应用。内化过程需要学生将所学的新策略和新技能与头脑中已有的相关知识和策略整合在一起，形成新的认识和能力。

3. 特定性原则

特定性原则指的是学习策略和学习技能要适合不同的学习目标和学生的类型。这意味着教师要针对学习者的不同发展水平，考虑学习策略和技能的不同层次，教给学生各种各样的策略，不仅有一般策略，而且还要有非常具体的学习策略和学习技能。

4. 生成性原则

使学习策略和学习技能有效的最重要的原则之一，就是学习者要利用学习策略和技能对学习材料进行重新加工，从而生成某种新的东西，这需要高度的心理加工。

5. 有效的监控

教师应该教给学生该在什么情境下如何使用某种策略或技能，这样学生就更有可能记住并使用它。学生不仅应该知道应当在何时如何应用他们贮存的学习策略和学习技能，而且应该能够在使用时将它描述出来。

6. 个人效能感

教师应该给学生提供一些机会使他们感觉到学习策略和学习技能的有效性，因此有些训练课程必须包括动机训练。教师在学生学习某材料时，要不断向学生提问和测查，并且根据这些评价给学生确定成绩，如此才能促进学生使用学习策略和技能，使学生感到使用学习策略和学习技能会使学习有所收获。

第四节　为迁移而教

学习迁移一直是学习的一个重要理论问题，对迁移进行研究，有助于探讨人类学习的实质和规律，揭示能力和品德形成的内在机制，同时也为教学过程提供理论指导。“为迁移而教”已成为当今教育的流行口号。

一、迁移及其种类

（一）迁移的概念

迁移(transfer)是一种学习对另一种学习的影响，或已有的经验对完成其他活动的影响，广泛地存在于知识、技能、态度和行为规范等各种内容的学习中。

（二）迁移的分类

对于学习的迁移现象，可以根据多种标准来分类。

1. 根据迁移的性质，可以分为正迁移和负迁移

正迁移(positive transfer)是指一种学习对另一种学习起促进作用，常常发生在学习内容相似、过程相同或者使用同一原理的时候，如数学的学习可以促进理化学习。

负迁移(negative transfer)是指一种学习对另一种学习起干扰或抑制作用，常产生在看似相似但实际上并不相似的情境下，由于认知混淆而产生，比如学习汉语拼音对学习英语音标的干扰现象。

2. 根据迁移的内容,可分为认知迁移、态度迁移和技能迁移

认知迁移(cognitive transfer)是指在人脑知识结构中发生的迁移。当个体原有的认知结构与新的情境发生作用时,有时原有认知结构会影响新问题的解决。如系统掌握平面几何知识的学生,与知识相对薄弱的学生相比,在学习立体几何的时候成绩会更好一些。

态度迁移(attitude transfer)是指一种态度对另一种态度的影响,如一个不喜欢某位老师的学生,可能因此在学习过程中对这位老师所教的学科也产生反感,进而影响对这门学科的学习。

技能迁移(skill transfer)可分为认知技能的迁移和动作技能的迁移。认知技能是认知性的内隐操作过程,动作技能则是肌肉性的外显操作过程。如一个掌握解数学中因式分解技巧的学生,解任何因式分解题都显得游刃有余,属于认知技能的迁移;而棒球选手打高尔夫球也会打出高水平,则属于动作技能的迁移。

3. 按照迁移的顺序,可分为顺向迁移和逆向迁移

先前学习对后继学习的影响,称为顺向迁移(natural transfer),例如先学会骑自行车,之后更容易学会骑摩托车。

后继学习对先前学习的影响,称为逆向迁移(contrary transfer),如学生掌握英语语法之后,又可能反过来对掌握汉语语法起干扰作用。

无论是顺向迁移还是逆向迁移,其影响程度都有大小之分,影响效果都有积极和消极之别。

4. 从迁移发生的方式上看,又可分为特殊迁移和非特殊迁移

特殊迁移(special transfer)是某领域的学习直接对另一领域的学习产生的影响。

非特殊迁移(non-special transfer)则是指迁移产生的原因不明确,既可能是原理的迁移也可能是态度的迁移,这样产生的迁移可能是由动机、注意等因素引起的,也可能是由学习的其他准备活动或学习方法、策略引起的。布鲁纳认为,一般的技巧、策略和方法有广泛迁移的可能性,因此十分重视非特殊迁移。

二、迁移的理论

学习迁移问题包括学习者、旧的学习情境和新的学习情境三者之间复杂的相互作用。早期的迁移研究主要局限在动物和人类机械学习的领域,但是不同类型的学习迁移往往需要不同的理论加以解释,所以用机械迁移的规律来解释其它的学习迁移难免会犯片面性的错误。20 世纪六七十年代以来,随着认知科学与信息加工理论的产生和发展,现代认知心理学研究的兴起并向心理学各个

领域的渗透，研究者能够比较客观地对人的心理过程进行研究，在此基础上出现了许多新的迁移理论。

(一) 认知结构迁移理论

认知结构迁移理论是奥苏伯尔根据他的有意义言语学习理论(即同化理论)发展而来的。在奥苏伯尔看来，一切新的有意义学习都是在原有的学习基础上产生的，即一切有意义的学习必然包括迁移，不受原有认知结构影响的有意义学习是不存在的，而学习者原有认知结构的特征则是影响新的学习的关键。

1. 认知结构与认知结构变量

认知结构，简单来说就是学生头脑中的知识结构。奥苏伯尔认为，对当前学习产生影响的不仅仅是之前的某次学习，还包括个体已有的经验和按照一定层次组织的与当前学习任务有关的知识体系，而不是指前、后两个学习课题在刺激和反应方面的相似程度。在他看来，学习者原有的认知结构是实现学习迁移的关键因素。

奥苏伯尔提出了影响有意义学习和迁移的认知结构变量，即可利用性、可辨别性和稳定性。

(1) 可利用性。在认知结构中是否有适当的起固定作用的观念可以利用，这是影响迁移的第一个重要的认知结构变量。较高抽象概括水平的起固定作用的观念，对于新的学习能够提供最佳联系。如果缺少这样的观念，个体往往只能进行机械学习，造成新知识不能有效地被固定在认知结构中，无法表现出积极的迁移现象。

(2) 可辨别性。指新的学习任务与原有认知结构之间可以辨别的程度，这是影响迁移的又一个认知结构变量。如果新的学习任务不能与认知结构中原有的观念清晰分辨，那么新的概念很可能被原有的概念所代替，从而表现出遗忘。

(3) 稳定性。即原有的起固定作用的观念的清晰性和稳定性，这是影响有意义学习的第三个重要的认知结构变量。如果原有观念不稳定而且模糊不清，那么将不能为新的学习提供适当的联系和固定点。

总之，奥苏伯尔认为个体在某次学习中所得到的最新知识或经验，不是直接同先前学习的刺激——反应成分发生相互作用，而只是由于它影响原有的认知结构的有关特征，从而间接影响新的学习或迁移。

2. 设计“组织者”——促进认知迁移的方法

所谓“组织者”(organizer)，是先于学习任务本身呈现的一种引导性材料，它要比学习材料更一般、更概括，并且能清晰地将新的学习材料与认知结构中原有的观念相关联。设计“组织者”的目的是为新的学习任务提供观念上的固定点，增加新旧知识之间的可辨别性，以促进类属性的学习。也就是说，通过呈现“组织者”，在学习者已知的东西与需要知道的东西之间架设一道“知识的桥梁”，使

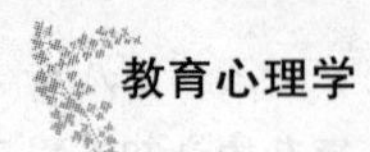

其更有效地学习新材料，从而促进学习迁移的实现。

（二）认知迁移理论

认知迁移理论是由美国学者罗耶（Royer I. M.）提出的。他根据学习和记忆的信息加工理论，提出认知迁移理论具有两个基本假设：

第一，人类的记忆是一种高度结构的储存系统，人类是以一种系统方式储存和提取信息的；

第二，知识结构的“丰富性”并非始终一致。所谓丰富性（richness），是指知识结构内各单元（如节点、命题等）之间交互联结的数量。知识结构的某些部分可能是与单元之间大量的交互联结联系在一起，而某些部分则可能只与少量的交互联结有联系。

此外，认知迁移理论还具有一个前提，即领会（comprehension）。在没有领会的条件下虽然也可以习得信息，如机械记忆，但是回忆或使用未被领会的信息的条件是极为有限的。因此，如果要形成学习迁移，领会是必不可少的。

据此，认知迁移理论认为，迁移发生的可能性是由在记忆搜寻过程中遇到相关信息或技能的可能性决定的。这样，教育的问题就成了如何增加学生在面临现实生活问题时提取在课堂中习得的相关材料的可能性的问题。由于提取的可能性与交互联结的数量有关，因此任何增加交互联结网络的丰富性的教育方法，都将有助于迁移的发生。

因此，在帮助学生建立抽象的知识结构和认知图式时，应给学生呈现最大范围的事例和这些知识的应用情境，以使学生了解课堂中习得的知识是如何应用的。而且，这些例子最好与真实的生活背景相联系，因为最终说来，几乎在校学到的每一知识的价值都要以在校外世界中的应用价值这一标准来衡量。

（三）迁移的产生式理论

迁移的产生式理论是由辛格莱和安德森（Singley & Anderson）提出的。该理论认为学习和问题解决的迁移之所以产生，是由于两种技能学习所需要的产生式规则有一定的重叠。当两种学习之间存在共同的产生式，或者说两种学习的产生式有交叉重叠，迁移就会发生；重叠越多，迁移的程度越大。

在迁移的过程中，有两个关键条件制约着迁移的发生。一个是学习者能否在先前学习中概括出产生式。需要注意的是这里的产生式并不是简单的“条件一动作”，而是从许多这样的“条件一动作”产生式中概括出的一般的“C一A”规则。在这里，C代表行为产生的条件，A代表行为或动作，不仅是外部可观察到的反应，同时也包括学习者头脑内部的心理运算过程。另一个条件是学习者将所形成的一般性产生式“规则化”、“系统化”。只有学习者对所形成的产生式规则熟练掌握并能够熟练操作，才会出现有效的迁移。

产生式迁移理论对教学活动的启示是,既然两项任务共有的产生式数量决定迁移的程度,那么要想实现"为迁移而教",在教材选编时就应考虑循序渐进的原则,以及教学内容的前后两个单元要有适度的重叠。同时,应注重概念和原理的教学,因为共同的产生式就是共同的规则,也就是共同的概念或原理。

(四)元认知迁移理论

根据元认知迁移理论,认知策略的成功迁移是指问题解决者能够确定新问题的要求,选择已获得的适用于新问题的一般或特殊技能,并能在解决新问题时监控它们的应用(龚少英,2001)。

加勒泰等人认为,具有较高元认知水平的学习者能够在面对新的问题情景时主动对特定任务和目标进行分析,结合自身原有知识,选择出最有效的认知策略,并且在执行策略的过程中不断进行监视和反馈,及时修正和调节策略,以达到认知活动的目标。可以说,利用元认知解决问题的过程本身就是一种认知策略的迁移过程。因为元认知与一般智力技能是有所不同的,元认知的价值存在于改善个体的认知加工过程之中,通过加工处理陈述性知识和程序性知识得以实现。元认知迁移理论认为,认知策略要达到可以在多种情境中迁移的程度,一个重要条件是学习者的元认知水平。元认知水平决定着学习者对策略的使用和对学习的监控、调节,从而影响认知策略的迁移。由于元认知迁移理论的最大特点在于强调认知策略和元认知在学习中的重要作用,因此元认知迁移理论也称为认知策略迁移理论。

元认知迁移理论对教学的启示是,要想让学习者"学会学习",除了要重视陈述性知识和基本的技能迁移之外,更应重视策略的学习。为此,教材的选编应当适当反映策略性知识的要求,同时应以策略教学实验中积累的经验来训练学生,以达到策略性教学的迁移目的。

三、影响迁移的因素

影响迁移的因素,从总体上看有学习者的个人因素和客观因素两大方面。

(一)个人因素

1. 智力

智力对迁移的质和量都有重要的作用,因为广义的智力包括一个人的概括能力、分析能力和推理能力等。智力较高的人能较容易地发现两种学习情境之间的相同要素及其关系,易于总结学习内容的原理原则,能较好地将以前习得的学习策略和方法运用到后来的学习中。

2. 年龄

年龄不同的个体由于处于不同的思维发展阶段,学习间迁移产生的条件和机制有所不同。例如,具体运算阶段的学生,其学习迁移的发生有赖于具体事物的支持和协助,学习的迁移更多地表现在先后学习内容间较为具体的相同要素之间的相互影响。形式运算阶段的学习,由于个体已经具备抽象思维能力,不必依赖两种学习情境间的相同要素的支持,就能概括出共同的原理、原则,产生学习的正迁移。

3. 认知结构

在学习中,认知结构一般是指个人在以前学习和感知客观世界的基础上形成的,由知识经验组成的心理结构。其质量,如知识经验的准确性、知识经验间联系的丰富性和组织性,都影响学生在学习新知识、解决新问题时提取已有知识经验的速度和准确性,从而影响迁移的发生。

4. 学生对学习和学校的态度

一方面,学生学习时的态度会影响他们把知识应用到实践中的学习,如果学习知识时能认识到所学知识对以后生活和学习的重要意义,并能联想到当前知识可能有用的情境,会有助于他们在以后的具体情境中运用已有知识来学习或解决问题。另一方面,学生对学校教师及其他学生的态度影响其学习和学习的迁移,如果学生认为学校是一个令人愉快的、能获得有益知识的地方,而且与教师和同学建立了融洽的关系,将对他们的在校学习及其迁移有良好的影响;反之,如果学生形成一种害怕或厌恶学校和教师的态度,则对其学习及其迁移都是有害的。

5. 学习心向

心向是一种心理准备状态。具有利用已有知识去学习新知识的心理准备状态,比没有这种准备状态更有利于已有知识对新的学习的迁移。

(二) 客观因素

1. 学习材料的特性

包括所学知识、技能之间有无共同的要素或成分,学习材料或新知识的组织结构和逻辑层次以及知识的实用价值等。那些包含了正确的原理、原则,具有良好组织结构的知识以及能引导学生概括总结的学习材料更有利于学习者在学习新知识或解决新问题时产生积极迁移。

2. 教师的指导

教师有意识的指导有利于积极迁移的发生。教师在教学时有意识地引导学生发现不同知识之间的共同点,启发学生去概括总结,指导学生监控自己的学习或教会学生如何学习,都会对学生的学习和迁移产生良好的影响。

3. 学习情境的相似性

简单地说,学习的情境如学习时的场所、环境的布置、教学或测验的人员等越相似,学生就越能利用有关的线索,提高学习或问题解决中迁移的出现。

4. 迁移的媒体

有时，两个学习情境并不能直接发生联系或产生迁移，需要借助一定的媒体才能使两种学习间产生迁移。此时，能否选择能引起正迁移的媒体会对迁移的发生和性质产生影响。

四、学习迁移与教学

在学校教育中，应该怎样教学才能使学生将习得的知识灵活地运用到各种不同情境中呢？

（一）确定明确而具体的教学目标

明确而具体的教学目标，可以使学习者对与学习目标有关的已有知识形成联想，即发挥先行组织者的作用，有利于迁移的发生。在确定学习目标的同时，应该明确未来学习迁移的方向。例如，在学习数学方面的知识时，不仅要学习当前教材中的计算问题，更重要的是要设计出学习者在以后的学习中会学到的新的相关的数学知识或是相关学科中的计算问题（比如物理中的计算问题：数学的三角方程与物理学习中斜面的下滑物的加速度的计算），或者在现实生活中可能会遇到的实际计算问题。因此，在实际教学过程中，在每个新的单元教学之前确立具体的教学目标，使学生明确学习目的，是促进学习迁移的重要前提。

（二）考虑和了解学习者的认知结构，在此基础上进行教学

美国心理学家奥苏伯尔非常强调学生的认知结构对新的学习的影响作用，他认为先前的学习经验是学习新知识的一个关键因素，可见认知结构对于教学和学习的重要性。认知结构不仅可以贮存知识，而且具有同化新知识和帮助解决新问题的能力。所以在进行教学设计时考虑和了解学习者的认知结构，会对学习者当前的学习以及今后解决新的问题时恰当运用迁移产生促进作用。

（三）恰当运用变式，创造与应用情境相类似的学习情境

在讲解知识时，要列举最大范围的例子，枚举各种变式，使学生正确把握其内涵和外延；同时应结合所教知识的具体运用情境进行讲解和学习，使学生能脱离所学知识的背景把握其实质，并能在遇到适用情境时，准确地运用已有知识去学习新知识或解决新问题，即达到对所学知识的去背景化（decontextualization），以防止学生对所学知识的理解和运用局限于学习情境的情况。而在允许的情况下，应尽量让学生在真实情境中观察和实践知识的应用，如亲自动手操作的教学实验、实习、见习等；条件不允许或无法亲自观察实践的，教师也应利用直观教具或生动的教学语言、计算机模拟等手段，让学生尽可能地增加感性认识。

（四）以最佳结构和顺序呈现学习内容，使其贯穿始终

按照信息加工的观点，知识分为陈述性知识和程序性知识两大类。但无论

哪一类知识都需按照某种合理而有序的结构结合在一起，显示出知识点之间的关系和顺序。因此，学习内容的结构和顺序是影响学习迁移的客观因素。在教学设计中，应该注意同一学科的前后内容之间的结合以及不同学科之间的关联，使学习者能掌握学习内容的整体结构，把握事物的整体关系，并且易于学习新知识和解决新问题。而且应注意相同原理或类似问题的设计，让学习内容始终贯穿在一起，即前面的学习为后面的学习提供基础，后面的学习对前面的学习起到巩固和加深的作用。

（五）运用多种手段引导学生形成对学习的积极态度

除了结合学生年龄特点，创设和改造学校的环境和气氛，增加学校对学生的吸引力外，教师还可以通过反馈和归因控制等方式使学生形成关于学习和学校的积极态度。在每次学习前，也应注意帮助学生形成良好的心理准备状态，避免因不良情绪、反应定势等消极心态的产生而造成的消极迁移。

这些教学原则仅仅提供了一种“为迁移而教”的思路，以期帮助教师树立在教学和日常生活中注意促进学生学习积极迁移的观念。教师必须结合具体学科领域的特点和具体教学对象的特点，灵活创设和利用教育契机去促进积极迁移的发生。

第五节　复杂认知过程的多样性与共同性

一、多样性

学习者是以他们已知的和先前的知识为基础来学习新知识的，而且在与其他学习者或教师的交互活动中，他们的学习才会最有效。因此教师在帮助学生接受新信息与掌握技能时，必须充分考虑到他们走进学校时已具备的不同背景。在评定学生的学习效果或根据评价结果做出相应教学安排时，教师也应考虑到学生学习背景的多样性。依据现有研究，这些影响个体复杂认知学习的多样性集中表现在文化与社会背景、原有知识基础、认知技能掌握和信念系统等多个方面。

（一）学生的文化与社会背景

首先，学生所拥有的不同文化知识可能会影响其对学习任务的认识和解决。文化的内涵非常广泛，它包括价值观、语言、习俗、宗教信仰、身体特征与遗传特征、态度和信仰等各种内容。它们都反映学生的社会群体特征。例如美国学者Chen及其同事（Chen & Honomichl，2004）曾经考察了中美两种不同文化下的大学生是否会利用其熟悉的民间故事（这被认为是文化知识的一部分）来类比解决问题。结果发现，由于雕像称重问题与中国学生已掌握的关于如何称大象的民间故事非常类似（都是通过排水量来解决），这些被试较好地解决了雕像称重问题；而美国学生也通过使用 Hansel 与 Gretel 的类比（这是一个普通的美国民间故事），较好地解决了如何寻找山洞外面的路的问题（都是通过留下一个痕迹来解决）。在另外一项关于中美两国儿童数学运算结构对认知影响的研究（Miller, et al. ,1995）中，研究者要求 3～5 岁的儿童进行数数，当数 1～10 时，两种文化下的儿童都一样靠熟练的记忆完成；当进入十几开头的数字后，中国儿童开始占据优势。研究者认为这源自于汉语中对十以后的数字的词汇命名方式与十进制原则更类似，而英语中则明显不同，这样使得中国儿童在位值制基础上数学运算的正确率更高、速度更快、效果更好。因此教师在课堂教学中必须创设考虑到上述文化差异的综合性课堂，把所有学习者都吸引到学习与教学过程中来。

其次，学生家庭所拥有的不同社会经济地位也是制约学生学习表现的社会因素之一。社会经济地位（SES）是指家庭收入、职业和父母接受的正式教育之间的关系。一直以来，大量研究（如 McLoyd, 1998; Macionis, 1997; Miller, 1995）显示 SES 与学生的在校表现直接相关，它可以预测学生智力（由智力测验测出）、学生成绩测验分数和出勤率（包括辍学和停学）。贫困家庭的成员往往健康状况不佳、营养不足。贫困家庭的儿童更容易在出生前就遭受酒精的毒害，更易发生铅中毒。这些因素均可能造成这些儿童较差的在校表现。但教师必须明确的是，每一种社会经济地位群体中都既有成绩超群者，也有成绩落后者；在看待任何学生个体的成绩时，不能单纯凭借这个学生的社会经济地位来预测他的成绩。教师应注意让来自社会经济地位较低家庭的学生，知道自己对他们怀着和其他学生同样的期望，并利用合适的支持机制帮助他们获得成功。

（二）学生的原有知识基础

学生各种复杂认知学习（包括前面已涉及的概念理解、问题解决、学习策略与技能等）的完成都依赖于对已掌握的知识基础的利用。但实际上，不少研究（如 Cothern、Konopak & Willis, 1990; Grant & Gomez, 2001; Reynolds, et al. , 1982）已证实，学生的原有知识基础各不相同，他们对教师所呈现的复杂学习任务将进行不同的意义重组。他们在完成不同记忆任务时会有不同体验。例如，人们发现，北美的学生在学习系列化的知识时更有经验，而非洲国家的学生识记故事情节时用时很少，澳大利亚的学生则擅长识记物体所在的位置（Flavell, et al. ,1993）。学生的知识基础在信息数量与内容上都有区别。一般来说，学习者的知识基础的数量同其年龄有关（Kail & Bisanz, 1995）。年龄大的学生会经历得更多，因此知道得也多，这就促使学生能够利用语境来发现各种文本、对话中的意义；在经历了更多学习情境后，就会更留意学习策略，并在使用这些策略时变得更为老练。

研究表明,如果学生对某个问题有彻底的总体了解——他们储存了与问题相关的大量信息,而且这些信息在长时记忆中是以适当方式组织起来并相互关联——那么他们就能更容易地运用知识去解决这个问题。例如,如果学生能在意义水平上学习毕达哥拉斯定理,并且把它与“对角线”和“测量”等概念联系起来,他们就能更好地运用这条定理去计算一座房子屋顶的对角长度。相反,如果学生对某个问题的知识有限,特别是他们对这个问题没有一个总体的了解,那么他们就只能在问题的表面特征的基础上对问题进行编码(Chi、Feltovich & Glaser, 1981; Schoenfeld & Hermann, 1982)。例如在小学生解应用题时,不少学生就只会简单套用教师告诉的方法(如当看到问题中有“剩下”这样的字眼时就用减法来做)去思考问题,而完全不考虑使用这种解决方法是否适当。

(三) 学生的认知技能掌握

学生以前的经历往往会影响到他们对特定认知技能的掌握。例如,有研究表明,由于情境认知现象的存在,有些学生可以在自己家与邻居环境的情境中形成有效的问题解决策略(例如,可以在街上买口香糖和点心时很容易完成复杂的数学运算),但却不能把他们所形成的技能迁移到更多的常规课堂任务中去(Carraher、Carraher & Schliemann, 1985; Gay & Cole, 1967)。此外,研究者还发现,如果学生阅读的课文材料与自己的文化体验相一致的话,他们就能使用更有效的学习策略(Pritchard, 1990)。有不少跨文化比较研究显示,在亚洲国家学校内,由于学生的以往教育经历集中在训练机械记忆上,他们往往很少能够意识到诸如意义学习和理解后重组这样的学习策略的价值所在(如 Ho, 1994; Purdie & Hattie, 1996)。

(四) 学生的信念系统

现代学者认为学生所拥有的不同信念系统会影响复杂学习任务的完成。在特定情境中,学生对学业成功的期望会受到他们有关自我、情境或任务本质信念的影响,后者主要与学生在类似任务上的先前成败经验有关,而且学生的期望会随学科领域的不同而有所变化。因为这要看学生对自己持有怎样的信念,对特定学科领域及所面临的学业任务持有怎样的信念(Eccles, et al., 1983)。其中首先就是学生对自己个人能力的信念,相信能力一成不变往往更可能是学习困难学生的明显特征之一,而相信通过努力能力可以得以提高的学生在面对复杂学习任务时往往更可能会付出更多的学业努力。从社会认知角度看,个体的自我效能是一种极为重要的特殊能力信念,它与学生对各种学习策略的掌握与使用意愿有着密切联系。研究已发现,自我效能会影响学生倾向于使用一些有效的学习策略,而放弃一些无用的或有缺陷的策略(Zimmerman & Martinez-

Pons，1990）。同时自我效能还会影响学生对成败的归因（Bandura，1993）。当学生对自己在某个特定领域的自我效能感严重不足时，便会倾向于在获得成功时，将成功归于他人或某些外在因素，而在经历失败时又会归因于能力的缺乏。这样长此以往就会导致学生选择放弃学业，从而对其学业成就造成非常消极的影响，最终表现为习得性无助。

已有研究发现，早期生活的失败经历可能会导致学生对能力的低评价，从而可能阻碍他们潜能的正常发挥（Licht，1991）。而对不同文化背景的高成就学生的定性访谈结果也显示，这些学生对获取自己目标的能力都有着很强的信念，而且他们这种高能力信念主要是通过与同伴与成人的互动发展起来的（Hebert，& Reis，1999）。因此，作为教师可以通过帮助有学习问题的学生进行恰当的归因，来降低其消极自我评价的可能性，最理想的方法便是帮助学生认识到自己的努力、策略选择、行为以及所经历的结果之间的关系。由于教师对学生成败的反应也可能影响到学生的归因类型，因此教师需避免过多地对学生的能力进行评论。

二、共同性

（一）促使学生形成有组织的知识结构

教师要使学生形成相互联系的、组织化的知识结构，首先就要丰富学生的概念性知识，因为这类知识可以制约学生在问题解决中对问题的表征以及解决方案的搜索。教师需要以有关文件（如课程标准）为参照，引导学生对特定学科的基本概念、原理进行归纳整理。例如，可在历史学科内归纳出一些重要的年代、历史事件或举措，在数学、物理等学科内归纳出一些基本概念、定理或公式。如有可能，可进一步要求学生将这些内容以网络的形式串联起来，必要时可配以图片说明，并与教师所提供的归纳结果做出比较。必须注意的是，学生对概念的阐述必须清晰明了。因为许多研究已证实，对概念缺乏真正的理解是新手表征问题相对肤浅的根源之一。有经验的教师在复杂知识教学中，总是对所涉及的事实性知识和概念性知识了如指掌，同时会花费相当多时间来澄清有关概念。

另外，可以考虑采用一些别样的学习办法。例如，可运用出声思维法来帮助学生在理解问题时自觉整理个人思路。当问题比较抽象时，让学生报告出正在思考的东西，或将问题以自己理解的方式表达出来，这些过程都有助于学生加深对有关内容的理解。再如，教师向学生示范解决包含无关信息的问题，这能使他们意识到在解决问题中理解有关信息的必要性和有效性。此外，安排学生以合作学习的方式来共同解决问题，也能使学生从其他成员那里了解到解决问题所需要的信息，同时也有利于增强学生参与有关学习活动的动机。

（二）以直接讲授、示范与练习的多样组合促使学生有效获得学习策略与技能

为提高策略与技能的练习效果，教师所设置的练习应该数量适当、难度适

当、安排合理。在学习之初，练习的速度要慢，问题要精并且具有典型性，一次练习的时间不宜过长，采用短时间间隔分散练习比较合适。在一种新的步骤完全实现程序化后，再采用较大量的练习来加深、巩固和提高。这时对策略和技能的练习要变换多种题型，逐步加大力度以增进策略运用的灵活性和熟练性。教师在策略与技能教学中，应该重视向学生演示各种策略操作的完整的、精细的过程，以帮助学生明确其工作程序和具体步骤。同时教师还应注重提醒学生建立策略与技能的“触发条件”，以保证他们对所学的策略或技能在需要时能迅速、准确地提取并执行。

（三）创设富有变化的真实或似真情境是学生所掌握的概念、原理、策略得以有效迁移的保障

学生在课堂中所掌握的各种概念、原理或策略能否在现实中得到恰当应用，关键取决于教师能否给学生提供多样化的、贴近真实的学习情境。20世纪六七十年代，美国学者罗耶(Royer，1979)提出的认知迁移理论，从信息加工的角度认为迁移的可能性取决于在记忆搜寻过程中遇到相关信息或技能的可能性。因此，教师在教学中要帮助学生建立抽象的知识结构和认知图式，还需要给学生呈现最大范围的实例以及这些知识的现实应用情境，这样才能使学生了解到课堂中获得的概念、原理、策略等各种复杂知识是如何应用的。这些例子最好能与真实的生活背景相联系(斯拉文，2004)。教师可以让学生自主证明所呈现的各种正反实例的正误，不过需要通过让学生说明这些例子是如何体现出学习内容的本质特征的，来及时考察他们对有关概念、原理或策略的理解程度。因为学生在新环境中应用复杂知识的能力部分地依赖于它们获得时环境的多样性。

回到案例

现在我们回过头来看本章开始的案例。很明显，该堂课的教学目的是教给学生“整体的几分之一”的概念。儿童获得概念的主要方式是概念形成，因为他们已有的知识比较具体而贫乏，理解能力有限，因此他们不能用定义的方式学习“整体的几分之一”这个概念。他们只能从大量的例子出发，从实际经验的概念的肯定例证中，以归纳的方式抽取出一类事物的共同属性，从而获得概念。从这个角度来看，老师从具体到抽象，使学生逐步把握某类事物的本质的教学思路是正确的。

但是在巩固练习中，为什么仍有学生出现类似“2/4”的错误呢？首先应该明确，这种现象说明有的学生并没有掌握“整体的几分之一”这个概念，而在课堂上已经掌握的学生则还不能做到将所学知识有效地迁移到多种应用情境中去。造成这种结果的原因以及改进教学的建议如下：

首先，根据奥苏伯尔的观点，学生已有的知识和经验以及与当前学习有关的知识体系会影响学习效果。在教给学生“整体的几分之一”这个概念时，教师应该保证学生已经具备关于分数、平均分配、分子和分母等知识。在实行教学之前，应该设计合适的“先行组织者”，在学生的已有知识和需要学习的知识之间架设一座“知识的桥梁”，如组织学生简单复习以上概念。而考虑到学生已有知识经验的差异，教师最好对知识水平较薄弱的学生给予额外的细致讲解或辅导。

其次，为了实现知识的有效迁移，在讲解过程中要列举大量的例子，枚举各种变式，同时结合具体运用情境，使学生能够达到对所学知识的去背景化。在本例中，教师运用“小猴分桃”这一生动情境是可取的，但是不能仅仅局限于这一种情境。而且如果条件允许，最好为学生提供真实情境，比如亲自动手平均分配物体，增加感性认识，将学习情境和应用情境联系起来。

除此之外，课后的及时复习和教师对练习情况的及时评价也能促进学生对所学知识的掌握和运用。而在教学过程中随着学生年龄的逐渐增长和知识经验的积累，可以循序渐进地教给学生一些学习策略和学习技能，并有意地进行使用训练，这样可以增进学习的效果。

学术争鸣

学习策略是否可教?	
正方观点:学习策略是可以进行教学的 首先，尽管学习的自我调控作为学习策略的组成要素是一种内部意向活动，但伴随个体外部的学习方法的执行过程是外显的、有形的，这可以转化为语言描述的知识体系；其次，学习中的调控不仅包括有关学习情境的知识，而且包括如何使用某种学习方法、规则的知识，包括如何激发、调整学习者自身情意系统的具体操作的知识，而这是可以教学的；第三，尽管学习策略具有内潜性的特点，但不同的个体在学习过程中表现出来的学习策略也体现了一定的共性和规律性，这就使得我们可以采用恰当的方式进行学习策略的直接教学。	反方观点:学习策略从一般意义上是不可教的 用于构成学习策略的各种态度、概念和具体的学习方法是完全可教的，但属能力范畴的学习策略本身是难以进行传授的。策略性学习的能力是个体在长期的学习实践中自然形成的。另一方面，元认知的发展与个体的成熟有很大的关系，即策略性学习能力是随着个体年龄的增长而发展的。事实上，即使是非常年幼的儿童，也已经有了一定数量的关于他自己的认知过程或关于学习任务及其方法的元认知知识。随着个体年龄的增长，他们的元认知水平也不断发展和成熟起来；同时，他们利用新的学习策略的能力也随之得到了发展。因此，学习策略是不可教的。

小 结

1. 概念

概念是指某类事物的概括，是思维的最基本单位。根据不同标准可将概念分为难下定义的概念和易下定义的概念、具体概念和抽象概念。概念的获得主要有概念形成和概念同化两种方式。已经获得的概念，可以在知觉水平和思维水平上运用。

2. 问题解决

问题解决是指个体将原有的概念和知识加以综合，在新的情境中运用并得到新的认知成果的过程，包括发现问题、分析问题、提出假设和检验假设四个阶段。问题解决策略是指使问题发生某些变化并由此提供一定信息的处理、试验或探索，主要有算法式和启发式两类。人类常用的启发式策略有手段—目的分析、逆向工作等。影响问题解决的因素主要有问题表征、思维定势、功能固着、酝酿效应、知识经验、动机与情绪状态、个性特征等。

3. 创造性

创造性是指根据一定的目的和任务，运用一切已知信息，进行主动的思维活动，产生出某种新颖、独特、具有社会或个人价值的产品的品质。影响创造力的因素有智力、人格因素和环境因素等。在教学过程中培养学生的创造性思维，要从培养创造性思维的品质、优化教学过程等方面入手。

4. 学习策略与学习技能

学习策略是指学习者为了提高学习的效果和效率，有目的、有意识地制定的有关学习过程的复杂方案，分为认知策略和元认知策略两大类。认知策略是优化信息加工效果、提高加工效率的一种认知技能，包括复述策略、精细加工策略和组织策略等。元认知策略指学习者用来评估自己的理解、预计学习时间、选择有效的计划进行学习的一系列策略，包括计划策略、监控策略和调节策略等。学习技能指的是个体通过反复练习而形成的促进信息编码及任务完成的认知活动方式。学习技能的种类多种多样。在学习策略和学习技能的训练中可以采取使教学方法多样化、与学科知识相结合、注重元认知策略的培养等措施，而且应遵循一定的原则。

5. 迁移

迁移是一种学习对另一种学习的影响，或已有经验对完成其它活动的影响。比较有代表性的现代迁移理论主要有认知结构迁移理论、认知迁移理论、迁移的产生式理论和元认知迁移理论。影响迁移的因素主要有个人因素和客观因素两大方面。在实际教学中应以“为迁移而教”为目的。

6. 复杂认知学习的多样性与共同性

影响个体复杂认知学习的多样性主要表现在社会文化背景、原有知识、认知技能掌握和信念系统等方面，而共同性则表现在促使学生形成有组织的知识结构，以多种方式促使学生获得学习策略和技能，创设真实情境以保证有效迁移等。

∠ 思考题

1. 概念的界定及其结构。
2. 简述概念的获得与运用。
3. 如何通过发现更好教授概念？如何通过讲授更好教授概念？
4. 什么是问题？什么是问题解决？问题解决过程的特点有哪些？
5. 怎样培养问题解决能力？
6. 如何界定创造力？有哪些心理因素影响创造力？
7. 如何培养学生的创造力？
8. 典型的学习策略有哪些？
9. 如何训练和实施学习策略和学习技能？
10. 什么是迁移？迁移的种类有哪些？影响迁移的因素有哪些？
11. 如何在教学中更好地利用迁移？
12. 简述复杂认知过程的多样性和共同性。

∠ 进一步阅读文献

1. Woolfolk A. 著，何先友等译. 教育心理学（第十版）. 北京：中国轻工业出版社，2008.

2. 莫雷主编. 教育心理学. 广州：广东高等教育出版社，2002.

3. 罗伯特·斯莱文著，姚梅林等译. 教育心理学——理论与实践（第七版）. 北京：人民邮电出版社，2004.

4. 汪凤炎，燕良轼主编. 教育心理学新编. 广州：暨南大学出版社，2006.

第九章
学习的社会认知观和社会建构观

☞ 章节说明

本章主要介绍了社会认知观和社会建构观。社会认知理论认为个体的学习发生在社会环境中。在学习过程中，个体因素、环境因素以及行为因素相互作用、相互影响，这就是交互决定论。社会认知理论还指出，通过观察榜样，个体能获得知识和规则、学习到技能和策略并形成一定的信念和态度。此外，班杜拉还提出了自我效能感的概念、来源以及对个体行为的影响。另外，社会认知理论还提出了自我调节学习的概念，并指出了影响因素以及自我调节学习过程。建构主义是继行为主义、认知主义之后一种新兴的学习理论，是认知主义的进一步发展。它强调学生的主动性，强调学习者原有经验背景对理解新知识的重要性，认为社会环境在个体学习中具有重要的作用。建构主义对知识、学习、教学都提出了不同于传统教学理论的新观点。建构主义理论也形成了一系列行之有效的教学模式，主要有认知学徒式教学、合作学习、支架式教学及抛锚式教学。本章最后介绍了学习理论的多样性与共同性。由于对学习活动的各种要素以及要素之间的关系有不同的理解，产生了不同的学习理论派别。尽管各种理论的视角不同，但仍然有一些存在于各种理论间的共同前提，并且不同学习理论对学习与教学问题的处理具有互补性。

☞ 案 例

张明是一名高中生，担任班级的体育委员，可数学成绩很糟糕。数学课上，老师刚开始讲课的时候，张明能集中注意力，认真听讲、记笔记。但随着老师讲解内容的难度增加，张明逐渐不能像刚开始那样集中注意力，也不再认真听讲、记笔记。课下，老师布置了一些难易程度不同的习题，张明一般只选择比较简单的习题，而放弃那些稍微有难度的习题。有一次，学校举行数学竞赛，数学课代表问他是否报名参加，张明说："只有数学成绩好的同学才参加数学竞赛。"期末考试时，张明的数学成绩很不理想，他因此很沮丧。老师找他了解情况，张明说："我觉得我学不好数学，我的数学就是不行。"另一方面，张明却有着运动的天赋。他经常活跃在运动场上，坚持进行体育锻炼和训练，并积极地参加各种比赛，像学校运动会等等，而且在比赛中能取得不错的成绩。当张明谈到体育活动时，显得很自信，会说："我相信我能在体育比赛中取得好成绩。"

为什么会出现这种情况呢？为什么张明不愿意参加数学竞赛而乐意参加运动会呢？张明为什么不能在数学学习中投入更多的努力，却可以坚持体育锻炼和训练？怎么改变这种现状呢？我们将通过本章的学习对上述问题尝试做出解释。

第一节　社会认知理论及其应用

社会认知理论认为，个体的学习过程发生在社会环境中。通过观察他人的活动，个体能获得知识和规则、学习到技能和策略并形成一定的信念和态度。此外，社会认知理论还详细论述了自我效能感和自我调节学习。

一、交互决定论

社会认知理论指出，内部因素和外部环境同样重要，个体的行为同时受内部因素和外部环境的影响。在学习过程中，个体因素、环境因素以及行为因素相互作用、相互影响，这就是交互决定论。

个体因素包括个体的信念、个体的期望、个体的态度以及个体的知识面等。在环境因素里又包括物理环境和社会环境，社会环境涉及行为结果、其他人、物理设置等方面。行为因素包括个体行为、选择、口语状态等几个方面。

当个体因素、行为因素和环境因素在一种和谐、协调状态下相互作用时，那么个体行为就进入了良性循环；反之，当三者不能处于相互协调的状态下，那么个体行为就进入了恶性循环(图 9-1)。

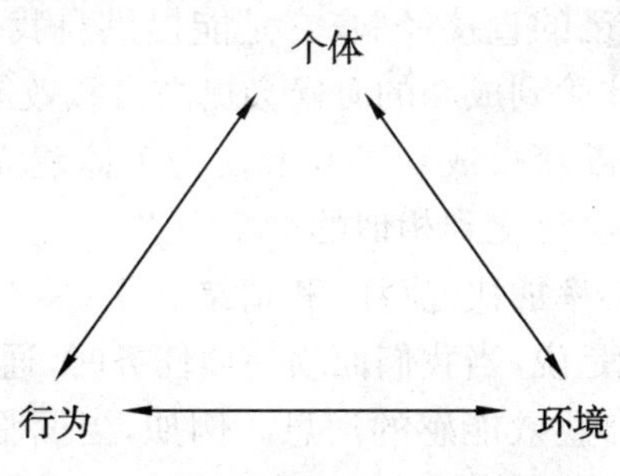

图 9-1　个体、环境与行为的交互作用

下面我们看一下交互决定论在教学中的体现。假设，一名学习成绩不好的学生在一次考试中成绩不理想（环境因素），他自己感觉非常痛苦和难过（个体因素）。老师注意到这个学生的情况后，采取一种积极的态度，给予这个学生更多的关心和鼓励（环境因素）。学生感知到了老师的关心，也同样以积极的态度回应老师，下定决心努力学习（个体因素）并采取了相应的行为（行为因素），如上课更加认真听讲、多提问题等。老师看到学生努力认真地学习，在他身上投入更多的心血和关注，这样教学行为进入了良性循环。反之，如果老师注意到学生的情况后，不采取积极的态度对待这个学生，而是忽视或者以一种不友好的态度对待他，那么这个学生就会感到自己受到了伤害，并且会以同样的方式回应老师的行为。老师以后会对这个学生更加不关注，而学生也会放弃努力，教师会更加失望，于是教学行为进入了恶性循环。

二、自我效能理论

（一）自我效能感

班杜拉（Bandura A.）于 1977 年提出了自我效能（self-efficacy）的概念。自我效能指的是个体对自己能否成功地完成某项任务的主观判断、评价和信念。因此，当面对一项任务时，如果个体相信自己有能力做到，我们就说他具有较高的自我效能感；反之，当个体不相信自己能完成这项任务或者质疑自己的能力时，可以说他的自我效能感较低。

一般而言，自我效能感是体现在具体的领域中的。所以，当谈到自我效能感的时候，联系到具体的领域才具有意义。例如，某个学生数学学得不好，当谈到数学问题的时候可能自我效能感较低；但是他擅长体育运动，当谈论到和体育运动项目有关的话题时，他的自我效能感会很高。

（二）自我效能感的来源

班杜拉给出了自我效能感的几个主要来源：主体经验、生理与情绪的唤醒状态、替代性经验、社会性劝说。

主体经验指的是自己的直接经验，它是能提供自我效能感信息的最有效来源。一般来说，当个体体验到成功的时候会提高自我效能感，而反复失败的经验会降低自我效能感。不断获得成功经验会使得个体建立起稳定的自我效能感，而且这种自我效能感还会泛化到相似的情境中去。

一些生理指标（如心率加快、流汗）和情绪状态（紧张或者兴奋）也帮助我们了解自我效能感。也就是说，当我们面临一项任务时，通过观察自己的生理与情绪的唤醒水平，可获得自我效能感的信息。例如，当面临一项任务时，如果个体感觉到自己比较紧张，他可能会感到自己没有能力去完成这项任务。

通过观察他人成功的榜样而获得的经验叫替代性经验。个体可以通过了解别人的表现而了解自己的能力。当个体看到与自己相似的榜样能成功地完成一项任务时,个体的自我效能感会提高,因为他相信,别人能成功,自己也会成功。当个体看到与自己相似的榜样面临一项任务失败时,个体的自我效能感会降低。例如,当个体看到和自己能力差不多的同学失败时,个体可能会认为自己也缺乏能力。

社会性劝说可以是一些具有激励性的言辞或话语。激励性的话语可以提高个体的自我效能感,因为它可以推动个体去不断努力,去作各种尝试,使个体朝着成功的方向尽最大的努力。例如,教师会经常鼓励自己的学生要相信自己,因为这些积极反馈可以提高学生的自我效能感。

(三)自我效能感对行为的影响

自我效能感会对个体的行为产生一定的影响,主要表现在活动选择、努力和毅力以及学习和成就方面。

1. 活动选择

每个人每天都会面对很多选择,也要做出选择。当对活动进行选择的时候,自我效能感会产生一定的影响。比如,进入大学后,要选择选修课,你是选择对你来说具有挑战性的学科呢,还是选择对你来说比较容易取得优秀成绩的科目呢?一般来说,个体会选择他认为可以成功的事情去做,而避免去做那些他认为会失败的事情。也就是说,个体更倾向于涉足那些自我效能感高的领域的活动。很明显,认为自己英语学得好的个体比那些认为自己缺乏语言天赋的个体更倾向于去参加英语演讲竞赛。在体育运动上具有较高自我效能感的个体比具有低自我效能感的个体更乐意参加学校的运动会。

2. 努力和毅力

一旦个体选择了某种活动,就需要在这种活动上付出一定的努力,而且在遇到挫折和困难时还需要一定的毅力坚持下去。

一般而言,自我效能感高的个体会努力地去完成自己选择的活动,而且一旦遇到困难或者遭遇挫折也会有毅力坚持下去并克服困难。而自我效能感低的个体却不是这样,他们一般不会投入太多的努力,而且在遇到困难时也不会坚持下去。

3. 学习和成就

在学习过程中,具有高自我效能感的个体比自我效能感低的个体学到的东西更多,取得的成就更大。在学校中,具有高自我效能感的学生比自我效能感低的学生成功的几率要高,因此教师要尽最大可能帮助学生提高自我效能感。

（四）与自我效能感有关的概念

1. 自我效能感与自我概念和自尊

自我效能感指的是个体对自己能否成功地完成某项任务的主观判断、评价和信念。自我效能感是针对具体的领域而言的。比如小明在学习数学时有较强的自我效能感，而在学习英语的时候自我效能感稍低。自我概念的含义很广泛，它指的是对自我综合的、一般化的感知和评价，包括自我效能感。

自尊是对自我价值的判断。个体在某个领域内有较高的自我效能感，却不一定有较高的自尊；在某个领域内的自我效能感低，也不一定有较低的自尊。例如，小明在跳舞方面有较低的自我效能感，却并不影响他的自尊。

2. 自我效能感与结果期待

自我效能感是个体相信自己具备完成某项任务的能力，而结果期待是个体相信某些行为会产生某些结果。两者之间没有必然的联系。比如，个体相信提前完成任务会受到表扬（积极的结果期待），但同时又认为自己没有能力提前完成任务（低自我效能感）。

3. 自我效能感与动机

自我效能感与动机有着密切的关系。当个体面临一项任务并遇到挫折时，如果有较高的自我效能感，那么个体就有更强的效能感做出努力和坚持。即使个体在进行任务的过程中被打断，也会重新回到任务中。另外，自我效能感也会通过目标设置影响动机。如果个体在某个领域有很高的自我效能感，那么在进行与这个领域有关的任务时，个体就会设置更高的目标，更勇敢地面对任务中的困难。而如果自我效能感低，在遇到困难的时候就会很容易放弃。

三、自我调节的观点

生活在一个知识更新换代很快的社会中，我们处在一个时刻需要学习的世界里，为了更好地适应社会的发展，我们必须学会独立地学习，这就涉及自我调节学习。

（一）自我调节的概念

齐默尔曼（Zimmerman，2002）给出了自我调节的定义。他指出，自我调节是个体用来激活并保持其思维、行为和情绪以达到目标的一个过程。当个体的目标指向学习时，就是自我调节学习。

（二）影响自我调节学习的因素

影响自我调节学习的因素有以下几个：知识、动机和自我约束力或意志力。

要想很好地进行自我调节学习，个体需要对自己有很好的了解，了解所要学习的学科以及将要学习的任务。也就是说,一个良好的自我调节学习者需要有足够多的知识。

另外,自我调节学习者都具有学习动机。自主学习者都很看重学习,并且重视有计划地学习,他们知道自己为什么学习,他们的学习行为是不受他人控制的,而是自主选择的。

除了具有足够多的知识和学习动机外,自我调节者还需要自我约束力或者意志力。当个体进行自主学习时,还会面临外界各种各样的诱惑。因此,自我调节学习者还需要意志力对自我进行约束,以便从容地应对外界的诱惑,更成功地进行自主学习。

(三)自我调节学习过程

社会认知理论认为,自我调节学习包括以下几个过程:

1. 目标设置

社会认知理论认为,个体在进行自我调节学习之前,首先要确定需要达到的目标。目标不仅规定了成功的标准是什么,而且还可以使个体监控自己在达到目标过程中的进展情况,并根据自己的实际情况调整自身的努力以更好地接近目标,因此目标设置在自我调节学习中是很重要的。那么设置目标时需要遵循什么原则呢?或者说,什么样的目标对自我调节学习者更有效?

首先,目标应该是具体的。和模糊的目标相比,具体的目标可以更好地监控和评价。比如,一个学生为自己设定的目标是期末考试时英语成绩有一定的进步,这个目标就是模糊而不是具体的,不容易对其进行监控和评价。可以设定一个这样的目标:为了提高英语的学习成绩,每天预习第二天上课老师所要讲的内容。

其次,目标需要有合理的挑战性。如果个体将目标设置得太高,而自己又没有能力实现,会导致失败;当将目标设置得太低时,个体只要稍微努力就可以实现;而当目标具有合理的挑战性时,会增加个体行动的动机。

再次,目标应该是比较邻近的。每个人都应该有长期目标和短期目标,学习者需要考虑能实现长期目标的短期目标。例如,一个学生为自己设定的目标是一年后成绩进入全班前十名,而为了实现这个目标,需要设定短期目标,例如可以制订每周的学习计划。

2. 选择有效的策略

在学习过程中,学习者需要具备一定的学习策略并在适当的时候使用这些策略才能获得成功。因此在教学过程中,不仅要教给学习者如何钻研学习内容、如何学习,还要教会他们选择有效的策略,并把这些策略应用到具体的学习过程中。

3. 自我调节行为

以班杜拉为代表的社会认知理论家提出，自我调节的行为包括自我观察、自我判断以及自我反应。

(1) 自我观察。自我观察即自我监控，指的是个体对自己所进行的过程进行观察和监控，并对观察到的行为进行一些必要的记录。通过自我观察这个过程，个体可以对自己所进行的活动进一步了解，并对自己活动的状况进行评价，以便于对自己的活动进行进一步调整。例如，在考试来临之前，小明给自己制订了一个复习英语的计划。在复习的过程中，小明会不时地对自己执行复习计划的情况进行回顾：能不能完成计划中规定的任务？能不能坚持执行计划？通过对自己计划执行情况的观察，可以找到计划中不合理或者不适合自己的地方，然后调整计划，使得此计划更适合当前的复习。

(2) 自我判断。自我判断指的是个体把自己的目标或者标准，与当前所从事的活动结果进行比较。在自我判断过程中，个体可能会采用不同的参照标准，确定不一样的目标或者产生不同的归因，这些因素会影响自我判断的过程及其效果。

(3) 自我反应。自我反应指的是个体通过自我观察、自我判断，对自己的活动产生了一定的认知和情感等方面的反应后所采取的相应行为。经过自我观察和自我判断之后，个体会对自己所从事的活动产生一定的认知和情感。例如，通过对自己的英语复习计划的执行情况的自我观察和自我判断后，小明发现自己能及时完成计划中的任务并且能够坚持执行自己所制订的计划，这样的积极反馈会产生积极的认知，即认为自己正在接近制定的目标，而且会产生积极的情绪，使得个体能够坚持当前的活动。反之，当小明发现自己不能及时完成任务或不能坚持自己的计划时，则会产生消极的认知和情绪，从而不利于活动的进行。

四、社会认知学习理论的教育应用

(一) 效能感理论在教育中的应用

1. 学生自我效能感

同伴榜样能帮助学生建立起自我效能感。在学习过程中，当个体观察到与自己相似的同伴能成功地完成某项任务时，就能提高自我效能感。例如，物理课上，老师可能会找几个同学到黑板上演示如何解物理题，当同伴演示成功了，会提高观察的学生的自我效能感。但是，在挑选榜样时，教师应该挑选不同水平的学生作为同伴榜样，这样不同水平的观察者都可以找到和自己水平相似的榜样。

2. 教学效能感

教学效能感指的是教师对于自己有能力帮助学生学习的信念。教学效能感可能会影响教师活动的选择、在教学活动中所付出的努力以及教学活动的坚持性。教学效能感低的教师会尽量选择自己能胜任的活动，在教学活动中可能不会努力去寻找教学材料、组织教材，在帮助困难学生时可能不会坚持下来。高效能感的教师则可能选择对自己有一定挑战性的教学活动，并努力地进行教学方法的创新、多方面地搜集教学材料、创造性地组织教学活动，而且对困难学生的教学和帮助也更有坚持性。

由上面可以看出，教学效能感在教学中有着很重要的作用。因此，应该帮助教师建立适当的教学效能感。一种有效的途径便是观察其他教师的具体教学行为。因此，当一位新教师上岗时，应该多观摩有经验的教师如何组织教学活动、如何有效利用教材。通过观察有经验的教师的做法，新教师就会学会有关的教学技能，从而尽早建立起教学效能感。

此外练习也可以帮助建立效能感。一位教师如果对自己要教授的内容多练习几遍，就对这部分内容非常熟悉，对教好这部分内容也有了更大的把握，这样他的教学效能感也会相应提高。

对某个学科的有关内容了解得越多，那么教授这个学科的这部分内容时自我效能感就会越高。因此，教师在教授某些知识时，应尽量丰富自己这个方面的知识，从而提高教学效能感。

（二）自我调节学习观点在教育中的应用

要想成为独立的学习者，个体必须进行自我调节学习。因此，在教学活动中，应帮助学生形成自我调节的能力，成为自我调节学习者。社会认知理论认为，通过目标设置、选择有效的策略以及自我调节过程可以让个体进行自我调节学习。因此，在教学活动中，教师要引导学生设置具体、合理的目标，从而使学生成为有效的目标设置者。另外，要帮助学生形成恰当的学习策略，并指导学生进行自我监控、自我强化以及自我指导。

第二节　建构主义及其教育应用

建构主义是一个宽泛的概念，哲学家、教育学家、课程设计专家以及心理学家等都会使用这一术语。20 世纪 90 年代以来兴起的建构主义学习理论是认知学习理论的一个重要分支，它强调学生的主动性，强调社会环境对个体学习的作用。建构主义学习理论的产生是心理学家对人类认知规律研究不断深入的结果，是世界各国教育越来越重视创新学习、彰显学生的主体性思潮的结果。

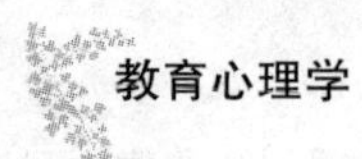

一、建构主义理论的基本观点

建构主义(constructivism)也译为结构主义,在心理学界,对建构主义理论具有重要影响的是皮亚杰和维果斯基的思想。皮亚杰关于建构主义的基本观点是,儿童对外部世界知识的建构,是在与周围环境相互作用的过程中逐渐建立起来的,此过程使其自身认知结构也得到不断发展。儿童与环境的相互作用涉及两个基本过程:同化与顺应。儿童的认知结构就是通过同化与顺应过程逐步建构起来,并在"平衡——不平衡——新的平衡"的循环中得到不断的丰富、提高和发展。但相对而言,此种认知学习观主要在于解释如何使客观的知识结构通过个体与之相互作用而内化为自身内部的认知结构。维果斯基创立的"文化—历史发展理论"则强调认知过程中学习者所处的社会文化历史背景的作用,认为人类的行为是发生在文化的脉络中的,因此学习和发展是在社会与文化的脉络中得以发生。他认为,高级的心理机能来源于外部动作的内化,这种内化不仅通过教学,也可通过日常生活来实现。维果斯基还提出"最近发展区"的概念,指出学习者目前水平和可能达到水平之间的区域为"最近发展区",学习者的任务就是要在成人或比他成熟的个体的帮助下从目前水平发展到可达到的水平。所有这些观点都对当今的建构主义思想有很大的影响。

作为一种新兴庞杂的学习理论,建构主义的思想理论来源驳杂,流派纷呈。每个流派都有自己的观点,但它们之间亦存在许多共同之处。总结起来其核心思想即为:学习者以自己的经验为基础来建构知识,理解现实。但由于每个人的经验以及对经验的解释不同,于是对世界的观点也就不一样,所以原有经验、心理结构和信念便成为建构主义理论的基础。在此过程中学习者处于中心地位,对知识进行主动探索,并通过协商合作或在别人的帮助下建构、创造知识,而教师是意义建构的帮助者与促进者。建构主义可以比较好地说明人类学习过程的认知规律,比如能较好地说明学习如何发生、意义如何建构、概念如何形成以及理想的学习环境应包含哪些主要因素等。

我国学者陈琦、张建伟(1998)归纳出六种不同倾向的建构主义学习观。激进建构主义(radical constructivism):知识是由认知主体主动地建构起来的,学习的目的是帮助学习者组织自己的世界,而不是去发现现实。社会建构主义(social constructivism):知识是客观存在的,是共通的;知识的学习在一定的社会环境中进行,不断地被改造,以尽可能与世界的本来面目相一致。信息加工的建构主义(information-processing constructivism):被称为"温和建构主义",强调知识的获得是外部信息与已有知识经验之间双向、反复相互作用的结果。它完全接受了"知识是由个体建构而成"的观点,但并不接受"知识仅是对经验世界适应”的原则。社会文化认知(social-cultural cognition):此种观点除了认为知识的学习受社会环境的影响外,更强调文化、历史和风俗习惯背景等在学习过程中起的作用。除此之外,还有社会学建构主义(social constructionism)、控制论系统(cybernetic system)。

由于建构主义主要的心理学基础为皮亚杰的发生认识论和维果斯基的心理发展理论,因此建构主义的思想也大致可分为两大原则:一种为“个人建构其自我理解”,另一种为“所有知识是社会性建构的”。前者涉及激进式建构主义及认知建构主义,后者则涉及社会建构主义或社会文化、社会学建构主义。个人建构主义关心个体如何建构自己的认知,共同强调人的内部心理世界。他们对认知世界的个体性绝对肯定,认为个体必然具有不同的经验背景。社会性建构主义则关心社会环境、社会活动、文化背景在知识建构中的作用,虽然也把学习看成个体建构自己的知识和理解的过程,但它更关心这一过程的社会性的一面。

二、建构主义理论关于知识、学习、教学的基本观点

(一)建构主义理论关于知识的观点

建构主义理论认为,知识是不断变化的,并不是对客观事实的准确表征,它只是一种解释、一种假设,并不是问题的最终答案,会随着人类的进步而不断地改变,并随之出现新的假设。它是人在文化和社会的交流中、在共同参与产生新经验的过程中,不断出现的、发展的、非客观的解释和说明。客观世界不能够用任何符号来进行准确无误的表征。知识的运用是有条件的,不可能存在适用任何条件的普遍知识规律,在具体的问题情境中,需要针对具体的情况对原有的经验进行再加工和再创造。知识不可能脱离客体而独立存在,尽管通过语言文字赋予了知识一定的外在形式,并且暂时获得了较为一致的认同,但这并不意味着不同的学习者对同一知识有相同的理解。学习者原有的知识经验背景,会影响到他对当前知识的理解。

建构主义知识观是从个体知识发生的角度对知识产生的一种概括和说明,具有一定的积极意义。它否认绝对真理,虽然认为科学知识包含真理性,但不是绝对正确的最终答案,它只是对现实的一种更可能正确的解释。因此,任何知识都没有绝对的权威性,不能用我们对知识正确性的强调作为让个体接受它的理由,更不能用专家、教师、课本的权威来压服学生。在知识的获得过程中,个体的主观作用就显得尤为重要。建构主义知识观有利于学生对事物保持好奇心,有利于他们进行积极主动的思考和质疑,同时有助于教师真正树立尊重、欣赏、理解、合作等现代的教学观念,并真正能付诸行动。

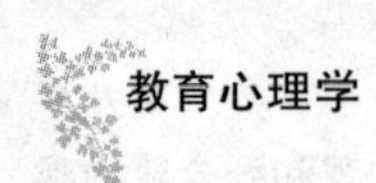

（二）建构主义理论关于学习的观点

建构主义者认为学习并不是知识的传递，而是学生在已有经验的基础上主动建构内在的心理表征；学生不是被动的信息吸收者，而是主动的意义建构者。这种观点更多强调在具体情境中形成非正式的经验背景的作用，即非结构性的经验背景，将它们看成建构学习的目标和基础。在此基础上，学习者创造知识而不是发现知识。

学习是个体主动建构的过程，而不是行为主义的刺激——反应过程；而且知识也不是简单地由外部信息决定，而是学习者通过新旧知识经验间反复的、双向的相互作用过程而完成的。建构一方面是对新信息的意义的建构，同时又包含对原有经验的改造和重组。整个过程他们重视“情境”、“协作”、“会话”和“意义建构”的作用。传统的教学认为，通过教师的讲授就可以将观念、概念甚至整个知识体系传递给学习者，学习者所学到的、所理解的知识也都是一样的。但建构主义所描述的学习并非如此，学习者对知识的理解依赖于自己的经验基础，经验不同，对知识的理解就会不一样，而且即使相同的经验不同的学习者也会有不同的理解。因此教学必须增进学习者之间的合作，使他看到那些与他不同的观点，从而全面地建构事物的意义。总之，建构主义者认为学习应该是主动的、情境性的、合作的、意义建构的创造性过程。

（三）建构主义理论关于教学的观点

建构主义教学观主张：以学生为中心，在整个教学过程中教师担当组织者、指导者、帮助者和促进者的角色，而不仅仅是知识的传授者；教师要利用情境、协作、会话等学习环境要素充分发挥学生的主动性、积极性和创造性，最终使学生完成对当前所学知识的意义建构。这就意味着教师要摒弃传统教学的思想，比如强调知识的传授和灌输、强调教学中教师的中心地位、强调学生的统一要求等，而采用全新的教学观念。在这样的教学模式中，知识不是确定不变的，课堂是情境性的，学生、老师的地位是平等的，同学、老师之间协作学习的作用被重视。这些都对传统的教学观念起着巨大的冲击作用。

新的建构主义教学观强调教学应重视学习者已有的知识经验，不能简单强硬地从外部对学习者实施知识的“填灌”，而是应当以学习者原有的知识经验为基础，引导学习者去建构新的知识。教师不单是知识的呈现者，不是知识权威的象征，而是学生学习的指导者、帮助者以及合作者。而且学习要在一定的情境中通过协作、交流来实现，这种情景应与现实情境相类似，不能脱离现实太远。所以，他们主张弱化学科界限，强调学科间的交叉。在这种教学模式中，评价体系也有所变化。对学生的评价不再是统一的标准、统一的测试，而是采用诊断性学习和反思性学习的评价方法。这意味着学生必须进行自我监控、自我测试、自我检查等活动，以诊断和判断学习中所追求的是否是自己设置的目标。

三、建构主义理论在教育中的应用

建构主义理论的出现给教育心理学的发展注入了新鲜的血液，对现代教育产生了重大影响，受到各国教育界的重视。在我国不断强调素质教育的今天，这种理论更是适应时代发展的要求，适合于我们的教育改革。我们应重视建构主义理论在实际教育中的应用，不断提高学生的能力，使我们的教育体系更加完善。

在建构主义理论的指导下，我们的教学原则应该做到：以学生为中心，强调学生的综合能力而不只是书本知识的理解；在课堂教学中使用真实的任务和日常的活动或实践来整合多重的内容或技能；学生的学习应该是合作协商的而不是孤立完成或老师强加的；学习评估的标准应是灵活的而不是统一的；同时学习过程中要鼓励学生有不同的观点和想法，让他们进行积极的思维和自我反思评价。在这样的教学原则指导下建构主义已形成了一些行之有效的教学设计模式，主要有以下几种：

（一）认知学徒式教学

认知学徒式教学被许多研究者视为建构主义教学的一个重要的模式，这种模式侧重的是概念知识与认知技能在不断变化的真实情境中的应用，而这些变化的情境既有助于深化对概念或认知技能的理解，又有助于构建反映概念、认知技能与问题解决情境之间重要联系的网络。在此教学活动中，强调学习共同体，学习者通过参与共同体的活动和社会交互，进行某一领域的学习。教师（专家）像“师傅”一样会根据每个学生的不同特点给予指导，学生根据不断变化的问题情境进行探索，寻求解决问题的方法，在情境中反复地观察、演练和实践。教师（专家）和学生的关系类似于传统作坊中的“师徒”关系，学习者像手工业中徒弟跟随师傅那样在实际情境中进行学习，因此称为“认知学徒式教学”。认知学徒式教学的重点有：向学习者提供可应用的知识，让学生创造出可以用来整合学习经验的整体框架，反复变化观察的角度等。

（二）合作学习

合作学习也是建构主义十分重视的一种学习模式，每种教学设计中也都离不开合作学习。学习活动在小组成员之间展开，学习者自己发现完成总任务所需要完成的各自任务，自己解决所必需的各种知识技能，然后通过合作讨论来完成学习。此种学习模式强调成员之间的交流协作，小组成员间相互依赖、相互沟通，共同完成知识经验的建构，从而达到共同的目标。学习者之间的交流、争议有助于对知识更深层次的理解，有利于学习者更好地认知自己的思维过程，建立完整的经验表征。在建构主义看来，学生要在真正意义上掌握知识，就必须主动建立自己的知识体系，在学习中主动发现问题、讨论和分析有关信息、交流合作、建立起对知识的理解，在合作中自主监控，学会反思，修正学习策略，优化学习过程。

（三）支架式教学

支架式教学设计源于建构主义关于概念框架的观点，利用概念框架作为学习过程中的"脚手架"(scaffolding)。这种教学是通过支架(教师的帮助)的作用把管理调控学习的任务逐渐由教师转移给学生自己，最后撤去支架。这是以维果斯基的"辅助学习"(assisted learning)和"最近发展区"(zone of proximal development)为基础的。在教学之初为学生提供一种概念框架来充当学生学习的支架，利用此种支架学生在教师的引导下不断取得进步，不断进行更高水平的认知活动，同时教师指导的作用越来越小；最后撤掉支架，学生独自完成对所学知识的意义建构。这种教学不断地把学生的智力从一个水平提升到另一个更高的水平，真正做到使教学走在发展的前面。支架式教学的基本环节包括：搭脚手架、进入情境、独立探索、协作学习和效果评价。

（四）抛锚式教学

抛锚式教学也称"情境性教学"、"实例式教学"或"基于问题的教学"。这种教学要求以与现实情境相类似的情景为基础，以现实生活中遇到的问题为目标，来完成意义建构。这类真实事件或问题被比喻为"锚"，整个教学内容和教学进程以此为中心。在这种教学设计中，教学情境与真实情景类似，教师呈现真实性任务或问题给学生即"抛锚"，让学生通过亲身体验和感受，主动识别、探索、发现和解决问题。同时，此种教学设计主张弱化学科界限；教师不将提前已准备好的内容教给学生，而是在真实情境中提供解决问题的探索过程，并指导学生进行探索；最后，不需要独立于教学过程的测验，而是实行与学习过程一致的情境化的评估(context-driven evaluation)。比起简化了的课堂环境教学，抛锚式教学更容易培养学生的解决问题能力。它的多样性又可以培养学生的探索精神并且在完成任务中表达自己的知识，具有一定的适用性。抛锚式教学的基本环节包括：创设情境、确定问题、自主学习、协作学习和效果评价。

在实际教学中，不一定只采用其中的一种方法，也可以将几种方法结合在一起灵活加以运用。总体来说，建构主义理论指导下教学设计的步骤和内容可以从以下几个方面进行，见表 9-1。

表 9-1　　建构主义理论下的教学设计步骤和内容

教学设计步骤	教学设计内容
1. 教学目标分析	对所教内容进行教学目标分析，以确定当前所教知识的“主题”。
2. 教学情境设计	创设与教学主题相关的、尽可能真实的教学情境。
3. 信息资源设计	确定学习所需信息资源的种类和每种资源在学习过程中所起的作用，并让学生主动去获取这些资源。
4. 自主学习设计	根据不同的教学设计方法(认知学徒式教学、合作学习、支架式教学、抛锚式教学)对学生的自主学习进行不同的设计。
5. 协作学习设计	在自主学习的基础上采用小组讨论、合作、协商等方法，进一步深化对主题的意义建构。
6. 学习效果评价	对个体的学习效果进行小组评价和个体自我评价。
7. 强化练习设计	设计出可供学习者选择并有一定针对性的补充学习材料和强化练习，从而达到更完善的意义建构。

第三节　学习理论的多样性与共同性

一、多样性

(一) 学习理论构建的不同出发点

通过前面的介绍不难发现，学习理论阵营中的具体理论可谓林林总总。这种多样性是由个体学习活动自身所具有的复杂性所导致的。人们一般将学习理解为由于个体与外界环境的互动经验而造成的行为表现或心理的持久变化。具体来说，学习是个体与外界的相互作用过程，这种相互作用会通过一定的内部机制导致一定的学习结果，而这种学习结果又会对学习者和外部环境产生一定的反馈作用。其中学习者是学习活动的主体，他们所具有的各种智力因素(如知识经验、智力水平等)和非智力因素(如兴趣、意志、性格等)特征都会对其学习活动产生重要影响。外界输入则是来自外界的各种经验刺激和信息资源，它既包括学习者可能要利用的具体内容资源、学习工具，也包括作为学习活动的一般背景的物理情境和社会文化情境。而学习活动的核心是学习者与外部输入的相互作用过程，其互动方式直接决定着学习的效果，它既体现为学习者所进行的外显活动，如听课、阅读、观察等，也体现为学习者所开展的内在加工活动，如记忆、思维、想象、创造等。作为学习活动的最终表现，学习结果有时可直接反映在行为表现上,有时也体现为内部心理结构(如知识、技能、态度等)的某种变化,这些内在变化可能会在以后的活动中表现出来。

正是由于对学习活动的各种要素以及它们之间的关系的理解并不一致,才产生了种类繁多的学习理论派别。它们为各种学习现象提供了合理解释,构成了教育心理学学科的重要内容,同时也是诸多学科(如教育学、认知科学、哲学认识论等)关注的焦点问题。这些学习理论主要聚焦于以下三个方面的学习问题:(1)学习的实质到底是什么?即学习的结果到底使学习者形成了怎样的变化?(2)学习到底是一个怎样的过程?即学习是如何实现的,或者说如何才能达到预期的学习结果。(3)学习有哪些规律和限制条件?即学习过程到底受到哪些因素的制约,如何才能进行有效的学习。在教学方面,他们则主要聚焦于:(1)应该如何实施教学?(2)学习因素与教学因素到底存在怎样的关系?(3)如何开展复杂学习内容的教学?

(二)不同学习理论流派对学习问题探索的演化

从时间维度上来看,百余年来的学习理论研究大致经历了从行为主义到认知主义再到社会认知、建构主义的发展历程;而从内容视角上看,则主要体现出了从关注个体因素向关注社会因素逐步转变的明显趋势。

自从冯特于1879年建立了第一个心理学实验室,从而开创了科学心理学之后,人们对学习活动的探讨也便随之由长期的哲学思辨时代逐步迈向科学实证时代。冯特的探索主要体现出以下特点:(1)还原论。他提倡直接研究人类个体的意识经验,试图把意识经验分析为许多最小的基本要素,再进而研究这些要素之间是如何联系的。(2)内省法。他主张通过内省(即自我分析)来分析个体的意识经验,由被试在感知一个事物的同时详细报告他当时的经验,而不是报告对该事物的解释、从该事物中所学到的东西。可以认为,冯特当时的研究既构成了学习理论的研究源泉,同时也为随后的学习理论研究者提供了靶子。

首先,行为主义强烈反对冯特提倡的内省法。虽然行为主义派同意研究人类意识经验的元素,但并不同意使用发现这些元素的内省法。例如华生就强调,唯一可以客观观察到并可以用科学方法研究的是个体的外显行为。多数行为主义者同意,学习就是在刺激与反应之间建立联结,即形成各种行为习惯或条件反射,而这一过程是通过反复尝试的方式来实现的。当个体在某种刺激情境前表现出各种反应时,有些反应因导致了好的效果而得到强化,它们就可能会保留下来;相反,有些反应则未收到好的效果,甚至个体还可能因此而受到惩罚,它们就会逐渐消退。从这个角度讲,学习其实就是个体身上各种反应的发生概率的变化。而各种复杂的技能或结构化的知识都可以被转化成大量简单信息的联结,学习者可以通过强化联结而掌握复杂技能。

其次，认知主义的早期派别——格式塔学派也强烈反对冯特的思想，但他们集中批判的是冯特的要素主义，认为它看不到人类经验的真实面目，强调经验的整体性，"整体大于部分之和"。格式塔理论家仍然强调探讨学习者个体的内部过程，考察人的经验，但强调学习在于在头脑内部构建出一种"完形"，即对事物、情境的组成部分及其关系的理解；学习的过程是"顿悟"的过程，即通过对问题情境的观察，理解各部分的组成及相互联系，从而发现通向目标的途径。在与格式塔学者等认知派长期论战的过程中，一些行为主义者开始吸收认知主义的一些思想，从而出现了带有折中倾向的新行为主义学习理论，如早期的托尔曼和当代的班杜拉、梅钦鲍姆的理论等，他们强调包括所观察到的行为和内部过程在内的所有变化，在解释变化时，新行为主义者关注明显的证据以及背后相对不明显的动机。

随着对学习活动理解的深入，行为主义所具有的机械论、还原论等弊端日益显露，而认知主义由于对个体内部加工的重视（该派别支持者往往把思维、情绪或特定情境中个体能力反应的变化看作学习的关键）而越来越得到人们的重视，同时也得益于现代计算机科学的快速发展，从上世纪五六十年代起，现代认知学习理论便逐步进入了强盛时期。这些认知理论主要包括两种倾向：(1) 认知结构理论。把人类个体的认知看成整体的机构，而学习就是认知结构的变化发展，即认知结构的形成与改变过程。它们与早期的格式塔观点存在紧密联系。(2) 信息加工学习理论。把人类的学习活动类比为计算机，从信息的接受、存储和提取的角度来分析学习的认知加工过程。

与此同期出现的人本主义思潮则反对将人还原和分割成各种要素，强调研究整体的人，认为每个人都有自我发展、自我实现的潜能。他们从追求个体自我实现的角度来分析学习，强调学习者的自我参与、自我激励、自我评价和自我反思。教育者就是为学习者提供释放自我实现潜能的适当条件，如强调将学习内容与学习者的目的联系起来，强调营造宽容、相互理解和尊重的学习氛围，强调学习者主动、全身心投入学习，强调让学生学会学习等。他们主张教师应在教学中充分发挥促进者的角色，提供各种学习资源，营造恰当学习氛围，使学生知道如何学习等。

20 世纪 80 年代以来，以班杜拉为代表的社会认知理论研究者开始重视学习过程中的社会因素、认知因素与个人中介因素的相互作用。他们相信，在复杂的社会学习中，学习者不仅要通过注意、保持、重复和动机等基本过程完成对他人行为的观察活动，也需要其他重要成分的参与，如自我观察、自我调控等。随着社会认知理论研究的深化与发展，学习者自身某些特性在社会学习中的作用得以揭示。从目前来看，自我效能感与自我调节成为该理论支持者重点关注的主要问题。在现实教育中，社会认知研究者强调榜样示范行为和大众媒体的选择、学习者自我效能感与自我调节对其社会学习的重要制约作用。

同期出现的建构主义理论则是在充分吸收了包括皮亚杰、维果斯基在内的诸多前人思想的基础上发展起来，也表现出了强劲的活力。之前不论是行为主义还是认知主义，基本上都以客观主义为基础，将事物的意义看成存在于个体之外的东西，是由事物本身所决定的，对事物的学习就是单向的刺激或信息的接受过程。而建构主义者则认为，个体对事物的理解不是简单地由事物本身决定的，还要依赖于个体原有的知识经验，不同的个体常常会建构起不同的意义。在这里，学习就是一个意义建构的过程，它需要学习者通过新旧经验之间的相互作用来不断丰富和调整自己的经验结构。教师需要引导学生从旧有经验出发，生长出新的经验。与其他心理现象一样，学生的建构水平也存在一个由低级向高级渐进的发展过程。因此教学既要以学生现有建构水平为基础，同时也要为促进他们建构水平的提高不断创造条件。教师的这种引导作用主要体现在：(1) 引导学生正确认识自己在学习中应承担的责任，使学生能对自己的学习表现做出正确归纳，充分调动学生参与学习的积极性与主动性；(2) 帮助学生建构起所学材料与已有知识经验之间的关系；(3) 教给学生一些具体有效的元认知策略。

二、共同性

（一）不同学习理论的共同前提

尽管各种理论的视角不同，但仍然有一些存在于各种理论中的共同前提：

1. 个体习得那些对自己有益而非无益的东西

个体要生存，就必须适应环境的变化，与环境保持某种动态的平衡。而学习则属于心理适应范畴，是一种以心理变化适应复杂环境的过程。但是有时人们的心理或行为改变对自己或许没有帮助，人们习得的东西对作为个体或物种的发展也并不总是有益。其中比较典型的例子就是恐惧症的形成。

2. 个体并非经常能意识到自己已经学会的内容

学习并不总是刻意进行的，也许学习者并没有意识自己学会了什么，而是在不知不觉中获得的。人们所掌握的有些内容就是在没有事先打算学习的情形下学会的。

3. 学习的结果并不经常能够很容易看出来

当代大多数学习理论家认同并非所有学习都产生稳定的可观察的变化。例如班杜拉(Bandura，1977，1978)就认为即使在学习者身上没有看到明显的行为变化，学习也能够发生。

4. 学习存在着不同的种类与水平

在过去的数十年间,心理学家们已确定了从简单的、机械主义的学习(比如本能或反射),到复杂的、有组织的学习(例如解数学应用题)。

虽然各种学习理论对什么是学习、学习怎样发生、学习的条件到底有哪些等这些学习中的具体理论问题迄今并未形成统一的认识,但他们基本都认同上述这些理论前提。

(二) 不同学习理论对学习与教学问题处理的互补性

从历史上看,由于对学习的探讨并不局限于一种角度,因此不难发现以往两种明显竞争的理论可能并非针对同一种学习现象。一种理论没有清楚阐明的学习的某些方面,往往可能由另一种理论来阐明。例如行为主义者认为根据可观察的事件(无论是环境的还是行为的)就可以充分理解学习,他们强调知识单元或技能成分之间联结的增强,倾向于根据技能获得来表述学习。但认知观点的支持者则认为学习受到学习者内部思维加工的调节,着重关注特定内容领域的概念理解和一般认知技能,倾向于根据概念理解的成长和思维推理的一般策略来表述学习。而当代的社会建构主义者则大多认为学习是一项社会性的活动,取决于学习者与其社会文化环境之间的相互作用,倾向于根据在提问和交谈实践中的活动参与来表述学习。很明显,这些理论谈论学习时的侧重点有明显区别,他们所给出的具体理论解释也就表现出了强烈的互补性。

因此,正如威尔逊(Wilson,1998)所指出的,因坚持不同学科假设而导致的知识片段化的不断发展,更多的是人为的而非现实世界的反映,并且提出"通过将不同学科的事实和基于事实的理论加以联系而使知识'一致'起来,从而形成一个综合的、共同的解释基础"。有学者提出,对不同学习理论采纳一种"学科化的折中主义"的态度,并批判地看待每一种理论对解决重要的教学问题各自的贡献或许是明智的(Shulman, 1988)。因为学习理论并不给我们提供关于学习的绝对真理,它们提供的只是一种暂时性的概念框架,使人们所收集到的关于学习的资料有意义。

当代学者大多同意,不同学习理论都有着其最适合解释的学习任务。行为主义学习理论最适合解释常规性技能的活动问题,它有助于人们了解在教育中如何分析教学情境、如何配合教材的不同单元来设计教学进度,从而循序渐进地实现教学目标。认知观点则最适于解释特定领域内原理理解的获得,它有助于人们了解在教育中如何扩展学生的认知结构,从而促进学生主动求知的能力。而社会认知观与社会建构观则适于所有学习任务中对组织社会环境因素的强调。

根据学习理论研究所关注的学习与教学共同主题,学者们已对行为主义、认知主义、社会认知与社会建构理论中的典型研究者的思想进行了总结(如 Gredler, 2007;德里斯科尔,2007),在一定程度上具体阐释了不同理论回答对学习与教学问题所具有的互补性(表 9-2)。

表 9-2　　不同学习理论对学习与教学问题的回答

	斯金纳的操作性条件作用理论	信息加工理论	班杜拉的社会认知理论	社会建构主义理论
学习基本假设	学习是行为;用反应频率表示的行为变化是环境事件和条件的一种作用	人类记忆是将学习转换为新的认知结构的复杂而主动的加工者和组织者	学习是环境、个人因素和行为之间的三维交互作用	学习是学习者积极寻求意义的构建
学习基本成分	辨别刺激——反应——强化刺激	知觉过程;长时记忆中的编码及存储;元认知知识和过程;问题解决过程	榜样行为;直接强化、替代强化和自我强化;学习者的认知过程	情境、协作、交流和意义建构是学习过程中最重要的四大要素
教学设计主要问题	刺激控制的转移;强化时机;避免惩罚	将新学习的知识与图式相联结,提供理解中的加工帮助,培养元认知技能和问题解决	提供榜样、强化和复述;培养学习者的效能感和自我调节	学生自治;社会互动;探索
主要实际贡献	学习与教学准备状态的分析;逃避课堂练习等状态的分析;个体化学习材料	确定了学习知识的主动过程;提出了学习者定向技能;问题解决模式的发展	阐明了在社会情境中来自榜样和大众媒体影响的学习;学习者自我管理系统的发展	确定了学生已有知识对学习的影响;重视学生自身的领悟、理解和推理在学习中的作用

☞ 回到案例

张明擅长体育活动,对数学的学习却不感兴趣而且成绩不是很理想。从自我效能感角度来讲,自我效能感与具体的领域有关,就像上面案例中张明在数学方面的自我效能感低,而在体育活动中的自我效能感高。另外,自我效能感对个体的行为有一定的影响,会影响到个体对活动的选择。个体一般会选择他认为可以成功的事情去做,而避免去做那些他认为会失败的事情,因此张明更愿意参加运动会而不是数学竞赛；在做数学习题时，更倾向于做比较简单、能完成的练习，而避免做那些有难度的习题。另外，自我效能感会对活动中付出的努力和活动的坚持性有影响。张明的数学自我效能感低、体育运动的自我效能感高，因此在学习数学的过程中，可能不会付出很多努力并在遇到困难的时候会轻易放弃，而在进行体育运动的时候却乐意付出努力并坚持自己选择的活动。因此，要想改变现状，应该帮助张明建立起在数学领域中的自我效能感，这样张明就会更勇敢地面对学习数学的困难，不会轻易放弃。

☞ 学术争鸣

知识意义到底是自我建构还是社会建构？	
正方观点：知识意义主要是由自我建构完成的 以冯·格拉塞斯费尔德（Von Glasersfeld）和斯特菲（Steffe）为代表的激进建构主义者认为，知识是由认知主体主动地建构起来的，学习的目的是帮助学习者组织自己的世界，而不是去发现现实。他们关心个体如何建构自己的认知，共同强调人的内部心理世界，关注个体与其物理环境的相互作用，对认知世界的个体性绝对肯定，认为个体必然具有不同的经验背景。	反方观点：知识意义主要是由社会建构完成的 社会建构主义以鲍尔斯费尔德（Bauersfeld H.）和库伯（Cobb P.）为代表，他们认为，知识是客观存在的，是共通的，知识的学习在一定的社会环境中进行，不断地被改造，以尽可能与世界的本来面目相一致；社会文化建构主义者除了认为知识的学习受社会环境的影响外，更强调文化、历史和风俗习惯背景等在学习过程中起的作用；而社会学建构主义者并不关心个体的学习，他们关心各学科中公共知识的建构，关心常识性概念、日常信念和对世界的共同理解是怎样向社会文化中的新成员传递的。

小　结

1. 自我效能感

自我效能感指的是个体对自己能否成功地完成某项任务的主观判断、评价和信念。自我效能感主要来源于主体经验、生理与情绪的唤醒状态、替代性经验以及社会性劝说。自我效能感对个体的行为的影响主要表现在活动选择、努力和毅力以及学习和成就方面。自我效能感与自我概念、自尊以及结果期待不同，与动机有着密切的关系。

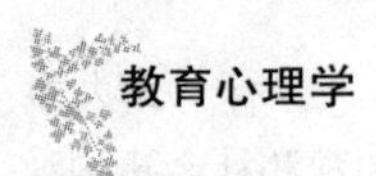

2. 自我调节学习

自我调节是个体用来激活并保持其思维、行为和情绪以达到目标的一个过程。当个体的目标指向学习时，就是自我调节学习。影响自我调节学习的因素有以下几个：知识、动机和自我约束力或意志力。自我调节学习过程包括目标设置、选择有效的策略以及自我调节行为。

3. 建构主义学习理论

建构主义学习理论强调学生的主动性，强调社会环境对个体学习的作用。其核心思想为：学习者以自己的经验为基础来建构知识，理解现实。但由于每个人的经验以及对经验的解释不同，于是对世界的观点也就不一样。学习者通过协商合作或在别人的帮助下建构、创造知识，而教师是意义建构的帮助者与促进者。建构主义知识观认为：知识是不断变化的，并不是对客观事实的准确表征，它只是一种解释、一种假设，并不是问题的最终答案，会随着社会的进步而不断地改变，并随之出现新的假设。建构主义学习观认为：学习并不是知识的传递，而是学生在已有经验的基础上主动建构内在的心理表征；学生不是被动的信息吸收者，而是主动的意义建构者。建构主义教学观主张：以学生为中心，在整个教学过程中教师担当组织者、指导者，而不仅仅是知识的传授者；学习者在已有经验的基础上相互交流、合作共同完成知识的学习。建构主义的教学设计模式有：认知学徒式教学、合作学习、支架式教学及抛锚式教学。

4. 学习理论发展脉络

由于对学习活动各种要素以及要素之间关系的理解不一致，产生了种类繁多的学习理论派别。从时间维度上来看，百余年来的学习理论研究大致经历了从行为主义到认知主义再到社会认知、建构主义的发展历程；从内容视角上看，则主要体现出了从关注个体因素向关注社会因素逐步转变的明显趋势。尽管各种学习理论的视角不同，但仍然有一些存在于各种理论中的共同前提。不同学习理论对学习与教学问题的处理具有互补性。

∠ 思考题

1. 如何理解交互决定论？
2. 怎样理解自我效能感在教学中的应用？
3. 如何指导学生成为自我调节学习者？
4. 如何理解社会认知理论在教学中的应用？
5. 建构主义理论的基本观点是怎样的？
6. 建构主义理论关于学习、教学的基本观点是什么？
7. 如何在教育中应用建构主义理论？
8. 简述不同学习理论的共同性。

9. 如何理解不同理论在解决学习与教学问题上的互补性?

∠ 进一步阅读文献

1. 纪海英,郭本禹. 从新行为主义到社会建构主义:班杜拉研究范式的转变. 心理科学,2006,29(1):225～227.

2. 罗伯特·斯莱文著,姚梅林等译. 教育心理学——理论与实践(第7版). 北京:人民邮电出版社,2004.

3. 施良方著. 学习论. 北京:人民教育出版社,2001.

4. 邢秀茶主编. 学与教的心理. 北京:高等教育出版社,2004.

5. 闫志刚. 社会建构论:社会问题理论研究的一种新视角. 社会,2006(1):23～35.

6. 叶浩生. 社会建构论视野中的心理科学. 华东师范大学学报(教育科学版),2007,25(1):62～67.

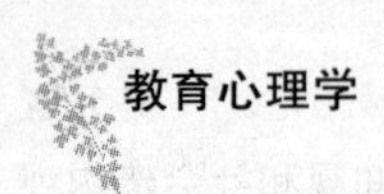

第十章 有效的课堂教学

☞ 章节说明

课堂教学是学生学习的主要方式和途径,课堂教学的有效性在很大程度上决定了学生学习的效果和质量。究竟什么样的课堂教学才是有效的教学?围绕这一问题,历来有不同的观点。纵观课堂教学的模式理论,历史上主要有以教师为中心的教学和以学生为中心的教学两种不同的模式。它们各自的教育理念是什么?应如何进行教学设计?各自的优势或有效性体现在什么方面?本章将对上述问题尝试做出回答。这一章主要包括三节内容。第一节介绍以教师为中心的教学,内容涉及两个方面,一是从理论上对以教师为中心的教育理论进行了概要梳理;二是具体探讨了教师为中心教学模式中高效教师的特征以及具体的教学环节和策略。第二节介绍了以学生为中心的教学,同样包括两方面内容:以学生为中心教学的几种理论以及具体的教学模式和教学设计。第三节从文化、个体等角度讨论了课堂教学的多样性与共同性问题。尽管课堂教学模式间存在着巨大的差异,但这仅是方式的差异,无论哪种教学,都要以学生的身心发展特点为基础,都要遵循基本的教学规律,都应该最大限度地发挥课堂教学的有效性,以促进学生的最优化发展。

☞ 案 例

山东省聊城市茌平县杜郎口中学地处欠发达地区,设施简陋,师资力量薄弱,生源差,但就是这样一所农村中学做出了许多非凡之举,围绕落实学生主体地位,实践并提升出了“三、三、六”自主学习模式,即课堂自主学习三特点:立体式、大容量、快节奏;自主学习三模块:预习、展示、反馈;课堂展示六环节:预习交流、明确目标、分组合作、展现提升、穿插巩固、达标测评。“三、三、六”自主学习模式以学生在课堂上的自主参与为特色,课堂的绝大部分时间留给学生,老师仅用极少的时间进行"点拨"。他们把这种特色叫做"10＋35"(教师讲解少于10分钟,学生活动多于35分钟),或者"0＋45"(教师基本不讲)。

杜郎口中学的课堂很特别,其教室的布局、课堂教学模式令人耳目一新。和其他学校的常规教室不同,杜郎口中学的教室里没有讲台;教室里除了一面墙是玻璃窗外,每一间教室的前、后及靠走廊一侧的三面都有黑板;学生桌椅也不是纵横摆放,而是摆成6个方阵,每个方阵也就是一个学习小组,学生分两排相对而坐。每个方阵都放着五颜六色的粉笔,以供学生课堂上随时使用。课堂上教师只讲10分钟,活动仅限于课堂开始时布置学习任务,以及对学生的问题随时给予提示、解释与指导。学生是课堂的绝对主角,他们并不是腰杆笔直坐得整整齐齐,而是可以自由走动,或蹲、或站、或坐、或跪,在地上、课桌上、板凳上挤成一团。学生可以自由发言,不需举手。他们可以时而在台上讲解、表演,时而在座位上自习、研讨。课堂形式更是多种多样,或表演、或辩论、或唱歌、或讲解、或朗诵,小品、课本剧、诗歌、快板、歌曲、绘画、小组展示等多种形式交相辉映。这样的课堂没有老师的呵斥和监督,没有老师的"谆谆教导",学生在一个完全自主、开放的环境中学习,思想上没有丝毫压力,学习十分主动。他们以学习小组为基本单位讨论研究,以自主学习和探究学习为主,从他们身上体现出的是学习的快乐。

杜郎口中学的课堂在中国完全是一种"另类"的课堂,但就是这一另类课堂,发掘出了农村学生们的学习潜力,充分激发了他们的探索精神,使得他们快乐积极,充满自信。这种"另类"的课堂教学确实提高了教学质量和效益,取得了理想的教育效果。随着教学模式的转变,杜郎口中学也迅速地由教育教学双差校,一跃成为全县教育改革的排头兵,连年被评为市、县"教书育人"先进单位,被山东省教科所称为农村教学改革的先进典型。

杜郎口中学的课堂体现了一种怎样的教学理念?这一教学模式的特色与优势表现在什么方面?是否存在可能的问题?

第一节　以教师为中心的教学

一、以教师为中心教学结构的几种教学理论①

(一)传统理论概述

以教师为中心的教学结构在教学理论方面的基础比较复杂,因为这种教学

① 参见:何克抗.网络教学结构与模式探讨.原文链接:http://hi.baidu.com/chenlie2007/blog/item/0a27fdafbebefcce7cd92a13.html.

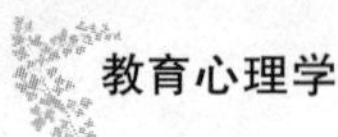

结构已经存在了几百年。从17世纪30年代捷克的夸美纽斯发表《大教学论》，提出班级授课制度，开创以教师为中心的教学结构以来，经过历代众多教育学家、教育心理学家的努力，这一领域的实践探索不断深入，教学理论研究成果也层出不穷。其中比较突出的有：19世纪德国赫尔巴特的“五段教学”理论，即预备、提示、联系、统合、应用五个阶段；20世纪苏联凯洛夫的教学理论，他运用马克思主义认识论对赫尔巴特的五段教学加以改造，提出一种新的五段教学论——激发学习动机、复习旧课、讲授新课、运用巩固、检查效果；赞可夫的“发展观”，他认为教学不仅应当为掌握知识和技能服务，而且应当促进儿童的一般发展，即儿童心理各个方面的发展；巴班斯基的“最优化”理论，“最优化”是指要从实际情况的具体条件出发，确定效果和时耗的双重质量标准，选定最佳教学方案，按照实施中的反馈信息及时调整教学活动进程，以期达到最大效益，并使每个学生都能得到最合理的教育和发展；美国布鲁纳的“学科结构论”，他认为不应强调增加教材的量，而应按照学科内容自身的体系结构即围绕学科的基本概念、基本原理和基本方法来进行教学，才能有效地促进儿童的智力发展；布鲁姆的“掌握学习”理论，布鲁姆认为只要能正确运用“掌握学习”的教学策略，绝大多数甚至90%以上的学生都能很好地达到教学目标的要求。此外，还有加涅的“联结一认知”学习理论和他的“九段教学法”，以及其他的教学理论。

综观上述众多以教师为中心的教学理论，尽管其中每一种都对这一领域从不同的角度做出了自己的贡献，但是真正能作为主要的理论基础对以教师为中心的教学结构予以全面支持的，应该是20世纪后半叶教育心理学家奥苏伯尔的教学理论。他既研究了认知因素对学习过程的影响，又研究了情感因素(动机)对学习过程的影响，并在上述两方面研究的基础上提出了一套可以付诸实施的有效教学策略。奥苏伯尔的教学理论内容很丰富，但最能体现“以教师为中心”教学结构的理论主要是他的“有意义接受学习”理论及“先行组织者”教学策略。

(二) 奥苏伯尔的教学理论

1. “有意义接受学习”理论

美国著名教育心理学家奥苏伯尔在对学习类型进行深入研究的基础上，将“学习”按照其效果划分为“有意义学习”与“机械学习”两种类型。所谓有意义学习，其实质是指符号表示的观念，以非任意的方式在实质上(而不是字面上)同学习者已经知道的内容联系在一起。所谓非任意的和实质上的联系是指这些观念和学习者原有认知结构中的某一方面(如一个表象、一个已经有意义的符号、一个概念或一个命题)有联系。换句话说，要想实现有意义的学习——真正习得知识的意义，即希望通过学习获得对知识所反映事物的性质规律及事物之间关联的认识，关键是要在当前所学的新概念、新知识（即“符号表示的观念”）与学习者原有认知结构中的某个方面（表象、概念或命题）之间建立起非任意的实质性联系。只要能建立起这种联系就是有意义的学习，否则就必然是死记硬背的机械学习。奥苏伯尔认为，能否建立起新旧知识之间的这种联系，是影响学习的唯一最重要因素，是教育心理学中最基本、最核心的一条原理。正如他的代表性论著《教育心理学——一种认知观点》一书的扉页中用特大号字所表述的：“假如让我把全部教育心理学仅仅归结为一条原理的话，那么，我将一言以蔽之：影响学习的唯一最重要因素就是学习者已经知道了什么。要探明这一点，并应据此进行教学。”

奥苏伯尔指出，要想实现有意义学习，有两种不同的途径或方式：接受学习和发现学习。接受学习的基本特点是所学知识的全部内容都是以确定的方式由教师传递给学习者。学习课题并不涉及学生方面的任何独立的发现。学习者只需要把呈现出来的材料（无意义音节或配对形容词；一首诗或几何定理）加以内化或组织，以便在将来某个时候可以利用它或把它再现出来。发现学习的基本特点则是要学的主要内容不是由教师传递的，而是由学习者自己去发现。可见，前者主要是依靠教师发挥主导作用，并通过“传递——接受”教学方式（奥苏伯尔简称之为“接受学习”）来实现；后者则主要是依靠学生发挥认知主体作用，并通过“自主发现”学习方式（奥苏伯尔简称之为“发现学习”或“发现教学法”）来实现。奥苏伯尔认为这两种教学方式都可以有效地实现有意义学习，但他指出发现学习费时太多，不太适合获取大量的信息，因此，他主张学校应主要采用意义接受学习，即由教师将确定的知识传递给学生，内化为学生的认知结构。虽然纯粹语言形式的学习使学生在理解方面出现一些问题，但只要在讲授中提供各种具体的经验，就可以弥补这方面的不足。

2. “先行组织者”教学策略

奥苏伯尔不仅正确地指出通过“发现学习”和“接受学习”均可实现有意义学习，而且还对如何在这两种教学方式下具体实现有意义学习的教学策略进行了研究，特别是对“传递——接受”教学方式下的教学策略作了更为深入的探索，提出了“先行组织者”教学策略，该研究成果可以称得上是教学论领域的一座丰碑。

所谓先行组织者是指先于学习任务本身呈现的一种引导性材料，它要比原学习任务本身有更高的抽象、概括和包容水平，并且能清晰地与认知结构中原有的观念和新的学习任务关联。奥苏贝尔认为，能促进有意义学习的发生和保持的最有效策略，是利用适当的引导性材料对当前所学新内容加以定向与引导。这类引导性材料与当前所学新内容（新概念、新命题、新知识）之间在包容性、概括性和抽象性等方面应符合认知同化理论要求，即便于建立新旧知识之间的联系，从而能对新学习内容起固定、吸收作用。这种引导性材料就称为“组织者”。

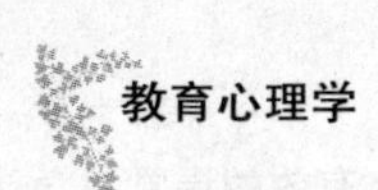

由于这种组织者通常是在介绍当前学习内容之前，用语言文字表述或用适当媒体呈现出来，目的是通过它们的先行表述或呈现帮助学习者确立有意义学习的心向，所以又被称为“先行组织者”。提供先行组织者的目的就是在于用先前学过的材料去解释、融合和联系当前学习任务中的材料。由于原有观念和新观念（即当前学习内容）之间可以有类属关系（又分派生类属和相关类属）、总括关系和并列组合关系等三种不同关系，所以先行组织者也可以分成三类：

（1）上位组织者——组织者在包容性和抽象概括程度上均高于当前所学的新内容，即组织者为上位观念，新学习内容为下位观念。新学习内容类属于组织者，二者存在类属关系。

（2）下位组织者——组织者在包容性和抽象概括程度上均低于当前所学的新内容，即组织者为下位观念，新学习内容为上位观念。组织者类属于新学习内容，二者存在总括关系。

（3）并列组织者——组织者在包容性和抽象概括程度上既不高于也不低于新学习内容，但二者之间具有某种或某些相关的甚至是共同的属性，这时在组织者与新学习内容之间存在的不是类属或总括关系而是并列组合关系。

由于先行组织者教学策略有认知学习理论作基础，又有很强的可操作性，自1978年奥苏伯尔提出以来，其影响日益扩大。目前，它已成为实现“有意义接受学习”的最有代表性、最具影响力也是最见实际效果的教学策略之一。

二、以教师为中心的教学

（一）高效教师的特征

在以教师为中心的教学模式中，教师的角色就显得尤为重要。学生学习效果的优劣在很大程度上取决于教师的教学。因此，成为“高效教师”是以教师为中心的教学中很关键的一个问题。什么样的教师是高效教师？通常高效教师应该具备以下特征：

1. 教师的知识

“无水无以成江河，无知不可做教师。”“给学生一杯水，教师要有一桶水。”这是过去对教师的要求。当今世界已进入信息时代，“一桶水”已经远远不能满足学生的渴求，作为现代教师，其“知识”结构应该包括以下几项基本内容：（1）首先教师从事教育教学要有精湛的专业知识，熟记学科的基本结构和各部分知识之间的联系，了解学科的发展方向和最新研究成果。（2）现代意义上的教师要避免眼界狭窄、知识结构单一的现象，不仅要在所教学科上“深挖洞”，而且要在相关科学文化知识上“广积粮”；不仅强调知识的纵深发展，而且要注重知识的广度与横向联系，形成具有综合性、渗透性的知识结构。(3) 教育的对象是活生生的人，每个人有着不同的思想行为，而且又处在不同的发展变化中。作为教师，不仅要有扎实的专业基础和广博的知识，还应该具备丰富的教育学和心理学知识，了解教育规律和学生身心发展特点，真正促进学生心灵的发展和人格的成长。

总而言之，现代教师的知识结构既非线性也非平面，而应呈现出类似于“长方体”开放的复合型结构，其中“长”指所教学科专业特长，“宽”指相关科学知识面宽，“高”指现代教育学、心理学素养高。这三方面的内容既相互影响又各自独立，共同作用并形成现代教师的知识容量。

2. 教师的教学表达艺术

教师良好的教学表达能力是提高教学质量和效率的重要保证。教师的教学表达具有多讯道特点，按照教学信息载体的不同，可将教学表达分为以下几种主要讯道：(1) 音声讯道。主要指口头语言及副语言表达。口头语言是最基本的教学表达手段，要求准确、精炼、生动有趣、纯洁文雅、启发思维等。副语言是指语言的音质、音量、声调、语速、节奏等，它们常常用来辅助词语的表达以便准确表达意义所具备的情感，使教学语言更具表现力。(2) 形符讯道。主要指配合教学语言表达的板书、板画、模型、标本、挂图、表格等。它们一般诉诸学生的视觉，可以调剂由纯语言讲授带来的单调感和疲劳感；由于直观性强，可增强语言的说服力，促进学生的观察和思考。(3) 动姿讯道。主要指由人体本身的动作和姿态来传播教学信息，如眼神、表情、手势、摇头、耸肩、站姿、步态等，可称之为“人体语言”。它们以动态的形象诉诸学生的视觉，具有生动灵活、鲜明真实的特征，易于引起学生的注意，从而使他们获得更多的附加信息量和感情的交流。(4) 时空讯道。主要是近年兴起的“时间学”和“距离学”给我们揭示了时空本身所具有的信息意义。教学表达的时间跨度和顺序、师生交往时的空间距离等会影响到表达的情意及效果。(5) 综合讯道。主要指现代化教学手段的使用，如录音机、录像机、幻灯机、教学电影、计算机等，有的综合了各种讯道的优点，有的延伸和增强了教学表达手段，扩大了教学表达的内涵。

总之，教师在具备完善的知识结构的基础上，应该注意教学的形式，尽量根据教学内容、学生心理特点和个人教学风格对教学进行有效组织，使自己的教学科学化、艺术化、现代化、人文化，使学生在有限的时间内获得准确、清晰、系统的知识，实现人格的健康、快乐发展。

3. 教师的态度

教师的态度主要指教师对学生的态度，也包括教师对工作的态度、对生活的态度以及相关的心理品质和人格特性。有一句话说得好，态度决定一切。教师以什么样的态度面对学生，决定着学生的成长；以什么样的态度对待工作，决定着工作的成败。

美国教育心理学家吉古诺特博士曾深情地说:"在经历了若干年的教师工作之后,我得到了一个令人惶恐的结论:教育的成功和失败,'我'是决定性因素。我个人采用的方法和每天的情绪是造成学习气氛和情境的主因。身为老师,我具有极大的力量,能够让孩子们活得愉快或悲惨,我可以是制造痛苦的工具,也可以是启发灵感的媒介,我能让人丢脸也能叫人开心,能伤人也能救人。"

教育心理学的一些研究也表明教师的态度有时会对学生的发展造成关键性影响。其中最著名的就是教育心理学家罗森塔尔的"期望效应"研究。1968年他和雅各布森(A. L. Jacobson)教授带着一个实验小组走进一所普通的小学,对校长和教师说明要对学生进行"发展潜力"的测验。他们在6个年级的18个班里随机抽取了部分学生,然后把名单提供给任课老师,并郑重告诉他们,名单中的这些学生是学校中最有发展潜能的学生,并再三嘱托教师在不告诉学生本人的情况下注意长期观察。8个月后,当他们回到该小学时,惊喜地发现,名单上的学生不但在学习成绩和智力表现上均有明显进步,而且在兴趣、品行、师生关系等方面也都有了很大的变化。学生还是这些学生,教师还是原来的教师,发生转变的是教师对学生的态度,对学生抱有"期望",就是这些教师的较高期望在8个月中发挥了神奇的暗示作用。这些学生在接受了教师渗透在教育教学过程中的积极信息之后,会按照教师的期望来重新塑造自我形象,调整自己的角色意识与角色行为,激发自己的潜能,从而产生了神奇的"期望效应"。期望效应说明教师对学生抱有积极态度对学生的发展具有重要意义。

反之,教师对学生的不良态度被认为是对学生的"心灵施暴"或"心理虐待",施暴和虐待有的是有形的,有的则是无形的。所谓有形的是指教师直接用语言、手势、强烈的脸部表情等,来嘲笑、侮辱学生,使之受到伤害。而无形的则更可怕、更隐蔽,国外有的心理学家称之为"看不见的灾难"。其主要形式有:(1) 支配。教师在教学中不尊重学生的独立人格,随意支配、吆喝学生,从而使学生的自尊心、自信心受到伤害,心理得不到健康的发展,甚至生理发育也会受到阻碍。(2) 冷漠。教师对学生缺乏热情,不为学生的成绩和进步而高兴,也不为学生的失败而难过。学生感到与教师形同路人,这种陌生感大大减低了学生的学习热情和乐趣。(3) 贬低。这是一种糟糕透顶的心灵施暴,它大大地抹杀了学生的存在价值。对于性格外向的学生,这尤其是残酷的打击。

总之,教师应该尊重学生、理解学生、热爱学生、激励学生,努力建构民主、平等、和谐、融洽的新型师生关系,促进学生的健康和谐发展。

教师的能力构成

B. A. 克鲁捷茨基用最概括的形式说明了教师的九种能力，他的定义内容如下。

1. 教学能力：把教学材料变得通俗易懂，并且传递给学生的能力。教师所叙述的材料或者问题清楚而明白，能引起学生对课程的兴趣；会激发学生进行积极、独立的思考。

2. 科研能力：与科学研究要求相符的能力。有能力的教师不仅精通所教授的学科课程，而且在更广阔的领域内能对该学科有更深刻的理解；不断关注科学本身的发现；非常自如地掌握教学材料，即使从事非常一般的研究工作，也表现出对科学浓厚的兴趣。

3. 感知能力：深入到学生、受教育者内心世界的能力；心理的洞察力。这种能力对学生的个性及其当下的心理状态有敏锐的理解，根据学生不明显的征兆、不突出的表现，就能觉察到他内心的微妙变化。

4. 言语能力：借助言语，包括肢体语言，清楚和准确地表达自己的思想和感受的能力。

5. 组织能力：这种能力包括：第一，组织学生集体，使学生紧密团结在一起，鼓励他们完成重要任务的能力；第二，正确管理统筹工作的能力，整合工作要求，提出正确的计划并且进行自我检查。

6. 权威能力：使用情绪意志影响学生的能力，同时以此为基础增加自己的威信。

7. 交往能力：具体指与儿童交往的能力。对待学生的正确态度；根据教学的目标、师生相互之间的关系，安排必要而恰当的教育节奏。

8. 教育想象力(或预测力)：教师能够预见自己活动的后果；针对学生的个体进行教育设计，这种教育设计与教师对学生未来的期望有关；能预测学生这种或那种品质的发展。

9. 同一时间把注意力分配到几种活动上的能力：具有这种能力的教师会注意留心陈述材料的内容和形式；留心自己(或学生)的思想表达过程，并且注意控制全体学生注意的范围；对学生感到疲劳、不注意、不理解的征兆有敏锐的反应；对一切影响课堂纪律的细节有觉察，并且能注意到自身的行为(姿态、面部表情和体态、步态)对学生的影响等。

综上所述，教师的能力，从内容本身来讲，不仅包括许多个性品质，而且还要通过一定的活动、技能显露出来。即在一定的教师活动(技能)中综合运用各项技能的能力。

引自：[俄]伊・阿・季姆娜娅著，杜岩岩译. 教育心理学. 北京：教育科学出版社，2008. 99～100.

(二) 教师为中心的教学策略

教师为中心的教学往往由以下环节构成：[①]

1. 直接教学

直接教学又称显性教学，是指掌握基本的技能、事实和信息的系统教学。有

① 参见：[美]Anita Woolfolk 著，何先有等译. 教育心理学(第十版). 北京：中国轻工业出版社，2008. 512～523.

研究表明直接教学在基本技能领域——结构清晰的知识和核心技能的教学中效果最好,如科学事实、数学计算、阅读词汇和语法规则。这些领域的特点是任务确定而明晰,允许按照既定的步骤来教授,可以采用标准化测验来考察等;而诸如创造性地写作、复杂问题解决以及情绪情感等内容,则不适合采用直接教学的方法。

直接教学的特征是:(1) 教师的课堂管理特别有效,学生很少出现干扰行为;(2) 教师非常关注教学,能有效地利用教学时间开始和推动学生的学习活动;(3) 教师确信如果能够做到以下几点,更多的学生将会取得更大的学习进步:仔细地选择恰当的任务;清晰地陈述学科信息和解决问题策略;持续地诊断每个学生的学习困难,发现学生的进步;在复习巩固中提供有效的帮助。

为了使直接教学更有效,应注意:(1) 认真组织课程,例如:提供课程目标;课程开始时,先在黑板上写一个简短的提纲,或者与学生一起制定一个提纲;如果可能,将讲解分解成清楚的步骤或阶段;进行阶段性的复习。(2) 预期和计划课程的难点部分。例如:课程开始时给学生提供一个清晰的导言,告诉学生他们将要学习什么和怎么学习;做练习并预期学生会出现的问题;为新学期做充分的准备,为概念教学多准备几个相关的例子;准备一些类比材料,使观点更容易理解;按照逻辑顺序组织课堂,包括口头和书面问题的卡片或学生能听懂解释的问题。(3) 努力解释清楚。例如:避免不清楚的词和模棱两可的短语,如“某些”、“不知何故”、“大多数”、“我猜”等;用具体的名字代替“它”、“它们”和“事情”这样一些词;避免使用“你知道”、“像”这样的词;在几种水平上对观点进行解释,使所有的学生而不仅仅是最聪明的学生能够理解;一次只关注一个观点,避免离题。(4) 使用解释性的连接词,如“因为”、“如果……那么……”或“因此”等。(5) 使用过渡性的短语或采用过渡性的信号,从一个主题转到另一个主题。一些过渡性的短语,如“下一部分”、“现在我们将转到”、“第二步是”等;过渡性的信号,如概括主题、列出关键点、在黑板上画概念图或使用多媒体等。(6) 把对学科和这节课的热情传达给学生。例如:告诉学生这节课的重要性(应该有比“这些要考试”更好的理由,要强调学习本身的价值);保证与学生有目光接触;说话时变化速度和音量,遇到重点的问题稍加停顿以示强调。

有充分的证据表明,直接教学和解释能够使学生积极学习而不是消极学习。对年龄较小以及知识准备较少的学习者而言,完全自己控制学习会因为缺少教师的指导而导致所学的知识缺乏系统性。没有指导,学生建构的理解可能是不完整的甚至是误解的。深层理解和流畅的操作——不论在阅读、舞蹈还是数学问题的理解和解决等各个方面——都需要专业示范和有反馈的大量练习支持。研究者指出,有反馈的指导和独立练习是直接教学模式的核心。

2. 课堂作业和家庭作业

除了课堂教学以外，课堂作业和家庭作业应该成为学生学习的必要补充。课堂作业应该是教师授课结束之后布置的，目的是让学生在教师的监控下进行练习，巩固加深课堂所学的知识。课堂作业应该与教学目标相吻合；教师事前应提供一定的示范；课堂作业应该是简单的，学生可以独立完成，而且成功率应该很高；学生在作业期间，教师随时提供帮助与指导，了解学生掌握知识的情况，并根据作业情况及时总结反馈，查漏补缺。

与课堂作业相比，认真按时完成家庭作业的意义更为丰富。教育者对家庭作业的研究持续了75年之久，教育研究家哈里斯·古柏认为，不同年级的家庭作业应有不同的目的及对待家庭作业的态度。低年级学生主要通过家庭作业培养积极的学习态度、良好的学习习惯和品格。高年级学生则要通过家庭作业促进知识的习得和技能的强化，一些创造性的作业还可以发展学生的智力和创造力。一位心理学家认为：孩子一旦能自觉做好家庭作业，对于他今后事业成功发展的影响，远比我们想象得要大。对于家长来说，家长检查作业的同时，也是一个及时了解孩子学习动态的过程，还是亲子交流的过程。对于老师来说，老师检查作业，就可以透过作业反馈教情、学情，对教师调整教学方式、内容和手段起到了重要的作用。

总之，课外作业是对课堂教学的有效延伸，是知识的巩固和深化，是学生课外学习的重要手段。研究小组就如何布置家庭作业提出很多建议，其中包括：(1) 家庭作业一定要有必做部分。对于必做的家庭作业完成有困难的学生应提供补偿教育机会。(2) 家庭作业一定要有选做部分，充分满足不同学生的不同学习需求。(3) 所有家庭作业都必须规范批改，以作为诊断学生学习问题和实施个别化教育的依据。(4) 家庭作业中涉及的内容都应在正式上课之前或之后出现，对课堂教学内容构成有益的补充。(5) 家庭作业不应被用来传授复杂的技能，而应该关注简单的技能或整合已掌握的各种技能。(6) 学校不应过多地向家长强加指导家庭作业的责任，家长要做的是营造能够促进孩子独立学习的氛围和环境。

3. 有效的课堂提问

有效的课堂提问是指从学生的学习兴趣、生活经验和认知水平出发，通过体验、实践、参与、合作与交流的学习方式和任务型教学的途径，发展学生的综合语言运用能力而设置的极富思维力度的"问"。这种"问"，能促进全体学生积极思考，激活课堂，集中学生的注意，培养学生的多种能力，调节学生的情绪，提高学生的智力水平。提问这个模式包括开始(教师问问题)、回答(学生回答)、反应

(表扬、纠正、探询或扩展),亦称指引——响应——评价模式。这几个步骤往往是循环进行。

要使课堂提问有效必须处理做好以下几个方面的工作:

(1) 精心设计问题。教师设计的问题应包括:① 导入提问。单刀直入,简明扼要。这类问题的目标定位在能激发学生学习兴趣,引导学生预测联想。能够使学生的注意力由课间迅速转移到课堂上来,且问题不难回答,他们都会跃跃欲试。这有利于营造良好的课堂开局。② 应用提问。目标定位在培养学生的交际能力和合作学习能力。教师可以围绕某个话题设计好几个应用性提问让学生开展讨论。学生通过讨论后,就会获得丰富的知识。然后再进行其他形式的训练,质量就会有很大提高。③ 记忆归纳提问。这类提问,目标应当定位在培养学生的抽象能力和速记能力。设计归纳性的问题,能帮助学生迅速领会记取文章的大意,抽象出文章的关键信息,并用自己的话表达答案。④ 综合提问。这类提问的目标定位在培养学生的语言综合运用能力和书面表达能力。

(2) 变换提问方式。在课堂教学中,教师常用的就是"一问一答"式。这种方式主要优点是针对性强,但未免单调,学生处于被动应答的地位,不利于他们生动活泼地发展。在实践中,可对提问的方式进行一些变革,注意变换提问的角度和方式,主要包括:① 学生提问,学生问答。这样做,能促进全体学生在课堂上积极动脑,发展了学生的思维,有利于展示全体学生的语言个性和思维方式。② 学生提问,教师回答。这样做既能体现师生平等与师生互动,又拉近了师生距离,融洽了师生关系,为接下来的教学作了铺垫。③ 激励式提问。即教师抛出问题,让学生竞赛式抢答。这类问题的优点是能调动学生的学习兴趣与参与热情,使学生注意力高度集中。④ 探究式提问。该类提问的问题想象空间较大,学生不可能马上作答,往往需要经过小组讨论后再回答。探究式提问的优点是发散学生的思维,有利于形成学生之间的交际,培养协作精神。⑤ 紧逼式追问。在探究提问的基础上紧追不放,不断提出阶梯式的问题,由外到内,剥笋式地追问到核心问题。这样的追问可以加深学生对所学内容的思考,培养学生的敏捷思维,课堂气氛完全进入了高潮等。当然,提问的方式与教学内容是密切相关的,并与课时阶段小目标紧密相连,教师应根据教学内容灵活地选择提问方式。只有做到因材施"问"、因时施"问"、因文施"问",才能有效提高课堂效率。

(3) 把握提问的策略。问题的内容要根据学生对教材的认知心理过程,由浅入深、层层深入地设计,尽量符合学生的思维顺序。因此教师在备课过程中,不仅要备教学流程,更要备各环节中的问题设计,尽可能使提问精当、有序、严密。但光有这些还不够,在实际施教时,还必须把握提问的时机。

问题提得过早，学生还没有做好准备，就难以引起他们思考；如果提得过晚，对学生来说就失去了思考的价值和兴趣。那么如何把握提问的时机呢？课堂提问的时机应根据学生在学习过程中显示的心理状态来把握：当学生的思维困于一个小天地而无法突围时；当学生受旧知识影响无法顺利实现知识迁移时；当学生似懂非懂，似悟非悟时；当学生有所感悟，跃跃欲试时……这是提问的良机，如果这时抛出精心设计的问题，往往收到意想不到的效果。正如孔子在《论语》中所说的："不悱不启，不愤不发"，正是这个道理。有时学生的思维很容易"卡壳"，需要时间思考，组织回答语言也需要时间。这就要留给学生思考的时间，不给时间，学生会放弃思考和发言。所以，提问后应给予充分的等待，等待后学生回答问题的人数会大增，回答问题的质量也会有相应提高。对学生而言，无论答对也好，答错也罢，教师都要善待每一位答题学生，多给予鼓励性评价。这对答错的学生来说，维护了他们的人格和尊严，不会使他产生自卑感；对答对的学生来说，令他们产生一种成功感，再鼓学习动力。

如果说问题是思维的向导的话，那么课堂提问则是交际活动的催化剂。充分利用课堂提问可以有效地促进教学质量的提升。

4. 小组讨论

通过运用小组讨论这一教学策略，能激发学生的内部学习动机，发挥学生的积极性，在课堂中充分体现学生的学习主体性，让学生有效地、自主地学习。

在小组讨论中，教师不占主导地位，学生自己提出问题并回答问题。这使得小组讨论的教学策略有许多优点：(1) 允许学生直接参与并有机会参与学习；(2) 帮助学生学习清楚地表达自己的观点，评价观点，容忍不同的观点；(3) 给学生提供清楚掌握内容的机会，检验他们自己的思维，依照个人兴趣，通过在小组中担任领导角色而承担责任。同时，这也使得小组讨论的教学策略有许多缺点：(1) 讨论不可预期并容易跑题；(2) 小组成员的参与性参差不齐，若强迫某些成员发表意见，可能就会导致他们变得焦虑。另外，如何确定组中人数也是一个重要的问题。要想让小组讨论发挥最大的作用，就必须优差结合，合理分组。可根据学生的学习成绩、个性特长、已有知识经验等，将学生分为四人或六人一个小组，优、中、差生的比例约为 2:2:2，这种由好、中、差三类学生组成的学习小组，有利于同学之间互相交流，相互切磋，相互学习。同时，由于各小组整体实力不相上下，有利于各组之间开展有效的竞争活动，从而最大限度地调动起学生的学习积极性。

小组讨论教师扮演什么角色?

小组讨论作为教学过程中实现学生学习方式转变的重要一环,是构建新型课堂的一个重要环节,但在学生讨论时,教师角色又应该如何定位呢?

(1) 要端正一种认识,即放手让学生自学、讨论不等于放任自流。在整个教学过程中,在教学的每一个具体环节,教师都是学生的促进者,要始终以参与者、支持者、引导者的身份出现。换言之,不管教学进行到哪一步,教师都应为学生素质的提高、能力的发展全面服务,课堂应是师生交流沟通的桥梁和纽带。

(2) 学生讨论时教师作用的发挥。教师要把自己当成小组中的一员,以平等的身份参与讨论,在讨论时巧妙引导,把讨论引向高潮:当学生性格内向或担心同学嘲笑,不愿开口时,给予及时鼓励,增强其信心;当问题难度大,小组成员一筹莫展、出现冷场时,给予点拨诱导,促其茅塞顿开、灵感突现;当双方争得面红耳赤、互不相让,局面处于僵持状态时,给予巧妙化解;当学生讨论时浅尝辄止或出现明显破绽时,给予提示、纠正。教师犹如辛勤的巡逻兵,眼观六路,耳听八方,哪里遇到困难就迅速援助哪里,进行适时引导。

(3) 教师在参与讨论、与学生直接交流过程中,还应对学生的观点看法进行梳理归纳,做到心中有数,如哪些问题学生的看法基本一致,哪些问题分歧较大,原因是什么,哪些问题学生理解过于肤浅、讨论意犹未尽,哪些问题学生普遍感到难以理解。这样在全班交流时对不同问题就可区别对待,有所侧重,或一带而过,或组织激烈辩论,或启发互相补充,或精心讲解,让学生在充分讨论后,得到每个问题的合理答案,同时也提高了课堂教学效率和效益。

教师以组员的身份参与讨论并给学生提供及时帮助,使小组讨论顺利进行,达到预期目标,这就是学生讨论时教师扮演的角色所应发挥的作用。

引自:《小组讨论时,教师该干啥?》宁波教科网。

第二节 以学生为中心的教学

一、以学生为中心教学结构的几种教学理论[①]

(一) 传统的理论

考察西方教育发展史不难发现,除了中世纪和赫尔巴特时代之外,西方教育史基本上是一部"以学生为中心"的历史,"以学生为中心"的教育观贯穿西方教育发展的始终。

古希腊哲学家苏格拉底就认为,真理存在于每个人的心灵中,但并不是所有

① 参见:何克抗.网络教学结构与模式探讨.原文链接:http://hi.baidu.com/chenlie2007/blog/item/0a27fdafbebefcce7cd92a13.html.

人都能发现自己身上的真理，教师的任务就是要帮助人们去发现自己内心的真理，具体做法是教师并不直截了当地把现成的知识传授给学生，而是通过诘问、辩论等方法来揭示学生认识中的矛盾，让学生认识到自己回答的荒谬、错误之处，引导学生自己得出正确答案。在这里，教师充当了“精神产婆”，学生是真正的“精神产妇”，这就是历史上著名的“精神产婆术”。

中世纪，宗教统治了整个社会，科学成了宗教的奴婢，教育成了宗教的附庸。当时的教育强迫儿童记背宗教教义，违反了儿童的天性，干涉和限制儿童的自由发展，是一种反自然的教育。文艺复兴运动打出了“回到古希腊去”的口号，把人们从对神的崇拜重新拉回到对人的重视上来，高扬人的价值和尊严；在教育中，重提教育应该遵循儿童的天性。其中，比较有代表性的是18世纪法国启蒙主义思想家卢梭、瑞士教育家裴斯泰洛齐、德国教育家福禄贝尔等人，他们都崇尚“自然”和“自由”的教育，主张教育应该追随儿童的天性，要按照儿童自然发展的要求和顺序进行教育，以使儿童内在的各种天赋的力量得到发展。至此，“以学生为中心”的教育观已渐显轮廓。

19世纪，赫尔巴特的教学理论统治西方教育界。赫氏理论强调教师的权威，不顾儿童的心理特点，从“上面”或“外面”对儿童施行强迫教育，让他们去学习成人的经验，压制儿童的个性，无视儿童“内在”的本能和倾向，教育成了一种“外来的压力”。20世纪初，美国教育家杜威第一次明确提出“儿童中心主义”，他在《学校与社会》中一针见血地指出了传统教育的缺陷：“学校的重心是在儿童之外，在教师、教科书以及其他你所高兴的任何地方，唯独不在儿童自己即时的本能和活动之中。”杜威认为，现代教育应“以儿童为中心”，“现在我们教育中将引起的改变是重心的转移。这是一种变革，这是一种革命，这是和哥白尼把天文学的中心从地球转到太阳一样的革命。在这里，儿童变成了太阳，而教育的一切措施则围绕着他们转动，儿童是中心，教育的措施便围绕他们而组织起来”。“以学生为中心”是杜威进步主义教育思想的核心内涵。受美国进步主义教育影响，欧洲掀起了一场“新教育”运动。“新教育”突出学生的地位和作用，认为教育应该使儿童得到自由的发展，使“20世纪成为儿童的世纪”。

20世纪中叶，人本主义心理学家罗杰斯继承了杜威的“儿童中心主义”思想，提出了“以学生为中心”的教育思想。他反对教师对学生有任何人为的制约，提倡“非指导性教学”，认为教学是一个学生的良好人际关系中的一种体验过程，它没有既定的教学目的，只是通过学生自己产生与解决问题来达到对经验意义的理解，从而有效地影响自己的行为。罗杰斯注重人道性、支持性、建设性的课堂气氛。他坚信，对教学而言，良好的师生关系和课堂气氛比任何方法和技术都重要。他一再强调：“我们不能直接地教授他人，我们只能使他人的学习得以容

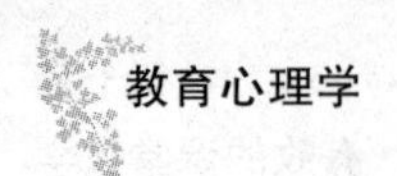

易地展开。”他建议使用“协作者”或“促进者”这一术语，以强调教师的作用在于创造一种有助于学习的环境条件，而不是控制整个教学。

综上所述，从西方教育发展的历程中我们可以清晰地发现“以学生为中心”的轮廓和轨迹，“以学生为中心”是西方的教育传统。随着心理学家对人类学习过程认知规律研究的不断深入，近年来，认知学习理论的一个重要分支——建构主义学习理论在西方逐渐流行。这一理论流派秉承了西方“以学生为中心”的传统教育理念，在知识观、学习观、教学观等几个方面提出了许多新颖的观点，给教育心理学带来了革命性的变化。

（二）建构主义教学理论

建构主义的教学思想主要体现在：

1. 建构主义知识观

建构主义认为，知识不是对客观现实的“反映”或准确表征，而是主体的经验、解释和假设，即一种“建构”；人们知识的形成是主动建构而产生的，而不是被动接受的；知识是个体与他人经由磋商并达成一致的社会建构。建构主义知识观是从个体知识发生的角度对知识生产、发生的一种概括和说明，否认绝对真理观，强调获得知识过程中人的主观作用。这对教学的意义是深刻而重要的，这是教师促进学生思考、尊重学生对问题的个人理解、保护学生好奇心、探索行动的认识前提或者说是知识论基础。从这一方面来说，建构主义知识观是认识论上的一次真正的革命。

2. 建构主义学习观

建构主义认为，学习不是由教师把知识简单地传递给学生，而是由学生自己积极主动建构知识的过程。具体讲，是学习者在一定的情境即社会文化背景下，借助其他人（包括教师和学习伙伴）的帮助，利用必要的学习资料，通过意义建构的方式进行。在这一过程中，学生是信息加工的主体，是意义的主动建构者，而不是外部刺激的被动接受者和被灌输的对象。学生要成为意义的主动建构者，要求学生在学习过程中从以下几个方面发挥主体作用：(1) 要用探索法、发现法去建构知识的意义；(2) 在建构意义的过程中要求学生主动去搜集并分析有关的信息和资料，对所学习的问题要提出各种假设并努力加以验证；(3) 要把当前学习内容所反映的事物尽量和自己已经知道的事物相联系，并对这种联系加以认真的思考。学习就是在原有的知识体系中通过不断的积极实践，建构自己的新的知识和经验，是新旧经验之间的双向的相互作用过程。

3. 建构主义教学观

建构主义的知识观与教学观决定了教师在教学过程中必须摒弃以教师为中心、强调知识传授、把学生当作知识灌输对象的传统教学模式，而要采用以学生为中心的全新的教学模式。建构主义的教学观主张,以学生为中心,在整个教学过程中由教师起组织者、指导者、帮助者和促进者的作用,利用情境、协作、会话等学习环境要素充分发挥学生的主动性、积极性和首创精神,最终达到使学生有效地实现对当前所学知识的意义建构的目的。在这一基本教学观的思想基础之上,建构主义还提出了一些具体的教学模式,如情境教学、抛锚式教学、随机通达教学法、支架式教学等。这些教学模式虽然强调的侧重点或具体的教学方式不同,但都强调学生是认知活动的主体,是意义建构的主体;教师要从知识的传授者与灌输者转变为教学过程的组织者、指导者,意义建构的帮助者、促进者;教材所提供的知识不再是教师传授的内容,而是学生主动建构意义的对象;媒体也不再是帮助教师传授知识的手段、方法,而是用来创设情境、进行协作学习和会话交流,即作为学生主动学习、协作式探索的认知工具。显然,在这种场合,教师、学生、教材和媒体等四要素与传统教学相比,各自有完全不同的作用,彼此之间有完全不同的关系。但是这些作用与关系也是非常清楚、非常明确的,因而成为教学活动进程的另外一种稳定结构形式,即建构主义学习环境下的教学模式。

二、以学生为中心的教学

(一)以学生为中心的教学模式[①]

1. 发现学习

发现学习是美国教育心理学家布鲁纳倡导的一种学习方式。布鲁纳认为学习在于形成和发展认知结构,而形成和发展认知结构的过程是一个主动的过程,是在内在动机的推动下,根据已有经验对新知识加以选择、转换、储存和应用。所以,不论是掌握一个概念,还是解决一个问题,都是学习者主动参与的过程。为此,布鲁纳提出了发现学习理论。

布鲁纳指出,发现学习可分为独立发现学习和指导发现学习。独立发现学习在性质上与科学家的科学研究相同,在课堂教学中很少见。指导发现学习指学生运用教师提供的、按发现过程编制的教材或材料进行的自我研究、探索。发现学习一般有两个步骤:依据所获得的感性材料,借助推理和直觉引起思维活动,提出试探性的假设;用更多的感性材料对试探性的假设做检验。若试探性假设被证实,假设就被维持。

在发现学习中,布鲁纳认为教师应该注意以下几个方面:(1)鼓励儿童积极思考和探索,强调学生的内在动机。发现学习是以儿童为主体的,教师应该鼓励儿童说“让我运用自己的头脑想想看”、“让我设身处地试试”,培养进行思考的习

① 参见:何克抗.建构主义——革新传统教学的理论基础.电化教育研究,1997(3):21.

惯和学习兴趣,运用自己的能力去思考问题并获得成功。(2) 注意新旧知识的相容性。发现学习要求儿童能够认识新知识与旧知识之间的联系,并把新知识纳入自己已有的学科知识结构,使知识成为自己的。(3) 培养学生运用假设、对照的技能。布鲁纳认为,通过假设的对照,儿童可以更有效地解决问题。(4) 将分析思维和直觉思维结合起来。

在发现学习中,教师的作用在于向学生提供学习问题和材料;引发学生学习动机,激发学生学习兴趣;注意处理好基本知识结构的组织;安排好教学顺序;促进知识的内部转化等。学生则在有限的教师指导下独立思考、组织材料,通过大量探索和试误后自行发现知识、掌握相关原理和原则。

布鲁纳认为,通过发现学习,学生的收益是多方面的,主要作用体现在以下几点:(1) 发现学习能发展学生的智慧潜力;(2) 能使外部动机向内部动机转移;(3) 利用发现学习,学生将学会发现的方法;(4) 通过发现学习,有助于对所学材料保持记忆。

2. 支架式教学

"支架式教学"是建构主义的教学模式之一。根据欧共体"远距离教育与训练项目"(DGXⅢ)的有关文件,支架式教学被定义为:"支架式教学应当为学习者建构对知识的理解提供一种概念框架。这种框架中的概念是为发展学习者对问题的进一步理解所需要的,为此,事先要把复杂的学习任务加以分解,以便于把学习者的理解逐步引向深入。"这一教学思想来源于苏联著名心理学家维果斯基的"最近发展区"理论。维果斯基认为,在儿童智力活动中,所要解决的问题和原有能力之间可能存在差异,通过教学,儿童在教师帮助下可以消除这种差异,这个差异就是"最近发展区"。换句话说,最近发展区是指儿童独立解决问题时的实际发展水平(第一个发展水平)和教师指导下解决问题时的潜在发展水平(第二个发展水平)之间的距离。教学可以创造最近发展区,因此教学绝不应消极地适应儿童智力发展的已有水平,而应当走在发展的前面,引导儿童的智力发展。建构主义者正是从维果斯基的思想出发,借用建筑行业中使用的"脚手架"作为上述概念框架的形象化比喻,意指利用上述概念框架作为学习过程中的脚手架。由于这种框架中的概念是为发展学生对问题的进一步理解所需要的,因此该框架应按照学生智力的"最近发展区"来建立,如此可通过这种脚手架的支撑作用或支架作用,不断地把学生的智力从一个水平提升到另一个新的更高水平,真正做到使教学走在发展的前面。

支架式教学由以下几个环节组成:

(1) 搭脚手架——围绕当前学习主题,按"最近发展区"的要求建立概念框架。

(2) 进入情境——将学生引入一定的问题情境(概念框架中的某个节点)。

(3) 独立探索——让学生独立探索。探索内容包括:确定与给定概念有关的各种属性,并将各种属性按其重要性大小顺序排列。探索开始时要先由教师启发引导(例如演示或介绍理解类似概念的过程),然后让学生自己去分析;探索过程中教师要适时提示,帮助学生沿概念框架逐步攀升。起初的引导、帮助可以多一些,以后逐渐减少——愈来愈多地放手让学生自己探索;最后要争取做到无须教师引导,学生自己能在概念框架中继续攀升。

(4) 协作学习——进行小组协商、讨论。讨论的结果有可能使原来确定的、与当前所学概念有关的属性增加或减少,各种属性的排列次序也可能有所调整,并使原来多种意见相互矛盾且态度纷呈的复杂局面逐渐变得明朗、一致起来。在共享集体思维成果的基础上达到对当前所学概念比较全面、正确的理解,即最终完成对所学知识的意义建构。

(5) 效果评价——对学习效果的评价包括学生个人的自我评价和学习小组对个人的学习评价,评价内容包括:① 自主学习能力;② 对小组协作学习所做出的贡献;③ 是否完成对所学知识的意义建构。

3. 抛锚式教学

"抛锚式教学"是建构主义的另一种教学模式。这种教学要求建立在有感染力的真实事件或真实问题的基础上。确定这类真实事件或问题被形象地比喻为"抛锚",因为一旦这类事件或问题被确定了,整个教学内容和教学进程也就被确定了(就像轮船被锚固定一样)。建构主义认为,学习者要想完成对所学知识的意义建构,即达到对该知识所反映事物的性质、规律以及该事物与其他事物之间联系的深刻理解,最好的办法是让学习者到现实世界的真实环境中去感受、去体验(即通过获取直接经验来学习),而不是仅仅聆听别人(例如教师)关于这种经验的介绍和讲解。由于抛锚式教学要以真实事例或问题为基础(作为"锚"),所以有时也被称为"实例式教学"或"基于问题的教学"。

抛锚式教学由这样几个环节组成:

(1) 创设情境——使学习能在和现实情况基本一致或相类似的情境中发生。

(2) 确定问题——在上述情境下,选择出与当前学习主题密切相关的真实性事件或问题作为学习的中心内容(让学生面临一个需要立即去解决的现实问题)。选出的事件或问题就是"锚",这一环节的作用就是"抛锚"。

(3) 自主学习——不是由教师直接告诉学生应当如何去解决面临的问题,而是由教师向学生提供解决该问题的有关线索(例如需要搜集哪一类资料、从何处获取有关的信息资料以及现实中专家解决类似问题的探索过程等),并要特别注意发展学生的"自主学习"能力。自主学习能力包括:① 确定学习内容表的能力(学习内容表是指为完成与给定问题有关的学习任务所需要的知识点清单);② 获取有关信息与资料的能力(知道从何处获取以及如何去获取所需的信息与资料);③ 利用、评价有关信息与资料的能力。

(4) 协作学习——讨论、交流,通过不同观点的交锋,补充、修正、加深每个学生对当前问题的理解。

(5) 效果评价——由于抛锚式教学要求学生解决面临的现实问题,学习过程就是解决问题的过程,该过程即可直接反映出学生的学习效果,因此对这种教学效果的评价往往不需要进行独立于教学过程的专门测验,只需在学习过程中随时观察并记录学生的表现即可。

4. 随机进入教学

"随机进入教学"也是建构主义的一种教学模式,又称为"随机通达教学"。由于事物的复杂性和问题的多面性,要做到对事物内在性质和事物之间相互联系的全面了解和掌握,即真正达到对所学知识的全面而深刻的意义建构是很困难的,往往从不同的角度考虑可以得出不同的理解。为克服这方面的弊病,在教学中就要注意对同一教学内容要在不同的时间、不同的情境下,为不同的教学目的,用不同的方式加以呈现。换句话说,学习者可以随意通过不同途径、不同方式进入同样教学内容的学习,从而获得对同一事物或同一问题的多方面的认识与理解,这就是所谓"随机进入教学"。显然,学习者多次"进入"同一教学内容,绝不是像传统教学中那样,只是为巩固一般的知识、技能而实施的简单重复。这里的每次进入都有不同的学习目的,都有不同的问题侧重点。多次进入的结果是使学习者获得对事物全貌的理解与认识上的飞跃,促进知识的迁移。

随机进入教学主要包括以下几个环节:

(1) 呈现基本情境——向学生呈现与当前学习主题的基本内容相关的情境。

(2) 随机进入学习——呈现与当前学习主题的不同侧面特性相关联的情境。在此过程中教师应注意发展学生的自主学习能力,使学生逐步学会自己学习。

(3) 思维发展训练——由于随机进入学习的内容通常比较复杂,所研究的问题往往涉及许多方面,因此在这类学习中,教师还应特别注意发展学生的思维能力。其方法是:① 教师与学生之间的交互应有利于促进学生认知能力的发展而非纯知识性提问;② 要注意建立学生的思维模型,即要了解学生思维的特点(例如,教师可通过这样一些问题来建立学生的思维模型:"你的意思是指?""你怎么知道这是正确的?""这是为什么?");③ 注意培养学生的发散性思维(这可通过提出这样一些问题来达到:"还有没有其他的含义?""请对 A 与 B 之间做出比较""请评价某种观点")。

(4) 小组协作学习——围绕呈现不同侧面的情境所获得的认识展开小组讨论。在讨论中，每个学生的观点在和其他学生以及教师一起建立的社会协商环境中受到考察、评论，同时每个学生也对别人的观点、看法进行思考并做出反应。

(5) 学习效果评价——包括自我评价与小组评价，评价内容与支架式教学中相同。

通过对上面各种“以学生为中心”的教学思想及教学模式的梳理，大致能够反映出以学生为中心教学的一些基本原则，具体表现为以下几个方面：(1) 在教学内容上，以学生为中心的教学方式允许学生在学习内容范围内有多个选择，在选择内容上有较大的自由空间，这样就能激发和调动他们学习的兴趣和自觉性，加深对知识的全面理解，有助于知识之间的联系与迁移。(2) 在教师的角色上，以学生为中心的教学方式，把学习的主动权还给学生，教师更多扮演的是学习组织者、促进者、指导者的角色。(3) 在课堂氛围方面，以学生为中心的教学方式，教室类似一个活跃的工作场所，学生根据分工不同进行着不同活动，充满着学习的喧闹和观点的碰撞，学习是在放松、愉悦、交流与合作的气氛中进行的。(4) 在教学评估方面，以学生为中心的教学方式，学生在测试前就知道如何测试，能够参与测试标准的制定，在教学中能够不断获得来自教师和同伴的反馈，并有多个机会测试自己的学习成效。(5) 在技术手段上，以学生为中心的教学方式，学生可以使用不同的技术手段来研究、交流和创造知识，这比以教师为中心的教学方式只以教师使用技术手段来展示内容要优越得多。

(二) 以学生为中心的教学设计

在以学生为中心的教学中，核心是要体现“学生主体、教师主导”关系原则。如何实现这一关系原则呢？需要考虑以下几个问题：[①]

1. 学习者控制的倾向

以学生为中心的教学要求学生能够自主学习，这就要求学生不但要有自主意识，还要有自主学习的能力。对于自主意识不够、自律能力和学习能力较差的学生，就要发挥教师的主导作用。需要注意的是，主导活动要适可而止。发现学生有能力和意识从事自主学习时，就要立即放弃控制，将控制权重新放回到学生的手中。

2. 提供真实或接近真实的学习情境

这里的真实是指要在技能的实际应用环境中学习技能。这是因为学生的学习过程和学习结果不但要受学生的认知图式、社会文化背景的影响，还会受学习活动所在的学习环境的影响。不同的学习环境会导致学生对知识和技能的不同理解。因此，要想学习到能直接应用于实际环境中的知识和技能，就应该在实际

① 引自：杨开城. 以学生为中心教学设计的理论、方法与经验浅谈. 中教网\中学语文\教学文摘.

应用环境中学习相应的知识和技能。

3. 提供问题解决类的学习任务

问题解决类的学习任务应既具有挑战性，又能带动一些低级技能的学习。学生会以问题解决为目标，寻找相应的先决技能去学习。当然有时需要教师帮助分析要先学习哪些先决技能。这比常规的先学规则再学问题解决要好得多。因为学生在学习规则时并没有切实感觉到规则的用途，尽管经过学习也能演示规则的使用。

如何设计复杂的学习任务？

没有设计合理的综合性的学习任务，学习环境将无法发挥所期望的作用。学生所面对的学习任务应该将多个知识点包含在一起，但不是越难越好。最好能设计一些没有唯一正确答案的问题解决任务。下面的一些问题类型仅供参考：

(1)“假如”的问题，要求学生对一个假设的情境加以思考。可以利用时间、地点、人和物、事件等因素进行假设发问。比如，假设你是北京市长你会怎么办？

(2)“列举”的问题，要求学生列举出符合某一条件或特征的事物或资料，越多越好。比如，你可以利用一支笔做些什么事情？

(3)“比较”的问题，要求学生找出两个或多个事物或关系间的异同。比如，说说粉笔与铅笔有什么相同点和不同点。

(4)“替代”的问题，要求学生用其他的字词、事物、意义或观念来取代原来的材料中相应的部分。比如，你能为《小兵张嘎》这部电影换个电影名吗？

(5)“除了”的问题，针对原有的资料或答案，鼓励学生突破成规，寻找不同的观念。比如，除了黑板上给出的证明方法外，你还能想出其他的方法吗？

(6)“可能”的问题，要求学生利用联想，推测事物发生或发展的可能性。比如，如果渔民出海捕鱼，可能会遇到哪些危险？

(7)“想象”的问题，要求学生充分运用想象力，描述未来或未发生事物的发生、发展和变化。比如，想想那个小偷会对警察说些什么。

(8)“组合”的问题，提供给学生一些资料(字词、事物、图形等)，要求学生排列组合成另外具有意义的材料。当然，提供的资料应该具有相当程序的重组性。比如，请用“天、人、虎”三个字组合成各种不同的句子。

(9)“六W”的问题，利用Who(谁)、What(什么)、Why(为什么)、When(什么时候)、Where(哪里)和How(如何)作为发问的题目。比如，为什么要栽树？最好栽哪种树？在哪栽树最好？

(10)“类推”的问题，利用两项事物、观念或人物的相似之处，类推产生新的观念。比如，飞机不用扇动翅膀就可以飞行，小鸟不扇动翅膀可以飞吗？

引自：杨开城. 以学生为中心教学设计的理论、方法与经验浅谈. 中教网\中学语文\教学文摘.

4. 提供丰富的学习资源和学习工具

以学生为中心的教学,教师已经不再是主要的广播式信息源。教师的任务已经由广播信息转变为帮助学生接收和理解信息。因此,需要提供给学生其他类型的信息源,比如经特定设计的教科书、视听媒体、计算机软件、基于网络的资源库等。此外,教师应该提供给学生获取信息、保存信息和处理信息的工具。

5. 提供足够的支架

支架的功能与脚手架的功能类似,用来帮助学生从较低的认知水平向较高的认知水平发展。具体来说,以学生为中心的学习环境中的支持大致包括:(1) 发展学生达到任务所要求目标的兴趣;(2) 演示所要表现的行为;(3) 通过减少解决问题的步骤以简化任务,使学生能管理某些成分,并认识到什么情况下这些任务能成功地完成;(4) 控制解决问题的沮丧和冒险;(5) 对学生的作业表现和理想解法之间差距的特征做出鉴别以提供反馈;(6) 激发和指引学生的活动,使之足以保证他们对目标继续进行追求。

6. 开展丰富的人际交流,创设友好民主的教学气氛

人际交流既是教育的一个目标,也是达到认知类目标不可缺少的条件。因此,学习过程中应该加强师生之间、同学之间的讨论与协商、沟通与交流,这也有助于创设一种友好民主的教学气氛,提高学生的学习兴趣和创造性水平。

综上所述,以学生为中心的教学设计中,学习动机是前提,学习者控制是关键,资源是后盾,学习任务是核心。

第三节　教学的多样性与共同性

一、教学的多样性

(一) 中西方教学文化的差异

东西方在文化上的差异性,导致两者在教学思维、教学价值、教学行为方面存在着不同的观点。

1. 教学思维文化差异

思维是人脑对客观现实的间接的和概括的反映。它是借助言语实现的、能揭示事物本质特征及内部规律的理性认识过程。心理学研究结果表明,文化对于人们的思维结构有很大的作用。教学思维文化是人们基于一定文化境域思维结构的关于教学的一种认识和反映。

中国传统文化根深蒂固,在教学整体上体现为控制性思维、传递性思维和接受性思维。具体表现为:从教的方面来讲,重视苦教,认为不打不成材,棍棒出孝

子，强调教师对学生的控制作用，“教，上所施，下所效”；从学的方面来讲，重视苦学和抽象知识的记忆，学习方式以接受为主，古人所谓“两耳不闻窗外事，一心只读圣贤书”；从评价的方面来讲，古者八股取士，今者应试教育，重视考试的结果，以赢得考试为最终教学目的。于是形成“苦教十苦学＝考试”的教学思维模式。

西方教学整体上体现为民主性思维、开放性思维、创造性思维和批判性思维。具体表现为：从教的方面来讲，重视启发式教学，认为教师的作用在于启发学生的思维和智慧，引导和帮助学生完成学习任务，提倡师生关系的民主平等；学生的学习以探究学习和活动性学习为主，注重对学生实践操作能力的锻炼和解决问题能力的培养；在评价方面注重学生学习的过程和实践能力的获得及问题解决能力的形成。

2．教学价值文化差异

教学价值文化就是指一定文化境域的教学所追求的价值取向，欲实现的教学价值目标。教学不是一种价值中立或价值无涉的纯技术的活动，而是一种价值负载活动。不同群体或主体有不同的价值取向，价值文化是教学文化的核心部分，价值文化对教学的影响表现为通过价值的冲突和调节形成新的权利和利益追求的指向，教学价值不断随同文化的变迁而变迁。中国人学习的目的是为了光宗耀祖，“学而优则仕，仕而优则学”。而西方人认为学习是一种个体生活的体验和需要，是个体完善自己的一种途径，教师的价值在于引导学生进行学习的体验和探究。

3．教学行为文化差异

教学行为文化是基于一定文化境域的教学主体间所展开的行为互动。教学互动行为是以促进学生的发展为终极目标的，它不同于其他的社会互动行为，这是教学行为文化的最主要特征。不同的文化境域形成了不同的教学行为关系。我国教学行为中表现为教师对于学生行为的控制，参与主体较为单一，学生参与的积极性也不够高，主要以全班互动为主，课堂上具有实质性的师生互动较为缺乏。西方师生关系提倡民主平等，教学行为参与主体多元化、合作化，具体表现为政府、社区、家长、教师、学生的共同参与和合作，在课堂中学生参与积极性高，个体或小组互动频繁，互动实质性较高。行为文化影响着教学的整体形态，是教学实践的文化表现。

（二）教学的个体差异

个体差异也称个别差异、个性差异，是指个人在认识、情感、意志等心理活动过程中表现出来的相对稳定而又不同于他人的心理、生理特点。它表现在质和量两个方面，质的差异指心理、生理特点的不同及行为方式上的不同，量的差异指发展速度的快慢和发展水平的高低。学生的个体差异具体表现在年龄的个体差异、性别的个体差异、能力的个体差异、认知风格的个体差异、个性方面的差异。

当前教学论中所讲的因材施教，就是针对学生的个体差异而言。即要求教师在教学中要从学生实际出发，根据不同对象的具体情况，采取不同的方法，进行不同的教育，使每个学生都能在各自原有的基础上得到充分发展。其基本含义包括三个方面：一是教师要了解和把握学生的个性特点、学习情况和学习能力等方面的差异；二是教师要从学生的实际出发，能针对不同学生的不同情况组织教学；三是教师在教学过程中要面向全体学生，使之得到全面发展，学有所长。

从以上可以看出，教学的个体差异的本质和关键在于，教师在教学过程中要了解、摸清每个学生的个性、需要、优势和弱势及已有的知识基础等，然后从学生的实际出发，采取不同的措施，有的放矢地进行教育、教学。比如，一些研究发现，对有学习障碍的学生和学习差的学生，教师直接的解释、指导和示范（以教师为中心的教学方式）要比鼓励学生自己探索、发现（以学生为中心的教学方式）更加有效。

二、教学的共同性

尽管存在批判和争议，但教学还没有一种最好的方法。以教师为中心的教学和以学生为中心的教学各有特色，亦各有利弊。尽管两种课堂教学模式间存在着巨大的差异，但这仅是方式的差异，无论哪种教学，都要以学生的身心发展特点为基础，都要遵循基本的教学规律，都应该最大限度地发挥课堂教学的有效性，以促进学生的最优化发展。在具体的课堂教学中，应该根据不同的目标和学生要求的不同，灵活选用恰当的教学方法。直接的指导有利于学生在成就测验中获得好成绩；而开放的、非常规的方法，如发现学习或调查方法，有利于学生在创造性测验、抽象思维测验和问题解决中成绩的提高。另外，开放的方法有助于改善学生对学校的态度和好奇心的激发，还有利于学生之间的合作和出勤率。根据这些结论，当教学的目标包括问题解决、创造性培养、理解和掌握学习过程时，直接指导以外的许多方法也是有效的。当学习目标包含情感培养以及问题解决或批判性思维时，教学应该少一些指导。每个学生可能对某些学习目标有时需要直接的、明确的教学，但每个学生也需要体验更开放的、建构主义的、以学生为中心的教学。

回到案例

通过本章内容的学习，我们可以看出杜郎口中学的“三、三、六”自主学习模式属于典型的以学生为中心的教学模式。这一教学模式真正把课堂还给了学生，在整个教学活动中，全是学生主动在“动”：主动提问、主动讨论、主动解答、主动展示、主动检查，通过自主学习、探究学习、小组合作学习，真正实现了“学习是学生自己的事”！教师不再是课堂的主宰者，而是旨在及时引导、温馨提醒、亲切鼓励、积极赏识、创设情景，为学生学习搭建一个和谐、民主、宽松、平等、开放的平台，注重培养学生的创新精神和实践能力，从而使自己的角色从课堂的绝对权威转变为学生学习的组织者、策划者、引导者、调控者；而学生则成为学习的主动者、探究者、体验者、合作者、表演者。这样一种以学生为中心、教师为主导的教学真正确立了学生的主体地位，唤起了学生学习的积极性、主动性与责任感；加强了师生之间、学生之间的交流与互动，而宽松活跃的课堂气氛使学生在参与中学习、在快乐中学习，激发了创造性，培养了自信，有效地提高了课堂教学质量和效率。但需要注意的是，在这一教学模式的课堂上，对教师的要求不是降低了，而是大大提高了：首先，教师除了掌握充分的相关知识外，还要有相当的课堂驾驭能力，做到收放适度，“放而不乱”；其次，教师应该注意引导学生加强对知识结构体系的整理与提炼；另外，对学习困难学生与后进生应该给予一定的特殊关注和成长机会，以促进所有学生的共同发展。

学术争鸣

在课堂教学中，究竟哪一种教学更有效，以教师为中心还是以学生为中心？	
正方观点：支持以教师中心 以教师为中心教学结构的特点是：(1) 教师是知识的传授者，是主动的施教者，并且监控整个教学活动的进程；(2) 学生是知识传授对象，是外部刺激的被动接受者；(3) 教学媒体是辅助教师教的演示工具；(4) 教材是学生的唯一学习内容，是学生知识的主要来源。 这种结构的优点是有利于教师主导作用的发挥，便于教师组织、监控整个教学活动进程，便于师生之间的情感交流，因而有利于系统的科学知识的传授，并能充分考虑情感因素在学习过程中的重要作用。	反方观点：支持以学生中心 以学生为中心教学结构的特点是：(1) 学生是信息加工的主体，是知识意义的主动建构者；(2) 教师是课堂教学的组织者、指导者，是学生建构意义的帮助者、促进者；(3) 教学媒体是促进学生自主学习的认知工具；(4) 教材不是学生的主要学习内容，通过自主学习学生主要从其他途径（例如图书馆、资料室及网络等）获取大量知识。 这种结构的优点在于强调学生的学习主体作用，让学习成为学生自己的事情，有利于发挥学生的积极性、主动性与创造性，使学生在快乐中学习，在探索中成长，有助于培养学生自信、积极参与、学会合作等良好品格。

小 结

1. 以教师为中心的教学

从17世纪30年代捷克的夸美纽斯发表《大教学论》,提出班级授课制度,开创以教师为中心的教学结构以来,经过历代众多教育学家、教育心理学家的努力,这一领域的研究成果层出不穷。但是真正能作为主要的理论基础对以教师为中心教学结构予以全面支持的,应该是20世纪后半叶教育心理学家奥苏伯尔的教学理论,尤其是他的“有意义接受学习”理论及“先行组织者”教学策略最能体现“以教师为中心”的教学结构。在以教师为中心的教学中,高效的教师是教学质量的保障,一个高效的教师不仅应该具有广博的知识、灵活的教学艺术,还要有积极热情的教学态度。以教师为中心的教学通常包括直接教学、课堂作业和家庭作业、有效的课堂提问、小组讨论等环节。

2. 以学生为中心的教学

除了中世纪和赫尔巴特时代之外,西方教育史基本上是一部“以学生为中心”的历史,从古希腊哲学家苏格拉底到近现代的卢梭、裴斯泰洛齐、福禄贝尔、赫尔巴特、罗杰斯等人,都从不同方面倡导、支持“以学生为中心”的教学理念。近年来在西方逐渐盛行的建构主义理论秉承了西方“以学生为中心”的传统教育理念,在知识观、学习观、教学观等几个方面提出了许多新颖的观点,给教育心理学带来了革命性的变化。建构主义的教学思想不仅体现在基本理论上,而且提出了一系列具体的教学模式,如支架式教学、抛锚式教学、随机进入教学等。此外,布鲁纳所倡导的“发现学习”也体现了以学生为中心的教学。在以学生为中心的教学设计中应该注意以下问题:学习者控制的倾向,提供真实或接近真实的学习情境,提供问题解决类的学习任务,提供丰富的学习资源和学习工具,提供足够的支架,开展丰富的人际交流、创设友好民主的教学气氛等。

3. 教学的多样性与共同性

东西方文化的差异导致两者在教学思维文化、教学价值文化、教学行为文化等方面存在差异。此外,个体差异也是有效教学需要考虑的问题,应该根据学生的具体情况因材施教。以教师为中心的教学和以学生为中心的教学各有特色,亦各有利弊。无论哪种教学,都要以学生的身心发展特点为基础,都要遵循基本的教学规律,都应该最大限度地发挥课堂教学的有效性,以促进学生的最优化发展。

∠ 思考题

1. 奥苏伯尔的教学理论中哪些思想体现了“教师为中心”的观点?

2. 在教师为中心的教学模式中,高效教师应该具备什么样的特征?

3. 教师为中心的教学主要包括哪些教学环节?每个教学环节应该注意什么问题?

4. 建构主义教学理论是如何体现“学生为中心”的教学理念的?

5. 介绍几种以学生为中心的具体的教学模式。

6. 设计以学生为中心的教学应该注意哪些问题?

7. 以教师为中心的教学与以学生为中心的教学各有什么特点与优势?如何结合才能最大程度地发挥课堂教学的有效性?

8. 谈谈你对教学的多样性与共同性的理解。

∠ 进一步阅读文献

1. 孙企平,傅禄建,赵连根,钟启泉,王宏伟著. 有效教学. 上海:上海教育科研出版社,2009.

2. 文哲. 改进教师工作方式 促成学生有效学习. 北京:北京教育出版社,2006.

3. 苏霍姆林斯基著,杜殿坤译. 给教师的建议. 陕西:教育科学出版社,1984.

第十一章
创设有效的学习环境

☞ 章节说明

有效的教学离不开良好环境的支持，尤其是课堂环境对学生学习的影响最大也最为直接，是有效教学的主要成分，也常常是教师最关心的领域之一。良好课堂环境的创设需要借助于有效的课堂管理，那么什么样的课堂才是有效的课堂？课堂管理包括哪些基本环节，应该注意哪些具体问题呢？这是本章第一节要回答的。在课堂环境中，有三种具体的学习情境，它们分别是合作、竞争和个人学习。心理学研究表明，其中最佳情境就是合作学习。那什么是合作学习？为什么说它是最佳的学习情境？其优势或意义体现在什么方面？如何实现合作学习呢？这是本章第二节所关注的问题。在讨论完上述两个问题之后，第三节进一步探讨了课堂管理的多样性与共同性问题。文化、种族、年龄、性别等因素使得课堂管理呈现出多样性，但无论哪种课堂管理方式，它们的根本目标都是一致的，都是服务于有效的教学。另外，在一些管理的具体方法上也是通用的。

☞ 案　例

王莹去年刚从大学毕业，被分配到一所初中教初一语文并任一个班的班主任。第一次做老师，没有经验，带的又是一个新班，王莹心里很没底。但对教育的热爱使她满怀激情，对未来充满憧憬。除了认真备课之外，她还精心地装饰了教室，在教室的墙上挂满了青少年喜欢的图片。课堂上，她虽然准备了很多材料，讲得也很疲惫，但发现学生的兴趣似乎并不很高，有的学生上课的时候明显不在状态；有的时不时瞄一眼教室墙上的装饰画；有的在她讲课的过程中在下面窃窃私语，甚至有几个比较调皮的学生会故意捣乱。为了严肃课堂纪律，她常常停下正在讲解的内容，批评这些不守纪律的同学，但效果并不明显，正常的教学内容经常讲不完，学生似乎也有很多的不满。一个学期下来，王莹有些焦头烂额了。

王莹遇到的问题是许多老师尤其是缺乏教学经验的新教师经常遇到的。学习完本章的内容后，你对王莹老师在课堂管理方面有什么好的建议？

第一节　课堂管理

一、什么是有效的学习环境

学生的学习是在一定的环境里展开的，有效的学习离不开良好的学习环境。学习环境可以从不同的层次与水平上加以理解：从广义上讲，学习环境可以包括课堂环境、班级环境（如班级的规模、班风、班级凝聚力等）、学校环境（如校舍、师资、校风等）、家庭环境（如父母的文化水平、教养方式、家庭关系等），甚至是社会环境。相对其他环境而言，教育心理学更多关注的是微观环境——课堂。因为课堂是执行教学任务、实现教育目标的主要场所，对学生的学习影响更大也更为直接。因此，本章重点探讨的是如何创设有效的课堂环境，即课堂管理问题。对学生学习而言，什么样的课堂才是有效的课堂呢？或者说，有效的课堂管理应该实现哪些目标呢？

（一）有效利用教学时间

1. 教学时间的划分

课堂管理的一个重要的目标是尽量争取时间用于学习。毫无疑问，学生所花的学习时间越多，学习成绩越好。当然学习时间资源并不是无限的，因此我们有必要为学生在所规定的教学时间里争取更多的学习时间。教学时间可以分为四个层次：(1) 分配时间，就是教师为某一特定的学科课程设计的时间，这由课表所决定。(2) 教学时间，是在完成常规管理以及管理任务（如记考勤、处理课堂行为问题等）之后所剩的用于教学的时间。(3) 投入时间，也称为专注于功课的时间，属于教学时间。它是学生实际上积极投入学习或专注于学习的时间。(4) 学业学习时间，属于投入时间，指学生以高度的成功率完成学业功课所花的时间。它们之间的关系如图 11-1 所示。

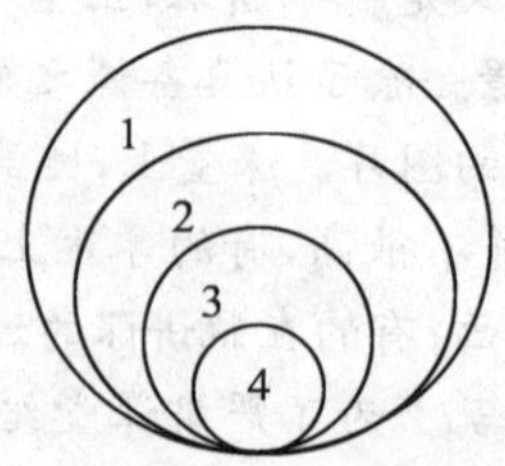

1. 分配时间；2. 教学时间；3. 投入时间；4. 学业学习时间

图 11-1　教学时间之间的关系

对于某些学生来说,学业学习时间大大少于分配时间。许多研究表明,学生课堂学习时间的质量,如投入时间和学业学习时间,与他们的成绩呈明显的正相关。分配给教学的时间并不如学生投入学习的时间以及完成学习的成功率那么关键。因此,如何最大限度地利用好分配时间就十分重要。

2. 有效利用分配的时间进行教学

课堂管理的一个很重要的目标就是使分配的时间达到效益最大化,其方法主要有:(1) 避免浪费时间。教学时间损失有时是难免的,如进行标准化考试以及遇到恶劣的雨雪天气等,但应该尽量避免教学时间的损失。(2) 避免迟到和早退。由于教师没有按时上课,可观的教学时间就丧失了。按时上课对于营造一种紧凑的、目的明确的课堂氛围非常重要。同样,教师如果提前结束教学同样会产生消极作用。(3) 防止干扰。一些意外情况,如学生恶作剧、外界的干扰等不仅直接占用了教学时间,也中断了课堂教学的连续性,分散了学生对手头任务的注意。(4) 合理处理日常事务。一些教师把太多的时间用于处理课堂上出现的琐碎事务,如点名等,这样就浪费了大量的教学时间。(5) 减少维持课堂纪律的时间。尽可能不要因为维持课堂纪律而打断正常的教学进程。

3. 有效利用投入的时间

和分配时间相比,投入时间对于学生的发展有至关重要的作用。有效地利用投入时间主要有以下策略:(1) 增加参与。增加学生投入时间的最好途径就是教非常有趣、有参与性、与学生的兴趣有关的课程,吸引学生的注意力,增加学生的参与性。(2) 保持动量。动量是指避免打断或放慢,实际上就是我们平时所说的紧凑,上课时保持动量是学生高度参与的关键。(3) 保持教学的流畅性。流畅性是指不断地注意教学意义的连续性。流畅的教学从一个活动转向另一活动时所花的时间极少,并且能给学生一个注意的信号。(4) 管理过渡。过渡是从一个活动向另一活动的变化,是课堂管理的"缝隙",过渡时课堂秩序最容易打乱。因此,管理好过渡,增加教学过程的连续性,是有效利用投入时间的一个重要方面。(5) 上课时维持团体的注意焦点。是指使用课堂组织策略和提问技术,确保班上所有的学生始终投入到课中,即使教师只是叫起一个学生答问时也是如此。(6) 课堂自习时维持团体的注意力。学生正在课堂自习时,教师要和他们在一起,监督他们。

(二) 争取更多的学生投入学习

课堂管理的有效性不仅强调投入学习的时间,而且强调真正投入课堂学习的人数。但在课堂教学过程中，要想所有学生都参与到课堂学习中并非易事。在课堂上，总有一些学生参与能力似乎比别人差，他们经常“身在曹营心在汉”，游离于课堂教学之外。因此，为了使所有的学生都能顺利投入学习活动，教师一定要确保每个人都知道如何参与每一项具体的活动，以及活动的规则和期望是什么。同时，教师要想一想这些规则是否适合于每一个学生。

1994年6月10日在西班牙萨拉曼卡召开的世界特殊需要教育大会上通过了一项宣言，宣言中提出了一种新的教育理念和教育过程——全纳教育。全纳教育的核心精神是要容纳所有学生，反对歧视排斥，促进积极参与，注重集体合作，满足不同需求，是一种没有排斥、没有歧视、没有分类的教育。这种全纳教育反映在课堂教学管理中，主张教师和学生都是教学和学校生活中的主体，都应积极参与和投入到教学过程和学校生活中去。对于有特殊需求的学生，应该提供额外的帮助和支持，根据学生的不同特性，开展多样化的教学，以满足学生的不同需求，最大限度地参与学习。

表 11-1　　全纳教育背景中的学生

针对有特殊需要的学生的计划		
分类	可观察到的特征	建议的课堂策略
有特定认知或学习困难的学生	√紧跟任务有困难。 √异常活跃、冲动、捣乱等不良行为(在一些学生中)。 √糟糕的时间安排技能或无组织地完成任务的方法。	√学生独立完成任务期间，密切观察学生。 √确保学生理解任务；假如合适，再给他们一些时间完成任务。 √明确所期望的行为，坚持加强课堂规则。 √提示学生留意恰当的行为。 √立即强化(如表扬)所期望的行为。 √对异常活跃的学生，计划短期活动帮助他们在身体活动(如课间、午餐或体育课)之后平静下来。 √对冲动性学生，教他们进行自我教学。 √教学生组织时间和工作的策略(如打印日常活动表，将其放在学生的课桌上；给学生提供文件夹，便于他们携带任务往返于学校和家庭之间)。

续表

有社交或行为问题的学生	√频繁出现公开的不良行为,如闹剧、侵犯、不顺从、破坏或偷窃。 √很难控制冲动。 √环境或日常生活的变化或过多的感官刺激引发不端行为(如自闭症学生)。 √与同学有效地进行相互交流有困难。 √很难紧跟任务。 √易于和教师进行权力斗争(对一些教师而言)。	√用具体的语言解释什么行为是被接受的,什么是不被接受的;制定和强化行为规则。 √维护有可预见性的计划表;提前警告学生注意日常生活的变化。 √采用自我调节技术和行为主义方法发展有效的课堂行为。 √教学生社交技能。 √学生独立完成任务期间,密切观察学生。 √使学生对一些课堂有自我决定感;减少强迫手段的使用。 √进一步努力告诉学生你是将他们作为人来关心和看待的。
社交和认知功能发展迟滞的学生	√偶尔出现破坏课堂的行为。 √依赖他人指导怎样行为。 √当期望明确时,课堂行为就会更恰当。	√制定清楚具体的课堂行为。 √指示学生留意恰当的行为;保持简单的方向。 √采用恰当的自我调节技术和行为主义方法发展有效的课堂行为。 √恰当地对学生正在做和还没有做的行为提供具体的反馈信息。
生理或感觉有缺陷的学生	√不与同学交往(对一些学生来说)。 √像其他学生一样快速完成任务有困难。 √解释口语信息有困难(如果学生有听力障碍)。	√在课堂中建立强有力的集体感。 √当合适时,再给学生一些时间完成任务。 √假如有一位或两位学生有听力障碍,那么就将不必要的课堂噪音减到最小。
认知能力高度发展的学生	√在容易的任务活动中,一些学生经常由于觉得枯燥而出现偏离任务的行为。	√安排适合学生认知能力的任务。

引自:Ormrod J. E. 著,彭运石,彭舜等译. 教育心理学(第四版). 西安:陕西师范大学出版社,2006. 534.

(三)帮助学生实现自我管理

任何班级管理体系的第三个目标都应是帮助学生实现自我管理。如果教师更关注的是学生的服从，那么他们将会占用更多的教学或学习时间来监督和纠正学生。这样会使学生认为学校教学的目的就是为了让他们学会服从，而不是为了让学生获得对知识的深入理解。事实上，比较复杂的学习结构，例如合作学习或基于问题解决的学习，都是以学生的自我管理能力为基础的。仅仅学会服从规则并不能保证这些复杂的学习方式奏效。

目前大多数教育者都认为应该实现从要求学生简单服从规则到帮助学生实现自我管理的转变。Tom Savage(1999)曾说过："纪律最基本的目的就是发展自我管理。缺乏自我管理能力的人，即使具备专业知识和技术能力也不会创造多大的财富……"通过自我管理，学生形成了责任感——在不侵犯其他人权力和需要的前提下满足自己的需要。学生通过做出选择、处理结果、树立目标及目标等级、管理时间、合作性学习、解决纷争保持和谐状态、与值得信赖的教师和同学建立信任关系等方式，学会自我控制。

如何让学生对自己的课堂行为进行自我管理呢？丹波(Dembo，1994)建议，首先让学生更多地投入课堂规则的制定；其次，用较多的时间要求学生反思需要某些规则的原因以及他们不良行为的原因；再次，应当给学生机会考虑他们将怎么计划、监视和调剂自己的行为；最后，教师要求学生回顾一下课堂规则，提一些必要的修改建议。

虽然鼓励学生学会自我管理需要投入额外的时间，但毕竟这是一项值得努力的投资。在小学和初中阶段，教师们通常有非常有效的管理体系，但他们常常忽略学生自我管理这样一个重要的教学目标。学生在经历了小学和初中的"良好管理"的班级教育后，通常发现自己在独立工作时会遇到很多困难。

二、创设有效学习环境的途径——课堂管理

要想创设有效的课堂环境，离不开教师的课堂管理。所谓课堂管理是指鼓励课堂学习的教师行为和活动。换言之，即教师为了有效利用时间、创造愉快的和富有建设性的学习环境以及减少行为问题，而采取某些方法来组织课堂活动、教学、自然环境等诸方面因素，具体可以包括教学管理、时间管理、环境管理、问题行为管理等多方面。

（一）创设良好的物理环境

一开学，教师首先就要遇到课堂的物理环境问题。安排课堂的物理环境是课堂管理的良好开端。师生要在这个课堂环境下学习很长一段时间，如书桌如何安排，每个学生的座次如何安排，讲台放在何处，这些问题都需要精心设计，以提供一个最好的环境容许学生有序流动，减少分心并且最佳地利用空间。为此，应注意以下几点：

1. 布置教室

当教师在教室里安装设备，决定各种教学材料和仪器设备放在哪里，思考每一位学生坐在哪里时，应该考虑到各种安排可能对学生行为产生的影响。理想的情境是教师能使干扰降到最小，易于与任何学生相互交流，随时全面观察全班。

2. 减少干扰

教师在布置教室时，应尽量考虑把与任务无关的行为出现的可能性减到最小。例如，我们可以建立在互不干扰的情况下允许学生在教室周围走动的交通模式，将激起好奇心的材料放在学生看不见够不着的地方，直到使用它们时再拿出来，将爱闲聊的同学安置在教室不同的位置上等。

3. 使教师和学生之间易于进行互动

教师对讲台、桌子和椅子的安置应使教师易于与学生进行互动和交流。坐在教师附近的学生更可能集中注意力，更能与教师相互交流而且很可能会更积极地参与课堂活动。因此，教师应将长期行为不良或注意力不集中的学生安排在自己旁边。

4. 观察全班

当教师在进行各种课程和活动的时候，应该要看见全班学生。通过时不时地观察教室内学生的困惑、沮丧或烦躁的表情，使教师能在解决重要问题或在问题变得更严重之前发现少数学生的困难和不良行为。

（二）合理地组织教学

教学组织可以说是实现良好课堂管理的核心内容。教学组织是否合理在很大程度上决定了课堂管理的效果，为此，在教学组织过程中应该注意以下几个问题：

1. 明确教学目标

教学目标是教学的灵魂，支配着教与学的全过程，规定了教与学的方向，它是实施有效教学的核心要求，是课堂教学质量的基本保障。没有了目标的教学是盲目的、无序的，也必然是无效的。因此，在精心设计教学活动之前，教师必须要认真钻研大纲，吃透教材，制定出明确的教学目标。在制定教学目标的时候要注意把握教学目标的全面性、层次性、针对性，既要促进学生认知的发展，又要有助于其情感、态度、行为、人格等方面的培养；既要强调知识的识记，又要注重知识的理解与运用；既要考虑面向全体学生，又要针对不同学生的需要。明确了教学目标，教学环节、教学情境的创设就有了依据，才能合理、有序、有效地组织教学，管理课堂，提高效率。

2. 合理组织教学内容

合理地确定和组织教学内容已成为有效教学过程的一个重要问题。虽然教材已经提供了每单元和每节课的基本教学内容，但是教师教学前需要深入钻研和领会教材是如何体现教学目标和要求的，合理地确定教学内容的广度和深度，明确教学重点、难点，合理安排教学的顺序以符合学生的认知发展特点，加强知识间的联系，促进知识的系统化和连贯性。

3. 运用恰当的教学方式

在教学中，教师要根据教学内容的需要，选择合适的教学方式，也可以综合运用多种教学方式。但也不能单纯地为了讨论而讨论，为了合作而合作。讨论、合作必须有价值，否则只会流于形式，浪费时间。教学方式的运用非常重要，可以说是一种艺术。运用得当，则可以激发学生学习兴趣，提高学习效率，反之则适得其反。

（三）建立课堂规则和程序

在开学之初，与课堂管理有关的第一件事就是确立课堂规则和必要的程序。其中要遵循三条原则：首先，课堂规则和程序的数目不宜过多；其次，课堂规则和程序对学生来说应该是有意义的、公正的；最后，对规则和程序要有清晰的解释，并明确地教给学生。

有效管理者的六个特征

1. 有效的管理者有一个清晰、具体的方案来引导学生掌握课堂规则和程序，并且花费必要的时间来执行该方案，直到学生知道如何排队、寻求帮助等等。

2. 有效的管理者最初与全班同学一起活动（即使他们打算以后要对学生分组）。他们始终参与到全班活动中，很少让个别学生处于无事可做或者无监督的状态。例如，有效的管理者很少只与个别学生在一起，除非其他学生都在有效地参与活动（Doyle，1984；Sanford&Evertson，1981）。

3. 有效的管理者在开学之初用更多的时间来介绍程序，讨论课堂规则（经常鼓励学生自己提出规则）。至少在开学初的第一个星期里，这些教师每天会提醒学生注意课堂规则（Weinstein&Mignano，1993）。

4. 有效的管理者教给学生具体的程序。例如，让学生练习快速而安静地排队，让学生学习对一些铃声、闪灯等提醒注意的信号进行反应。

5. 有效的管理者所安排的第一项活动通常是简单却令人愉快的任务。第一堂课的学习材料是精心准备的，清晰呈现而且富有变化。这些教师在开学第一天就能够使学生步入正轨，之后再逐渐地教授他们如何执行具体的学习程序。这些活动不是一天就能完成的，否则会给学生带来过重的负担。

6. 有效的管理者能立刻阻止各种不良行为的发生。

引自：罗伯特·斯莱文著，姚梅林等译. 教育心理学——理论与实验（第七版）. 北京：人民邮电出版社，2004. 274.

1. 课堂教学中的规则

规则具体规定了在班级中可以做和不可以做的事情，它们构成班级生活的可操作系统和不可操作系统。规则通常都是被明确记录并张贴出来的。在制定规则的时候必须考虑清楚的问题是:教师希望形成怎样的班级气氛?学生怎样的行为有利于教学效率的提高?对学生的行为应该有哪些限制以引导他们的行为?

教师制定的规则必须与学校的规则一致,也必须与学习的原则一致。如“写的时候不得涂改”的规则会使学生在写作时将注意力集中在不犯错误上,而不是如何更清晰地表达上,这样就是本末倒置,违反了学习原则。另外,囊括了许多具体事项的概括性的规则,好过罗列所有可以做和不可以做的具体条目。但对于某些必须明令禁止的具体行为,如不允许擅自离开校园或禁止在洗手间吸烟等,必须清晰明确地逐条写出来。

建立课堂规则的指导原则

√规则少优于规则多
√课堂规则应该是合理的、可理解的、具有强制性的
√提出的规则应该是可观察到的、积极的期望
√简明扼要地讲述课堂规则
√规则应有灵活性
√与学生讨论规则
√从一开始就要一贯地强制执行这些规则
√考虑让学生参与课堂规则的制定

引自:Fetsco T., Mcclure J. 著,吴庆麟等译. 教育心理学:课堂决策的整合之路. 上海:上海人民出版社,2008. 358.

制定规则时还要考虑儿童的年龄特征。对于适用于小学的规则,Evertson和她的同事(2006)列举了四条:(1) 尊重他人,对他人有礼貌。这条规则既适用于学生也适用于成人(包括代课教师)。教师要详细解释“礼貌”的含义,例如有礼貌具体是指按顺序排队、不插队,使用“请”“谢谢”等礼貌用语,不打架,不直呼他人姓名,不辱骂嘲笑他人等。(2) 积极学习并为学习做好准备。这条规则意在引起学生对学习的重视。无论是在开始的时候还是不同科目交替的过程中,学生都应保持积极的学习态度。(3) 他人讲话时要安静地倾听。这条规则适用于大班上课或小组讨论中的所有教师和学生。(4) 遵守学校的所有规则。这条规则意在提醒学生,学校的所有规则同样适用于学生所在的班级,避免了学生在违反班级规则时以“教师从来没有告知我们这一点”为理由。

对于适用于中学的规则,Evertson 和她的同事(2006)列举了六条:(1) 带齐上课所需的所有物品。教师必须具体说明这些物品可能会包括钢笔、铅笔、纸张、笔记本、教科书等。(2) 上课铃响后在座位上坐好,准备上课。许多教师将这个规则和课堂开始的标准程序联系在一起。如在黑板前的热身练习,或要求

学生响铃时准备好规定题目的文章。(3) 尊重他人,对他人有礼貌。这条规则包括禁止打架、侮辱他人和制造麻烦。此规则适用于包括教师在内的所有人。(4) 尊重他人的财产所有权。这条规则适用于学校、教师和其他学生的财产。(5) 当他人说话的时候要安静地坐着倾听。这条规则适用于教师或有其他学生说话的场合。(6) 遵守学校的所有规则。

最后,在制定规则的时候,教师必须考虑到如何处理违反规则的情况,等到规则被破坏的时候才考虑这个问题就太迟了。许多违反规则的结果都是要求学生重新做,直到做正确为止:不完成作业必须重做,忘记带上课所需材料必须取回等。教师需要注意的是无论奖或惩都应事先制定,让学生明确,这样在他们违反规则时,必须承担相应的后果。

2. 课堂教学中的程序

程序是一个活动的步骤,它描述如何参与课堂活动,如何分发、收集材料和作业,上课铃和下课铃响时学生应当作何反应,怎么确定等级,怎样完成语文、数学等家庭作业、假期作业,以及一些与设备安全等有关的特殊程序,它们只是班级中完成事件的方法而已,很少被写成书面的东西。Carol 和 Andy Mignano 建议教师建立以下方面的程序:(1) 管理方法,如集中注意;(2) 学生常规行为,如进入、离开教室或去洗手间;(3) 物品管理,如浇灌花草或整理个人物品;(4) 课程顺利开展的方法,如如何收发作业;(5) 师生交流,当需要帮助时,如何使教师注意到你;(6) 学生间的交流,提供帮助或社交机会。

建立班级管理程序举例

确定学生如何进入或离开教室:

1. 学生必须知道他们进入教室时该如何做(如拿出家庭作业并检查等)

2. 什么条件下可以离开教室?什么时候必须经过允许才能离开教室?

3. 如果迟到了,如何请求教师允许进入教室?

4. 许多教师要求学生坐在座位上并保持安静,直到课堂结束才可以离开教室。下课是以教师的宣布为准,而不是铃声。

确定布置、发放或收集练习、作业的程序或步骤:

1. 有些教师会在黑板上留下特定的一块地方专用于布置作业。有些教师会用彩色粉笔布置作业。要求学生准备好作业记录卡,将“数学练习册、阅读册、科学课工具”等项目用彩色标记会更好。

2. 要让学生了解如何上交作业以及作业交到何处。有的教师设置专用的纸箱来收集作业,有的教师会在自己介绍下一项活动的同时指定某一位同学负责收集作业。

(四) 不良行为的管理

1. 什么是不良行为

不良行为是指任何能潜在地干扰课堂学习和已计划好的课堂活动的行为。一些不良行为相对说来对学生的成绩没有长期的影响，如回头说话、听课时给同学写字条、在规定的期限过后才交家庭作业等；而有些行为较严重，会干扰一些学生的学习和成绩，如学生对教师尖叫，打同学或拒绝参与课堂活动，不仅破坏了正常的教学秩序，还可能会威胁到教室里其他学生的身体安全或心理健康。

2. 处理不良行为的策略

作为教师，我们要先想好该怎样应对教室里出现的各种不良行为。处理常规的课堂行为问题时，最重要的原则是：教师应当运用那些能够起作用，但是最简单的干预策略来纠正不适当行为，即最小干预原则。许多研究发现，用于处理学生纪律问题的时间量与学生的学习成绩之间呈负相关。教师处理日常不良行为的主要目标是：有效但不中断正常的教学进程。如果可能的话，在处理任何行为问题时，课堂教学都应该正常进行。下面将列出处理日常不良行为的各种策略，这些策略是从最小中断到最大中断的连续体。

(1) 预防。预防是最好的良药。教师要尽量做到以预防为主，以处理为辅。把课组织好，不断地密切监视，纪律严明等都有助于预防问题行为的发生。

(2) 非言语线索。许多课堂不良行为，不必中断上课，只用非言语线索就能消除。这些非言语线索包括目光接触、手势、身体靠近和触摸等。和表现不良的学生保持目光接触就能制止其不良行为。例如，有两个同学正交头接耳，教师只需要看看这两个学生或其中的一个就行；走向行为不良的学生也常常能制止其行为。这样做的好处在于不需要打断上课，相反，如果口头批评，则会使其他学生停止学习。

(3) 表扬与不良行为相反的正确行为。对许多学生来说，表扬是强有力的激励。教师要想减少学生的不良行为，不妨表扬他们做出的与不良行为相反的正确行为。如学生常擅自离开座位，教师就要在他们坐在座位上认真学习时表扬他们。

(4) 表扬其他学生。表扬别的学生的行为，常会使一个学生做出这一行为。例如，如果张某正在做小动作，这时教师说："我很高兴……看到这么多学生都在认真学习，李某做得不错，王某在专心致志……"当张某最后也开始学习后，教师也应当表扬他，不计较他曾走过神，而是一如既往："我看见赵某、孙某和张某都在全神贯注地做功课。"

(5) 言语提醒。如果没法使用非言语线索，或者非言语线索不能奏效，那么简单的言语提示，将有助于把学生拉回到学习上来。教师在学生犯规之后要马上予以提示，延缓的提示通常是无效的。

(6) 反复提示。在大多数情况下，非言语暗示、强化其他学生、予以简单的提示等，一般足以消除小小的不良行为。但是，有时学生有意无视教师的要求或者与教师争吵，或者向教师请求，想以此试一试教师的意志。当一个学生拒绝听从简单的提示时,教师就要反复地予以提示,无视任何无关的强求和争吵。

(7) 适当惩罚。当上述所有做法都不能使学生服从明确而合理的要求时,最后一招就是让学生做出选择:要么服从,要么后果自负。教师进行适当的惩罚,如让学生在教室外面站几分钟,剥夺学生的课间休息或某些权利,让学生放学后留下或者请学生家长等。

奥·勒利等人七条有效且人道的惩罚原则

1. 有节制地使用惩罚。
2. 让儿童明白为什么要受到惩罚。
3. 给儿童提供一种获得某种积极强化的备选方式。
4. 强化那些与你希望减弱的行为相反的行为(例如,假定你惩罚注意力不集中,那么当学生注意力集中于功课时,也要给予强化)。
5. 绝不使用体罚。
6. 处于愤怒或情绪不佳的状态时,绝不使用惩罚。
7. 惩罚某个行为应该在其出现之初而不是结束之时。

引自:罗伯特·斯莱文著,姚梅林等译. 教育心理学——理论与实践(第七版). 北京:人民邮电出版社,2004. 282.

第二节　学习中的合作与协同

课堂管理的目标就是要在有效的时间内,尽可能让所有学生都参与到学习活动中来,并帮助学生实现自我的管理,以实现教学效率的最大化。什么样的学习情境有助于这一目标的实现呢?心理学研究表明,课堂上有三种学习情境,它们分别是合作、竞争和个人学习,其中最佳情境就是合作学习。合作学习是上个世纪60年代末、70年代初在美国提出的一种新型的课堂教学模式。合作学习的一个重要理论——建构主义心理学认为,理想的学习环境应当包括情境、协作、交流和意义建构四个部分,即在一定的情境中,通过师生之间、学生之间的沟通、交流、协商与合作,达到对事物的性质、规律以及事物之间内在联系的较深刻的理解。其中,意义建构是教学的最终目标,创设有利于学习者意义建构的情境是最重要的环节,而交流与协作是实现教学目标的最基本的方式或环节,贯穿于整个学习活动过程中。美国教育学者沃迈特认为:“合作学习是近十几年来最重要和最成功的教学改革。”在我国,《国务院关于基础教育改革与发展的决定》中也提及并倡导合作学习,指出:“鼓励合作学习,促进学生之间相互交流、共同发展,促进师生教学相长。”那么什么是合作学习?合作学习的优势何在?实现合作学习的途径是什么呢？

一、什么是合作学习？

合作学习，又称为协同学习，目前没有一个统一的说法，综观世界各国合作学习专家对于合作学习概念的认识，合作学习的内涵至少涉及以下几个层面的内容：(1) 合作学习是以小组活动为主体进行的一种教学活动；(2) 合作学习是一种同伴之间的协作互助活动；(3) 合作学习是一种目标导向活动；(4) 合作学习是以各个小组在目标达成过程中的总体成绩为奖励依据的；(5) 合作学习是由教师分配学习任务和控制教学进程的。在此基础上，我们将合作学习表述为以异质小组为基本形式，在教师的指导下，小组成员通过分工协作以达成某一共同目标的教学模式，该模式以小组总体成绩为评价和奖励的依据。

合作学习具有以下特征：(1) 异质分组，建立学习的"多元世界"：小组成员在性别、学业能力、步调和其他品质上必须是不同的、异质的，这样才能够共同发展、接纳他人，使学业困难者获得更好的发展目标。(2) 积极互助：小组成员必须人人参与，相互协助。(3) 分工合作：建立小组成员的行为规则要求，强调个人责任感、各自的义务、对其他成员的鼓励和支持。(4) 资源共享：互相帮助和交流。(5) 奖励体系：集体的荣誉就是每个人的荣誉。

二、合作学习的意义

(一) 合作与协同本身就是教育的目标之一

国际21世纪教育委员会向联合国教科文组织提交的报告《教育——财富蕴藏其中》指出，面向21世纪教育的四大支柱，就是要培养学生学会四种本领，即学会学习，学会做事，学会合作，学会生存。

当今世界是一个合作性世界。从大的方面看，我们每天都生活在多极化、冲突化和迅速变化的世界中。世界各国在政治、经济、技术、环境等各个方面越来越关系密切，渐渐形成一个统一整体，牵一发而动全身；而环境污染、温室效应、经济发展、恐怖主义、核威胁等现实问题也是单一国家无法解决的，需要世界各国一起协商，共同面对。因此，沟通与交流、协商与对话、合作与互助已经成为全球发展的一种趋势。从小的方面看，人们的工作和生活也越来越需要紧密合作。随着社会发展，社会分工更加精细化，任何人不可能脱离他人而生活，也难以独立完成复杂性工作。从科学发展来看，科学技术的发展已完成了由"小科学"到"大科学"的转变；知识经济时代的知识大爆炸，使得科学研究活动已不再可能是少数科学精英"孤军奋战"的自由研究模式，跨学科、跨专业的合作研究成为必然趋势。这些社会发展的趋势都表明，未来社会要求的人才不仅要具有丰富的知识、高水平的技能，更需要的是具有合作意识和合作能力的复合型人才。而合作学习在小组学习中既强调职责分工，又强调组内协作，无疑有助于培养学生的合作意识与合作能力。

（二）合作与协同有助于其他教育目标的实现

1. 合作学习能活跃课堂气氛，帮助学生建立学习的自信心

由于小组合作学习突出了“以人为本”的教学思想，因而从根本上确立了“以学生为中心”的主体地位，摒弃了“教师满堂灌，学生静静听”的陈规陋习。在合作活动中，教师往往会设计一些带有竞争性质的活动，如编对话、做调查、猜谜语、记者采访等，千方百计地让学生动起来，让课堂活起来，通过学生动脑、动口、动手，使课堂气氛充满激情和自由。这不仅符合教育的宗旨，更能激发学生求真、向善、爱美的潜能，使他们积极主动、合理有效地参与到教学过程中来。在这样的教学观念影响下，课堂上学生同伴群体的资源得到了充分重视。学生在小组合作的具体实践活动中，用心去体验合作的无穷魅力，用心去感悟集体的伟大力量，使他们体验到合作成功的快乐，体验到实现自我价值的自信，唤醒并树立起主体意识，使他们认识到“我真行！”“我并不比别人差！”。

2. 合作学习有利于激发学生的求知欲望，调动全体学生学习的积极性

传统课堂教学中教师讲、学生听的教学模式，使得学生的学习积极性、主动性得不到充分发挥，学生惰性较强，懒于开口、过分依赖教师；而合作学习以组内交流、组间交流的形式进行学习，把学习的主动权还给学生，改变了学生的被动地位，创造了非常宽松的环境，更多的学生可以发表自己的观点，提高了学生学习的积极性与参与度。在小组合作学习中，学生在异质学习小组中就教师所设计的问题开展活动，进行互帮互学，这有利于开发课堂中的人际交往资源，有利于建立全面完整的教学交往结构，并将生生互动提到前所未有的高度，使学生有机会相互切磋，共同提高。

3. 合作学习有助于因材施教，真正实现使每一个学生都得到发展的目的

传统的教学往往只照顾到学习比较积极的学生，部分认知水平较差、性格较内向的学生可能不会积极参与班级讨论，也很少与教师交流思想与看法，往往受到忽视，得不到充分发展。而在合作学习模式中，小组成员间有着不断轮换的角色和职能分工，每位学习者都有自己的责任，可以根据每个人的特长分配任务；在小组讨论过程中，每个成员都要参与到讨论中，展示自己的观点，说服其他成员，这就克服了以前教学的覆盖率不高、学生实践机会不够多、训练不够充分的缺点，学生在知识、能力、兴趣、素质等方面能够相互沟通，相互认同，相互补充，相互影响，相互促进。这种学习方式可以解决个别差异，缩小两极分化，有助于因材施教。

三、合作学习的实施

(一) 合作学习的恰当时机

在课堂教学中,什么情况下开展合作学习比较适宜呢?

1. 在探求新知识时

在新知识的学习过程中,可以让学生自己去探索、发现,以提高学生的学习兴趣,加深对知识的理解与记忆。但在探索的过程中,个人的能力、经验毕竟有限,而小组合作可以共同讨论、相互启发,形成对问题比较全面深刻的理解。

2. 个人探索遇到困难时

学生在独立学习或解题遇到困难时,由于对疑难问题感到无从下手,渴望尽快加以解决;或者对自己的想法和思维产生疑问,同时又希望从别人的发言中受到启发,产生一种比较强烈的交流欲望。这时,正是处于“愤”与“悱”的状态,通过开展合作学习和小组讨论,会集思广益、得到启发,取得良好的效果。

3. 操作实验时

在教学中,许多学科的知识需要学生用看、听、问、量、画、剪、拼等操作方式来探究、发现和总结出规律与结论,有时仅靠个人的力量是不够的,需要师生、生生间的互相合作,依靠集体的智慧去实施和完成。

4. 意见分歧较大时

在分析和解决问题过程中,有时会出现较大的意见分歧。这时的思维矛盾和认知冲突是学生产生学习动机的源泉,也是学生参与合作学习的极好时机,可以形成极为浓厚的研究氛围和强烈的求知欲望,模糊的地方可以质疑,不同的观点可以辩论。在这种过程中,思想的交锋,智慧的碰撞,思维的积极性、主动性和敏捷性,语言表达的完整性和准确性都将得到相应的提高。

5. 在解答开放性问题时

“开放性”问题的解题策略不唯一,答案不唯一,而一个人的思维能力毕竟有限,很难多角度地去思考,须群策群力才能展示各种策略和结论。通过合作学习,每个同学都从别人那里看到解决问题的另外一些角度,培养了学生全面考虑问题和善于从别人身上取长补短的好习惯,有助于学生的发散思维和创新意识的培养。

6. 教授重点、难点时

实践证明,对于学习的难点,教师直接告诉学生解法,学生可能很快明白,但以后遇到类似的问题,还可能出现同样的思维障碍,而且学生的记忆也不会太深刻。如果采用合作学习的方式,让学生亲身经历问题的解决过程,能有效地促进学生对知识的真正理解。

(二) 合作学习的要求

合作学习不是一般的小组讨论,或者是一个学生讲,其他成员听。合作学习

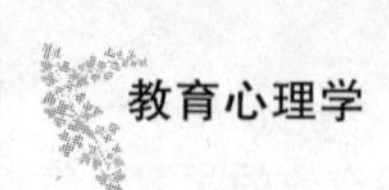

的小组成员间有着互依、互助、责任分工的关系。要真正开展合作学习，必须具备五大基本要素：

1. 积极的相互依靠

包括：(1) 目标依靠：让学生认识到组内全体成员都达到目标时，自己才能达到目标；(2) 资源依靠：每个成员分别获得部分资料信息，整合在一起才能完成整个任务；(3) 角色依靠：组内成员责任分工明确，分别扮演不同的互补、互依的角色；(4) 奖励依靠：小组获得成功时，要给每个成员同样的奖励。

2. 面对面的促进性的相互作用

为了达到小组目标，成员间要互相鼓励，互相帮助，促进彼此的努力。包括互相提供反馈信息，以利于对方今后学习方式的改变；在行动中表现出信任他人和值得他人信任的品质。

3. 人际交往的技能

合作学习是一种社会交往活动，要求学生具备良好的交往能力，包括彼此了解、信任；正确清楚地与其他成员交流；互相接受和支持；建设性地解决冲突。

4. 较强的个人责任心

每个成员都要强烈地意识到自己所承担的任务，并努力去完成它，为小组最后的结果负责。

5. 反思能力

合作学习进行到一定阶段后，小组成员要集体反思，讨论前一阶段合作过程中方法是否得当，制定以后改进的措施；小组中哪些成员对小组目标完成贡献最大，哪些贡献较小，并对后者提出新的要求；研究其他小组的工作方法有哪些可借鉴之处。

(三) 合作学习的准备

1. 任务的准备

教师在设计小组合作学习任务时，应确保任务对参加小组学习的每位成员确实是有价值的。学习任务对学生的价值至少包含两个方面：一是通过对学习任务的合作学习，能促进学生对知识技能、学习过程方法的掌握与理解；二是通过对学习任务的合作学习，能培养学生合作型人格，这种人格表现为一种兼容并包、宽宏大度的态度，能正确、客观地认识自己(优、缺点)并能接受别人的意见，尊重他人的选择与成果并能为他人着想等。为此，教师应掌握小组合作学习任务设计的策略，设计合理的学习任务，具体来讲：

(1) 根据学生的学情，制定具有挑战性的学习目标。教师可以通过学生作业、考试成绩来分析学生的认知准备水平，也可以通过预考或前测、调查问卷来了解学生的认知水平和学习兴趣，建立学生学习档案，收集关于学生认知水平和学习兴趣的数据与信息，根据学生的具体情况制定合理的具有挑战性的学习目标。

(2) 设计挑战性学习任务,激发学生的内在动机。依据挑战性学习目标,教师应在学生的"最近发展区"内设计合作学习任务,使学习任务对所有学生都具有挑战性。学生只有在适合于他们知识能力水平的、有趣的、具有挑战性的问题中选择学习任务,才具有内在激励作用。

(3) 设计开放性学习任务,确保学生共同参与。封闭式任务只要求小组找到一个正确的答案或程序,在学习过程中,有可能一些学生早就知道了正确答案,而另一些学生却不能。这样的话,合作学习中相互依存的预想并不存在,合作只是一种虚设。所以小组合作学习任务不应只有一个答案或一种解决途径,而应该设置多答案、多途径、适当难度的开放性学习任务,既有挑战性,能激发学生的学习动机,又能确保小组成员共同参与。

(4) 设计层次性学习任务,促进学生互助协作。一个好的小组合作学习任务,应使得作为一个整体的小组必须一起协同努力才能完成。但由于学生的知识技能水平存在着广泛的差异,这就需要教师必须对任务加以仔细研究,设计不同挑战水平的各种各样的学习任务,确保所预设的目标能让小组成员协同努力、相互依存。因此,合作学习任务应能分成一系列互相联系、具有层次性的子任务,使得小组每位成员都能按照各自掌握知识技能的实际情况,选择适合自己的子任务,独立地完成并发表见解,做出自己的、不同的贡献。在小组长的主持下,小组全体成员根据每个成员的意见,博采众长,整合形成合作学习任务的最终解决方案。

此外,在任务的设置过程中,师生可以共同预设学习任务;在课堂教学过程中,可根据教学的实际情况,及时、灵活地调整预设的学习任务,使之更适合学生的实际,并动态生成新的学习任务,如此,可进一步增强学生学习的自主性和灵活性,使学习的效果更佳。

2. 小组的分配

(1) 分组的原则及规模。在日常的课堂教学中,最常见的合作学习形式是按前后座位自然分成四人一组,这样分组虽然简便易行,但人员搭配不合理,不利于让不同特质、不同层次的学生进行优化组合、优势互补、相互促进。应将不同层次的学生按照"组间同质、组内异质"的原则进行分组,小组一般由 4～6 人组成,分组时不仅注意从学生的年龄特点和思维特点出发,而且在构成上注意小组成员在性别、个性特征、才能倾向、学习水平、家庭背景等方面存在合理差异,让学生在合作过程中做到组内合作、组间竞争。让每个学生在合作中都有展示自我的机会,发挥各自的特长和优势。

(2) 角色分配。在合作学习的过程中,各成员要有明确的合作学习目标和具体的责任分工,即每一位学生都应担任一种特定的角色,如激励者、检查者、记录者、报告者、操作者等。需要注意的是,合作中的角色分工是相对的,要注意小组的整体性,分工不分家。在合作中,成员间要定期进行角色轮换。与此同时,加强对小组长的管理和培训，结合实际，适时召开小组长交流会，以增强小组长的管理经验，提高小组长的管理水平，包括怎样激励、团结组员共同努力，怎样组织小组进行讨论、评价，怎样将小组讨论的结果记录、总结、反馈等。小组形成后要保持一定的时间，可以让合作小组整个学期、学年甚至更长时间固定不变，也可以让小组成员关系维持到某一单元或章节结束，再重新编组。一般来讲，小组维持时间长些较好，这样有利于成员间相互了解，形成一定的合作习惯，增强小组凝聚力。无论时间长短，必须遵守以下三个原则：一是尽量让小组关系维持到他们能够成功完成任务为止；二是合作过程中不能运用社交技巧共同解决问题时，即不能进行合作时，就应结束这些小组重新组合；三是尽可能使每个学生有机会与班上其他同学形成合作关系。

合作学习中小组成员角色分配举例

小组成员间要进行角色分配，即进行分工，分工类型应根据课型来确定。

比如，概念知识学习课可分工为：

主持者：负责主持合作工作的进行，检查组员任务完成情况；

总结者：负责对合作学习结果进行记录整理；

发言者：负责组间交流时阐述本组的结论；

提问者：组间交流时对其他小组的结论提出异议。

实验探究课，小组角色可分为：

操作者：主要负责动手完成实验过程；

观察者：主要负责观察实验现象；

记录者：主要负责记录实验结果及数据；

总结者：将实验过程和结果进行总结，得出结论并写出实验或探究报告。

（3）制定小组合作的规则。合作学习充分体现了学生的自主性，但绝不是“放羊式”的，要组织全体学生学习有关合作程序，共同商定小组合作的规则，并在实践中逐步修订，使学生能自觉地遵守活动规则，按程序有效地开展活动。为此，师生可从以下几方面入手制定规则：① 合作前要认真独立思考，不人云亦云。② 勇于承担任务，既要积极完成自己的任务，又要相互支持、密切配合，发挥团队精神，有效地完成小组学习任务。③ 遵守课堂纪律，不喧哗，不干扰他人，不讲题外话。④ 积极参与，大胆表达自己的意见，能用自己的语言规范、流利地发表见解。发言要按一定次序进行。⑤ 尊重他人，认真倾听，别人发言的时候不插话，有不同意见等他人说完再说。⑥ 有不懂的马上问。⑦ 整理小组研究活动，准备大组交流。这样，小组学习就能有条不紊地展开。当然，课型不同，教学内容不同，小组合作学习的方式也可适当灵活调整。

（四）合作学习的过程

学习过程一般包括以下几步：

1. 布置课题任务

教师向学生解释课程目标，使学生明确需要解决的任务。也可以指导学生自己提出不同的课题。布置任务时，教师要依据循序渐进的原则，合作学习初期应选择较为具体的、易完成的任务，随着合作学习的深入、合作能力的增强，布置的任务应不断增强发散性和多元性。

2. 学习过程

学生在教师指导下进行分工合作，查找资料，设计方案，组内交流讨论，并做出书面总结。

3. 组间交流

在教师指导下各小组在班级内互相展示各组的结果，并相互质疑。

4. 再学习

各小组根据组间交流中获得的反馈信息重新整理自己的结果，以使结果更完善、更科学。

5. 再交流

组间重新交流意见，或达成一致，或保留自己的意见。

6. 教师评价小结

教师根据各小组合作情况以及得出结论情况对各小组进行评价，指出各小组的优缺点，提出合理性建议。对表现优秀的小组给予奖赏或鼓励，对表现欠佳的小组给予鼓励性批评并加以分析指导。

7. 小组反思

各小组根据教师和其他小组反馈的信息，针对合作过程中出现的情况、各成员表现出的问题进行分析，找出原因，确定下一步改进措施。

合作学习的基本方法举隅：学生小组——成就区分(STAD)

一种有效的学习合作方法叫学生小组——成就区分或 STAD(Slavin，1995a)。具体包括一个常规的教学过程、混合能力分组的合作学习以及小测验，对成绩远远超出自己过去记录的小组成员给予认可或其他形式的奖励。

STAD 包括如下的常规教学活动：

教学：呈现课程内容。

小组学习：学生在小组中完成作业以掌握所学材料。

测验：学生参加小测验或其他形式的考评(如小论文或实际操作)。

小组认可：根据小组成员的分数来计算小组的总分，并对取得高分的小组给予多种形式的认可，如颁发证书、在班级快报或布告板上给予公示等。

下面则描述了向学生引入 STAD 的步骤：

1. 按每组 4～5 人的方式将学生分成各个小组，每组 4 人是最适宜的，只有当班级人数不能等分为每组 4 人时才扩大到 5 人。为了将学生分组，应该根据对学业成绩(如过去的成绩、测验分数)等方面的测量将学生从高到低排列，并将这个等级排列分成 4 等份，如果不能等分，则居于中间的等份可多分些学生。然后从 4 个等份中选 1 名组成各个小组，要保证小组在性别、民族、种族等方面尽量平衡。多出来的学生可作为小组的第 5 名成员。

2. 对要讲授的课程设计一个工作表和一份小测验。在小组合作学习期间(1～2 个课时)，小组成员的任务就是掌握你在课程中呈现的材料，并帮助小组其他成员掌握材料。学生可以应用工作表或其他材料来练习教师教授的技能，评估自己和他人的学习效果。

3. 给班上的学生介绍 STAD 时，要讲明小组任务。

(1) 让小组成员将桌子挪在一起或大家移至小组桌，给同学 10 分钟时间给小组起名。

(2) 分发工作表或其他学习材料(每个小组两份)。

(3) 建议每个小组中的成员两两合作或三人合作，如果任务是要解决某些开放性问题(如在数学中)，则小组中的每个人都应该努力去解决问题，然后与同伴协商。如果有人不会计算某道题，则小组成员有责任向其解释该问题。如果学生要解决的是解答题，则他们可以相互测查，彼此轮流回答问题。

(4) 向学生重申，他们必须保证所有的成员在测验上得满分才算完成了学习任务。

(5) 一定让学生明白，工作表是用于学习的，不是用于填空然后交上来的。当学生学习时，给他们提供正确答案的反馈也是非常重要的，这可以使学生检查自己和其他小组成员的学习结果。

(6) 让学生相互解释答案，而不只是根据教师提供的答案来检查彼此的答案是否正确。

(7) 当学生有问题时，要求他们先向同伴提问，然后再问教师。

(8) 当学生以小组方式活动时，教师在班级中走动，表扬那些表现好的小组，旁听每一组的活动，了解他们是怎么做的。

4. 分发测验题或试卷，给学生充分的时间来完成。不允许学生交头接耳或商量，而是让他们独立地证明自己所掌握的内容。如果可能的话，让学生将课桌分开。可以让不同小组的学生互评试卷，或者将试卷收上来，由教师课后评分。

5. 给出个人和小组分数。STAD 中的小组分数是根据小组成员的进步程度来确定的。每次测验后，你应尽快地给出每个学生的改善分数和小组分数，并写一篇班级快报(或准备一个班级公告板)来通报各小组的分数。尽可能在测验后以最快的速度来通报小组分数，这可以使学生明确地建立有成效的活动与得到认可之间的关系，进而增强努力做好的动机。计算小组分数的方法是：将小组成员的改善分数加起来，然后用这个分数除以当天参加测验的小组中成员的人数，所得分数即小组分数。

6. 认可小组的成就。一旦算出了每个学生的分数及小组分数，那就应该对那些平均改善了20分以上的小组给予某种形式的认可，比如可以给小组成员发放证书或在公告板上宣布。帮助学生珍视小组的成功是非常重要的，而你自己对小组分数的热情也有助于小组学生学会珍视小组成功。如果一周的测验不止一次，你应该将各次测验分数合成一个周分数。在实施STAD五六周后，对学生重新分组，这可以使学生与其他同学一起活动，也可以保持学生对该活动方式的新鲜感。

引自：罗伯特·斯莱文著，姚梅林等译. 教育心理学——理论与实践(第七版). 北京：人民邮电出版社，2004. 199.

（五）运用合作学习时应注意的问题（表11-2）

1. 教师要明确自己的角色

在合作学习中，教师是学生学习的组织者、引导者和合作者。在学生探究学习过程中，教师是参与者，要参与到其中，了解每个小组学习的情况，同时注意了解每个小组学习有困难学生的掌握情况；教师是引导者，要引导学生攻克探究有困难的学习内容，注意搜集学生们开展合作学习过程中的有关信息，为后面的引导辩论、总结升华打好基础；教师是组织者，合作学习结束以后，教师应组织学生进行全班交流，让学生反馈合作学习的信息，根据学生反馈的信息进行有效指导、总结。

合作学习中教师的主要任务

合作学习中教师的主要任务是：(1) 创设问题情境。问题是产生学习和探究动机的根源。为了增强学生合作学习的信心，对合作学习初期或年龄较低的学生，教师最好根据他们的认知能力水平，把知识内容设计成具体问题，便于学生获得成功。随着合作的深入，问题的广度、深度应不断增加，这样可以激发学生的合作兴趣，增强学习的正迁移。(2) 传授社交技能。合作学习过程中，部分学生可能缺乏所需要的社交技巧，小组合作难以完成。此时教师要介入这样的小组，指导他们借鉴优秀小组的经验或建议学生采用更有效的合作方法，帮助他们解决问题。值得注意的是，教师要尽量避免经常介入小组活动，更不能在完全不必要时介入小组活动。教师要有耐心，要相信学生能够找到独特的合作方法。(3) 正确评价。从根本上讲，合作学习不仅有利于知识的获得，更有利于学生能力、情感、性格的发展。这就要求教师在评价过程中注意：定性评价与定量评价相结合，侧重于定性评价；结果评价与过程评价相结合，侧重于过程评价；对小组评价与对个体评价相结合，侧重于对小组评价。

引自：袁涛，崔红霞. 论合作学习策略. 济南大学学报(社会科学版)，2003(2)：74～77.

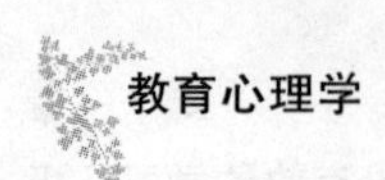

2. 小组合作学习的次数要适当

在自主探索、合作交流学习过程中，当学习任务有两个或多个时，该模式中的探究学习阶段(包括三个环节：提出问题、合作学习、交流总结)是可以循环的，但次数要适当，一般1～3次。探究的问题要有一定的思维空间。小组合作学习是一种学习方式，也是一种手段。因此，学习方式与所学内容应互相适应，即合作学习必须追求其教育价值。

3. 小组合作学习应在独立学习的基础上进行

合作学习应该以独立学习为前提，如果只有合作学习而缺乏独立学习，长此以往，学生的自主学习能力将丧失，学生走向社会以后就将难以独当一面，就会有负社会的重托。因此，合作学习必须在独立学习的基础上进行。教学中，当提出一个问题后，首先应给学生充分独立思考的时间，然后组织学生小组合作学习，在组内交流自己的看法，形成“统一”意见后，再到全班进行交流，再次形成“统一”意见，最终使学生形成正确的认识。

4. 要防止合作学习流于形式

实施合作学习，需要适宜的“土壤”、“温度”和“水分”。合作学习中，有价值的问题或主题是适宜的“土壤”，教师的有效指导是适宜的“温度”，而独立思考是合作学习的适量“水分”。实施过程中要避免以下倾向：(1) 搞形式主义，以为将课桌椅摆成一定的合作学习形式(如马蹄形、丁字形、波浪形等)就是合作学习。(2) 不管什么科目、什么内容都采用小组合作学习，讲究场面的热闹。这些倾向对于发挥合作学习的有效功能、促进学生主动发展将产生不利影响。

5. 加强教学中的沟通与交流

合作学习是在教师的指导下，小组成员通过分工协作来完成某一共同目标。在这一过程中，学生是否真正领悟了教学目标、小组成员之间能否建立良好的合作关系、角色分配是否恰当、职责是否分明、规则是否明确、遇到问题应如何协商处理、如何总结作业成果、不同小组之间的进度如何、各自存在哪些问题、如何针对学生的工作及时有效反馈、小组如何总结经验加以改进等问题，均需要师生之间、学生之间进行沟通与交流，这一沟通与交流几乎贯穿在合作学习的整个过程中，是实现教学任务与目标的基本途径。从某种意义上讲，合作学习的过程就是不断沟通与交流的过程，只有时时沟通，全方位、多角度、多功能地交流，才能及时发现问题、解决问题，才能真正贯彻合作学习的精髓理念，才能实现有序、高效的教学效果。如果没有了沟通与交流，所谓的“合作”与“协同”只能是一句空话，这样的教学必定是无序的、盲目的、低效的。

6. 注意正确处理好几个关系

开展合作学习，要注意正确处理好几个关系：(1) 合作与竞争的关系。在合作学习中，教师应提倡组内成员进行不带竞争性的合作，组间开展竞争性合作。(2) 合作学习与传统教学方法的关系。合作学习是一种新的教学方法，提倡合作学习并非否定传统的教学方法，而是对教学方法体系的补充。教师在选择教学方法上不能单纯模式化，需要根据教学内容选择最恰当的教学方法。合作学习要与集体教学、个别化教学相结合，穿插进行。（3）面向全体与发展个性的关系。面向全体学生，促进学生全面发展是合作学习的根本目的。但面向全体学生绝非是要消除差异。对一些潜力巨大的学生，应通过组间交叉、特殊小组等形式给予他们更大发展空间，使各种类型的学生在原有基础上都有所发展。

表 11-2　　合作学习时要考虑的各种问题

要考虑的问题	社交技能方面的任务：团队构建、协同技巧	结构化任务：复习练习或培养技能	非结构化任务：掌握概念、问题解决、思维与推理
小组的规模与成员	通常为 2～5 人，可以由志同道合者组成，成员混合自由组合亦可	2～4 人，各种能力水平混合	2～4 人，成员间需互相鼓励
分配角色的理由	监控参与状况，化解矛盾，轮流负责	相互鼓励，特别是对低成就学生适时肯定并提供有效帮助	仅是为了相互鼓励，激励发散思维
外在奖励和动机	不需要但可能有益	可激发动机水平、努力状况和意志	不需要
教师的角色	榜样和激励者	榜样、导师、教练	学习的促进者
学生必备的技能	聆听、轮流、鼓励、解决矛盾	质疑、解释、鼓励、相关领域的知识、学习策略	质疑、解释、专研、发散思维、发现逻辑证据、综合分析
什么支撑着学习？观察与聆听	榜样和练习	提供多样性的、深入的解释，注意和练习	高质量和充分的交流，联结各种知识的来源，不断探究和专研
潜在困难	既无矛盾也不参与	缺乏助人的技巧，不参与或不接纳他人	不参与或不接纳他人，认识肤浅，逃避辩论
解决办法	布置简单的任务，直接传授社交技能，团队构建，矛盾化解的方法，讨论小组进展	相互交流，赋予每个参与者一定职责，传授如何帮助及解释的策略	结构化的变化，扮演“思维角色”，提供充裕时间
应变技巧	一两个技巧，如聆听和释义	学生成对诘问	几个负责人在一起合作

引自：Wolfolk A. 著，何先友等译. 教育心理学（第十版）. 北京：中国轻工业出版社，2008

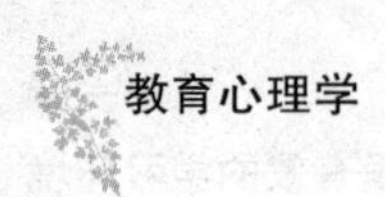

第三节　课堂管理的多样性与共同性

关于如何进行课堂管理，有很多不同的观点。事实上，没有任何一套管理措施是万能的，没有能够适用于所有文化背景下所有个体的课堂管理。下面我们将讨论影响课堂管理的文化因素和个人因素。

一、多样性：文化因素与个体因素对课堂管理的影响

（一）文化差异

东西方尤其是中国和西方在课堂管理方面的差异是比较明显的。在中国学校的课堂，常见的课堂情景是几乎所有的老师都站在讲台上滔滔不绝，学生们或者腰板挺直、双手背后、规规矩矩，或者是一边听一遍埋头记笔记。教师讲课的时候，学生们鸦雀无声；老师提问的时候，学生们无声地举手并且举手的姿势都是统一规范的，给人的感觉是犹如到了军营一般。而西方学校的课堂，教师多实行松弛管理，教室里不提倡排排坐、认真听讲，而是或围成圆圈讲课，或分组讨论，大家都参与。学生的坐相五花八门，各种坐姿都有，有的学生甚至是坐在地上而不是椅子上。老师在前面讲课的时候，学生们在底下七嘴八舌地发言，学生上课从来不会感受到老师的压力，他们敢于提问、敢于质疑，勇于发表自己的观点并与老师争辩……

东西方课堂形式的差异反映出教育理念的差异。中国传统价值理念尊崇师道尊严、“没有规矩，不成方圆”、严师出高徒，表现在对学生的管理上则以纪律、规则管理为主，强调服从；教学方式往往是“教师一言堂”，学生的地位比较被动，课堂气氛比较沉闷，学生的学习兴趣不高。西方的教学多以学生为中心，参与合作式教学居多，学生的积极性、主动性得到很好的发挥，课堂气氛也很活跃。

（二）社会经济地位差异

与纪律有关的研究表明，社会经济地位低的学生，尤其是男生，比其他学生更容易受到惩罚，并且他们受到的惩罚也更粗暴。这些学生因为被拘留或勒令暂缓上学而丧失了很多学习时间。

这些学生经常遭受到严厉的责罚，是因为教师们总是将他们言语和行为方面轻微的不恰当表现解读为非常严重。师生之间的文化与地位差异可能是造成这种情况的原因之一。社会经济地位低下的学生由于较少有机会受到关于如何做事及与他人交往的教育，他们的行事方式不被主流社会所认可，无论他们是否真的有意违反纪律或是不礼貌，都可能受到惩罚。教师应该帮助学生也应帮助

自己应对文化差异，帮助学生认识到他们的行事方式和主流文化之间的差异，并在其中寻求结合点；同时教师也应该了解学生的语言和行为特点，这样教师才不会误解学生，从而要求学生为无心的行为付出代价。

许多社会经济地位低下的学生在校外习惯于直接的管理和约束方式。他们的父母在管教他们时可能会说“把糖果放下”或者是“去睡觉”；而文化水平较高的父母在同样的情况下可能会说：“我们在晚餐前吃糖果好吗？”“是不是到了睡觉的时间呢？”正如理查德(Richard H.，2006)所说：“问题的关键不在于某一种方式的对或错，而在于某种方式是否与学生的背景知识和他们认识世界的方式相契合。”

（三）年龄差异

不同年龄的儿童，其心理和行为发展处于不同的水平，因此，课堂管理的模式应该充分考虑儿童的年龄差异。一般而言，在课堂管理过程中，应该考虑儿童的以下变化：(1) 儿童的需求和对教师的期待随年龄增长而改变；(2) 孩子之间的关系随年龄增长而改变；(3) 随着年龄增长，孩子渴望在全班同学面前赢得地位与特权的需要与日俱增；(4) 孩子们在年龄增长的同时也变得更为强大；(5) 通常说来，孩子们的年龄越大，对成年人的行为就越挑剔；(6) 年龄较长的孩子在犯错和失望时往往更乐于归咎于成年人；(7) 随着智慧的提高，孩子们集中注意力的时段以及处理理论工作的能力与日俱增。相应的，对于低年龄的儿童，尤其是刚刚进入学校的新生，由于对学校和课堂环境还很陌生，因此，在入学之初进行一定的规则、纪律和程序方面的教育是必需的，使孩子一开始就明确什么是可以做的，什么是不可以做的；在学期过程中应该严格执行这些规则与秩序，并对孩子进行即时的强化或适当的惩罚；但随着年龄的增长，孩子的自主意识和智慧渐渐提高，课堂管理应多考虑学生的自我意识和能力，提供机会促进学生自我管理，并提高管理的技巧、方式与智慧。

（四）能力和性别差异

课堂管理的对象是学生，不同的学生在智力、学习态度、学习动机、学习积极性、主动性、个性等方面都存在着很大的差异：有的学生上课认真投入，有的则漫不经心；有的学习积极主动，有的懈怠被动；有的有较强的自律能力，有的需要时时提醒；有的经常触犯纪律，屡屡找事，有的安分守己，易受忽视；有的大胆外向，有的羞涩胆怯；有的善于合作，有的喜欢独处……这些差异的存在需要教师在日常教学管理中仔细观察，了解每个学生的特点与个性，在课堂管理过程中注意处理好一般与个别的差异，针对不同学生的个性特点选取恰当的管理方法，做到因材施教。此外，性别也是一个需要考虑的差异因素。通常，男生与女生相比，更容易触犯规范与纪律，更富有挑战性与反叛性，但同时创造性和活跃性要优于女生；在处理问题行为时，教师对待男生和女生的方式方法上往往也有所区别，对男生会更加严厉些,对女生会相对宽容些,方式上也会比较柔和。

二、共同性:管理目标的一致性与管理方法的通用性

课堂管理虽然表现出某些文化的差异、个体的差异,但课堂管理作为一种有效学习环境的创设,其根本目标都是一致的,即如何为学生创设更为有效的教学与学习环境,最大限度地利用有限时间,尽可能让更多的学生更好地参与到课堂学习中来。在这一方面不同的管理模式是可以达成共识的,只不过选择的方式有所不同而已,正所谓"殊途同归"。离开了这一目标,任何课堂管理都是无效的。另外,在一些具体的方法或策略层面也是可以通用的,如良好的教室环境、精心组织教学吸引学生的注意力、制定必要的规则与程序、对学生的不良行为予以制止和适当的惩罚等,这些无论针对什么文化、什么样的个体都是适用的,只不过在细节与操作方式上有所差异而已。

有关课堂管理的共同性,西方的一些学者进行了一些实证的研究。艾莫等(Emmer &,Aussiker,1990)对三种普遍接受的管理方法进行了元分析。这三种方法分别是:高登(Gordon,1981、1991)提出的通过倾听和问题解决来影响学生;格拉泽(Glasser,1969、1990)提出的通过班级会议和学生讨论而实现的小组管理;坎特(Canter,1992)提出的通过奖惩来实现对学生的控制。到目前为止,研究者们关于这些方法对学生行为的影响仍然没有一致的结论。然而,已有研究表明弗雷伯格(Freiberg,1990)采用奖惩方法实施的一致性管理程序表现出了积极的效果。

澳大利亚的一项研究中,莱维斯(Lewis,2001)发现,识别和奖赏正确的行为、告诉学生他们的行为如何影响他人、让学生参与纪律的制定、提供间接的暗示以及对不适当行为进行描述等措施,有利于学生对自己的学习活动形成更强烈的责任感。有趣的是,这些干预措施刚好代表了艾莫等所研究的三种被普遍应用的管理方法——影响、小组管理和控制。这说明,课堂管理中的某些要素是可以跨越文化的,是可以相通和共享的。

☞ 回到案例

根据本章开头的案例,给王莹老师提出如下建议:

1. 教室是学习的环境,应尽量布置得整洁、素朴、大方,过多的装饰反而容易分散学生学习的注意力。

2. 对容易出现不良行为的学生,座位尽量安排在靠自己比较近的位置,便于观察,及时发现问题进行处理。

3. 在开学之初,就要确立好课堂规则和必要的程序,并对学生解释清楚,尤

其是明确奖惩制度,使学生的行为有所依据,从而对不良行为起到预防作用。

4. 合理组织教学内容,教学方式要灵活。在教学中,要根据教学内容的需要,选择合适的教学方式,也可以综合运用多种教学方式,提高学生的学习兴趣。讲解是需要的,但也要发挥学生的主动性,适当提供机会让学生进行合作学习,这样容易调动学生的积极性,使更多的学生参与到有效的学习中,提高学习效率。

5. 对轻度的不良行为,尽量不要中断正在进行的授课,可以通过非言语信息的方式,如目光、动作暗示等进行提醒。对于比较严重的不良行为可以借助言语进行提醒,但尽量减少时间;必要时可以适当运用惩罚,但处罚应该具有教育意义,避免单纯体罚,避免占用大家太多时间。另外,惩罚不良行为的同时,及时强化学生的积极行为。

6. 加强和学生的交流与沟通,对学生抱积极的期望,减少学生的被动服从,培养他们自我管理的能力。

除了上述观点,你还有什么好的建议?

☞ 学术争鸣

惩罚对维护良好学习环境的作用	
正方观点:惩罚是必要的 理由:学生的学习需要一个良好的学习环境,学生的不良行为会干扰正常的教学秩序,影响教学的效果。对于个别学生的不良行为,惩罚是必要的。 根据行为主义的观点,行为问题的产生与环境和强化相关。良好行为可通过营造环境和强化作用形成;反之,不良行为也可以经环境改善与消退作用而除去。同时,还可以运用令人反感的刺激对不良行为给予惩罚,以减少不良行为的频率,直至完全消除。针对学生的问题行为,可适时运用有效惩罚,一方面有助于问题学生及时改善,消除其不良的行为;另一方面,很好地维护了课堂环境,使教学活动得以顺利进行。	反方观点:反对惩罚,主张自我管理 理由:班级管理的所有措施都以学生的发展和提高为最终目标,在这一过程中,学生的主体作用是否得到发挥,是教育管理成功的关键所在。无论何种形式的惩罚都是外部提供的,这种管理方式一方面有可能对学生的身心造成伤害。另一方面,这些外部的管理系统可能会妨碍学生形成自身内在的行为控制,学生只是被动服从,不利于自我的成长。 根据社会认知理论和建构主义学习理论,学习的主体性是天然具有的,而非外界赋予的,学生是自己成长的主体,教育管理者一开始就应该让学生参与到课堂管理的设计中,培养其自我管理、自我控制的意识与能力,而不是等学生出现问题后再对学生施以惩罚。这样的管理更有可能获得成功,而且直接促进学生主体性的发展。

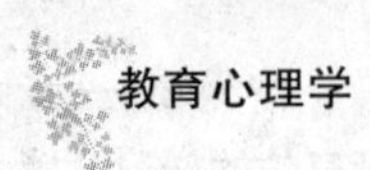

小　结

1. 课堂管理

学生的学习是在一定的环境里展开的，有效的学习离不开良好的学习环境。在众多的环境因素中，课堂环境对学生学习的影响最大，也最为直接。有效的课堂应该达成有效利用教学时间、争取更多的学生投入学习以及帮助学生实现自我管理三个目标。要实现这三个目标，必须运用有效的课堂管理。所谓课堂管理是指鼓励课堂学习的教师行为和活动，其中包括创设良好的物理环境、合理地组织教学、建立相应的课堂规则和程序、对不良行为进行及时有效的管理等环节。

2. 合作学习

在课堂环境中，有三种具体的学习情境，它们分别是合作、竞争和个人学习。心理学研究表明，其中最佳情境就是合作学习。所谓合作学习是指以异质小组为基本形式，在教师的指导下，小组成员通过分工协作以达成某一共同目标的教学模式。该模式以小组总体成绩为评价和奖励依据。合作学习不仅有助于培养学生的合作与协同能力，而且能促进其他教育目标的实现。合作学习在实施的过程中必须符合一定的要求，把握恰当的时机，做好充分的准备。合作学习大致包括布置课题任务、学习过程、组间交流、再学习、再交流、教师评价小结、小组反思几个阶段。为了保证合作学习的质量，需要注意处理好一些问题，如教师角色问题、小组合作学习的次数、合作学习与独立学习的关系等。

3. 课堂管理的多样性与共同性

文化的差异使得东西方的课堂管理模式存在某些差异，不同种族间亦如此。而年龄和性别也是教师在选择管理模式时应该考虑的一个问题。尽管这些因素导致了课堂管理的多样性，但无论哪种课堂管理方式，它们的根本目标都是一致的，都是服务于有效的教学，另外，在一些具体的管理方法上也是通用的。

∠ 思考题

1. 有效的课堂管理应该达成哪些目标？
2. 什么是课堂管理？课堂管理包括哪些基本环节？
3. 如何管理课堂上的不良行为？
4. 什么是合作学习？
5. 在课堂教学中，什么情况下开展合作学习比较适宜？
6. 合作学习应该符合哪些基本要求？

7. 合作学习前应做好哪些准备?

8. 合作学习的过程包括哪些基本环节?

9. 运用合作学习时应注意哪些问题?

∠ 进一步阅读文献

1. 郭要红.有效合作学习的学习任务设计策略.教育理论与实践(中小学教育教学版),2009(8):53～54.

2. 袁涛、崔红霞.论合作学习策略.济南大学学报(社会科学版),2003(2):74～77.

3. 郭华.小组合作学习的理论假设与实践操作模式.中国教育学刊,2004(5).

第十二章
课堂教学评估

☞ 章节说明

本章的主要内容是指导教师合理地评估学生的学习结果，掌握进行标准化测验的方法，合理地对学生的测验进行评分以及给出合理的分数报告单，还要让教师理解评分会对学生产生的一些影响，学会与家长的沟通，通过与学生家长的沟通促进学生的学习和健康成长。教师要掌握形成性评价和终结性评价两种评价方式，了解它们的优缺点。除此之外，还要掌握课堂评价的多样性与共同性，以便在实践中可以正确地运用它们。

☞ 案　例

在一节生物课上，老师提出问题：在制作真核细胞三维结构模型的活动中，某组同学分别用三种材料做生物膜：塑料袋、普通布和弹力布。请学生们根据结构与功能相适应的观点，讨论用哪种材料做生物膜，更适于体现生物膜的功能。这个问题一下子引起了学生探究的好奇心，同学们开始议论纷纷：

学生 1：不能用塑料袋，应该用普通布，这样方便吸收营养物质。

学生 2：用弹力布更好，这样才能体现细胞生长的特点。

……

这时候老师没有对学生的想法做出评判，而且对学生的积极发言表示了赞赏。被表扬的学生，个个喜形于色；没被表扬的学生，调整心态，集中注意力，全身心地投入到课堂中。

老师接着讲，一般说来，要研究某一物质或物体的分子结构，首先要弄清其化学组成成分。设疑：如果不知道生物膜的化学组成成分，让学生来设计实验探究，最容易想到用什么方法？很多学生很快就想到用化学分析的方法。老师接着讲，很好，大家想到的方法与科学家一样（同学们露出自豪的神情）。然后大家开始讨论科学家研究生物膜的五个经典实验，展开激烈的讨论，最后以组为单位，每组派代表进行发言（完成了这部分内容后，发下评价表，让每位学生对自己该阶段的表现进行自评）。

老师：现在我们来完成活动主题，同学们能不能画出来？

学生：能。

由于刚才对上面资料的分析和讨论比较透彻，所以大家表现得很有自信，有条不紊地在纸上画图，或轻声交流，完成后向大家展示。

老师请两位同学上黑板画图，然后请其他同学点评。

学生1（老师指名回答，该生学习成绩中下，平时很少发言）：甲同学画的磷脂的尾巴朝向不对，应该使尾巴相向排列。（老师投以鼓励和赞许的目光，并问：还有补充吗？）

学生2：乙同学画的蛋白质在磷脂双分子层中的分布不对，除覆盖、镶嵌外，还有贯穿的方式。

学生3：甲、乙同学都没有画糖被。

在完成了主要教学内容后，再一次让同学们进行自我评价，同学们经过几分钟的思考后，马上对自己做出了评价。然后在组内进行互评。最后再进行他评。（同学们对其他组内一些表现特别突出的同学进行口头评价，老师只对那些容易让同学们忽略的“闪光点”进行评价。）

你遇到过这种课堂情境吗？

你如何评价这种课堂评价模式？

在教学中你会运用这种课堂评价模式吗？

第一节　评估学生的学习结果

评估学习结果在学生学习过程中有很重要的作用，评估方法多样、作用不一，采用恰当的评估方法可以调动学生学习的积极性，促进学生长远良好发展。在对学生进行评估时应用最广泛的是标准化测验，下面让我们先来一起了解一下关于标准化测验的一些知识。

一、标准化测验

（一）标准化测验的定义

标准化测验是具有规范的标准、各个环节按照系统的科学程序组织，对误差做了严格控制的测验，是一个系统化、科学化、规范化的施测过程。所谓“标准化”包括了测验全过程的标准化，即按照标准确定测验的目的和计划，项目的编制标准化，测验的管理标准化，评分记分的标准化，分数解释的标准化等。

（1）测验内容的标准化是指对所有被试施以同样的测验内容。测验内容在一份试卷（量表）上全部显示出来，包括同样的被试指导语、同样的答题要求和同样的测题。测验内容的印刷要统一、工整，没有错误和遗漏。

（2）测验实施过程的标准化是指测验实施中一切作用于被试的外界条件都应该相同，包括主试、指导语、测验的时限、外部环境等。

（3）评分标准化指评分时使用完全客观的标准，使不同评分者对同一测题或一个评分者对几个等值的测题的评分得到一致的结果。客观性试题都有唯一的正确答案，即标准答案。无论是人工评分还是计算机评分，评分误差都是很少发生的。

对论文式试题，评分也要尽量做到客观。由于不存在唯一的正确答案，在测试前就应想象出所有被试可能做出的反应，然后将所有答案依其水平和层次的不同划分等级，每一等级内包括属于一定范围的答案。评分时先将答案归入某一等级范围之内，再根据其等级给予相应的评分。

（4）解释的标准化是指对测验分数高低优劣的判断要以一定的标准为依据。没有判断标准时，对测验的解释往往是主观的和任意的。在常模参照性测验中，这一标准就是常模。常模是指被试团体中测验分数的平均水平，与常模相比，就能判断出被试分数在团体中的相对位置。在标准参照性测验中，对测验分数进行解释的依据不是常模，而是事先规定的某种标准，如掌握百分比、合格分数线等。这一标准是一种绝对的标准，与常模不同，它只与测题难度或要求高低有关，而与其他被试的水平无关。

（二）标准化测验的优点

（1）具有测验所需的统一标准。

（2）内容覆盖全面。

（3）质量可严格操控。

（4）适用范围广。

（5）有独立实施的主体。

（三）标准化测验的缺点

近一段时期，美国国内围绕着对中小学生标准化测验的问题进行了热烈的讨论。1997 年《纽约时代》（*New York Times*）杂志的教育主编爱德华·费斯克（Edward Fiske）指出，标准化测验有以下缺点：

（1）试题答案不仅唯一，而且简单。

(2) 测验只衡量学生掌握信息的多少,却忽视他们综合信息、解决问题和独立思考的能力。

(3) 由于时间有限,所以与思考的深度相比,测验更注重思考的迅捷。

(4) 大多数标准化测验只注重基本技能,而忽视严密思考和推理能力的训练。

(5) 测验只强调独立知识的学习,而不重视在事实和思想的结合中学习。

另外,标准化测验对影响学生成绩的复杂因素估计不足。学生在标准化测验中的测验成绩主要受三个因素影响:第一,学校中教了什么。标准化测验中的一些条目是测量学生在学校所学的知识或能力,这是对于一些特定的学科领域而言的。例如数学,孩子们在学校只是作为一门学科来了解它,因为很少有家长在家里教孩子们几何或如何去证明一个定理。第二,学生的智力能力。学生的智力能力是多样的,而不是只有一种(Gardner, 1994)。一个学生可能处理数量或语言信息的能力不足,但在"人际间"、"人们的交互关系"方面的能力却比别的学生强,而标准化测验却只关注学生在认知方面的能力,忽视了智力的多样性。第三,学生的校外学习。在标准化成就测验中涉及的校外学习的内容比想象得要多,这样测验的公正性就受到了质疑。对此,一位教师举例说,在一次六年级科学测验中,有一道题目是让学生选出一种不是果实的选项。果实是有种子的,所以学生必须通过选择没有种子的选项鉴别"不是果实"。选项有苹果、橘子、甘蓝和火龙果。任何一个见过甘蓝和火龙果的学生都知道甘蓝是一种没有种子的蔬菜,而火龙果是一种有籽的球形植物,但甘蓝和火龙果通常都是比较贵的,一些家庭条件不太好的学生可能根本就没见过甘蓝和火龙果。这样,那些见过甘蓝和火龙果的学生就会比那些只知道苹果和橘子的学生回答得好。也就是说,孩子们的社会经济地位会影响他们在标准化成就测验上的成绩。学生家庭的社会经济地位越高,在这样的测验条目中获得成功的几率就会越高。

那种认为学生在标准化测验中的成绩只与学校中的教学有关的看法,忽视了学生智力的多样性和校外学习等更多的因素对成绩的影响。

(四) 常模参照测验和标准参照测验的比较

常模参照测验将被试水平与常模相比较,以评价被试在团体中的相对地位为目的。可以把常模看作一个特定团体的表现的典型水平,通过把个体的原始分数与常模作比较,我们可以判断这个分数是高于、低于还是接近这个团体的平均水平。

标准参照测验的分数不是与其他人作比较,而是与一个给定的标准作比较。要决定谁可以开车,最重要的是个体的行为标准能不能达到安全驾驶的要求,与其他人的分数相比是怎样的无关紧要。

表 12-1　　标准参照测验和常模参照测验的比较

标准参照测验适用于	常模参照测验适用于
测量基本技能的掌握。 决定学生是否已经具备了学习新知识的前提条件。 评估情感目标和动作技能目标。 为了更好地指导学生而对学生进行分组。 对学生进行分组以便于开展教学。	测量某些领域的一般能力(优点和不足),如英语、代数、或者历史。 评估一个大的团体的能力范围。 当只有几个名额时选择尖子选手。

在常模参照测验中,学生的得分要跟其他学生的平均分进行比较,而在标准参照测验中,学生的得分要与预先制定的标准进行比较。常模参照测验可以对一般的目标进行测量,涵盖的范围很广,然而常模参照测验的结果并不能告诉我们学生是否可以学习更高层次的内容,并且它们不适用于测量情感和动作技能。标准参照测验一般用于测量特定目标的掌握。

二、评分和分数报告单

(一) 评分

1. 原始分数

学生在考试之后,根据试卷的记分标准,对应考生所答内容计算出的考试分数就称做原始分数。原始分数反映了学生答对题目的个数或作答正确的程度。但是原始分数一般不能直接反映出学生之间的差异状况,不能刻画出考生相互比较后所处的地位,也不能说明考生在其他等值测验上应获得什么样的分值。为了使原始分数本身具有意义,使不同测验的分数可以相互比较,就必须将原始分数转换为导出分数。

导出分数就是在原始分数的基础上,按照一定的规则,经过统计处理后获得的具有一定参考点和单位且可以相互比较的分数。常用的导出分数有百分等级、标准分数等。

2. 百分等级分数

百分等级是应用最广的导出分数。一个原始分数的百分等级是指在一个群体的测验分数中,得分低于这个分数的人数的百分比。也就是说,如果将某一考生群体分为一百个等级,则每位考生所占的等级数就是百分等级。例如某一考生在一次考试中得 82 分,经过换算,百分等级分数为 75,就表示参加这次考试的人得分低于 82 分的占全体人数的 75%,并说明超过他的成绩 82 分的人仅有 25%。通常我们用 P_R 来表示百分等级。显然,百分等级取值越大,说明成绩越优秀。

(1) 百分等级分数的计算：求一个原始分数的百分等级，可先将考生团体的全体原始分数由大到小排序，然后采用下列公式计算：

$$P_R = 100 - (100R - 50)/N$$

式中，P_R 为百分等级，R 为排名顺序的序号，N 为考生总人数。

例如，某同学在一次有 50 人参加的考试中得 80 分，排名第 9，则该考生成绩(80 分)的百分等级为：

$$P_R = 100 - (100R - 50)/N = 100 - (100 \times 9 - 50)/50 = 83$$

其百分等级为 83，就是说比 80 分低的原始分数占全体得分的 83%，比其高的只占 17%。

(2) 对百分等级分数的评价：百分等级是一种相对位置量数，具有可比性，且具有易于计算、解释方便等优点，对一般教师、学生和家长来说，均能了解百分等级的意义，所以它适用于不同的对象和不同性质的测验。

3. 标准分数

(1) 标准分数的意义。标准分数是一种具有相等单位的量数，又称做 Z 分数，它是将原始分数与团体的平均数之差除以标准差所得的商数，是以标准差为单位度量原始分数离开其平均数的分数之上多少个标准差，或是在平均数之下多少个标准差，从而明确该分数在团体中的相对地位。如果一个数小于平均数，其值就为负数；如果一个数大于平均数，其值就为正数；如果一个数等于平均数，其值就为零。可见 Z 分数可以表明原分数在该组数据分布中的位置，故称为相对位置量数。当把原始分数转换为 Z 分数后，只需要看 Z 分数的数值和正负号，就立即可以明确每一个原始分数的相对地位。Z 分数表示其原始分数在以平均数为中心的相对位置，这比使用平均数和原始分数表达了更多的信息。

(2) 标准分数的计算。

标准分数的计算公式为：

$$Z = (X - \overline{X})/S$$

式中，Z 为标准分数，X 为原始分数，$\overline{X}$ 为团体所有考生的原始分数的平均数，S 为原始分数的标准差。

(3) 对 Z 分数的评估。Z 分数是以一批分数的平均分数为参照点，以标准差为单位的等距量表。Z 分数不仅具有可比性，还具有可加性，它由符号和绝对值两部分构成。正负符号表示原始分数在平均数之上或之下，绝对值表示原始分数与平均数的距离。

从标准分数中，既可知道学生的实际成绩，又可知道每个学生在参加考试的团体中所处的位置。运用标准分数还可以比较同一学生不同阶段的考试成绩，比较同一学生不同学科的考试成绩，比较不同学生的总成绩。

例如，一个学生上、下学期的英语考试分数分别为 80 分和 70 分，我们通常

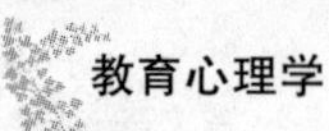

认为该生成绩有所退步。但是，假如全班上、下学期英语平均分数分别是 85 分和 65 分，则该生上学期的 80 分仅是一个中下等成绩，而下学期的 70 分却是一个较好的成绩。再如全班上、下学期成绩的标准差分别为 18 和 11，则可算得该生上学期的标准分数是(80－85)÷18＝－0.28，下学期的标准分数是(70－65)÷11＝0.45。可见该生下学期的英语成绩不但没有退步，而且是进步了。通过这样评价，可使该生对该门学科更充满学习的信心。

又如，我们习惯从学生成绩单上看到物理课成绩是 80 分，就说他物理课程学得不错，看到化学课成绩是 65 分，就说他化学课程没学好。经过仔细分析，实则不然。假如全班的物理课成绩平均分是 75 分，标准差是 12，化学课成绩平均分是 60 分，标准差是 10，则可算出该生物理课标准分数为 0.42，化学课标准分数为 0.50，由此可知该生化学课成绩反而优于物理课成绩。

（二）分数报告单

表 12-2 是李明和王芳两位同学在某次考试中的成绩分数，如果你是两位学生的老师，你将如何评价他们的成绩？他俩谁更优秀一些？

表 12-2　　　　学生测验成绩比较

考试科目	原始成绩		全体考生		Z 分数(标准分数)	
	李明	王芳	平均分	标准差	甲	乙
语文	85	89	70	10	1.5	1.9
政治	70	62	65	5	1	－0.6
外语	68	72	69	8	－0.125	0.375
数学	53	40	50	6	0.5	－1.67
理化	72	87	75	8	－0.375	1.5
总分	348	350			2.5	1.505

从总分看王芳比李明成绩稍好一些，而从标准分数看李明比王芳成绩更好。这种差别是由于不恰当地计算总和分数造成的，因为各科成绩难易度不同，分散程度也不同，各门学科的成绩不等价，亦即数据是不同质的，这时应用总和分数不够科学，故出现这类问题，科学的方法应当用 Z 分数合成。从 Z 分数可知李明多数成绩是在平均分数以上，即使有两种分数低于平均数，差别也小，总之，成绩较稳定且在分布较高处，而王芳则不然，可见应用 Z 分数更趋合理。

三、评分对学生的影响

众所周知，考试的目的是通过对考试分数的解释为考试使用者提供决策参考。如果对考试的分数做出了不恰当的解释，就会对决策产生影响，以致损害考试的效度。所以,没有低效度的考试,只有低效度的分数解释。

(一)目前所用分数解释存在的问题

1. 缺乏分数参照体系

目前,我国在考试的认知和执行过程中,一般在对测验分数做出常模参照解释的时候,只是孤立地给出分数,而不给出常模的相关信息。这样做的结果是无法对分数做出恰当的解释,从而影响决策。例如,一位考生在一次考试中取得了80分的成绩,严格说来,仅凭这个分数是无法对这一考生的表现做出任何判断的。因为就这一成绩而言,他可能是考得最好的一位,也可能是考得最差的一位。但如果知道了平均分和标准差这些对常模做出描述的参数,那么就可以对他的成绩做出判断。如韦氏智商分数就是以100为平均分,15为标准差。如果一个人的智商分数是115,就说明这个人比平均分数高出了一个标准差,即他的智商比84%左右的人要高。这样的信息显然更有利于决策者做出决定。

2. 缺乏对分数必要的描述

在对测验分数做出标准参照解释的时候,倘若只报告分数,而不对考生所达到的水平做出必要的描述,那么决策者就无法获取足够的信息。何况在通常情况下,人们对考试做出标准参照解释的时候,平均分和标准差并不重要,因而考试使用者也不怎么关心。重要的是关于其标准或及格线的设定,决策者只有同时知道测验分数和及格线,以及对达到这一标准的被试能力的描述,才能真正理解测验分数的意义。

3. 过分夸大标准化考试的功能

任何考试的功能都是有限的,所测查的都是考生某一个或者某几个方面的能力。考试只有被用来评价它能够测查的方面时,才能够发挥其作用,否则就是无效的。数学考试只能被用来评价考生的数学能力,如果被用来评价考生的语文能力,不但无效,而且也是荒唐的。如果说一个全省的数学状元一定是个学习好、品德优良的学生,那就过分夸大了标准化考试的功能,数学成绩好只能说明这个人数学学得好而已。

(二)评分对学生的影响

1. 失败的影响

在有些人看来,低分和失败在学校里应该尽量避免,但情况并不是如此简单。在回顾了多年对失败的影响的研究之后,Margaret Clifford(1990,1991)得出了一个结论:是教育者要把简单的成功和挑战放在一起考虑的时候了,我们应该鼓励学生发挥最大的智力潜能,允许他们从错误中获得赦免,要容忍课堂错误,要把学习成功看作一个渐进而非连续的过程。

某种水平上的失败对大多数学生是有益的,尤其是在教师帮助学生看到勤奋学习和学业提高的关系时。努力保护失败的学生、保证学生成功似乎是不可能达到的目标。但实际上，你的学生越能干，你就越要帮助他们学会“成功地失败”，这更具有挑战性也是更重要的。差异教学专家 Carol Tomlinson 指出，那些通过较少努力就获得成功经历的学生不会学着去努力，反而会认为高成绩就是他们的权利。所以教师应该引导学生正确看待失败，认识到好的成绩是通过努力获得的，这才是对他们有益的。

2. 反馈的影响

关于反馈影响的研究表明，如果反馈中告知学生为什么会出错，反馈的影响会更加积极，这样他们就能学习到更适当的策略。学生经常需要别人帮他们指出为什么他们的答案是错误的。没有这样的反馈，他们很可能再犯同样的错误。然而，同种类型的反馈是相当少的。在一项研究中，只有大约 8%的老师能注意到学生数学运算中一个一致性的错误，并告知学生。这说明针对每一个学生的错误，逐一进行反馈是很有必要的。

给学生们提供个性化和建设性的书面评论也是非常有益的。这意味着老师应该对错误或错误的方法做出明确的评语，但要平衡评价和怎样改进这两者之间的关系，评论应指向对学习有用的方向。什么是有效的书面反馈呢？当老师用下面四个问题来作为教学的反馈时，对学生的促进是非常显著的——什么是关键的错误？导致错误的原因可能是什么？我要怎样指导学生以后避免这样的错误呢？哪些是学生能做好且要注意的？下面是老师写评语时的三个例子。

例 1　“天下无难事，只怕有心人”。你相信这句话吗？其实老师很喜欢你，因为你团结同学、乐于助人、尊敬老师。如果你在课堂上多思考，多举手发言，好成绩一定会和你交朋友。相信你能做到，赶快行动吧！老师等着你的好消息。

例 2　老师现在还记得你运动会上的精彩表现，扔垒球、跳远、跑步，样样都很棒。你的数学题也做得那么快。如果你的语文也能像数学那样出色就更好了。老师希望你在假期查漏补缺，把语文赶上来。

例 3　你虽然话不多，可是对待学习的态度非常认真，每节课你都能做到认真听讲，每次作业你也都能认真完成。可为什么老师很少看到你上课举手发言呢？老师希望你在新的一年里学习和生活上再积极主动一些，上课多举手发言，下课多和同学们交往，让你的学习成绩更好，让你的朋友变得多起来。老师相信那时的你肯定会变得更快乐！

像这样的评语不仅能帮助学生改正错误，而且能使他们认识到什么才是高质量的学习，取得进步并增长技巧。

3. 评分与动机

不同的归因对学生的学习动机和积极性起不同的作用。学生在学习过程中无论是成功还是失败，都会进行归因。引导学生进行正确归因，对激发动机具有极其重要的作用。有的学生在学习上取得成功，可能把原因归结为个人的努力和能力强，也可能把原因归结为任务简单和偶然的因素。如果把原因归结为个人的努力和能力强，会增强学生的学习动机，提高学生的积极性；如果把原因归结为任务简单和偶然的因素，则会减弱学生的学习动机，降低学习的积极性。反之，在失败的情况下，可能把原因归结为个人主观努力不够，也可能把原因归结为任务难、能力低。如果把原因归结为个人努力不够，会增强学生的学习动机，提高学习的积极性；如果把失败的原因归结为任务难、能力低，则会减弱学生的学习动机，降低学习的积极性。为了使学生在归因时减少或消除偏差，进行正确的归因，教师应当通过团体训练、强化矫正和观察训练等方式积极引导并帮助学生掌握正确归因的技能。

教师应该对学生的学习进行及时评定与反馈。对分数有了正确的认识，成绩评定方能起激发动机的作用。教师对学生学习结果的评价必须实事求是，做到客观、公正和及时。评价要考虑到学生的心理发展水平和个性特点。对学生的评价应当以鼓励为主，辅以适当批评和表扬。对于一些成绩虽好但有骄傲情绪的学生，要指出其不足和努力方向；对那些学习很努力但成绩较差的学生，评价时要积极引导，多加鼓励。在教学中教师应注意创设一种强调掌握目标的课堂气氛，以调动学生的学习积极性，如让学生感觉到老师注意自己是否有进步，注意自己的学习方法，使学生认为要注重学习过程，不应过分重视学习结果，成功是指获得进步。同样，应尽量避免创设强调成绩目标的课堂气氛，如过分重视学生的成绩，对学生的成绩进行比较等。

总之，教师可结合日常教育教学工作，针对不同学生的归因倾向进行引导、鼓励和强化，以便形成积极有益的归因方式。教师只有引导学生进行正确的学习归因，才能促进他们的有效学习，并使他们不论在学业的成功还是失败面前都能获得进步与发展。

四、教师与家长的沟通

每一位家长都希望能够了解孩子在学校的表现，尤其是学习上的表现，而且家长都会很关心孩子的学习成绩，有时会向老师了解孩子某次考试的成绩，并以此来推断前一段时间孩子在学校的表现。这时，老师与家长作一个很好的沟通是很有必要的。

教师与学生家长沟通时，首先要全面了解学生，包括学生的学习、性格、习惯，各种优点、不足等；还要客观地评价学生，既要充分地肯定学生的优点、成绩，也要客观如实地指出学生的缺点、不足，提出帮助孩子克服缺点、改正错误的科学方法，态度要诚恳，感情要真挚。此外，还要让家长知道，孩子在成长中出现些问题有时是难免的，也是正常的，不必大惊小怪，而应客观地面对、冷静地分析，这样才能找到解决问题的科学方法。孩子出现的任何问题都不是孤立的或偶然的，都是有这样或那样主观、客观的原因的。只要能准确找到产生问题的原因，采取有效办法消除这些原因的影响，问题自然就会得到很好的解决。同时也要让家长明白，有些问题的解决并非一日之功，需要循序渐进，持之以恒。只要能把道理讲明白，讲透彻，家长是乐于接受的，也会乐于配合的。

其次，在与家长沟通时，要让家长树立对自己孩子的信心。在交流中切忌随心所欲，不着边际，或者一味地只说好听的，只谈优点，取悦于家长；或者一味地指责学生，只说缺点，埋怨家长，这两种做法都是错误的，不可取的，都不利于与家长的沟通，不利于孩子的学习进步和健康成长。在与家长的交流中，最让教师感到头痛的是面对“后进生”的家长：面对学生糟糕的成绩，往往无话可说；面对家长的失望，往往无言以对。对待“后进生”，我们不能只用成绩这一个标准来评定学生，任何一个学生都有其闪光的地方，老师要尽量多发现其闪光点，更要让家长看到孩子的长处，看到孩子的进步，看到希望，从而树立对孩子的信心。对孩子的缺点不能不说，但也不要一次说得太多，不能言过其实，更不能说诸如“这孩子很笨”之类的话。在说到孩子的优点时，要热情、有力度；而在说到孩子的缺点时，语气要舒缓婉转。这样家长就会感到老师对孩子充满信心，自己也会对孩子充满信心。只要家长对自己的孩子有了信心，他就会更主动地与老师交流，积极配合老师的工作。

最后，老师提出的建议要科学实用。针对具体的问题，提出具体的、可操作的建议，既要让家长知道该怎样做，还要让家长明白为什么这样做。建议不宜过多、过泛，或不着边际，要切实可行，能够解决实际问题。否则，家长一头雾水，不知所云，无所适从，就不可能达到与家长有效沟通解决实际问题的目的，还可能使家长产生失望和不满情绪，对学生的学习进步和健康成长造成消极的影响。

第二节　终结性评价和形成性评价

一、终结性评价

指教师在教学之后评价学生成绩的测验。这种测验发生在教学之后，对学习成绩给出一个概括，目的是让教师和学生知道目标完成水平。期末考试是一种典型的终结性测验。

运用教师的评价作为外部终结性评价已经提倡了很长时间了。当我们想一想有效的终结性评价所应该具备的质量标准，这种方式的价值就非常清晰了。与其他目的的评价相同，终结性评价应该具备以下要求：第一是有效性。评价必须覆盖所有的并且只能包括那些与评价目的相关的学生的成绩。第二是可靠性。评价应该精心设计，让使用者对结果的准确性和目的的一致性有信心。第三是冲击性。评价不仅只是衡量表现情况，而且还要对教学和学生的学习动机等起到促进作用。评价通常对课程的开设和教学有着强烈的冲击，因此尽量减少负面影响是非常重要的。第四是可行性。进行终结性评价所需要的资源——教师的时间、专业知识、费用以及学生用于学习的时间，应该与其所提供的价值相符。

下面从四个方面对教师终结性评价的优势与不足进行了比较，见表 12-3。

表 12-3　　终结性评价的优势和不足

	优势	不足
有效性	与统一考试相比，教师能够更全面地考查学生的成绩和学习情况。教师的评价所提供的信息既能反映学习过程，也能反映学习的成效。	教师评价的有效性依赖于教学过程中所提供的学习活动和机会。繁琐的模式化的质量保证程序可能会限制教师的终结性评价，因此只能采用“安全的”和日常的一些方式。
可靠性	通过适当的培训和规范教师的评价，其可靠程度是肯定的。	由于所采用的标准各异，教师的评价经常被认为是而且确实可能是不可靠的和有偏差的。 作为对教师的判断的补充，一些统一的外部考试和考核任务可能始终是需要的。
影响力	学生在分享自我评价的过程中能够形成一种有别于“以成绩为目标”的态度，趋向于朝着“以学习为目标”的方向努力。	公众对教育系统的信心可能会降低，因为教师评价一直被认为不如统一外部考试重要，特别是对 11 岁以上的学生。
可操作性	由于减少了购买商业考试卷的数量，学校的经费变得更宽松；教师能够花更多的时间在教学上而不是去准备考试和改卷；通过用日常的作业而不是考试去评估进度，学生用于学习的时间每年至少增加了两周。	承担终结性评价的责任可能会增加学校和教师的工作量；规范他们对学生学习的判断过程是非常费时间的；解释和使用评价的标准需要进行培训。

二、形成性评价

（一）形成性评价的定义

指一种不给出等级的测验，为了帮助制订教学计划和诊断教学成果而在教学之前或教学之中进行的测验。

（二）形成性评价的用途

形成性评价是一个过渡性评价，它的核心就在于为教学提供最佳反馈信息，指导教学实践。这种观点是对形成性评价作用的总体的、一般的认识。现在随着我们对形成性评价认识的加深、使用的广泛，把它划分得更加具体。具体来说，它主要有以下几种用途：

1. 改进学生的学习

形成性评价的结果可以说明学生在学习中存在的缺陷、不足和困难。教师一方面根据形成性评价的反馈信息，针对不同学生的问题提出具体的、激励性的改进建议；另一方面，根据形成性评价的反馈信息，教师可以检查自己的教学，自我对照教学目标来发现陈述是否明确，教学内容的编排是否有结构性，教学方法是否能引导学生形成正确的学习思路，关键概念、原理的呈现是否清晰等，从而考虑如何调整教学内容、方法和形式，达到促进学习的目的。学生根据形成性评价所提供的反馈信息能帮助他们意识到学习目标与他们现有知识、理解或技能的差距，从而引导他们通过必要的行动达到目标。

2. 强化学生的学习

通过形成性评价的结论，学生不仅能够知道自己在学习中存在的缺陷和困难，明确进一步努力的方向，还能知道自己在学习中所取得的成就，体验自己的点滴进步，建立自信，促进自己在原有水平的基础上获得全面发展。如果评价能指出学生测验或作业错误的地方并指出具体的改进措施，这种类型的反馈方式能激发学生努力学习，因为它强调学习是通过努力而提高的，成绩差并不是缺少能力，从而调动学生学习积极性。另外，除了学生的自我强化以外，教师提供何种强化策略也是促进学生学习的有效手段之一。教师对学生的评价应该是肯定性和鼓励性的，这样可以促使学生保持自信、积极投入学习。

3. 促进学生学习方式的转变

学生在学习过程中会采用不同的学习方式，而不同的学习方式又会产生不同的学习效果。目前中小学学生评价主要是终结性评价，这种评价方式过分重视静态的、可量化的和浅层次的学习效果，而学生在学习过程中所采用的方式是一种动态的表现，因此采用终结性评价很难加以测量和评价，这也是导致学生在学习过程中被动地接受知识的一个重要原因。要对学生的学习方式进行评价，这就需要教师在学习的过程中同时对反映学生学习质量和水平的资料加以评价，也就是要进行形成性评价。新课改要求改变学生被动接受式的学习方式，倡导自主、合作、探究的学习方式，这就需要通过形成性评价关注学生学习过程中的学习方式，通过对学习方式的评价，将学生引导到自主、合作、探究的学习方式上来。由此可见，形成性评价对于促进学生学习方式的转变，保证新课改的有效实施是非常重要的。

4. 有利于培养学生学习的自主意识和责任意识。

形成性评价强调自我评价和自我反思，自我评价本身是主体性教育的一部分，自我评价改变了学生原来消极被动的被评价地位，使学生成为评价主体中的一员，这一转变能极大激发学生的主体意识。此外，学生在自我评价的过程中，需要发挥积极性和主动性，也有利于促使学生形成对自己学习的自主意识和责任意识。

（三）形成性评价的优势和局限

1. 形成性评价的优势

（1）全面。无论从评价的价值取向还是从评价的内容方法上看，形成性评价的理念更为全面，也就能更全面地发挥评价的各种功能。形成性评价既注重标准又注重过程，不用过于刻板的标准来衡量所有的学生，而是通过学生在学习过程中的表现去判断每位学生的学习质量和水平，符合人的多元智能的实际，有利于激发学生的学习动力和自信心。

（2）及时。形成性评价是与教学同时进行的共时性评价，评价和教学相互交叉和融合，教师和学生民主互动协商，能及时地反映学生学习中的情况，有利于及时地肯定学生的成绩，引导学生的学习和发展方向，及时地发现存在的问题和不足，改错纠偏。

（3）灵活。形成性评价不过分追求目标的标准化和方法的规范化，不过分追求评价的客观性和精确性，不过分追求评价环境和程序的正规和严肃，有利于学生充分展示才能。

（4）深入。形成性评价采用包括质性评价在内的各种评价方式，从学生本身、同辈伙伴、教师家长等不同的角度获得评价信息，不像传统的评价只能测量可量化的、相对来说属于浅层次的学习效果。形成性评价可以深入到学习的不同方面和不同层次，可以从不同的视角对学习进行描述和评价，对学习质量的评价层次更高也更深入了。

（5）可持续。形成性评价是贯穿于学习始终的，在学习之前、之中都不间断地进行着。随着评价理念的逐步树立和对评价方法的逐步掌握，学生将评价作为学习的一部分、自己生命活动的一部分，成为促进自己终身学习和终身发展的重要手段。

2. 形成性评价的局限

（1）形成性评价的结果难以整合、统一呈现。由于形成性评价更多地采用了开放的、实时的评价方式，特别是对情感领域和学习过程的评价，评价所收集的数据和判断的标准可能都会因时而变、因人而异；就是对学习表现和效果而言，如果采用的是质性的方法，其标准也无法做到统一，其评价的过程和程序无法做到规范。

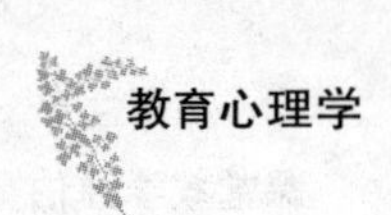

形成性评价关注的是学习过程中的知、情、意等方面，在学生发展的不同年龄阶段，这几个方面的发展并不同步，也不能用一个标准来衡量。因此，如果不是出于选拔性要求，一般不采用形成性评价，以防止形成定论，尤其是对发展尚未达到同龄学生水平的学生更是如此。

（2）形成性评价的过程难以做到公平、公正。当社会需要按一定的标准和规范来衡量教学的效益和学习的成果时，评价的公平与公正是非常重要的原则；而形成性评价由于较多地带有参与者（包括评价的主体和客体）的主观性和个别特征，很难证明评价的公平与公正，是否被社会所接受也就成为一个问题。

（3）形成性评价的实施强度难以把握。形成性评价贯穿于学习和教学过程的始终，那么评价的强度应该是多大才恰当，比较难以把握。如果过于强调评价，或评价的分量过重，很容易导致评价过于频密繁琐，直至学生和教师不堪其烦。教师要在日常教学工作中反复地判断、评价多个学生，这对教师而言无疑是一项既沉重又费时的负担。在这项单调重复的工作中，教师对评价的责任感往往会逐渐变得迟钝，从而变得更加容易轻易、草率地下结论。结果不但不能揭示被评价学生的个体特征，反而用偏见抹杀了学生的个体特征。

我们提倡关注形成性评价的作用，但也不要使教师整天都感到自己是个评价者，分分秒秒都处于紧张状态中。关键是让教师树立起正确的评价观，在与学生的互动交流中养成良好的习惯，这样就能自动地以正确的态度观点对学生进行形成性评价。

（4）形成性评价的工具繁多，容易造成评价形式化。伴随形成性评价方式产生的还有一大批新颖的评价工具，这些评价工具同样有着明显的局限，如消耗的时间过多、评价的视野不稳定等。如果不注意把握好形成性评价的实质而只是热衷于这些工具的使用，很可能导致评价的形式化。

前两个问题是由于评价方式本身的局限引起的，后两个问题是由于形成性评价相对较难把握，容易造成运用不当带来的。不管怎么说，都是值得注意的问题。

（四）实施形成性评价的建议

根据对形成性评价局限的分析，我们认为在形成性评价中应该注意以下问题：

（1）不要把对学习效果的评价排除在形成性评价之外。例如，用成长记录或学习档案作为评价工具时，学生可以把自己认为优秀的作品放进其中，这些都是学生在一定阶段的学习效果。当档案袋中收集了一系列的作品时，这些作品也就很具体生动地显示了学生的学习和发展的进程。

（2）不应将形成性评价与某种特定的评价方法甚至评价工具等同起来。适合作形成性评价的工具有很多，学习日记、评价量表等。许多实时的、口头的评价，如教师或同学的肯定赞扬或否定批评，也是一种形成性的评价。

(3) 不要过分夸大形成性评价的功能。正如上面所说，形成性评价有其优势，也有其局限。现在一些人过分地夸大形成性评价的功能，不管什么情况下都要用形成性评价，似乎只要采用了形成性评价的方法，在评价方面存在的一切问题包括应试教育的问题都迎刃而解了。这样的结果只会把教学和评价引入歧途。

(4) 关注学生的个体差异，采用激励性的评价策略。形成性评价更多地把评价活动和过程，当作为被评价者提供了一个自我展示的平台和机会，鼓励被评价者展示自己的努力和成绩；同时所配合的恰当的、积极的评比方式和回馈方式，也将成为一种积极、有效的激励手段。

(5) 不只是关注评价结果的准确、公正，更强调评价结果的回馈以及被评价者对评价结果的认同和对原状态的改进。

(6) 评价要多元化，要有启发性、赏识性、开放性、体验性、总结性。教师允许学生的答案及表达方式多元化，注重发挥每个人的创造潜能，倡导用不同的学习方法去学习和表现对知识的理解，让学生看到自己在原有水平上的进步，体验学习的乐趣，明确自己进一步的目标。

(7) 防止几种常见的误差倾向。第一种是宽松误差，指的是实际的评价高于合理的评价。即使学生的表现没有什么优点，有宽松误差倾向的教师也会说好。第二种是严格误差，与宽松误差恰好相反，指的是教师有低估学生的倾向。即使学生的表现再好，一个持有这种评价偏见的教师也只会认为学生“中等”，甚至“中下”。第三种评价偏见是集中趋势误差，指的是教师在下结论时倾向于给一个中间值，既不高也不低。他们把绝大部分的结论集中在平均值附近，认为这种做法不伤害任何人，因此会不自觉地把学生摆在中间的位置。

以上列出了几点在形成性评价中应该注意的问题。在评价的实践中，这些问题会以不同的形式加以表现。要完全避免上述问题的出现是不现实的，但是通过努力，可以使问题及其影响最小化，充分发挥形成性评价的优势。也正因种种问题的存在，当我们强调形成性评价的作用时，不能从一个极端走向另一个极端，而是要注意各种评价方式的有效配合，实现总体评价效果的最优化。

第三节 课堂评价的多样性与共同性

课堂评价是一门艺术，它反映出一个教师的语言艺术、引导艺术、激励艺术，是一个教师教学机智与高超教学艺术的体现。好的课堂评价可以开启学生积极的学习心智，产生愉悦的学习情绪，引发向上的学习动力，使学生建立足够的学习自信,甚至有时会对学生的行为产生终生的影响。苏霍姆林斯基指出:“教育的艺术首先包括谈话的艺术。”恰当运用课堂评价,课堂一定能充满生机。

一、课堂评价的多样性

课堂教学评价很重要,在教学中要针对学生的年龄特点、学科特点、课程内容特点采取多元的评价方式,切忌为了评价而评价。近年来,课堂评价的主客体呈现出多样性的趋势。从新课程理念出发,教师和学生处于平等的地位,有教师评价学生,也应该有学生评价教师,这样的课堂才算得上是和谐的课堂。要用教师的评价感染学生,通过生生互评、生生自评以补充延伸,通过生评老师以达到教学相长的目的。

(一)教师对学生的评价

教师是课堂教学的主导力量和直接责任者,毫无疑问是课堂评价的主体。在评价活动中必须发挥教师的主观能动性,使课堂评价成为教师的一种自发行为。教师对学生的评价,可由教师本人去组织评价者、收集信息、处理信息,并把评价结果直接用于总结教育教学行为。

(二)学生之间的互相评价

学生互评在课堂教学中运用较多,学生喜欢模仿老师去评价他人。通过互评使学生能正视自己、尊重他人,也提高了学生的鉴别能力、分析和表达能力。同时,学生互评可以使课堂气氛和谐,让学生之间的关系更加融洽,让学生学会宽容、理解,增强学生学习的信心和兴趣。

(三)学生对教师的评价

传统的课堂中,通常都是在学生完成某项活动后,教师对学生进行评价,很少有学生对老师进行评价的机会。但是现代课堂是民主的课堂,平等是增进情感、融洽关系的揉和剂,学生渴望同学之间的平等,也希望师生之间的平等。老师与学生互换角色,教师处在学生的地位上听学生评价,学生在欣喜、“受宠若惊”之余,更多的是快乐。他们一定会抓住机会好好地表现一番。在这个过程中,教师通过倾听学生对自己的评价,进行反思,接受合理的意见,从而增加师生感情沟通,改进教学实践。

(四)学生的自我评价

现代教育提倡评价要发挥学生在评价中的主体作用。自我评价能够培养学生为自己的学习负责的能力,鼓励他们自己思考,使他们看到自己取得的成绩以及需要帮助的地方。所以在课堂评价过程中教师也常常要求学生进行自评,如在听录音时,给出一些主要的单词,让学生在听录音的时候注意听这些单词,每听出一个单词就给自己加一分,用这种方式让他们对自己进行评价。

课堂教学评价的发展现状是多样化的，其发展过程随着教育理念的改变而改变。当人本主义教育思潮被越来越多的人所接受时，课堂教学评价的目的从原先单一的奖惩向更适合于人权论的发展性目的转变。课堂教学评价主体与客体多样化的发展也是为了更全面地促进教师的发展及课堂教学质量的提高，从而激励教与学两方面的积极性，提高学生的素质，培养适应社会的人才。

二、课堂评价的共同性

（1）课堂评价首先要对学生起正确的引导作用。马卡连柯曾说："要尽可能地尊重一个人，也要尽可能多地提出坚定明确和公开的要求。"作为教师，当发现学生的理解上有偏差时，我们要通过明确、有针对性的评价来引导学生，促进其学习和情感的发展。

（2）课堂评价还要把握好度，针对不同层次的学生要采用不同标准的评价语，极力反对那种整齐划一的评价。针对学生不同的特点，采取不同的方式给予指导。对一些自卑的学生我们要不断给予鼓励，在他们做完事情时，及时给予表扬。而对一些容易自负的学生，我们不能一味地给予表扬，这样才能做出真正有利于学生发展的评价。

（3）课堂评价要讲究趣味性，机智诙谐的评价语，不仅能促进学生思维的敏捷和灵活，更能使课堂教学妙趣横生，充分调动学生学习的积极性。

（4）课堂评价要避免刻板印象的干扰。很多研究表明教师对少数民族学生的期望值是比较低的，这些偏见影响了教学和评价。有些教师对待城市和乡村学生的态度的差别，也造成了课堂评价的不客观。偏见是很微妙的东西，在编写测验时，你能将语言和经验整合得和你的学生相似吗？标准化的评论和课堂评价还要考虑某个特定的群体能否有可利用的知识，如运动知识（可能对女性不公平）、旅游（可能对来自低收入家庭的孩子不公平）、自驾游（可能对家里没车的孩子不公平）。

对学生进行正确的评价，不但能够减轻学生的压抑感，而且还能够增强学生的自信心，使学生的积极性倍增。课堂气氛活跃，师生情感和谐，学生在轻松愉快的环境中学到更多的知识。

☞ 回到案例

课堂评价对课堂教学起到促进的作用。整堂课中，同学们思维活跃、情绪高涨，课堂的趣味性浓了，你一言我一语，各抒己见，在评价中交流，在交流中学习，在评价中得到提高。

一、教师对学生的评价

每个学生都希望得到老师的表扬与鼓励，教师应适时对学生进行鼓励，使学

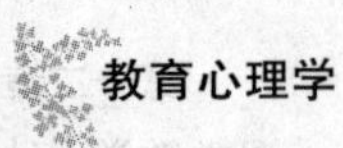

生积极参与、融入课堂。例如,新课引入时,学生激烈讨论用哪种材料做生物膜,老师没有对学生的想法做出评判,而是对学生的积极发言表示赞赏,很好地集中了学生的注意力,使学生全身心地投入课堂中。在教学过程中,当学生遇到困难时,老师要鼓励学生大胆猜测;当学生不自信作答时,老师用“你的推测与科学家相同”的语言对学生进行鼓励,培养了学生的自信心。所以,要鼓励学生,不要吝啬你的赞词,教师的一个眼神、一句鼓励的话语,不仅能拉近师生之间的距离,使学生自主参与,树立自信心,敢于表达自己的不同见解,同时体验到成功的喜悦,而且还可以让学生参与到教学评价中来。

二、学生之间的互相评价

学生之间的互评不仅有利于互相学习优点,改正不足,还可以锻炼自己判断是非的能力和口语表达的能力,不断地发展和完善自己。但在互评的过程中,发现由于学生不会倾听,导致他们在相互评价过程中常常出现机械性重复,评价方式也显得很单一;在评价环节中出现只盯住别人的缺点,而不去发现他人长处的毛病,不能全方位评价别人。在这一点上,今后还需要老师耐心的指导,并创造让学生表达与交流的机会,逐步培养学生的是非判断能力,提高其评价水平。

三、学生对教师的评价

平等是增进情感、融洽关系的揉和剂。学生渴望同学之间的平等,也希望师生之间的平等。老师与学生互换角色,教师处在学生的位置上听取学生评价,这就在学生与老师之间搭起一个心与心交流的平台。民主的课堂能让学生真正成为主人。

四、学生的自我评价

学生的自我评价有利于学生对自己形成一个正确的认识,正所谓当局者迷,旁观者清,这也是最难培养的一种能力。而且我们发现在进行学生自评的过程中,习惯于把关注的焦点对准学习的结果;同时,暴露出学生不能把自己的想法与大家交流共享,即使勉强能够表达出来,在表达的过程中也总是显得底气不足,开始的想法很好,在实际操作中觉得漏洞百出,最终造成了不敢想、不敢说的局面。因此,平时还要鼓励学生多作自我反思,进行自我比较,找出自己的进步和不足。

学术争鸣

到底应该采用哪种课堂评价方式?	
正方观点:课堂评价应用终结性评价 终结性评价又称结果评价,是对学生学习结果的评价,它用来对学生的学习做出结论和判断。“是在某一相对完整的教育阶段结束后对整个教学目标(或学习目标)实现的程度做出的评价”(鲁子问,王笃勤,2006)。终结性评价通常是在一个学程结束时进行,它要以预先设定的教育目标为基准,用来确定教学目标或学习目标达成的程度。课堂教学中的终结性评价为课堂目标达成评价,主要是评价通过一系列活动的开展,学生是否掌握了应该掌握的知识,是否能够应用所学的知识和技能进行有效的交际活动。由于总结性评价具有明确的评估标准,较少受主观的影响,实施起来方便且相对较公平,因此终结性评价是一种很好的课堂评价方式。相比之下,在实施形成性评价过程中,会出现不少问题。例如,在评价之前,教师如何对学生的活动进行有效的指导?在评价过程中,学生自评往往是难以开展的一个环节,或是只能留到课后进行。在有限的一堂课中,如何把他评和自评有效地结合起来,从而最大限度地促进学生知识、能力和情感的发展?对评价的再评价,往往是通过对他人的访谈和调查来获得,这不免使得一些个人的感情因素渗入其中,影响了评价的准确性。	反方观点:课堂评价应用形成性评价 形成性评价重视对学生学习过程的评估和评判,它通过多种渠道,综合分析学生日常学习的信息,了解学生的知识、能力、兴趣和需求。它不仅注重对学生认识能力的评价,而且也重视对学生情感及行为能力的评价。形成性评价为学生提供了一个不断自我完善和提高的机会。它强调学生的自我评价与相互评价,让学生在自我评价中不断地反思,并取得学习上的进步。课堂教学中的形成性评价主要指对课堂教学过程中学生学习行为的评价,分析学生是否理解,能否应用,是否在积极参与,影响学生参与和学习效果的原因是什么,然后根据诊断信息调整教学方式。因此,形成性评估比终结性评估更有利于学生知识、能力和情感的发展,有利于学生兴趣的培养。终结性评价有具体确定的评估标准,实施起来简单易行,但这种评价方式没有关注学生在实践中知识、能力、情感的全面发展。

小 结

1. 标准化测验

标准化测验是一个系统化、科学化、规范化的施测过程。标准化测验具有统一标准，内容覆盖全面，质量可严格操控，适用范围广，有独立实施的主体等优点，但同时也具有一些缺点，如试题答案不仅唯一而且简单；测验只衡量学生掌握信息的好坏，却忽视他们综合信息、解决问题和独立思考的能力；由于时间有限，所以与思考的深度相比，测验更注重思考的迅捷；大多数标准化测验只注重基本技能，而忽视严密思考和推理能力的训练；测验只强调独立知识的学习，而不是在事实和思想的结合中学习。

2. 标准化测验和常模参照测验的比较

在常模参照测验中，学生的得分要跟其他学生的平均分进行比较，而在标准参照测验中，学生的得分要与预先制定的标准进行比较。常模参照测验可以对一般的目标进行测量，涵盖的范围很广，然而常模参照测验的结果并不能告诉我们学生是否可以学习更高层次的内容，并且它们不适用于测量情感和动作技能。标准参照测验一般用于测量特定目标的掌握。

3. 为学生填写分数报告单

评分可以用原始分数、百分等级分数和标准分数。原始分数一般不能直接反映出学生之间的差异状况，不能刻画出考生相互比较后所处的地位；一个原始分数的百分等级是指在一个群体的测验分数中，得分低于这个分数的人数的百分比，百分等级取值越大，说明成绩越优秀。从标准分数中，既可知道学生的实际成绩，又可知道每个学生在参加考试的团体中所处的位置。运用标准分数还可以比较同一学生不同阶段的考试成绩，比较同一学生不同学科的考试成绩，比较不同学生的总成绩。分数报告单要考虑学生的进步、努力和其他优点。

4. 评分对学生的影响

教师应该引导学生正确看待失败，认识到好的成绩是通过努力获得的，这才是对他们有益的。当教师告诉学生为什么会出错时，反馈是很有用的，这样他们就能学习到更适当的策略。学生经常需要别人帮他们指出为什么他们的答案是错误的。没有这样的反馈，他们很可能再犯同样的错误。教师可结合日常教育教学工作，了解学生，包括对不同学生的归因倾向进行引导、鼓励和强化，以形成积极有益的归因方式。教师只有引导学生进行正确的学习归因，才能促进他们有效的学习，并使他们不论在学业的成功还是失败而前都能获得进步与发展。

5. 将评价结果与家长进行沟通

教师与学生家长沟通时，首先要全面了解学生的学习、性格、习惯，各种优点、不足等；要让家长树立对自己孩子的信心；老师提出的建议要科学实用，针对具体的问题，提出具体的、可操作的建议。

6. 终结性评价与形成性评价

终结性评价是在教学之后评价学生成绩的测验。这种测验发生在教学之后，对学习的成绩给出一个概括，目的是让老师和学生知道目标完成的水平。期末考试是一种典型的终结性测验。形成性评价是一种不给出等级的测验，为了帮助制订教学计划和诊断教学成果而在教学之前或教学之中进行的测验。

7. 形成性评价的用途、优势与局限

形成性评价的用途表现为改进学生的学习，强化学生的学习，促进学生学习方式的转变，培养学生学习的自主性和责任意识。形成性评价的优势是全面、及时、灵活、深入、可持续。形成性评价的局限是结果难以整合、统一呈现，过程难以做到公平、公正，实施强度难以把握，评价的工具繁多，容易造成评价形式化。

8. 形成性评价的目的与方法

实施时要实事求是地进行分析，教学评价关注学生在学习上的优势与不足，关注学生学习能力的提高，关注学生的个体差异，采用激励性的评价策略等。评价要多元化，要有启发性、赏识性、开放性、体验性、总结性等。要注意各种评价方式的有效配合，实现总体评价效果的最优化。

9. 对课堂评价主客体的多样性的理解

课堂评价主客体的多样性包括教师对学生的评价，学生之间的互相评价，学生对教师的评价，学生的自我评价。

10. 对课堂评价共同性的理解

课堂评价的共同性，包括课堂评价首先要对学生起正确的引导作用；课堂评价要把握好度，针对不同层次的学生要采用不同标准的评价语；课堂评价要讲究趣味性；课堂评价要避免刻板印象的干扰。

∠ 思考题

1. 在实际教学中如何正确运用标准化测验？
2. 在给学生评分时，三种不同的评分各自的意义是什么？
3. 如何对学生的考试分数进行解释，才能促进学生的进步？
4. 教师在与家长沟通时要注意哪些方面？
5. 形成性评价与终结性评价在实际中可以结合使用吗？
6. 如何在实践中运用课堂评价的多样性与共同性？

∠ 进一步阅读文献

1. 王慧玲. 班主任应与家长建立良好合作关系. 班主任之友,2004,(3):9～11.

2. 刘成禄. 教师与家长合作的态度与方式. 甘肃教育,2007,(12):17.

3. 梁章喜,刘俊提. 美国中小学教师如何与学生家长交流和沟通. 教育理论研究,2003,9:11～12.

4. 叶志锋. 努力构建高校和谐的新型家校沟通机制. 中国科教创新导刊,2009(17):130～131.

5. 高凌飚,钟媚. 过程性评价:概念、范围与实施. 上海教育科研,2005,(9):12～14.

6. 田向远. 谈形成性评价在教育教学中的应用. 新课程研究,2009,5,(151):103～104.

参考文献

Woolfolk A. 著,何先友等译.《教育心理学》(第十版). 北京:中国轻工业出版社,2008.

Ormrod J. E. 著,彭运石,彭舜等译.《教育心理学》(第四版). 西安:陕西师范大学出版社,2006.

Sternberg R. J., Williams W. M. 著,张厚粲译.《教育心理学》. 北京:中国轻工业出版社,2003.

Gredler M. E. 著,张奇等译.《学习与教学——从理论到实践》. 北京:中国轻工业出版社,2007.

德里斯科尔 M. P. 著,王小明等译.《学习心理学——面向教学的取向》(第三版). 上海:华东师范大学出版社,2008.

Ausubel D. P. 著,余星南,宋均译.《教育心理学——认知观点》. 北京:人民教育出版社,1994.

Fetsco T., McClure J. 著,吴庆麟等译.《教育心理学:课堂决策的整合之路》. 上海:上海人民出版社,2008.

戴尔·H. 申克著,韦小满等译.《学习理论:教育的视角》. 南京:江苏教育出版社,2003.

罗伯特·斯莱文著,姚梅林等译. 教育心理学——理论与实践(第七版). 北京:人民邮电出版社,2004.

普莱斯顿·D. 费德恩,罗伯特·M. 沃格尔著,王锦等译.《教学方法——应用认知科学,促进学生学习》. 上海:华东师范大学出版社,2006.

Shaffer D. R. 著,邹泓等译.《发展心理学——儿童与青少年》(第六版). 北京:中国轻工业出版社,2005.

Thomas J., Zirpoli 著,关丹丹等译.《学生行为管理》. 北京:中国轻工业出版社,2004.

布罗菲 J. 著,陆怡如译. 激发学生的学习动机. 上海:华东师范大学出版社,2004.

约翰·桑切克著,周冠英,王学成译. 教育心理学(第二版). 北京:世界图书出版公司,2007.

托马斯·费兹科,约翰·麦克卢尔著,吴庆麟等译. 教育心理学课堂决策的整合之路. 上海:上海人民出版社,2008.

季姆娜娅著,杜岩岩译. 教育心理学. 北京:教育科学出版社,2008.

陈小端等著. 有效教学理念与实践. 西安:陕西师范大学出版社,2007.

高慎英,刘良华著.《有效教学论》. 广州:广东教育出版社,2004.

余文森,洪明编著.《校本研究九大要点》. 福州:福建教育出版社,2007.

张承芬主编.《教育心理学》. 济南:山东教育出版社,2006.

陈英和.《认知发展心理学》. 杭州:浙江人民出版社,1996.

曾美英,侯伯明主编.《应用教育心理学》. 贵阳:贵州人民出版社,2008.

陈琦,刘儒德主编.《当代教育心理学》. 北京:北京师范大学出版社,1997.

陈琦,刘儒德主编.《教育心理学》. 北京:高等教育出版社,2005.

郑雪主编.《人格心理学》. 广州:暨南大学出版社,2001.

张文新主编.《青少年发展心理学》. 济南:山东人民出版社,2002.

彭聃龄主编.《普通心理学》(修订版). 北京:北京师范大学出版社,2004.

谭顶良著.《学习风格论》. 南京:江苏教育出版社,1995.

张春兴主编.《教育心理学——三化取向的理论与实践》. 杭州:浙江教育出版社,1998.

张晓明,陈建文.《教育心理学》. 北京:高等教育出版社,2008

冯忠良,伍新春等著.《教育心理学》. 北京:人民教育出版社,2000.

林正文著.《儿童行为的塑造与矫正》. 北京:北京师范大学出版社,1998.

林崇德主编,冯忠良等著.《教育心理学》,北京:人民教育出版社,2000.

李小融编著.《教育心理学新编》. 成都:四川教育出版社,2005.

莫雷主编.《教育心理学》. 广州:广东高等教育出版社,2002.

汪风炎,燕良轼主编.《教育心理学新编》. 广州:暨南大学出版社,2006.

陈允成(新加坡),R. D. 帕森斯,S. L. 亨森,D. 萨多-布郎著,何洁等译. 教育心理学:实践者—研究者之路(亚洲版). 上海:上海人民出版社,2007.

胡谊主编.《教育心理学——理论与实践的整合观》. 上海:华东师范大学出版社,2009.

李晓东主编.《教育心理学》. 北京:北京大学出版社,2008.

梁宁建主编.《应用认知心理学》. 上海:上海教育出版社,2009.

王坦.《合作学习导论》. 北京:北京教育科学出版社,1994.

皮连生主编.《教育心理学》. 上海:上海教育出版社,2004.

姚梅林著.《学习心理学——学习与行为的基本规律》. 北京:北京师范大学

出版社,2006.

张建伟,孙燕青著.《建构性学习——学习科学的整合性探索》.上海:上海教育出版社,2005.

张晓明,陈建文著.《教育心理学》.北京:高等教育出版社,2008.

戴海崎,张锋,陈雪枫主编.《心理与教育测量》.广州:暨南大学出版社,2007.

张厚粲,徐建平著.《现代心理与教育统计学》.北京:北京师范大学出版社,2004.

申继亮.教学反思与行动研究:教师发展之路.北京:北京师范大学出版社,2006.

林崇德主编,蒯超英著.《学习策略》,湖北教育出版社,1998.

姜英杰.国外元认知教学的特点及影响[J].外国教育研究,2007(12):58～62.

石定乐.程序性知识表征理论在英语技能训练中的意义[J].无锡职业技术学院学报,2009(2):60～62.

王仲尔.从陈述性和程序性知识的关系探讨成人英语写作流利性[J].中国成人教育,2009(10):111～112.

龚少英.学习迁移研究的历史与发展[J].内蒙古师大学报(哲学社会科学版),2001(4):47～50.

祁小梅.奥苏贝尔认知结构与迁移理论及教学[J].黑龙江高教研究,2004(5):99～100.

刘保.作为一种范式的社会建构主义[J].中国青年政治学院学报,2006(4):49～54.

张文华.建构主义理论新探[J].教育探索,2006(9):24～26.

袁涛,崔红霞.论合作学习策略[J].济南大学学报(社会科学版),2003(2):74～77.

郭要红.有效合作学习的学习任务设计策略[J].教育理论与实践(中小学教育教学版),2009(8):53～54.

曾琦.合作学习的基本要素[J].学科教育,2000(6):7～12.

杨洋.对标准化考试的误解和误用之校正[J].湖北招生考试,2009(8):41～44.

王玉衡.美国标准化测验的问题与质疑[J].比较教育研究,2009(9):18～22.

万金凤.归因方式对教育的影响[J].教育评论,1995(2):20,37.

吴秀卿. 论学生成绩的评价及其应用[J]. 恩施医专学报(社会科学版), 1997,14(2):62～63.

陈春莲,杨起群. 维纳归因理论对学生有效学习的启示[J]. 教育与职业, 2009,9(26):74～76.

邓永举. 班主任如何与家长沟通[J]. 新课程研究,2008(9):90～91.

高凌飚. 关于过程性评价的思考[J]. 课程·教材·教法,2004(10): 15～19.

英国评价改革小组著,袁莉译. 教师在终结性评价中的作用[J]. 基础教育参考,2007(10):14～20.

邝芬. 英语课堂的多样性评价[J]. http://images.cersp.com/article/3002/240/203035/20070522/1167238.html.

赵玉霞. 班主任应怎样与不同类型的学生家长沟通[J]. 中学校长,2008(5):45～46.

孙立平. 教师与家长沟通的技巧[J]. 班主任. 2009(10):68～69.

白瀚. 新形势下的教师如何增强与家长的有效沟通[J]. 教育探索,2008(12):150～151.

孙有胜. 优化教师与家长的沟通与合作[J]. 教育教学研究,2007(6): 160～163.

刘清荣. 与家长沟通的方法要变[J]. 中小学管理,2002(11):34～36.

张颖. 如何把握与家长沟通的艺术[J]. 课程教材教学研究,2008(44): 90～91.

刘丽琴. 小学教师与家长沟通的宜与忌[J]. 教学与管理,2006(12): 37～40.

李继梅,张纪勇. 形成性考核质量保障体系研究[J]. 实践探索,2006(3):49～53.

郑彩国. 教师专业发展的阶段划分及其知识转型[J]. 教育探索,2007(4): 11～15.

卢真金. 试论学者型教师的成长规律及其培养策略[J]. 高等师范教育研究,2001(1).

辛涛,申继亮,林崇德. 从教师的知识结构看师范教育改革[J]. 高等师范教育研究,1999(6):12～17.

郑翔. 皮亚杰教育理论在数学教学中的应用[J]. 安康师专学报,2004(16): 121～124.

国晓华. 皮亚杰的儿童智力观及其对课堂教学的启示[J]. 新西部,2009

(16):196～197.

陈瑞芳,郑丽君. 皮亚杰认知发展理论及其对当代教育教学的启示[J]. 当代教育论坛,2007(5).

罗秀珍. 维果斯基的理论要义及其教育启示[J]. 中国音乐教育,2003(3):35～37.

任春华. 不同的认知发展观对教学的启示——试论皮亚杰与维果茨基认知发展观之异同[J]. 前沿,2006(10):68～70.

龚少英,盖笑松,刘国雄,方富熹. 小学儿童认知发展的个体差异研究[J]. 心理科学,2004,7(6):1314～1316.

方富熹,方格. 初入学儿童认知发展中的个别差异和个人内部差异初探[J]. 心理学报,1991(4):372～379.

车广吉,丁艳辉,徐明. 论构建学校、家庭、社会教育一体化的德育体系——尤·布朗芬布伦纳发展生态学理论的启示[J]. 东北师大学报(哲学社会科学版),2007(4):155～160.

张开荆. 人格心理学中的特质论与情境论之争述评[J]. 辽宁教育行政学院学报,2006(1):35～37.

李燕平,郭德俊. 激发课堂学习动机的教学模式——TARGET 模式[J]. 首都师范大学学报(社会科学版),2000(5):112～116.

暴占光,张向葵. 自我决定认知动机理论研究概述[J]. 东北师大学报(哲学社会科学版),2005(6):141～146.

中华心理教育网. 皮亚杰认知发展论——四个阶段期. http://www.xinli110.com/liaofa/lltt/rzxl/200906/143888.html.

教育心理学. 教育心理学上的经典案例之二——维果斯基支架式教学[J]. http://210.36.18.53/jyxlx/Article_Show.asp? ArticleID=21.

科尔伯格的道德发展理论[J]. http://www.daifumd.com/_daifumd/blog/html/1427/article_89420.html.

中国社会工作网. 社会性发展咨询案例. http://www.csww.cn/root/html/shegongfangfa/gean/200905/23～3567.html.

Bandura A. (1977) *Social Learning theory*. Englewood Cliffs, NJ:Prentice Hall, Inc.

Bandura A. (1978) *The self system in reciprocal determinism*. American Psychologist, 33(4):344～358.

Bandura A. *Perceived self-efficacy in cognitive development and functioning*. Educational Psychologist, 1993, 28(2):117～148.

Berliner D. C. *The near impossibility of testing for teacher quality* [J]. Journal of Teacher Education, 2005(3):205～213.

Brown A. L. *Learning, remembering, and understanding*, In J. H. Flavell & E. M. Markman (Eds.). *Handbook of child psychology: Cognitive development* (*V.* 3). NY:John Wiley, 1983.

Carraher T. N., Carraher D. W., & Schliemann A. D. *Mathematics in the streets and in the schools*. British Journal of Developmental Psychology, 1985(3):21～29

Chen Z., Mo L., & Honomichl R. *Having the memory of an elephant: Long-term retrieval and use of analogues in problem solving*. Journal of Experimental Psychology:General, 2004(133):415～433

Chi M. T. H., Feltovich P., & Glaser R. *Categorization and representation of physics problems by experts and novices*. Cognitive Science, 1981(5):121～152

Cothern N. B., Konopak B. C. & Willis E. L. *Using readers' imagery of literacy characters to study text meaning construction*. Reading Research and Instruction, 1990(30):15～29

Dinnel S. J., &Glover J. A. *Advance organizers: Encoding manipulations*. Journal of Educational Psychology, 1985(77):514～522

Eccles J. S., Adler T. F., Futterman E., Goff S. B., Klaczala C. M., Meece J. L. & Midgley C. *Expectations, values and academic behaviors*. In J. T. Spence (Ed.), *Achievement and achievement motives*. San Francisco: WH. Freeman and Company, 1983.

Flavell J. H., Miller P. H., & Miller S. A. *Cognitive development* (*3rd ed.*). Upper Saddle River, NJ:Prentice Hall, 1993.

Gay J., & Cole M. *The new mathematics and an old culture*. New York: Holt, Rinehart & Winston, 1967.

Grant C. A. & Gomez M. L. *Campus and classroom: Making schooling multicultural* (*2nd ed.*). Upper Saddle River, NJ: Merrill/Prentice Hall, 2001.

Hebert T. P. & Reis S. M. *Culturally diverse high-achieving students in an urban school*. Urban Education, 1999, 34(4):428～457

Hill R. *Finding Creativity for Children. Paper prepared for the Leadership Accessing Symposium, Lafayette*, IN. (ERIC Document Reproduction

Service No. ED348169). 1992.

Ho D. Y. F. *Cognitive socialization in Confucian heritage cultures*. In P. M. Greenfield & R. R. Cocking (Eds.). *Cross-cultural roots of minority child development*. Hillsdale, NJ:Erlbaum, 1994.

Kail R. & Bisanz J. *The information-processing perspective on cognitive development in children and adolescence*. In R. J. Sternberg & C. A. Berg (Eds). *Intellectual development* (pp. 229～260). NY:Cambridge Universtiy Press, 1995.

Licht B. G. *Modifying school attendance of special education high school students*. Journal of Educational Research, 1991, 84(6):368～373

Macionis J. *Sociology (5th ed.)*. Upper Saddle River, NJ:Prentice Hall, 1997.

McLoyd V. C. *Socioeconomic disadvantage and child development*. American Psychologist, 1998, 53:185～204

Miller K. F., Smith C. M., Zhu J. & Zhang H. *Preschool origins of cross national differences in mathematical competence:the role of number naming systems*. Psychological Science, 1995, (6):56～60

Miller L. S. *An American imperative:Accelerating minority educational advancement*. New Haven, CT:Yale University, 1995.

Pritchard R. *The effects of cultural schemata on reading processing strategies*. Reading Research Quarterly, 1990, 25:273～295

Purdie N., & Hattie J. *Cultural differences in the use of strategies for self-regulated learning*. American Educational Research Journal, 1996(33): 845～871

Reynolds R. E., Taylor M. A., Steffensen M. S., Shirey L. L., & Anderson R. C. *Cultural schemata and reading comprehension*. Reading Research Quarterly, 1982, 17:353～366

Royer J. E. *Theories of the transfer of learning*. Educational Psychologist, 1979, 14:53～69

Schoenfeld A. H., & Hermann D. J. *Problem perception and knowledge structure in expert and novice mathematical problem solvers*. Journal of Experimental Psychology:Learning, Memory, and Cognition, 1982, 8:484～494

Sternberg R. J. *Criteria for intellectual skills training*. Educational Research, 1983,(12):6～12

Shulman L. S. *Disciplines of inquiry in education: An overview*. In R. M. Jaeger (Ed.), *Complementary methods for research in education*. Washington, DC: American Educational Research Association, 1988

Vermette P. *Four Fatal Flaws: Avoiding the Common Mistakes of Novice Users of Cooperative Learning*. The High School Journal-Feb/March, 1994

Wilson E. O. *Consilience: The unity of knowledge*. NY: Knopf, 1998

Zimmerman B. J., & Martinez-Pons M. *Student differences in self-regulated learning: Relating grade, sex, and giftedness to self-efficacy and strategy use*. Journal of Educational Psychology, 1990, 82(1): 51～59

后 记

读书已经成为广大中小学教师主要的业余生活，有的教师通过进一步攻读高一级学位的方式参与自学，有的以业余读书的方式自学，有的教师结合自己的教学进行研究。有一位教师的努力令我深深震撼。那是一次教育心理学讲座之后，一位从教多年的老教师说希望与我进一步联系，请我对他的研究进行指导。之后他陆续用 e-mail 发了一些研究给我，据他说这样的文字他已经积累了近 20 万字。他让我看看他这些研究在教育心理学上有什么意义，是否具有发表的可能性。我看了几篇之后告诉他不要再给我发了，因为过于零散，没有一个清晰的理论框架，文中所用到的基本概念基本上是一些前科学概念，然后进行了简单的联系，这些联系其实是教育心理学早已经讨论过的，已经有了明确结论和理论解释的。我于是给他推荐了几本教育心理学教材，希望他系统地学习一下，然后用来整理自己的"研究"，让研究有一条主线，集中精力解决自己最关心的问题。过了一个月我再去询问他的进展，他"抱歉地"告诉我：教育心理学太难了，他没办法看下去，已经放弃了。我想他可能会继续用前科学概念进行思考，继续进行艰苦而无望的探索。

这件事之后，我在每次上课之后都会询问学生对教育心理学这门课程的感受，普遍的反应是"老师讲的时候听着明白，也觉得有用。但是教育心理学所用的词汇太过专业，自己看书就看不明白"。我在想，这是教育心理学本身有难度还是我们的呈现出了问题？掌握科学心理学的基本概念是每位学习者必须攻克的难关，但是教育心理学并不深奥难懂，为什么学生感觉到这么难？我们是否可以写出一部能够让学习者乐意看、能运用的教育心理学教材，让学习者以轻松的方式接受正规的心理学训练，让他们爱看而不是放弃教育心理学的学习，进而为运用教育心理学的概念原理打下基础？凭着这种信念，我和我的同事们在教育心理学教学中不断进行探索，不断改进我们的课堂教学，致力于深入浅出地表达与采用灵活的教学方法，在总结我们多年来教学与研究的基础上编写出了本教材。我们在编写本教材的过程中，力图发扬国内已有教材条理清晰的特长，借用

国外大学教材生动活泼的形式，在内容方面注重教材的基础性与前沿性的结合，致力于反映近年来教育心理学最新研究成果，并用来指导教育教学实践。希望学习者通过争鸣与讨论，深入理解概念与原理；通过合作，认识原理与理论实践价值。我希望，如果再碰到希望阅读与研究教育教学问题的教师，我可以拿出我们认为最适合他阅读的教材，希望他能够读下去，并从中获得阅读与思考的乐趣，获得研究与思考的指导，那样就达到我们编写本教材的初衷了。

张景焕

2010年2月